Margreth Lünenborg, Jutta Röser (Hg.)
Ungleich mächtig

W0039988

Critical Media Studies
Band 6

Editorial

Die Reihe Critical Media Studies versammelt Arbeiten, die sich mit der Funktion und Bedeutung von Medien, Kommunikation und Öffentlichkeit in ihrer Relevanz für gesellschaftliche (Macht-)Verhältnisse, deren Produktion, Reproduktion und Veränderung beschäftigen. Dies kann sowohl aus sozial- wie kulturwissenschaftlicher Perspektive erfolgen, wobei sich deren Verbindung als besonders inspirierend erweist.

Das Spektrum der Reihe umfasst aktuelle wie historische Perspektiven, die theoretisch angelegt oder durch eine empirische Herangehensweise fundiert sind. Die Herausgeberinnen orientieren sich dabei an einer kritischen Gesellschaftsanalyse, die danach fragt, in welcher Weise symbolische und materielle Ressourcen zur Verfügung gestellt bzw. vorenthalten werden und wie soziale und kulturelle Einschluss- und Ausschlussprozesse gestaltet sind. So verstandene kritische Kommunikations- und Medienwissenschaft schließt die Analyse der sozialen Praktiken der Menschen, ihrer Kommunikations- und Alltagskulturen ein und fragt danach, wie gesellschaftliche Dominanzverhältnisse reproduziert, aber auch verschoben und unterlaufen werden können. Als relevante Dimensionen gesellschaftlicher Ungleichheit und sozialer Positionierung werden insbesondere Geschlecht, Ethnie, soziale und kulturelle Differenz sowie deren Intersektionalität in den Blick genommen.

Die Reihe wird herausgegeben von Elisabeth Klaus, Margreth Lünenborg, Jutta Röser und Ulla Wischermann.

MARGRETH LÜNENBORG, JUTTA RÖSER (HG.)
Ungleich mächtig.
Das Gendering von Führungspersonen
aus Politik, Wirtschaft und Wissenschaft
in der Medienkommunikation

[transcript]

Das diesem Buch zugrundeliegende Verbundprojekt wurde mit Mitteln des Bundesministeriums für Bildung und Forschung (BMBF) sowie des Europäischen Sozialfonds (ESF) unter den Förderkennzeichen 01FP0730 und 01FP0731 gefördert. Die Verantwortung für den Inhalt dieser Veröffentlichung liegt bei den Autorinnen.

Bibliografische Information der Deutschen Nationalbibliothek
Die Deutsche Nationalbibliothek verzeichnet diese Publikation in der Deutschen Nationalbibliografie; detaillierte bibliografische Daten sind im Internet über http://dnb.d-nb.de abrufbar.

Umschlaggestaltung: Kordula Röckenhaus, Bielefeld
Umschlagabbildung: Cover: AP; Rückseite: Jörg Koch/ddp images
Satz: Dirk Reinhardt
Druck: Majuskel Medienproduktion GmbH, Wetzlar
ISBN 978-3-8376-1692-7

Gedruckt auf alterungsbeständigem Papier mit chlorfrei gebleichtem Zellstoff.

Besuchen Sie uns im Internet:
http://www.transcript-verlag.de

Bitte fordern Sie unser Gesamtverzeichnis und andere Broschüren an unter:
info@transcript-verlag.de

Inhalt

Geschlecht und Macht in den Medien – ein integratives Forschungsdesign

Margreth Lünenborg & Jutta Röser

1. Ziele, Konzept und Relevanz des Projekts

Ob Merkel, Steinmeier oder Beck – die Wahrnehmung politischen Spitzenpersonals findet weitgehend medienöffentlich statt. Was Bürgerinnen und Bürger über diese Personen, ihr Handeln und ihre möglichen Motive wissen, erfahren sie durch Medienberichterstattung. Nur selten ermöglicht der direkte lebensweltliche Zugang eigene, unmittelbare Erfahrungen und Einschätzungen. Während Politiker und Politikerinnen den medialen Diskurs meist suchen und benötigen, um ihre Entscheidungen öffentlich zu legitimieren und sich dem Wahlvolk zu präsentieren, unterscheiden sich andere gesellschaftliche Bereiche in dieser Hinsicht deutlich. Für Wirtschaft oder Wissenschaft gilt, dass medienöffentliche Darstellungen weitaus seltener stattfinden und inhaltlich selektiveren Charakter haben. Diese Bereiche verfügen entweder über andere Formen und Foren der Öffentlichkeit oder sie versuchen, diese zu begrenzen und zuweilen ganz zu meiden. Gleichwohl gilt auch hier: Gesellschaftliche Vorstellungen über Relevanz, Entscheidungskompetenz und Verantwortung von Spitzenwissenschaftlern oder Top-Managerinnen entstehen mit und durch Mediendiskurse.

Die hier vorliegende Studie zur Analyse der medialen Geschlechterrepräsentationen von Spitzenkräften in Politik, Wirtschaft und Wissenschaft erschließt in mehrfacher Hinsicht Neuland:

- Erstmalig werden mit den Bereichen *Politik, Wirtschaft und Wissenschaft* drei gesellschaftliche Felder und deren je unterschiedliche mediale Repräsentationen vergleichend in den Blick genommen.
- Die drei Felder Politik, Wirtschaft, Wissenschaft werden jeweils in ihrer medialen Repräsentation von Spitzenpersonal analysiert. In den Fokus rückt damit das Verhältnis von *Macht und Geschlecht*. Zu analysieren ist das Spannungsverhältnis zwischen Attribuierungen von Geschlecht und Attribuierungen von Macht, Status und Einfluss.
- In einem *integrativen Forschungsdesign* werden Analysen von Medientexten verbunden mit Untersuchungen zu den Kontexten der Medien-

produktion und -rezeption. Die Textanalysen sind dabei sowohl quantitativ wie qualitativ angelegt, sie umfassen sprachliches wie visuelles Textmaterial.

- Das Materialkorpus reicht über klassische Informationsmedien hinaus und berücksichtigt systematisch *sowohl informations- wie unterhaltungsorientierte journalistische Formate und Angebote*. Damit ist es möglich, die spezifischen Konstruktionsweisen von Geschlechterbildern in informations- und unterhaltungsorientierten Kommunikationsprozessen nachzuzeichnen.

- Die Medienanalyse fußt auf einer *breiten empirischen Basis*: Es werden 23 Medien mit allen Ausgaben aus sechs Monaten (bzw. für die Bildanalysen aus zwei Monaten) einbezogen und um eine theoriegeleitete Auswahl für die qualitative Text- und Bildanalyse ergänzt.

Im Sinne der kritischen Geschlechterforschung jenseits essentialistischer Vorstellungen von Mann-Sein und Frau-Sein verfolgt das Vorhaben zwei Erkenntnisperspektiven. Einerseits werden systematisch vergleichend die mediale Sichtbarkeit von Männern und Frauen sowie mediale Geschlechterbilder untersucht; dabei wird analytisch auf die Struktur der Zweigeschlechtlichkeit zurückgegriffen. Andererseits begeben wir uns auf die Suche nach impliziten Bildern von Männlichkeit und Weiblichkeit, die vorhandenen medialen Repräsentationen eingeschrieben sind – und dort keineswegs mit dem biologischen Geschlecht der Repräsentierten übereinstimmen müssen. Eine solche Perspektive zielt auf die Dekonstruktion von Männlichkeit *und* Weiblichkeit als narratives und symbolisches Muster der Herstellung von Ungleichheit. Erkenntnisleitend ist die Suche nach der medialen Konstruktion von Geschlechtern (nicht allein dem weiblichen Geschlecht) sowie die Analyse des Verhältnisses von Geschlecht und Macht. Dabei kann das Geschlecht bedeutungsstrukturierend sein, dies muss aber nicht immer der Fall sein. Diese Zweigleisigkeit in Erkenntnisinteresse und Analyse hat theoretisch, empirisch und methodisch weitreichende Folgen, die in den fünf Teilstudien in unterschiedlicher Weise gewichtet sind und im Detail an entsprechender Stelle erläutert werden.

Das in diesem Band präsentierte Projekt war Teil des vom BMBF und ESF geförderten Programms „Frauen an die Spitze". In diesem Rahmen versteht sich die durchgeführte Medienanalyse – verbunden mit einer Analyse der Entstehungsbedingungen im Rahmen journalistischer Produktion und der Wahrnehmungen bei der Rezeption – als Kontextualisierungsprojekt zur Rekonstruktion geschlechterhierarchischer Strukturen in Politik, Management und Wissenschaft. Die Befunde helfen zu verstehen, in welcher Weise das Handeln von politischem, wirtschaftlichem und wissenschaftlichem Spitzenpersonal öffentlich wahrgenommen und mittels medialer

Repräsentation wiederum für die gesellschaftliche Verteilung von Einfluss, Status und Macht zwischen den Geschlechtern konstitutiv wirksam wird.

Die Medienanalysen verbinden eine quantitative und qualitative Untersuchung der medialen Sichtbarkeit von Frauen in politischen, wirtschaftlichen und wissenschaftlichen Spitzenpositionen im Vergleich zu Männern. In einer umfassenden quantitativen Erhebung wird zunächst das Verhältnis von männlichen und weiblichen SpitzenpolitikerInnen, -managerInnen und -wissenschaftlerInnen in Printmedien sowie in Fernsehnachrichten und -magazinen erfasst (quantitative Inhaltsanalyse, vgl. Röser/ Müller in diesem Band). Damit verbunden werden im gleichen Medienmaterial geschlechtsgebundene Attribuierungen sowie die sprachliche und bildliche Metaphorik analysiert, die der Medienberichterstattung zu Grunde liegen (qualitative Text- und Bildanalyse, vgl. Maier/Lünenborg sowie Grittmann in diesem Band). Hier werden spezifische Strategien zur Repräsentation von Geschlecht in Politik, Wirtschaft und Wissenschaft erfasst, systematisiert und in ihrem Aussagepotenzial sichtbar gemacht. Damit sollen (a) aktuelle Befunde, (b) auf breiter Materialbasis, (c) im Vergleich der Felder Wirtschaft, Wissenschaft und Politik und (d) unter Berücksichtigung des gesellschaftlichen Wandels generiert werden: Wie werden Einfluss und Macht bei Männern, wie bei Frauen in zentralen politischen und wirtschaftlichen Schlüsselpositionen in den Medien visuell und sprachlich sichtbar gemacht? Welche Konstruktionsprozesse zur Herstellung eines Images von Erfolg oder Misserfolg, von Führungsstärke oder Überforderung, von Innovation oder Konzeptlosigkeit werden von Medien geleistet, wenn Männer und Frauen in Spitzenpositionen in den Mittelpunkt der Berichterstattung rücken? Dabei werden zwei Dimensionen erstmals analysiert: Zum Ersten ist die vergleichende Betrachtung von Politik, Wirtschaft und Wissenschaft mit Blick auf ihre geschlechtsgebundene mediale Repräsentation zentral. Zum Zweiten umfasst das Mediensample sowohl Angebote des Qualitätsjournalismus als auch ausgewählte alltagsnahe und boulevardisierte Formen der medienöffentlichen Kommunikation.

Zusätzlich werden in Kontextanalysen erstens Strukturen und Bedingungen untersucht, die für die geschlechtsgebundene Berichterstattung konstitutiv sind (Produktionsanalyse, vgl. Lünenborg/Maier in diesem Band), sowie zweitens die Bedeutung und Relevanz analysiert, die junge Frauen und Männer den vorgefundenen geschlechtsgebundenen Medienimages von Spitzenkräften zuschreiben (Rezeptionsanalyse, vgl. Müller in diesem Band).

Mit der Verbindung dieser unterschiedlichen Perspektiven werden bisherige Erkenntnisse grundlegend erweitert. In der nationalen wie internationalen Forschung konzentrierte sich der Blick bislang vorrangig auf die

Erfassung der quantitativen Differenz in der Sichtbarkeit von Frauen und Männern in den Medien. Angesichts aktueller Veränderungen durch weibliches Spitzenpersonal vor allem in der deutschen Politik kann die quantifizierende Analyse allein nicht befriedigen. Erforderlich ist deshalb eine systematische qualitative Analyse der geschlechtsgebundenen Berichterstattungsmuster auf Text- und Bildebene, um zu verstehen, *wie* Differenz qua Geschlecht medial hergestellt wird und wo Ansätze einer Rücknahme stereotyper Zuschreibungen zu finden sind. Um diese Entwicklungspotenziale zu erkennen, ist eine analytische Rekonstruktion der Produktionskontexte erforderlich. In Experteninterviews mit Journalistinnen und Journalisten werden deshalb professionelle Bedingungen, Routinen und Entscheidungsprozesse, die zu geschlechtsgebundenen medialen Darstellungen führen (können), beleuchtet. Wirksam werden die Medienbilder in der Rezeption und Aneignung durch das Publikum. Aus gesellschaftlicher Perspektive ist damit relevant, welche öffentlichen Verständigungsprozesse mit und durch die medial zur Verfügung gestellten Bilder und Diskurse ermöglicht, welche erschwert werden. In Fokusgruppendiskussionen mit jungen Frauen und Männern steht deshalb deren Aneignung und Interpretation der Mediendiskurse im Mittelpunkt.

Neue Einsichten liefert das Projekt zudem durch die Zusammenschau von Politik, Wirtschaft und Wissenschaft. Einschlägige vergleichende Arbeiten liegen dazu bislang nicht vor. Einerseits ist davon auszugehen, dass Muster der geschlechtsgebundenen Selektion und Deutung in den drei Bereichen vergleichbar auftreten. Andererseits unterscheidet sich die Relevanz von Medienöffentlichkeit zwischen den Bereichen Politik, Wirtschaft und Wissenschaft. In der Politik wird die Legitimation des Handelns durch Öffentlichkeit – und hier primär durch Medienöffentlichkeit – hergestellt (vgl. Jarren/Donges 2006). Die AkteurInnen der Wirtschaft stehen hier deutlich weniger im Rampenlicht; sie agieren primär außerhalb der Medienöffentlichkeit. In der Wissenschaft schließlich ermöglicht die Wahrnehmung durch Massenmedien, Expertstatus auch außerhalb der eigenen Scientific Community herzustellen. Zugleich wird Wissenschaft als gesellschaftliches System nur sehr selektiv von den Medien wahrgenommen (vgl. Bonfadelli 2006). Im Fokus der Analyse steht an dieser Stelle aber weniger die themenzentrierte Wissenschaftsberichterstattung als vielmehr die mediale Bezugnahme auf wissenschaftliche ExpertInnen oder prominente ForscherInnen. Wie sich Formen der geschlechtsgebundenen Selektion und Repräsentation von Spitzenpersonal in Politik, Wirtschaft und Wissenschaft ähneln oder unterscheiden – und dies möglicherweise auch in der Wahrnehmung durch die MediennutzerInnen – ist eine grundlegend neue Fragestellung, die im hier präsentierten Projekt erstmalig bearbeitet wird.

2. Stand der Forschung im deutsch- und englischsprachigen Raum

Zur Frage der Präsenz von Frauen im Vergleich zu Männern in der nationalen und internationalen Medienberichterstattung liegen bisher verschiedene quantitative Bestandsaufnahmen vor. Deren Ergebnisse und Kontexte werden im Folgenden zunächst vorgestellt (vgl. 2.1). Zu unterscheiden sind dabei Untersuchungen, die den Anteil von Frauen und Männern in den Medien allgemein erheben, und solche, die sich auf Frauen und Männer in der Politik konzentrieren und deren Repräsentation im Vergleich zu anderen gesellschaftlichen Bereichen beschreiben. Spezifische Analysen zu den medialen Geschlechterverhältnissen in der Wirtschaft und der Wissenschaft existieren unseres Wissens bislang weder im deutsch- noch im englischsprachigen Kulturraum.

Im zweiten Schritt werden darauf folgend jene qualitativen Arbeiten vorgestellt, die sich – zumeist in Fallstudien – interpretativ der Beantwortung der Frage nähern, *wie* geschlechtsgebundene Konstruktionen speziell von Politikerinnen und Politikern in der Medienberichterstattung aussehen (vgl. 2.2). Hier dominieren deutlich Studien im englischsprachigen Raum, aber mit der Wahl Angela Merkels zur ersten deutschen Regierungschefin hat auch in der deutschen Politik- und Kommunikationswissenschaft ein bescheidener Forschungsboom eingesetzt. Es werden jene Arbeiten diskutiert, die die Beschreibung und Bewertung speziell von Politikerinnen im Vergleich zu Politikern erfassen, und solche Analysen, die spezifische Muster der geschlechtsgebundenen Präsentationsweise allgemein in den Mittelpunkt rücken. Wegen der Vielzahl kleinerer Fallstudien lässt sich hier kein systematisch erschlossenes Forschungsfeld ausmachen. Schließlich werden vereinzelte Befunde zu Geschlechterdarstellungen in den Bereichen Wirtschaft und Wissenschaft vorgestellt (vgl. 2.3). Da vorliegende Studien wesentlich auf das Feld der Politikberichterstattung konzentriert sind, dominiert dieser Fokus auch unsere folgende Diskussion des Forschungsstands.

In einem dritten Schritt werden die durchgeführten Kontextanalysen zur journalistischen Produktion sowie zur Rezeption systematisch eingeführt (vgl. 3).

2.1 Geschlechterverhältnisse in der Medienberichterstattung auf quantitativer Ebene

Das *Global Media Monitoring Project* (GMMP) hat es nachdrücklich sichtbar gemacht: In der medialen Darstellung sind Frauen deutlich weniger repräsentiert als Männer. Insgesamt stellten sie 2005 weltweit 21 Prozent aller Nachrichtensubjekte, in 79 Prozent aller Nachrichten waren Männer die handelnden Akteure. Die Situation hat sich mit 24 zu 76 Prozent 2010 nur geringfügig verändert (vgl. GMMP 2005; GMMP 2010a). Auch in Deutschland bleibt die mediale Präsenz von Frauen im Vergleich zu Männern gering. Immerhin ist hier laut GMMP eine spürbare Veränderung nachweisbar: von 15 Prozent im Jahr 1995 auf 22 Prozent im Jahr 2005 und 23 Prozent im Jahr 2010 steigt der Anteil der Frauen, die als nachrichtenwürdig gelten (vgl. Hesse/Röser 2006; GMMP 2010b). Doch die Stichtagsuntersuchung des GMMP beinhaltet das Risiko einer systematischen Verzerrung, sobald außergewöhnliche Ereignisse die Nachrichtenlage des Tages dominieren. Mit einer 12-Wochen-Analyse von Tageszeitungen liefert Röser (2006) im Kontext des GMMP 2005 eine breitere Datenbasis und bilanziert einen Frauenanteil von 16 Prozent auf den Titelseiten von elf Tageszeitungen – dies deckt sich mit dem Wert von 17 Prozent Frauenanteil, den Magin und Stark (2010: 393) für Tageszeitungen in Deutschland, Österreich und der Schweiz des Jahres 2008 herausarbeiten. Der Anteil der in den Artikeln erwähnten Frauen differiert in der Studie von Röser (2006) erheblich: zwischen lediglich sechs Prozent beim *Handelsblatt* bis hin zu 35 Prozent bei der *Bild-Zeitung*. Die Qualitätspresse der überregionalen Tageszeitungen bleibt durchgehend deutlich unter der 20 Prozent-Marke. Media Tenor (2006a) bestätigt auf Basis einer Erhebung von 16 ausgewählten aktuellen Medien 2005 (Tageszeitungen, Nachrichtenmagazine, Fernsehnachrichten öffentlich-rechtlich und privat-kommerziell) die genannten Befunde weitgehend. Mit zwölf Prozent schneidet die *Frankfurter Allgemeine Zeitung* am schlechtesten ab. Wiederum ist die stärkere Präsenz von Frauen in Boulevardmedien erkennbar: Spitzenreiter im Vergleich sind *ProSieben Newstime, Bild* sowie *Sat.1 News* (alle rund 20 %).

Damit wird deutlich, dass strukturelle Veränderungen in der journalistischen Berichterstattung, die mit einer verstärkten Boulevardisierung einhergehen, auch für die Darstellung der Geschlechter grundlegende Konsequenzen haben (vgl. Klaus/Lünenborg 2000; Lünenborg 2005). Während die traditionelle Journalismusforschung diese Entwicklungen vorwiegend skeptisch betrachtet und als Qualitätsverlust für den ‚seriösen‘ Journalismus bewertet, kommen Geschlechterforscherinnen zu einer ambivalenten Einschätzung. Mit der Boulevardisierung geht einerseits eine Öffnung auf den Ebenen Sprache, Themen- und AkteurInnen-Spektrum einher. Der Zutritt von Alltagsmenschen in die Medienarena – jenseits der politischen und ökonomischen Eliten – als Konsequenz der Boulevardisierung birgt das Potenzial zur Verringerung des *Gender Gap* in der Medienberichterstattung (vgl. Lünenborg 2009). Die höhere Präsenz von Frauen ergibt sich andererseits aber nicht in den Ressorts Politik oder

Wirtschaft, sondern vor allem in Kultur, Gesellschaft oder Vermischtem. Hier stellt sich zugleich die Frage nach dem ‚Wie' der Darstellung, denn verschiedene Studien zeigen, dass die vermehrte Berücksichtigung von Frauen etwa in der *Bild-Zeitung* mit Trivialisierungen oder negativen Wertungen einhergehen kann (vgl. Boomgaarden/Semetko 2007; Röser 2006), die in der Qualitätspresse nicht so explizit zu finden sind.[1] Die Ambivalenz und Mehrdeutigkeit des Phänomens Boulevardisierung wird so erneut deutlich.

Bisherige Untersuchungen konzentrieren sich noch immer vor allem auf die Textberichterstattung. Erkenntnisse über Genderkonstruktionen in der visuellen Berichterstattung sind trotz einzelner neuer Studien rar. Die wenigen Befunde (vgl. z.b. Miller 1975; Blackwood 1983; Fechter/Wilke 1998; Bissell 2000) bestätigen seit Jahrzehnten den *Gender Gap*. Frauen sind in der Berichterstattung unterrepräsentiert. Sie werden häufig körperbetont und in stereotypen, als „weiblich" konnotierten Körperhaltungen gezeigt (vgl. z.B. Archer u.a. 1985; Schmerl 2002). Differenzierte und aktuelle Ergebnisse in einer weiten Perspektive fehlen bislang. Vorliegende Einzelbefunde zur Quantität und Qualität der Bildberichterstattung im Bereich der Politik werden nachfolgend einbezogen. Der Beitrag von Elke Grittmann, der die Bildberichterstattung über Spitzenpersonal sowohl quantitativ als auch qualitativ analysiert, erschließt das Feld systematisch (vgl. Grittmann in diesem Band).

Quantitative Geschlechterverhältnisse in der Politikberichterstattung

In der Auseinandersetzung um den geringen Anteil von Frauen in der Medienberichterstattung wird immer wieder mit dem Verweis auf die ‚abzubildende' Wirklichkeit argumentiert. Frauen seien weniger präsent in der Öffentlichkeit, nähmen weniger leitende Positionen ein und tauchten deshalb in den Medien entsprechend weniger auf. Von dieser abbildtheoretischen Annahme ausgehend haben einige Studien den realen Anteil von Frauen in der Politik und ihren Anteil in der Medienberichterstattung vergleichend betrachtet. Die Ergebnisse sind eindeutig: Eie (1998) weist in ihrer europäischen Vergleichsstudie nach, dass sich der gestiegene Anteil von Frauen in politischen Entscheidungspositionen in der Fernsehberichterstattung nicht widerspiegelt. Norris (1997) konstatiert im Rahmen ihrer internationalen Erhebung zur Berichterstattung über Spitzen-

---

1 In einzelnen Analysen ergeben sich aber auch nur geringe Unterschiede zwischen Boulevard- und Qualitätsmedien bezüglich des Vorkommens von Geschlechterstereotypisierungen, vgl. z.B. Holtz-Bacha/Koch 2007.

politikerinnen, dass über diese Frauen im Vergleich zu ihren männlichen Bewerbern weniger berichtet wird.

Eine Fallstudie zur Berichterstattung im Vorfeld der Bundespräsidentenwahl 2004 in Deutschland zeigt, dass Hörst Köhler, der Kandidat von CDU und FDP, deutlich mehr Medienbeachtung erhält als die Kandidatin von SPD, Grünen und PDS, Gesine Schwan (70% zu 30%). Bemerkenswert ist dabei zugleich, dass über die ‚Außenseiterin' Schwan häufiger positiv berichtet wird (45% positiv, 4% negativ), während die Medienurteile über Köhler merklich negativer ausfallen (30% positiv, 20% negativ) (vgl. Rettich 2004).

Im Jahr 2005 hat sich das *Gender Setting* in der Politikberichterstattung in Deutschland deutlich gewandelt. Betrachtet man die Präsenz von Politikerinnen in deutschen Medien, so bildet Angela Merkel mit 21 Prozent der Nennungen deutlich die Spitze. Danach eröffnet sich ein gewaltiger Abstand: Ursula Schmidt folgt mit drei Prozent. In der ersten Hälfte des Jahres 2006 wird die Alleinstellung der Kanzlerin in der Politikerinnen-Präsenz noch offensichtlicher: Unter den 30 Personen, die speziell in Fernsehnachrichten am häufigsten genannt werden, nimmt Merkel mit Abstand die Spitzenposition ein. Die nächst folgende Frau ist wiederum Gesundheitsministerin Schmidt auf Platz 17. Allein Ursula von der Leyen und Condoleezza Rice sind als Frauen auf der Liste der 30 meistgenannten Personen in deutschen Fernsehnachrichten noch zu finden (vgl. Media Tenor 2006b). Die Kanzlerschaft Merkels hat in der Politik- und Kommunikationswissenschaft zu einer erneuten intensiveren Auseinandersetzung mit medialen Geschlechterkonstruktionen und deren Relevanz für die gesellschaftliche Öffentlichkeit geführt. Die vorliegenden Daten und Befunde haben jedoch aufgrund der exemplarischen Anlage bislang nur beschränkte Aussagekraft (vgl. Holtz-Bacha/König-Reiling 2007; Scholz 2007).

Vermutlich führt der Amtsbonus bei Kanzlerin Merkel zu einer häufigeren Präsenz in den Medien. Doch eine solche mediale ‚Abbildung' der Geschlechterverhältnisse in der Politik wird schon auf der Ebene der anderen Spitzenpolitikerinnen nicht mehr vorgenommen. Dass abbildtheoretische Annahmen nicht geeignet sind, die geringe mediale Präsenz von Politikerinnen zu erklären, haben Schaeffer-Hegel u.a. (1995) schon in den 1990er Jahren gezeigt. In einer Analyse der Medienberichterstattung zweier Tageszeitungen (*Tagesspiegel, die tageszeitung*) über den damaligen rotgrünen Senat in Berlin, der zu mehr als der Hälfte weiblich besetzt war, wird offenkundig, dass in der Häufigkeit der Nennung, der Prominenz der Platzierung sowie der thematischen Kontextualisierung den Senatorinnen im Vergleich zu den Senatoren weniger Aufmerksamkeit gewidmet und weniger politische Relevanz zugeschrieben wird.

Die Analyse des Bildangebots der dpa weist auf ähnliche Tendenzen in der Pressefotografie hin: Frauen kommen im Themenfeld Politik kaum vor (vgl. Fechter/Wilke 1998). Über den quantitativen Stellenwert von Politikerinnen in der visuellen Berichterstattung liegen bislang nach unseren Recherchen keine systematischen Erkenntnisse vor.

Gaye Tuchmans (1978) Befund aus den 1970er Jahren zur „Verbannung der Frau in die symbolische Nicht-Existenz" durch die Medien muss heute differenzierter eingeschätzt werden. Eine deutliche Marginalisierung im Vergleich zu männlichen Akteuren lässt sich in der nachrichtlichen Berichterstattung weiterhin feststellen; der Anteil von Frauen, über die in den Medien berichtet wird, ist insgesamt betrachtet nur mäßig gestiegen. In der unterhaltungsorientierten Berichterstattung und in Boulevardmedien lässt sich demgegenüber eine deutlich höhere Präsenz von Frauen nachzeichnen. Nicht zu übersehen ist: Medien bilden nicht die ungleichen gesellschaftlichen Geschlechterverhältnisse ab, sondern konstruieren eine eigene, geschlechtsgebundene Medienrealität (vgl. Lünenborg 1996; Röser 2006). Sie tun dies, indem sie Personen, Themen, Kontextualisierungen und Interpretationsweisen wählen und dabei andere vernachlässigen. Diese Selektionsprozesse sind stets auch geschlechtsgebunden.

2.2 Qualitative Analysen von Geschlechterbildern in der Politik

Das europäische Projekt „Portraying Politics" (2006) liefert für Fernsehjournalistinnen und -journalisten differenzierte Hinweise, wie sich die Qualität der Politikberichterstattung mit Blick auf Geschlechtergerechtigkeit nachhaltig verbessern lässt. Die Studie leistet keine eigenständige empirische Analyse, sondern bietet journalistisch-praktische Empfehlungen. Vorangestellt haben die Autorinnen jedoch eine systematische und instruktive Literaturbestandsaufnahme, die in Teilen für das hier bearbeitete Forschungsfeld relevant ist (vgl. Pantti 2007).

Eie (1998) verweist in ihrer europäisch vergleichenden Studie zur Fernsehberichterstattung auf ungleiche und stereotype Geschlechterdarstellungen. Präferiert werde die Darstellung von Poltikerinnen im Kontext ‚weicher' Themen wie Soziales, Gesundheit, Bildung und Familie. Zu diesem Ergebnis kommen zahlreiche nationale und internationale Studien (vgl. Spears/Seydegart 2000; Norris 1997). Politische Themenfelder lassen sich nach ‚männlichen' und ‚weiblichen' unterscheiden. Steigen damit einerseits die Chancen von Frauen, in ‚weichen' Politikbereichen medial wahrgenommen zu werden, so werden sie gleichzeitig reduziert auf we-

niger gestaltungsmächtige Terrains des öffentlichen Lebens. Eine ver-
stärkte Personalisierung der Berichterstattung führt dazu, dass nicht allein
Sachthemen, sondern auch persönliche Dimensionen politischen Handelns in den Mittelpunkt gerückt werden – mit unterschiedlichen Konsequenzen für Männer und Frauen. Von Sreberny und van Zoonen (2000)
sowie van Zoonen (2005) liegen hierzu internationale Arbeiten vor, die die
Konsequenzen dieser veränderten Selektions- und Präsentationsmuster
der Medien für die Gesellschaft diskutieren. Systematische empirische Analysen zu den Geschlechterbildern und -konstruktionen stehen noch aus.

Einerseits werden Politikbereiche qua Geschlecht hierarchisiert. Andererseits zeigen sich deutliche Differenzen in den personengebundenen
Beschreibungen: Frauen werden häufiger geschlechtsgebunden beschrieben
als Männer (vgl. Jamieson 1995). Norris (1997) weist in ihrer internationalen Studie gar nach, dass bei Politikerinnen das Geschlecht das erstrangi-
ge Beschreibungsmerkmal ist. Dabei wird zumeist auf geschlechtsgebundene sprachliche Klischees zurückgegriffen. Eine Analyse der Kontexte,
in denen Männer und Frauen präsentiert werden, zeigt zudem, dass das,
„was bei Männern als kämpferisch und positiv bewertet wird, bei Frauen
als aggressiv angesehen und somit negativ bewertet wird" (Gidengil/Eve-
ritt 1999: 62).

Zahlreiche Studien behandeln die (vermeintliche) Paradoxie von
Weiblichkeit und Erfolg. So wird das Familien- und Privatleben von Politikerinnen deutlich häufiger erwähnt und journalistisch behandelt als bei
ihren Kollegen (vgl. GMMP 2005; Spear/Seydegart 2000). Zugleich erscheint das Ideal einer erfolgreichen und kämpferischen Politikerin medial kaum vereinbar mit dem Ideal einer attraktiven, weiblichen Frau.
Am Beispiel Hillary Clinton wird nachgewiesen, dass die Medienberichterstattung über sie dann positiv ausfällt, wenn sich die Kandidatin für
das Senatorinnen-Amt zu ‚weichen Themen' äußert. In der Berichterstattung über den harten Wettstreit um den Einzug in den Senat wird häufiger negativ berichtet (vgl. Scharrer 2002). Bereits 1995 hat Jan Colbert bezogen auf die Bildberichterstattung über Hillary Clinton in zwei großen
amerikanischen Tageszeitungen eine hohe Konventionalisierung der Bild-
sujets festgestellt. Es dominieren zwar Aufnahmen von Clinton in ihrer
politischen oder beruflichen Rolle (57 Prozent), gleichwohl zeigen über
ein Drittel der Aufnahmen sie als Mutter, Ehefrau oder Gastgeberin (vgl.
Colbert 1995).

Die bereits oben erwähnte Analyse der Berichterstattung über die Berliner Senatorinnen weist unterschiedliche geschlechtsgebundene Argumentationsmuster nach, mittels derer eine Abqualifizierung der politischen Leistungen stattfindet: Dazu gehören Formen der Skandalisierung,

der Privatisierung sowie der Stereotypisierung von Weiblichkeit (vgl. Schaeffer-Hegel u.a. 1995).

Kritisch anzumerken an dieser und einigen internationalen Arbeiten ist, dass das methodische Vorgehen der qualitativen Medienanalysen nicht immer transparent, nachvollziehbar und regelgeleitet erscheint. Zudem stellt sich die Frage, inwieweit diese über zehn Jahre alten Befunde im Zuge der verstärkten Präsenz von Frauen in Spitzenpositionen an Gültigkeit verloren haben.

Neuere Ergebnisse liefert die Arbeit von Nancy Drinkmann und Claudio Caballero (2007) zur Printberichterstattung über die Kandidaten bei der Bundespräsidentenwahl 2004. Geschlecht spielt in den Medienberichten demnach eine feste Rolle für die Bundespräsidentenwahl – genau wie bei allen Wahlen zuvor, wenn eine Frau für dieses Amt kandidiert hat (vgl. ebd.: 200): „Ein Politiker ist einfach ein Politiker; eine Politikerin ist jedoch aus Sicht der Journalisten immer auch eine Frau" (ebd.: 201).

Nadja Sennewald untersucht 2008 vergleichend, welche Symbolik durch die Bildauswahl bei der Berichterstattung über drei Politikerinnen (Angela Merkel, Gabriele Pauli und Hillary Clinton) medial vermittelt wird. Im Rahmen einer Diskursanalyse fasst sie Bilder als diskursive Ereignisse, die kollektive Symboliken transportieren, in diesem Fall speziell zur „Diskursverknüpfung ‚Frauen' und ‚Macht'" (Sennewald 2008: 80). Für die von ihr untersuchten Bilder und den sich daraus ergebenden Diskurs schließt sie: „Frauen mit Macht werden im medialen Diskurs auf ihre Femininität hin geprüft und ‚fallen durch', unabhängig davon, ob bei ihnen ein Mangel oder ein Überschuss an Femininität konstatiert wird" (ebd.: 85–86). Das Frauenbild ist durch Stereotypisierungen gezeichnet, es geht auf die christliche Dichotomie Hexe/Hure und Heilige/Mutter zurück. „Der Heiligen steht nur die mütterlich kodierte Macht der Selbstaufopferung zur Verfügung – was kein brauchbares Modell für realpolitische Handlungsfähigkeit ist –, während die Macht der Hexe, wie sie der Femme fatale oder der Kältefrau zugeschrieben wird, eine manipulative, zerstörerische ist" (ebd.). Sennewald kommt zu dem Ergebnis, dass durch die Bilder der herrschende Status Quo der Geschlechterordnung aufrechterhalten wird. Macht sei für Frauen noch längst nicht selbstverständlich, weshalb man sich ständig auf alte Bilder berufe; es sei damit aber nicht möglich, aus diesen ein positives Bild von Frauen und Macht zu generieren: „Es gibt sie, die Frauen mit Macht, aber (noch) keine Bilder für sie" (ebd.). Auch dies gilt es in diesem Band zu prüfen.

Mit Angela Merkel als erster Regierungschefin in Deutschland setzte ein zarter Forschungsboom in der deutschen politik- und kommunikationswissenschaftlichen Forschung zur Geschlechterrepräsentation ein. Dabei handelt es sich entweder um kleinere Fallstudien (vgl. Scholz 2007; Gnändiger 2007; Pfannes 2004) oder um Arbeiten im Kontext der Analysen von Wahlkampfberichterstattung (vgl. Koch/Holtz-Bacha 2008; Koch 2007; Boomgaarden/Semetko 2007; Schulz/Zeh 2006; Wilke/Reinemann 2006). Diese Arbeiten kommen übereinstimmend zu dem Ergebnis, dass über Merkel im Vergleich zu Gerhard Schröder nicht verstärkt geschlechtsgebunden berichtet wird und beide eine gleichwertige Medienaufmerksamkeit erfahren. Private Kontexte spielen in den Berichten über Merkel und Schröder eine gleichermaßen geringe Rolle. Diese Befunde verweisen, anders als frühere Resultate, auf eine Reduzierung geschlechterstereotyper Zuweisungen in der Berichterstattung – ob dies auf explizite Inszenierungsstrategien von Angela Merkel zurückzuführen ist, die eine öffentliche Darstellung im Sinne weiblicher Attribute in der Regel vermeidet (vgl. Lünenborg u.a. 2009), muss an dieser Stelle offen bleiben. Kritisch anzumerken ist bei diesen Studien, dass das zugrunde gelegte Verständnis von Geschlechterrollen nur teilweise expliziert wird.

Aktuelle Befunde – nicht nur über die Darstellung von PolitikerInnen, sondern über mediale Geschlechterstereotype allgemein – liefert die länderübergreifende Untersuchung von Tageszeitungen aus Deutschland, Österreich und der Schweiz durch Magin und Stark (2010). In ihrer Studie werden zwei Hauptakteure je Beitrag aus unterschiedlichen Themenbereichen erfasst und daraus eine Auswahl vertiefend qualitativ untersucht. Auf Basis einer künstlichen Woche 2008 und in dekonstruktivistischer Tradition analysieren die Forscherinnen, wie Männlichkeit und Weiblichkeit in und durch die Presse konstruiert werden. Im Mittelpunkt steht die Frage, die auch Teil der hier präsentierten Studie ist, inwieweit Merkmals- und Eigenschaftszuschreibungen an Frauen und Männer in Printmedien stereotyp erfolgen oder sich die Rigidität medialer Geschlechterkonstruktionen abschwächt und die Berichterstattung beobachtbare Auflösungstendenzen aufgreift. Die Autorinnen kommen zu dem Ergebnis, dass sich empirische Belege sowohl für geschlechtsgebundene Klischees als auch für deren Auflösung finden lassen: „Alles in allem fallen die Ergebnisse ambivalent aus" (ebd.: 399).

2.3 Qualitative Analysen von Geschlechterbildern in Wirtschaft und Wissenschaft

Die Medienberichterstattung über Wirtschaft und Wissenschaft wurde bislang so gut wie gar nicht im Hinblick auf die präsentierten Geschlechterverhältnisse untersucht. Nur ganz vereinzelt finden sich Studien zu speziellen Fragestellungen.

Die geschlechtsgebundene Metaphorik innerhalb des Wirtschaftsmediendiskurses analysiert Veronika Koller in ihrer kritischen, an die Herangehensweise der kognitiven Linguistik angelehnten, diskursanalytischen Studie von 2004. Sie kommt zu dem Ergebnis, dass der Diskurs innerhalb der Wirtschaftsmedien maßgeblich durch die konzeptuelle Metapher ‚Krieg/Kampf' geprägt ist, was ihrer Einschätzung nach als „maskulinisierende Kraft" wirkt (Koller 2004: 172). Koller hält einen Wandel der Metaphorik unter anderem deshalb für notwendig, weil durch die Konzeptualisierung von Wirtschaft als „männlicher Arena" Frauen systematisch ausgeschlossen würden (ebd.: 173).

Im Bereich der Naturwissenschaft werden Konzeptualisierungen nach ähnlichem Muster wahrgenommen. In ihrer Studie über die „Ko-Konstruktion von Physik und Geschlecht in öffentlichen Diskursen" resümiert Martina Erlemann (2009), dass Physikerinnen die fachliche Eignung zwar nicht qua Geschlecht abgesprochen wird (vgl. ebd.: 341), die physikalischen Wissenschaften in den Medien aber als „maskulinisierende Praxis" konstituiert werden (ebd.: 345). Frauen werden also im Vergleich zu früheren Berichterstattungsmustern nicht mehr von der Berichterstattung über naturwissenschaftliche und technische Entwicklungen ausgeschlossen (vgl. auch für die Informatik: Light 1999), die der Berichterstattung zugrunde liegenden Konzepte sind gleichwohl männlich dominiert.[2]

Anliegen des hier präsentierten Projekts ist es, eine breite Analyse der Medientexte vorzunehmen und diese sowohl quantitativ wie qualitativ, sowohl auf sprachlicher wie auf visueller Ebene zu untersuchen (vgl. Röser/Müller, Maier/Lünenborg sowie Grittmann in diesem Band).

3. Kontexte: Entstehung und Wirksamkeit des Gendering in der Berichterstattung

3.1 Produktionskontext: Journalismus

Eine der zentralen Veränderungen, die im Journalismus in den vergangenen Jahren stattgefunden haben, ist die deutliche Zunahme des Anteils von Frauen in diesem Beruf. Sprachen Neverla/Kanzleiter 1984 bei einem Anteil von 17 Prozent noch von „Frauen in einem Männerberuf", so weist

---

2 Dem stimmen auch Mwenya Chimba und Jenny Kitzinger (2009) zu, die untersucht haben, wie Frauen in der Wissenschaft medial repräsentiert werden und wie Wissenschaftlerinnen selbst entsprechende kulturelle Widersprüche aushandeln. Demnach fühlen sich die befragten Wissenschaftlerinnen von den Medien dazu genutzt, die unpopulären Naturwissenschaften attraktiver zu präsentieren (vgl. Chimba/Kitzinger 2009: 9f.).

die aktuellste Erhebung einen Anteil von 37 Prozent Journalistinnen in Deutschland nach (vgl. Weischenberg/Malik/Scholl 2006). Damit vollzieht die Profession in Deutschland Entwicklungen, die in den USA bereits früher stattgefunden haben. Der Journalismus in Deutschland liegt mit Blick auf seine Geschlechterstruktur im europäischen Durchschnitt und ist dabei zugleich einer beachtlichen Dynamik unterworfen (vgl. Lünenborg 1997). Auch im Politikjournalismus hat der Frauenanteil deutlich zugenommen (vgl. Schwenk 2006). Diese Veränderung berührt in besonderem Maße das journalistische Selbstverständnis, da der Politikjournalismus im Selbst- wie Fremdbild das ‚Herzstück' der Profession ausmacht (vgl. Lünenborg 2006).

Der deutlich gestiegene Frauenanteil in den Redaktionen korrespondiert nicht in gleichem Maße mit einer veränderten Darstellung der Geschlechter in den Medien (vgl. Lünenborg 2001). Trotz der höheren Anzahl von Frauen in den Redaktionen hat der Anteil von Frauen, über die berichtet wird, nicht substanziell zugenommen. Für diesen Zustand liegen unterschiedliche Erklärungsansätze vor. Keuneke, Kriener und Meckel (1997) argumentieren auf der Grundlage von Survey-Befragungen, dass die professionelle Rolle die geschlechtsgebundene Rolle überlagere und deshalb das Geschlecht für professionelle Entscheidungsprozesse nicht länger relevant sei. Keil (2000) beschreibt spezifische professionelle Sozialisationsprozesse, die mit der Aneignung der Rolle als Journalist (!) geschlechtsgebundenes Handeln in den Hintergrund treten lassen. Nachrichtenfaktoren, die über die Relevanz eines Themas, einer Person oder eines Ereignisses entscheiden, werden somit scheinbar geschlechtsneutral wirksam. Lünenborg (1997) argumentiert auf der Grundlage geführter Interviews, dass gendersensible Berichterstattung allenfalls für einen kleinen Teil von Journalistinnen als relevant gilt. Robinson (2005) bestätigt diese Annahme mit Daten aus Kanada und den USA.

Zusammenfassend gilt es festzuhalten, dass sich mit einem merklich größeren Anteil von Frauen in den Redaktionen – auch in den Ressorts Politik und Wirtschaft – die Geschlechterstruktur der Berichterstattung nicht grundlegend wandelt. Fröhlich (2007) kommt in ihrer Kommunikatorstudie zu dem Schluss, dass Journalismus nach wie vor eine Männerdomäne ist, TV-Vorzeigefrauen verstärken ihrer Ansicht nach lediglich den falschen Eindruck von einer Dominanz der Journalistinnen im Ressort Politik. Wesentliches Anliegen des hier vorgestellten Projektes ist es zu rekonstruieren, mittels welcher professioneller Handlungsmuster und Routinen journalistische Selektionsprinzipien und Darstellungsweisen entstehen, die geschlechtsgebundene mediale Präsentationen zur Folge haben (vgl. Lünenborg/Maier in diesem Band).

3.2 Rezeptionskontext: Publikum

Über die Bedeutung medialer Wirklichkeitsentwürfe entscheiden letztlich erst die Aneignungsweisen und Interpretationen der MediennutzerInnen. Die Hinwendung zum Medienpublikum hat in den kommunikationswissenschaftlichen Gender Studies zu einem grundlegenden Paradigmenwechsel geführt: von der Wirkungs- zur Rezeptionsforschung und schließlich zu (de-)konstruktivistischen Perspektiven und machtkritischen Ansätzen wie den Cultural Studies (vgl. Klaus/Röser/Wischermann 2006; Klaus 2005; Maier 2007; Röser/Wischermann 2008). Insbesondere die überaus einflussreiche Soap-Opera-Forschung belegte früh die aktive und manchmal widerspenstige Bedeutungsproduktion durch die Rezipientinnen. Wurden populäre Massenmedien vom Male- und Mainstream der Forschung zuvor als trivial und sinnlos abqualifiziert, zeigen die Analysen dieses v.a. auf weibliche Publika zielenden Genres, wie Zuschauerinnen ihren sozialen und alltäglichen Erfahrungen in der Rezeption Bedeutung verleihen. Einen radikalen Bruch mit essentialistischen Konzepten und eine Hinwendung zum *Doing Gender* im Medienhandeln fordern schließlich Ien Ang und Joke Hermes (1992) ein. Sie argumentieren gegen die Existenz fixer Geschlechterpositionen, denn Menschen rezipieren Medien nicht ausschließlich ‚als Männer' oder ‚als Frauen'. Vielmehr werden Genderdefinitionen und Genderpositionen im Prozess der Rezeption und im Spannungsfeld von Text und Kontext produziert und eingenommen – oder auch verweigert und überschritten (vgl. z.B. Bechdolf 1999; Müller 2010; Röser 2000; vertiefend zur Theorie: Klaus 2005: 294f.). Nachgewiesen ist ferner, dass insbesondere Frauen, aber auch Teile der Männer, geschlechterstereotype Darstellungen kritisch beurteilen und sich von ihnen teilweise distanzieren (vgl. Röser/Kroll 1995; Röser 2000; Lünenborg u.a. 2009). Die Bedeutung von Medientexten wird somit im Prozess der Aneignung jeweils konkret verhandelt und muss konkret analysiert werden (vgl. Röser 2009).

Die vorhandene genderorientierte Rezeptionsforschung konzentriert sich vor allem auf populäre Medien und fiktionale Genres. Studien zur Aneignung nachrichtlicher und politikorientierter Berichterstattung im Hinblick auf die konstruierten Geschlechterverhältnisse sind selten (vgl. Cornelißen 1998; Lünenborg u.a. 2009: 90ff.; Peil 2009); zum hier interessierenden Themenfeld liegen kaum Befunde vor. Für die gesellschaftliche Wahrnehmung speziell von Spitzenfrauen (und -männern) sind Mediendiskurse besonders zentral, weil nur kleine Bevölkerungsgruppen auf diesem Feld über eigene soziale Alltagserfahrungen verfügen. Während die Rezeption bei vielen anderen Themen davon geprägt ist, dass eigene lebensweltliche Erfahrungen und Medienberichte miteinander in Beziehung gesetzt werden und daraus häufig Reibungspunkte entstehen (vgl.

Beispiele in Müller 2010; Röser 2000), ist es in Bezug auf unser Thema anders: Die meisten Menschen entwickeln Vorstellungen von Spitzenkräften aus Politik, Wirtschaft und Wissenschaft wesentlich auf Basis der Medienberichterstattung.

Da sich aus den Medientexten somit nicht kausal ableiten lässt, wie Rezipierende diese lesen, wird hier anhand von Gruppendiskussionen mit jungen Frauen und Männern explorativ der Frage nachgegangen, wie die medialen Repräsentationen von Spitzenfrauen (und -männern) wahrgenommen und angeeignet werden.[3] Dabei interessiert erstens die Verhandlung von Geschlechterkonstruktion und Führungsrolle in der Rezeption sowie zweitens die Aneignung erfolgreicher Spitzenfrauen im Kontext eigener berufsbezogener Pläne und Rollenentwürfe (vgl. Müller in diesem Band).

4. Untersuchungsdesign

Ziel des Projekts ist es, das Gendering von Führungspersonen aus Politik, Wirtschaft und Wissenschaft in der Medienkommunikation zu analysieren und dazu ein integratives Forschungsdesign zu entwickeln.

Die empirische Umsetzung des Projekts basiert auf zwei Säulen. Die erste Säule bilden *Inhaltsanalysen* zur medialen Repräsentation von Führungsfrauen aus Politik, Wirtschaft und Wissenschaft im Vergleich zu ihren jeweiligen männlichen Pendants. Dabei wird sowohl auf quantitativer als auch auf qualitativer Ebene vorgegangen. Einbezogen werden schrifttextliche, audiovisuelle und visuelle Elemente (v.a. Fotografie). Die erste Säule umfasst insgesamt drei Teilstudien: quantitative Inhaltsanalyse, qualitative Textanalyse sowie quantitative und qualitative Bildanalyse. Insbesondere für die qualitative Textanalyse und für die Bildanalyse (vgl. Grittmann 2007; Grittmann/Ammann 2011) wird dabei methodische Grundlagenarbeit zu leisten sein. Die wenigen qualitativen Studien, die für das Feld der Politik vorliegen, bieten methodische Anregungen, beschränken sich aber jeweils auf Fallstudien (vgl. z.B. Schaeffer-Hegel u.a. 1995) und sehr kleine Samples (vgl. z.B. Sterr 1997) oder verfahren interpretierend am Einzelfall orientiert (vgl. z.B. Huhnke 1996).

Die zweite Säule besteht aus *Kontextanalysen*, die erstens die Perspektive der journalistischen Produktion und zweitens die der Mediennut-

---

3 In die Gruppendiskussionen werden sowohl weibliche wie männliche Rezipierende einbezogen und es wird deren Aneignung der Medienbilder von Spitzenfrauen, aber auch von Spitzenmännern analysiert. In diesem Rahmen setzen wir gleichwohl einen Schwerpunkt auf die Rezipientinnen und die Aneignung medialer Konstruktionen speziell von Spitzenfrauen, was sich im Untersuchungssetting niederschlägt.

zerInnen und somit der Rezeption integrieren. Die zweite Säule umfasst zwei Teilstudien: Produktions- und Rezeptionsanalyse. Die empirischen Teilstudien münden nicht nur in eine Gesamtauswertung und den Transfer der Befunde[4], sondern befruchten sich bereits in den Planungsphasen gegenseitig, indem z.b. Einsichten und Materialien aus den Textanalysen in die Rezeptionsstudien einfließen. Abbildung 1 zeigt im Überblick das Untersuchungsdesign und die empirischen Teile der Studie.

Abb. 1: Untersuchungsdesign

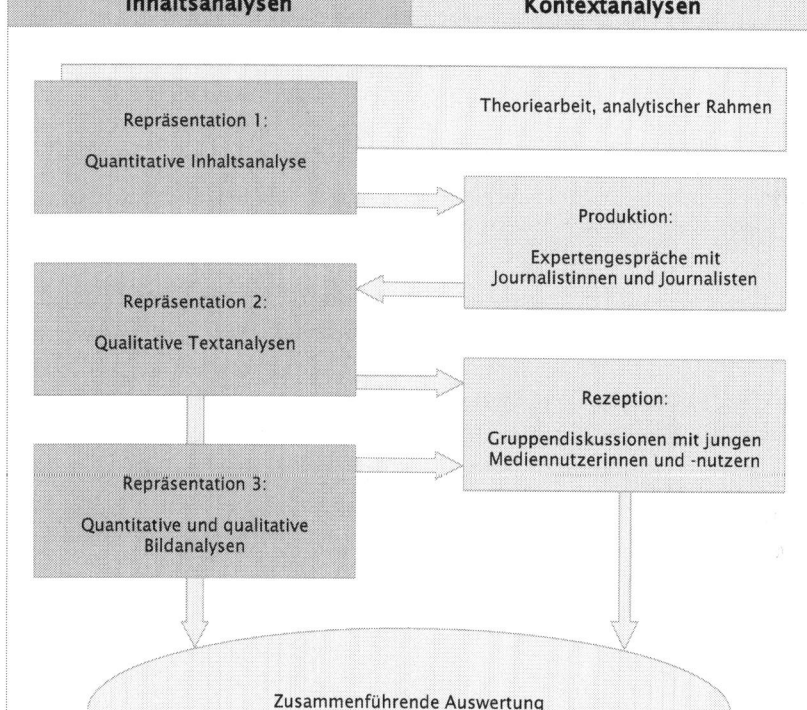

---

4 Die zusammenführende Auswertung und der Transfer der Ergebnisse werden geleistet in Form a) der vorliegenden Publikation der Befunde aller Teilstudien, b) einer Tagung und eines Pressegesprächs im Juni 2010 in Berlin mit Präsentationen der Befunde und deren Diskussion im Rahmen einer Podiumsdiskussion mit Vertreterinnen der drei Gesellschaftsbereiche Politik, Wirtschaft und Wissenschaft sowie c) einer Präsentations-DVD, die zentrale Befunde des Gesamtprojekts für die journalistische und universitäre Ausbildung aufbereitet.

Insgesamt werden im Rahmen eines multiperspektivischen Untersuchungsdesigns somit fünf Teilanalysen durchgeführt, deren Befunde im hier vorliegenden Band in jeweils einem eigenen Beitrag präsentiert werden. Dabei werden durch Querverweise Bezüge zwischen den Beiträgen hergestellt. Da das methodische Vorgehen jeder Teilstudie im zugehörigen Beitrag konkret dargelegt wird, sollen hier einleitend nur solche Methodenelemente (nochmals) knapp dargelegt werden, die das Projekt übergreifend prägen. Dies betrifft insbesondere das Sample der untersuchten Medien sowie eine definitorische Bestimmung, welcher Personenkreis aus Politik, Wirtschaft und Wissenschaft als ‚Führungsperson' gesehen und im Hinblick auf seine mediale Repräsentation analysiert wird.

Das *Sample der Medien und der Untersuchungszeitraum* zeichnen sich durch eine Breite aus, die im Forschungsfeld der medialen Geschlechterrepräsentationen bislang noch nicht umgesetzt werden konnte und verallgemeinerungsfähige Befunde in Bezug auf die in Gesellschaft und Journalismus zentralen Felder Politik, Wirtschaft und Wissenschaft gewährleistet (vgl. Abb. 2).

Einbezogen werden die *Mediengattungen* Tageszeitung, Wochenzeitung, Publikumszeitschrift sowie Fernsehnachricht und -magazin. Insgesamt werden 23 Einzelmedien analysiert, 13 Printmedien und 10 Fernsehangebote. Das Tageszeitungs-Sample umfasst überregionale Tageszeitungen; mit der Titelauswahl bilden wir das politische Spektrum ab und beziehen ergänzend den Marktführer der Boulevardzeitungen ein. Hinzu kommt die größte und einflussreichste Wochenzeitung. Publikumszeitschriften werden als populäre, stärker unterhaltungsorientierte Medien in die Analyse einbezogen, um zu prüfen, inwieweit politikfernere Mediengattungen Chancen (bessere Sichtbarkeit) und Risiken (Trivialisierung) bezüglich der Repräsentation von Führungsfrauen bieten. Das Sample der Publikumszeitschriften wurde theoriegeleitet gebildet und umfasst ein breites Spektrum an Titeln mit unterschiedlichen Konzepten und Zielgruppen: Die Nachrichtenmagazine sind (zusammen mit der Wochenzeitung) an klassischen journalistischen Ressorts und vor allem auch am politischen Journalismus ausgerichtet. Die vier Illustrierten – angefangen bei einer Frauenzeitschrift über eine auf Ostdeutschland orientierte Illustrierte bis hin zu People-Magazin und allgemeine Illustrierte – repräsentieren populäre Berichterstattungsmuster. Die Wirtschaftstitel schließlich sind mit Blick auf Berichte aus Unternehmen und Management für unseren Erkenntniszusammenhang von spezifischem Interesse. Das Fernseh-Sample umfasst Nachrichtensendungen der vier größten Fernsehsender ARD, ZDF, RTL und Sat.1 sowie die reichweitenstärksten Politik- und Wirtschaftsmagazine (vgl. Abb. 2).

Abb. 2: Sample der Inhaltsanalysen

Untersuchte Medien: 23	Quantitative Inhaltsanalyse (vgl. Röser/Müller i.d.B.)	Qualitative Textanalyse (vgl. Maier/Lünenborg i.d.B.)	Quantitative & qualitative Bildanalyse (vgl. Grittmann i.d.B.)
Tageszeitungen: 4 *Süddeutsche Zeitung* (SZ), *Frankfurter Allgemeine Zeitung* (FAZ), *die tageszeitung* (taz), *Bild-Zeitung*	Zeitraum: 6 Monate (01.04.–30.09.2008) 13 Printmedien und 10 TV-Medien, alle Ausgaben	Zeitraum: 6 Monate (01.04.–30.09.2008) 13 Printmedien, alle Ausgaben	Zeitraum: 2 Monate (20.05.–31.07.2008) 13 Printmedien, alle Ausgaben
Publikumszeitschriften und Wochenzeitungen: 9	Analysematerial je Ausgabe:	Analysematerial je Ausgabe:	Analysematerial je Ausgabe:
Nachrichtenmagazine: *Spiegel, Focus* Wirtschaftsmagazine: *Capital,* *Manager Magazin* Illustrierte: *Brigitte, Bunte, Stern,* *Superillu* Wochenzeitung: *Die Zeit*	• gesamter redaktioneller Inhalt; in Tageszeitungen nur der Politik- und Wirtschaftsteil • im Text genannte Personen sowie Spitzenpersonen aus Politik, Wirtschaft und Wissenschaft je Beitrag	• alle Beiträge mit personenorientierten Darstellungen von Spitzenkräften • Vertiefung anhand theoriegeleiteter Auswahl: Beiträge über ausgewählte Spitzenkräfte	• alle visuellen Personendarstellungen von Spitzenkräften • Vertiefung anhand theoriegeleiteter Auswahl: Fotos von ausgewählten Spitzenkräften
Fernsehen: 10 nachrichtliche Sendungen aus 4 Sendern			
Hauptnachrichten: ARD, ZDF, RTL, Sat.1[5] Nachrichtenmagazin: 2 *Tagesthemen* (ARD), *Heute Journal* (ZDF) Politik- & Wirtschaftsmagazine: 4 *Monitor* (ARD), *Panorama* (ARD), *Plusminus* (ARD), *WISO* (ZDF)	• soweit über die Person in mindestens 5 Zeilen (Print) bzw. 5 Sekunden (TV) berichtet wird		

Der *Untersuchungszeitraum* umfasst April bis September 2008 und somit sechs Monate. In diesem Rahmen werden für jede der inhaltsanalytischen Teilstudien Spezifikationen vorgenommen und ein gestuftes Vorgehen je nach Untersuchungsmethodik und -aufwand konzipiert. Bezogen auf die aufwendigen qualitativen Analysen wird die Stichprobe im Sinne eines Theoretical Sampling (vgl. Krotz 2005; Lampert 2005: 517ff.) medienintern weiter spezifiziert (vgl. Abb. 2).

---

5 Von den Sat1-Nachrichten konnten aufgrund technischer Verfügbarkeit die Ausgaben von nur drei statt sechs Monaten in das Sample eingehen. Da dies für ein täglich erscheinendes Medium noch immer eine sehr breite Materialgrundlage ist, ist die Verallgemeinerbarkeit der Befunde dadurch nicht beeinträchtigt.

Die quantitative Inhaltsanalyse bezieht sich auf die vollen sechs Monate des Untersuchungszeitraums und auf alle Ausgaben der 13 Printtitel sowie der 10 Fernsehangebote. Es wird das komplette Inhaltsangebot bzw. bei Tageszeitungen der Politik- und Wirtschaftsteil ausgewertet. Die folgenden beiden Teilstudien, Bild- und qualitative Textanalyse, konzentrieren sich auf die 13 Printtitel und klammern das Fernsehen aus.[6] Auch die qualitative Textanalyse bezieht sich auf alle Ausgaben der sechs Monate, dabei werden Binnengrenzen innerhalb der einzelnen Medien gezogen und solche Artikel untersucht, die personenbezogene Darstellungen von Spitzenkräften enthalten. Auf Basis erster Befunde werden in einem nächsten Schritt spezifische Spitzenpersonen beiderlei Geschlechts theoriegeleitet ausgewählt und deren Repräsentationen vertiefend analysiert. Die Bildanalyse bezieht sich auf einen Untersuchungszeitraum von zwei der sechs Monate und analysiert ebenfalls 13 Printtitel mit allen Ausgaben dieser Zeitspanne im Hinblick auf alle Fotos und Abbildungen von Spitzenpersonen. Auf Basis einer quantifizierenden und systematisierenden Auswertung werden auch für die Bildanalyse in einem nächsten Schritt spezifische Spitzenpersonen beiderlei Geschlechts theoriegeleitet ausgewählt und deren bildliche Repräsentationen vertiefend untersucht. Die Auswahl der vertiefend zu analysierenden Personen wurde zwischen beiden Teilprojekten abgestimmt.

Gemäß unseres Erkenntnisinteresses werden Repräsentationen von Personen in herausgehobenen Positionen an der Spitze und dies in den drei Gesellschaftsbereichen Politik, Wirtschaft und Wissenschaft analysiert. Diese Konzentration entspricht den Selektionsprinzipien des Journalismus, der sich wesentlich an Elitepersonen und an diesen Themenbereichen orientiert. Insofern erfassen wir mit unserem Fokus einen bedeutenden Teil der Berichterstattung.[7] Im Projekt wurden Definitionen

---

6 Ursprünglich war geplant, reichweitenstarke Politik-, Wirtschafts- und Wissenschaftsmagazine des Fernsehens in die qualitativen Textanalysen einzubeziehen (Ausgaben eines Monats). Die systematische Sichtung und Sequenzierung der entsprechenden Sendungen zunächst von einem Monat, dann erweitert auf zwei Monate – ergab dann aber, dass für weitergehende qualitative Inhaltsanalysen nicht genügend Material vorlag: Es konnten in den Berichten nur einige wenige Personen recherchiert werden, die unserer Definition von Spitzenpersonal entsprechen. Aus diesem Grund musste auf eine weitergehende Auswertung der Fernsehmagazine verzichtet werden. Bei den Bildanalysen haben wir Fernsehsendungen von vornherein ausgespart, weil das visuelle Genre Bewegtbild andere Analysemethoden benötigt als das Genre Fotografie.

7 Dies bestätigte die quantitative Inhaltsanalyse, denn hier wurden in einem ersten Schritt auch alle erwähnten Personen in den drei Gesellschaftsbereichen unabhängig von Ihrem Status erhoben. Von diesen gehörte rund die Hälfte zur ,Spitze' gemäß unserer Definition (vgl. Röser/Müller in diesem Band).

erarbeitet, welche Positionen in den drei Bereichen jeweils zur ‚Spitze' gehören[8]:

- Politik: Die Spitze bezieht sich auf bundespolitische Führungspositionen, d.h. auf die Mitglieder der Bundesregierung, die Parteiführungen sowie auf (die KandidatInnen für) das Amt des Bundespräsidenten.
- Wirtschaft: SpitzenmanagerInnen sind LeiterInnen von Unternehmen aller Größenordnungen, bezogen auf größere Unternehmen Vorstandmitglieder und leitende ManagerInnen sowie Verbandschefs und -chefinnen.
- Wissenschaft: SpitzenwissenschaftlerInnen sind ProfessorInnen in Leitungspositionen sowie international renommierte und ausgezeichnete ForscherInnen.

Die Festlegung des Samples und der Definitionen betrifft vor allem die drei inhaltsanalytischen Teilstudien, sie hat aber auch Konsequenzen für die beiden Kontextanalysen. Im Rahmen der Produktionsanalyse werden leitfadengestützte Expertengespräche mit JournalistInnen durchgeführt. Die Auswahl der zu befragenden JournalistInnen orientiert sich im Hinblick auf deren Ressorts an den drei untersuchten Gesellschaftsbereichen und bezogen auf das Medium, bei dem sie arbeiten, an unserem Mediensample. Im Rahmen der Rezeptionsanalyse werden fokussierte Gruppendiskussionen mit jungen Frauen und Männern (17 bis 19 Jahre) unterschiedlicher Bildungsgruppen durchgeführt. Die Auswahl des als Fokus vorgelegten Medienmaterials, das in den Gruppen zur Diskussion gestellt wird und diese anregen soll, orientiert sich weitgehend an Beiträgen aus unserem inhaltsanalytischen Material und den zugrunde gelegten Definitionen von Spitzenkräften.

5. Das integrative Forschungsdesign – Potenzial für das Verstehen öffentlicher Kommunikationsprozesse

In der mit diesem Band vorliegenden Gesamtauswertung des Projekts werden alle Teile der Inhaltsanalysen bilanziert und mit den Befunden der Produktions- und der Rezeptionsanalyse zusammengeführt. Auf die-

---

[8] Die Definitionen finden sich in ihrer weitesten Form ausführlicher im Beitrag zur quantitativen Inhaltsanalyse, vgl. Röser/Müller in diesem Band. Zu davon abgeleiteten Definitionen in Bezug auf die vertiefenden qualitativen Analysen vgl. Maier/Lünenborg sowie Grittmann in diesem Band. Insgesamt werden nur Führungskräfte, die Positionen in Deutschland innehaben, in die Analysen einbezogen (also z.B. keine Berichte über ausländische Regierungschefs auf Staatsbesuch).

ser Grundlage wird sichtbar, in welcher Weise geschlechtsgebundene Präsentationsformen und -muster entstehen und welche Folgen die medialen Repräsentationen für die Wahrnehmung von Geschlechterverhältnissen in Spitzenpositionen haben. Besonderes Augenmerk wird dabei einerseits auf die vergleichende Betrachtung zwischen den Bereichen Politik, Wirtschaft und Wissenschaft gerichtet. Andererseits werden Potenziale der Auflösung geschlechterhierarchischer und -stereotyper Muster herausgearbeitet, um auf dieser Grundlage Ansatzpunkte für innovative mediale Repräsentationsstile und -muster sowie deren Relevanz im öffentlichen Diskurs kenntlich zu machen. Die multimethodische Herangehensweise im Sinne der Cultural Studies (vgl. Lünenborg 2005) ermöglicht es den Forscherinnen, den komplexen Prozess der gesellschaftlichen Bedeutungsproduktion auf unterschiedlichen Ebenen zu analysieren und durch die Auseinandersetzung mit mediatisierten Eliten differenzierte Erkenntnisse über die Konstruktion, Repräsentation und Aneignung von Geschlechterbildern herauszuarbeiten.

In der Zusammenschau von Produktion, Medientext und Rezeption wird der Prozess öffentlicher Kommunikation als ein non-linearer erkennbar. Nur wenn Modi der Rezeption als eigenständige Kommunikationsleistungen empirisch betrachtet werden, können diese ins Verhältnis zum Medientext und seiner Entstehung gesetzt werden. Der Zusammenhang zwischen Medientext und seiner gesellschaftlichen Bedeutung ist also weder ein simpel kausaler noch ein arbiträrer. Gleichermaßen führen spezifische Kontexte journalistischen Handelns keineswegs linear zu spezifischen Mustern der geschlechtsgebundenen Repräsentation. Die (medien)öffentliche Repräsentation von Geschlechterverhältnissen erweist sich als ein dynamisches, sich wandelndes und zugleich als ein verharrend, konservierendes Feld. Für das Verstehen gesellschaftlicher Geschlechterverhältnisse ist eine kontextbasierte Analyse der alltagsgebundenen Deutungspraktiken von Produzierenden wie Rezipierenden unverzichtbar, will man den ambivalenten und zuweilen widerständigen Praktiken des Verstehens auf die Spur kommen.

Integrative Analysen – also die theoretische und methodische Kombination von Medien-, Produktions- und Rezeptionsanalysen zu einem Forschungsgegenstand – werden vielfach gefordert, aber selten umgesetzt (vgl. als Beispiele Lünenborg u.a. 2011; Lünenborg/Fritsche/Bach 2011; Werner/Rinsdorf 1998). Hier bietet das vorliegende Projekt ein besonderes Potenzial: Es rekonstruiert Prozesse der ambivalenten und widersprüchlichen Herstellung sowie der Bedeutungszuweisung von Geschlechterverhältnissen und macht dabei deren gesellschaftliche Relevanz sichtbar. Damit werden Analysen der kommunikationswissenschaftlichen Geschlechterforschung anschlussfähig für aktuelle Diskurse in den soziologischen, politikwissenschaftlichen und kulturwissenschaftlichen Gender Studies. Über den Gegenstand hinaus eröffnet das multimethodische Forschungsdesign Anregungen für weitere integrative Analysen öffentlicher Kommunikationsprozesse, bei denen Produktion, Medientext und Rezeption prozessual und interagierend empirisch erfasst werden.

Literatur

Ang, Ien/Hermes, Joke (1992): Gender and/in Media Consumption. In: Curran, James/Gurevitch, Michael (Hg.): Mass Media and Society. New York, Melbourne, Auckland: Edward Arnold, 307–328.

Archer, Dane u.a. (1985): Männer-Köpfe, Frauen-Körper. Studien zur unterschiedlichen Abbildung von Frauen und Männern auf Pressefotos. In: Schmerl, Christiane (Hg.): In die Presse geraten. Darstellung von Frauen in der Presse und Frauenarbeit in den Medien. Köln u.a.: Böhlau, 53–75.

Bechdolf, Ute (1999): Puzzling Gender: Re- und De-Konstruktionen von Geschlechterverhältnissen im und beim Musikfernsehen. Weinheim: Dt. Studien-Verlag.

Bissell, Kimberly L. (2000): A Return to „Mr. Gates". Photography and Objectivity. In: Newspaper Research Journal 21, 81–94.

Blackwood, Ryo (1983): The Content of News Photos. Roles Portrayed by Men and Women. In: Journalism Quarterly 60, 710–714.

Bonfadelli, Heinz (2006): Wissenschaft und Medien: ein schwieriges Verhältnis? In: Liebig, Brigitte u.a. (Hg.): Mikrokosmos Wissenschaft. Transformationen und Perspektiven. Zürich: vdf Hochschulverlag, 187–204.

Boomgaarden, Hajo G./Semetko, Holli A. (2007): Duell Mann gegen Frau?! Geschlechterrollen und Kanzlerkandidaten in der Wahlkampfberichterstattung. In: Brettschneider, Frank/Niedermayer, Oskar/Weßels, Bernhard (Hg.): Die Bundestagswahl 2005. Analysen des Wahlkampfes und der Wahlergebnisse. 1. Aufl., Wiesbaden: VS. (Veröffentlichung des Arbeitskreises „Wahlen und politische Einstellungen" der Deutschen Vereinigung für Politische Wissenschaft (DVPW), 12), 171–196.

Chimba, Mwenya/ Kitzinger, Jenny (2009): Bimbo or boffin? Women in Science: an Analysis of Media Representations and how Female Scientists Negotiate Cultural Contradictions. In: Public Understanding of Science 19, 1–16.

Colbert, Jan (1995): Ho Hum. Another Hillary Photo. In: Visual Communication Quarterly 2, 4–6.

Cornelißen, Waltraud (1998): Fernsehgebrauch und Geschlecht. Zur Rolle des Fernsehens im Alltag von Frauen und Männern. Wiesbaden: Westdeutscher Verlag.

Drinkmann, Nancy/Caballero, Claudio (2007): Eine Frau ist eine Frau ist eine Frau? Die Berichterstattung über die Kandidaten der Bundespräsidentenwahl 2004. In: Holtz-Bacha, Christina/König-Reiling, N. (Hg.): Warum nicht gleich? Wie die Medien mit Frauen in der Politik umgehen. Wiesbaden: VS, 167–203.

Eie, Birgit (1998): Who Speaks in Television? A Comparative Study of Female Participation in Television Programmes. Oslo: NRK.

Erlemann, Martina (2009): Menschenscheue Genies und suspekte Exotinnen. Die Ko-Konstruktion von Physik und Geschlecht in öffentlichen Diskursen. Unveröff. Dissertation Universität Wien. Online zugänglich: http://othes.univie.ac.at/7427/1/2009-05-25_9708072.pdf (Zugriff: 28.03.2011).

Fechter, Anja/Wilke, Jürgen (1998): Produktion von Nachrichtenbildern. Eine Untersuchung der Bilderdienste der Nachrichtenagenturen. In: Wilke, Jürgen (Hg.): Nachrichtenproduktion im Mediensystem. Von den Sport und Bilderdiensten bis zum Internet. Köln u.a.: Böhlau, 55–119.

Fröhlich, Romy (2007): Ist der Journalismus (noch) ein männliches Geschäft? In: Holtz-Bacha, Christina/ König-Reiling, Nina (Hg.): Warum nicht gleich? Wie die Medien mit Frauen in der Politik umgehen. Wiesbaden: VS, 66–78.

Gidengil, Elisabeth/Everitt, Joanna (1999): Metaphors and Misrepresentation: Gendered Mediation in News Coverage of the 1993 Canadian Leaders' Debates. In: Harvard International Journal of Press/Politics 4, 48–65.

GMMP (2010a): Who Makes the News? Global Media Monitoring Project 2010. Online verfügbar: http://www.whomakesthenews.org/images/stories/restricted/global/global_en.pdf (Zugriff 16.12.2011).

GMMP (2010b): 15 Jahre nach Peking. Online verfügbar: http://www.journallstlnnen.de/projekte/monitoring.html (Zugriff 16.12.2011).

GMMP (2005): Global Media Monitoring Project 2005: http://www.whomakesthenews.org/research/global_reports/report_2005__1; Stand: 26.09.2006.

Gnändiger, Charlotte (2007): Politikerinnen in deutschen Printmedien. Vorurteile und Klischees in der Berichterstattung. Saarbrücken: VDM Verlag Dr. Müller.

Grittmann, Elke (2007): Das politische Bild. Fotojournalismus und Pressefotografie in Theorie und Empirie. Köln: von Halem.

Grittmann, Elke/Ammann, Ilona (2011): Quantitative Bildtypenanalyse. In: Petersen, Thomas/Clemens Schwender (Hg.): Die Entschlüsselung der Bilder. Methoden zur Erforschung visueller Kommunikation. Köln: von Halem, 163–177.

Hesse, Marlies/Röser, Jutta (2006): Mehr Präsenz von Frauen in den Hauptnachrichten deutscher Medien. In: Journalistinnenbund (Hg.): Präsenz von Frauen in den Nachrichten. Medienbeobachtungen 2005. Bonn: Broschur, 12–18.

Holtz-Bacha, Christina/König-Reiling, Nina (Hg.) (2007): Warum nicht gleich? Wie die Medien mit Frauen in der Politik umgehen. Wiesbaden: VS.

Huhnke, Brigitta (1996): Macht, Medien und Geschlecht. Eine Fallstudie zur Berichterstattungspraxis der dpa, der taz sowie der Wochenzeitungen Die Zeit und Der Spiegel von 1980–1995. Opladen: Westdeutscher Verlag.

Jamieson, Kathleen (1995): Beyond the Double Bind: Women and Leadership. New York: Oxford University Press.

Jarren, Otfried/Donges, Patrick (2006): Politische Kommunikation in der Mediengesellschaft. Eine Einführung. 2. überarb. Aufl., Wiesbaden: VS.

Keil, Susanne (2000): Einsame Spitze?: Frauen in Führungspositionen im öffentlich-rechtlichen Rundfunk. Münster: Lit.

Keuneke, Susanne/Kriener, Markus/Meckel, Miriam (1997): Von Gleichem und Ungleichem. Frauen im Journalismus. In: Rundfunk und Fernsehen 45, 30–45.

Klaus, Elisabeth (2005): Kommunikationswissenschaftliche Geschlechterforschung. Zur Bedeutung der Frauen in den Massenmedien und im Journalismus. 2. erw. Aufl., Münster: Lit.

Klaus, Elisabeth/Lünenborg, Margreth (2000): Der Wandel des Medienangebots als Herausforderung an die Journalismusforschung: Plädoyer für eine kulturorientierte Annäherung. In: Medien & Kommunikationswissenschaft 48, 188–211.

Klaus, Elisabeth/Röser, Jutta/Wischermann, Ulla (2006): Frauen- und Geschlechterforschung: Zum Gesellschaftsbezug der Publizistik und Kommunikationswissenschaft. In: Publizistik Sonderhefte, Bd. 5. Fünfzig Jahre Publizistik. Hg. von Holtz-Bacha, Christina/Kutsch, Arnulf/Langenbucher, Wolfgang/Schönbach, Klaus, 354–369.

Koch, Thomas (2007): Immer nur die Frisur? Angela Merkel in den Medien. In: Holtz-Bacha, Christina/König-Reiling, Nina (Hg.): Warum nicht gleich. Wie die Medien mit Frauen in der Politik umgehen. Wiesbaden: VS, 146–166.

Koch, Thomas/Holtz-Bacha, Christina (2008): Der Merkel-Faktor – Die Berichterstattung der Printmedien über Merkel und Schröder im Bundestagswahlkampf 2005. In: Holtz-Bacha, Christina (Hg.): Frauen, Politik und Medien. Wiesbaden: VS, 49–70.

Koller, Veronika (2004): Metaphor and Gender in Business Media Discourse. A Critical Cognitive Study. New York: Palgrave Macmillan.

Krotz, Friedrich (2005): Neue Theorien entwickeln. Eine Einführung in die Grounded Theory, die Heuristische Sozialforschung und die Ethnographie anhand von Beispielen aus der Kommunikationsforschung. Köln: Herbert von Halem.

Lampert, Claudia (2005): Grounded Theory. In: Mikos, Lothar/Wegener, Claudia (Hg.): Qualitative Medienforschung. Konstanz: UVK, 516–526.

Light, Jennifer (1999): When Computers Were Women. In: Technology and Culture 40, 455–483.

Lünenborg, Margreth (2009): Politik auf dem Boulevard? Eine Einführung aus geschlechtertheoretischer Perspektive. In: dies. (Hg.): Politik auf dem Boulevard? Die Neuordnung der Geschlechter in der Politik der Mediengesellschaft. Bielefeld: transcript, 7–21.

Lünenborg, Margreth (2006): Zwischen Boulevard und Polit-Talk: Doing Gender im politischen Journalismus. In: Femina Politica. Zeitschrift für feministische Politikwissenschaft. Themenheft: Geschlecht in der politischen Kommunikation 15, 33–46.

Lünenborg, Margreth (2005): Journalismus als kultureller Prozess. Zur Bedeutung von Journalismus in der Mediengesellschaft. Ein Entwurf. Wiesbaden: VS.

Lünenborg, Margreth (2001): Geschlecht als Analyseperspektive in der Journalismusforschung. Potenziale und Defizite. In: Klaus, Elisabeth/Röser, Jutta/Wischermann, Ulla (Hg.): Kommunikationswissenschaft und Gender Studies. Wiesbaden: Westdeutscher Verlag, 124–143.

Lünenborg, Margreth (1997): Journalistinnen in Europa. Eine international vergleichende Analyse zum Gendering im sozialen System Journalismus. Opladen: Westdeutscher Verlag.

Lünenborg, Margreth (1996): Geschlecht als soziales und kulturelles Konstrukt. Kritische Anmerkungen zur Geschlechterforschung in neueren Kommunikatorstudien. In: Mast, Claudia (Hg.): Markt – Macht – Medien. Publizistik zwischen gesellschaftlicher Verantwortung und ökonomischen Zielen. Konstanz: UVK, 363–374.

Lünenborg, Margreth/Fritsche, Katharina/Bach, Annika (2011): Migrantinnen in den Medien. Darstellung in der Presse und ihre Rezeption. Bielefeld: transcript.

Lünenborg, Margreth/Martens, Dirk/Köhler, Tobias/Töpper, Claudia (2011): Skandalisierung im Fernsehen. Strategien, Erscheinungsformen und Rezeption von Reality TV Formaten. Berlin: Vistas.

Lünenborg, Margreth/Röser, Jutta/Maier, Tanja/Müller, Kathrin Friederike/Grittmann, Elke (2009): Merkels Dekolleté als Mediendiskurs. Eine Bild-, Text- und Rezeptionsanalyse zur Vergeschlechtlichung einer Kanzlerin. In: Lünenborg, Margreth (Hg.): Politik auf dem Boulevard? Die Neuordnung der Geschlechter in der Politik der Mediengesellschaft. Bielefeld: transcript, 73–102.

Magin, Melanie/Stark, Birgit (2010): Mediale Geschlechterstereotype. Eine ländervergleichende Untersuchung von Tageszeitungen. In: Publizistik 55, 383–404.

Maier, Tanja (2007): Gender und Fernsehen. Perspektiven einer kritischen Medienwissenschaft. Bielefeld: transcript.

Media Tenor (2006a): Forschungsbericht Nr. 154. 2. Quartal, 28–29. Bonn: Broschur.

Media Tenor (2006b): Der Kanzlerbonus ist unübersehbar. Top-30 Personen in den Fernsehnachrichten 1–6/ 2005 und 1–6/ 2006 im Vergleich. Unveröffentlichtes Manuskript, Bonn.

Miller, Susan H. (1975): The Content of News Photos. Women's and Men's Roles. In: Journalism Quarterly 52, 70–75.

Müller, Kathrin Friederike (2010): Frauenzeitschriften aus der Sicht ihrer Leserinnen. Die Rezeption von Brigitte im Kontext von Biografie, Alltag und Doing Gender. Bielefeld: transcript.

Neverla, Irene/Kanzleiter, Gerda (1984): Journalistinnen: Frauen in einem Männerberuf. Frankfurt/Main [u.a.]: Campus-Verlag.

Norris, Pippa (1997): Women Leaders Worldwide: a Splash of Color in the Photo Op. In: dies. (Hg.): Women, Media, and Politics. Oxford: Oxford University Press, 146–165.

Pantti, Mervi (2007): Portraying Politics: Gender, Politik und Medien. In: Holtz-Bacha, Christina/König-Reiling, Nina (Hg.): Warum nicht gleich? Wie die Medien mit Frauen in der Politik umgehen. Wiesbaden: VS, 17–51.

Peil, Corinna (2009): Weibliche Information und männliche Unterhaltung? Die Tagesthemen und deren Moderation aus Sicht der Zuschauerinnen und Zuschauer. In: Lünenborg, Margreth (Hg.): Politik auf dem Boulevard? Die Neuordnung der Geschlechter in der Politik der Mediengesellschaft. Bielefeld: transcript, 232–255.

Pfannes, Petra (2004): ‚Powerfrau', ‚Quotenfrau', ‚Ausnahmefrau' ...? Die Darstellung von Politikerinnen in der deutschen Tagespresse. Marburg: Tectum.

Portraying Politics. Ein Schulungspaket zum Thema Gender und Fernsehen (2006). www.portrayingpolitics.net (Zugriff am 29.12.2011).

Rettich, Markus (2004): Medienanalyse der Präsidentensuche: Casting Show mit „Horst Wer" und „Gesine Unbekannt". In: Politik & Kommunikation, Heft 2, 48–49.

Robinson, Gertude J. (2005): Gender, Journalism, and Equity: Canadian, U.S., and European Experiences. Cresskill, NJ: Hampton Press.

Röser, Jutta (2009): David Morley: Aneignung, Ethnografie und die Politik des Wohnzimmers. In: Hepp, Andreas/Krotz, Friedrich/Thomas, Tanja (Hg.): Schlüsselwerke der Cultural Studies. Wiesbaden: VS, 277–289.

Röser, Jutta (2006): Der Pressejournalismus als Konstrukteur männlicher Dominanz. Geschlechterverhältnisse auf den Hauptnachrichtenseiten deutscher Tageszeitungen – eine Zwölf-Wochen-Analyse. In: Journalistinnenbund (Hg.): Präsenz von Frauen in den Nachrichten. Medienbeobachtungen 2005. Bonn: Broschur, 27–36.

Röser, Jutta (2000): Fernsehgewalt im gesellschaftlichen Kontext: Eine Cultural Studies-Analyse über Medienaneignung in Dominanzverhältnissen. Wiesbaden: Westdeutscher Verlag.

Röser, Jutta/Kroll, Claudia (1995): Was Frauen und Männer vor dem Bildschirm erleben: Rezeption von Sexismus und Gewalt im Fernsehen. Dokumente und Berichte Nr. 32. Ministerium für die Gleichstellung von Frau und Mann Nordrhein-Westfalen (Hg.) Düsseldorf: Broschur.

Röser, Jutta/Wischermann, Ulla (2008): Medien- und Kommunikationsforschung: Geschlechterkritische Studien zu Medien, Rezeption und Publikum. In: Becker, Ruth/ Kortendiek, Beate (Hg.): Handbuch der Frauen- und Geschlechterforschung. 2. erw. und aktual. Aufl., Wiesbaden: VS, 730–735.

Schaeffer-Hegel, Barbara u.a. (1995): Frauen mit Macht: Zum Wandel der politischen Kultur durch die Präsenz von Frauen in Führungspositionen. Pfaffenweiler: Centaurus.

Scharrer, Erica (2002): An „Improbable Leap": a Content Analysis of Newspaper Coverage of Hillary Clinton's Transition from First Lady to Senate Candidate. Journalism Studies 3, 393–406.

Schmerl, Christiane (2002): „Tais-toi et sois belle!". 20 Jahre Geschlechterinszenierungen in fünf westdeutschen Printmedien. In: Publizistik 57, 388–410.

Scholz, Sylka (Hg.) (2007): Kann die das? Angela Merkels Kampf um die Macht. Geschlechterbilder und Geschlechterpolitiken im Bundestagswahlkampf. Reihe Rosa-Luxemburg-Stiftung – Texte, Bd. 33. Berlin: Karl Dietz Verlag.

Schulz, Winfried/Zeh, Rainer (2006): Die Kampagne im Fernsehen – Agens und Indikator des Wandels. Ein Vergleich der Kandidatendarstellung. In: Holtz-Bacha, Christina (Hg.): Die Massenmedien im Wahlkampf. Die Bundestagswahl 2005. Wiesbaden: VS.

Schwenk, Johanna (2006): Berufsfeld Journalismus: aktuelle Befunde zur beruflichen Situation und Karriere von Frauen und Männern im Journalismus. München: Fischer.

Sennewald, Nadja (2008): Aschenputtel, Femme fatale und Eiserne Lady. Ereignisbilder und ihre Diskurspolitik am Beispiel von Angela Merkel, Gabriele Pauli und Hillary Clinton. In: Femina Politica 17, 79–90.

Spears, George/Seydegart, Kasia/Gallagher, Margaret (2000): Who Makes the News? Global Media Monitoring Project 2000. London: World Association for Christian Communication.

Sreberny, Annabelle/van Zoonen, Liesbet (Hg.) (2000): Gender, Politics and Communication. Cresskill, NJ: Hampton Press.

Sterr, Lisa (1997): Frauen und Männer auf der Titelseite. Strukturen und Muster der Berichterstattung am Beispiel einer Tageszeitung. Pfaffenweiler: Centaurus.

Tuchman, Gaye (1978): The Symbolic Annihilation of Women by the Mass Media. In: Tuchman, Gaye/Daniels, Arlene Kaplan/Bénet, James (Hg.): Hearth and Home. Images of Women in the Mass Media. New York, 3–38.

Van Zoonen, Liesbet (2005): Entertaining the Citizen: When Politics and Popular Culture Converge. Lanham, MD: Rowman and Littlefield.

Weischenberg, Siegfried/Malik, Maja/Scholl, Armin (2006): Journalismus in Deutschland 2005. Zentrale Befunde der aktuellen Repräsentativbefragung deutscher Journalisten. In: Media Perspektiven, Heft 7, 346–361.

Werner, Petra/Rinsdorf, Lars (1998): Ausgeblendet? – Frauenbild und Frauenthemen im nordrhein-westfälischen Lokalfunk. Opladen: Leske und Budrich.

Wilke, Jürgen/Reinemann, Carsten (2006): Die Normalisierung des Sonderfalls? Die Wahlkampfberichterstattung der Presse 2005 im Langzeitvergleich. In: Holtz-Bacha, Christina (Hg.): Die Massenmedien im Wahlkampf. Die Bundestagswahl 2005. Wiesbaden: VS, 306–337.

Merkel als ‚einsame Spitze'
Eine quantitative Inhaltsanalyse zum Geschlechterverhältnis von Spitzenkräften in den Medien

Jutta Röser & Kathrin Friederike Müller

1. Einleitung

Dieser Beitrag präsentiert Ergebnisse der quantitativen Inhaltsanalyse zum Geschlechterverhältnis von Spitzenkräften in den Medien. Es wird also untersucht, *wie oft* Männer und Frauen in Spitzenpositionen aus Politik, Wirtschaft und Wissenschaft in Medienberichten erwähnt werden und ob sich die mediale Repräsentation in der Häufigkeit nach Geschlecht unterscheidet. Es gibt zwei Besonderheiten gegenüber früheren Durchführungen derartiger quantitativer Untersuchungen. Erstens werden die drei Bereiche Politik, Wirtschaft und Wissenschaft untersucht und verglichen, während andere Studien sich in der Regel nur auf PolitikerInnen fokussiert oder aber unterschiedslos alle in den Medien präsentierten Personen ausgewertet haben (vgl. Lünenborg/Röser in diesem Band). Zweitens konzentriert sich die Analyse speziell auf Spitzenkräfte in den Medien. Sie schließt damit nicht nur an gesellschaftliche Debatten um die Unterrepräsentanz von Frauen als Führungskräfte an, sondern darüber hinaus auch an potenziell neu austarierte öffentliche Geschlechterverhältnisse, seit Deutschland von einer Kanzlerin regiert wird. Als 2005 Angela Merkel zur Kanzlerin gewählt und eine neue Bundesregierung mit einem Ministerinnen-Anteil von fast 40 Prozent installiert wurde, äußerten frauenpolitische Kreise große Hoffnungen. „So viel Frau war in der deutschen Politik noch nie", stellte der Journalistinnenbund anlässlich des damaligen internationalen Medienbeobachtungsprojektes (GMMP) erfreut fest, und dies werde sich auch in den Medien niederschlagen (Helwerth 2006: 6). Ob dies eingetreten ist, soll unsere umfangreiche Medienanalyse von Tages- und Wochenpresse, Fernsehen und Publikumszeitschriften des Jahres 2008 zeigen.[1]

---

1   Der vorliegende Beitrag ist Teil des Verbundprojektes ‚Spitzenfrauen im Fokus der Medien. Die mediale Repräsentation von weiblichen und männlichen Führungskräften in Politik, Wirtschaft und Wissenschaft' der Freien Universität Berlin (Leitung Margreth Lünenborg) und der Leuphana Universität Lüneburg (Leitung Jutta Röser).

Wir möchten zunächst einige Überlegungen zur theoretischen Einordnung einer solchen quantitativen Untersuchung anstellen. Seit der Hinwendung zu konstruktivistischen Perspektiven in den Gender Studies werden quantitative Medienanalysen skeptisch betrachtet. Indem solche Analysen das Vorkommen von Männern und Frauen in den Medien auszählen und kontrastieren, gehen sie zwangsläufig von einer dualen Zweigeschlechtlichkeit aus, die damit zugleich reproduziert und konstruiert wird. Elisabeth Klaus (2001: 23ff.) hat für die kommunikationswissenschaftlichen Gender Studies die drei Paradigmen Gleichheitsansatz, Differenzansatz und Dekonstruktivismus unterschieden. Quantitative Inhaltsanalysen knüpfen an erkenntnistheoretischen Prämissen des Gleichheitsansatzes an, der am Beginn kommunikationswissenschaftlicher Frauenforschung stand. Er verfolgte das Anliegen, Diskriminierungen von Frauen in den Medien in Form von Unterrepräsentanz einerseits und Stereotypisierung und Trivialisierung andererseits aufzuzeigen und mehr Gleichheit in Bezug auf die Darstellung der Geschlechter zu erreichen (vgl. ebd.; Klaus u.a. 2006; Röser/Wischermann 2008).[2] Problematisch waren dabei bestimmte (implizite) theoretische Prämissen solcher Analysen, so u.a. das essentialistische und dualistische Verständnis von Geschlecht. Das bedeutet aber nicht, dass das Anliegen selbst obsolet geworden ist. Klaus (2001: 27) betont entsprechend, dass sie keinen der drei „Ansätze im Hinblick auf seine spezifischen Forschungsfragen für überholt halte", sondern die drei Zugänge „in ihren parallelen Forschungsbemühungen produktiv sind, indem sie eine Kontroll- und Kritikfunktion füreinander wahrnehmen". Diese Aussage trifft auf die im vorliegenden Buch präsentierte Gesamtstudie exakt zu, deren qualitative Teile der dekonstruktivistischen Herangehensweise entsprechen und deren hier vor-

---

2 Die drei Ansätze führen zu unterschiedlichen Forschungsschwerpunkten: „Im Gleichheitsansatz steht die Annullierung und Trivialisierung der Frauen durch die Medien im Mittelpunkt. Traditionell beschäftigt sich diese Forschung vor allem mit den medial vermittelten Frauen- und inzwischen auch Männerbildern. Im Mittelpunkt steht die Repräsentationskritik. Dabei werden Frauen vor allem als Opfer eines Mediensystems gesehen, in dem Männer dominieren. Erst mit dem Differenzansatz treten Frauen als in und gegenüber Medien eigenständig handelnde Personen – oder besser Gruppe – in Erscheinung. Schwerpunkt der Forschung ist die Frage nach den Geschlechterdifferenzen im Medienhandeln von Männern und Frauen im Produktions- und Rezeptionsprozess sowie deren Widerhall im Mediensystem. In den (de-)konstruktivistischen Ansätzen leiten nicht das Aufspüren und die Herausarbeitung von Differenzen die Forschungsbemühungen, sondern die (De-)Konstruktion von Geschlechterpolaritäten, weil diese Unterschiede hervorbringen. Entsprechend werden jene Prozesse herausgearbeitet, die das ‚gendering' im Journalismus ermöglichen und das ‚doing gender' der mit Medien in Beziehung tretenden Menschen kennzeichnen (…)." (Klaus u.a. 2006: 358) zustellende quantitative Befunde in ihrer Fragestellung dem Gleichheits-ansatz zumindest verbunden sind. Erst alle Teile zusammen betrachtet ergeben das Gesamtbild: Tatsächlich – dies sei vorweg gesagt – konter-karieren die quantitativen Befunde die Fortschritte, die auf qualitativer Ebene der Text- und Bildanalyse zumindest partiell gefunden wurden (vgl. Maier/Lünenborg sowie Grittmann in diesem Band). Hier, auf der quanti-tativen Ebene der medialen Präsenz, wird männliche Dominanz fortlau-fend perpetuiert. Insofern ist die quantitative Ebene nach wie vor relevant und muss in Analysen einbezogen werden.

Kommen wir zurück zur problematischen Seite dieses Forschungsan-satzes. Denn die Hinwendung zu (de)konstruktivistischen Perspektiven in den Gender Studies hat den Blick für theoretische Verkürzungen ge-schärft und verändert insofern auch eine heutige Forschung im Sinne des Gleichheitsansatzes. Problematisch war bei quantitativen Inhaltsanalysen bislang, dass die Daten in erster Linie ‚mit der Realität‘ verglichen wur-den (also etwa dem Anteil von Frauen in der Politik). Dieser Vergleich ist zwar nicht völlig irrelevant und wird auch im Folgenden partiell ange-stellt, da Redaktionen nur insoweit über Akteurinnen (z.B. in Unterneh-mensleitungen) berichten können, als es sie in der sozialen Realität auch gibt. Zentral muss allerdings ein anderer Bezugspunkt sein: der Journa-lismus, der seinen Beitrag zur Konstruktion geschlechtsgebundener so-zialer Wirklichkeiten nach eigenen Regeln leistet (vgl. Lünenborg/Maier sowie Grittmann in diesem Band; weiterführend Lünenborg 2005). Dies bedeutet, dass die Daten zur quantitativen Repräsentation von Spitzen-frauen und Spitzenmännern als Ergebnis journalistischer Selektionspro-zesse und Berichterstattungsmuster zu betrachten sind. Anschaulich wer-den diese Konstruktionsleistungen und ihre Regeln beispielsweise dann, wenn sich das Geschlechterverhältnis je nach Mediengattung, Beitragsform oder Themenkontext unterscheidet. Der von der (de)konstruktivistischen Genderforschung geprägte Leitsatz ‚Weg von den Unterschieden, hin zu den Praktiken der Unterscheidung‘ (vgl. z.B. Gildemeister 2004), führt somit von den quantitativen Befunden zur ungleichen Repräsentation der Geschlechter direkt hin zur Analyse journalistischen Handelns, als dessen Ergebnis die Daten zu betrachten sind. Auch diese Perspektive ist Teil des in diesem Band präsentierten Forschungsprojekts (vgl. Lünenborg/ Maier in diesem Band).

Im Zuge der theoretischen Weiterentwicklung der Kommunikations-wissenschaft wurden schließlich auch schlichte kausale Wirkungsannah-men, die vom Text auf die Wirkung bei den Rezipierenden geschlossen haben, kritisiert und aneignungsorientierte Perspektiven entwickelt. Die hier präsentierten Daten und Zahlenverhältnisse müssen auch keineswegs als solche von den Rezipierenden wahrgenommen werden – und tatsächlich kritisieren diese zwar bestimmte Stereotype, sie haben aber beispielweise nicht den Eindruck, dass in den Medien weniger Politikerinnen als Politiker präsent sind (vgl. Müller in diesem Band).

Eine theoretische Besonderheit unserer Studie betrifft die Perspektive auf das Verhältnis von Macht und Geschlecht in journalistischen Selektionsprozessen und ist aus der konkreten gesellschaftlichen Situation während unserer Untersuchung abgeleitet. Mit Angela Merkel stand zum Zeitpunkt der Inhaltsanalyse 2008 an der Spitze der Regierung erstmals eine Frau als Kanzlerin. Daraus ergibt sich ein spezieller Kontext für die quantitative Analyse: Der Journalismus orientiert sich einerseits an der Macht und an statushohen FunktionsträgerInnen; er berücksichtigt andererseits Frauen qua Geschlecht systematisch seltener als Männer. Beide Selektionskriterien journalistischer Berichterstattung kollidieren somit in der Person Angela Merkels. Dies eröffnet ein interessantes Spannungsfeld und eine erhellende Vergleichsperspektive zur medialen Präsenz anderer Führungskräfte.

2. Sample und Methode der Untersuchung

Die Inhaltsanalyse hat das Ziel, ein breites Spektrum von Medien einzubeziehen. Frühere Untersuchungen haben sich – schon aus forschungsökonomischen Gründen – in der Regel auf wenige Mediengattungen konzentriert, meist waren dies Tageszeitungen oder Fernsehnachrichten. Tageszeitungen und Fernsehnachrichten sind auch Teil unseres Samples, darüber hinaus werden erstmals verschiedene Typen von Publikumszeitschriften einbezogen: Nachrichtenmagazine und die Wochenzeitung *Die Zeit*; Wirtschaftsmagazine, um den Fokus auf ManagerInnen zu vertiefen; schließlich Illustrierte, die eher unterhaltungsorientiert ausgerichtet sind, darunter auch die Frauenzeitschrift *Brigitte*, die ihrem Konzept entsprechend ein besonderes Augenmerk auf die Präsenz von Frauen im Blatt richtet.

Insgesamt gehen 23 Medien in das Sample ein. In dieser Breite wurde unseres Wissens noch keine quantitative Inhaltsanalyse zum Geschlechterverhältnis in den Medien durchgeführt. Dies gilt auch für den langen Untersuchungszeitraum, der sechs Monate im Jahr 2008 umfasst, wobei alle in diesem Halbjahr erschienenen Ausgaben des jeweiligen Mediums in das Sample eingehen. Durch den sechsmonatigen Untersuchungszeitraum ist gewährleistet, dass aktuelle Ereignisse, die zu einer zeitweisen hohen Beachtung einzelner Akteure führen können, die Ergebnisse nicht maßgeblich prägen.

Abb. 1: Die Inhaltsanalyse im Überblick

Untersuchte Medien: 23	
Zeitungen 4 Titel	Tageszeitungen: 4 Süddeutsche Zeitung (SZ), Frankfurter Allgemeine Zeitung (FAZ), die tageszeitung (taz), Bild-Zeitung
Publikumszeitschriften und Wochenzeitung 9 Titel	Wochenzeitung: 1 Die Zeit Nachrichtenmagazine: 2 Spiegel, Focus Wirtschaftsmagazine: 2 Capital, Manager Magazin Illustrierte: 4 Brigitte, Bunte, Stern, Superillu
Fernsehen 10 nachrichtliche Sendungen aus 4 Sendern	Hauptnachrichten: 4 ARD, ZDF, RTL, Sat.1[3] Nachrichtenmagazin: 2 Tagesthemen (ARD), Heute Journal (ZDF) Politik- & Wirtschaftsmagazine: 4 Monitor (ARD), Panorama (ARD), Plusminus (ARD), WISO (ZDF)
Angaben zur Untersuchung	
Zeitraum	6 Monate: 1. April 2008 – 30. September 2008
Materialauswahl	– alle Ausgaben bzw. Sendungen im Zeitraum – mit ihrem gesamten Inhalt, in Tageszeitungen nur der Politik- und Wirtschaftsteil
Analyseeinheit	– genannte Personen aus Politik, Wirtschaft und Wissenschaft je Beitrag – in mindestens 5 Zeilen (Print) bzw. 5 Sekunden (TV)
Analysedimensionen und Kategorien	– Funktion: PolitikerIn, ManagerIn, WissenschaftlerIn – Position: Spitze, Nicht-Spitze – Geschlecht: männlich, weiblich, unklar – Hauptthema des Beitrags – Angaben zum Medium – teils Name der Person
Kodiertes Material gesamt	über 50.000 Personennennungen in 23 Medien

---

3 Von den Sat1-Nachrichten konnten aufgrund technischer Verfügbarkeit die Ausgaben von nur drei statt sechs Monaten in das Sample eingehen. Da dies für ein täglich erscheinendes Medium noch immer eine sehr breite Materialgrundlage ist, ist die Verallgemeinerbarkeit der Befunde dadurch nicht beeinträchtigt.

Bei den Tageszeitungen ist zu berücksichtigen, dass unseren Forschungsinteressen entsprechend jeweils die Politik- und Wirtschaftsteile[4] untersucht wurden, andere Ressorts wie Lokales, Sport und Feuilleton dagegen aus forschungsökonomischen Gründen ausgespart blieben.[5]

Erfasst wurden alle Männer und Frauen aus Politik, Wirtschaft oder Wissenschaft, über die berichtet wurde. Inwieweit Frauen und Männer in hohen Führungspositionen präsent sind, wurde in einem zweiten Schritt analysiert, indem die Personen entsprechend unserer zuvor entwickelten Definitionen als ‚Spitze' oder ‚Nicht-Spitze' eingeordnet wurden. Voraussetzung für die Erfassung war, dass den Personen mindestens fünf Zeilen in den Printmedien oder fünf Sekunden in den Fernsehbeiträgen gewidmet waren.[6] Insgesamt erfasste die Studie in den Medienbeiträgen über 50.000 Erwähnungen von PolitikerInnen, ManagerInnen und WissenschaftlerInnen.[7] Abb. 1 zeigt die Zusammensetzung des Materialkorpus und die methodische Anlage der Studie im Überblick.

Definitionen ‚Spitzenkräfte' in den drei Gesellschaftsbereichen

Für jeden Funktionsbereich wurde von uns im Vorfeld der Untersuchung eine Definition erstellt, die festlegt, welche Person als ‚Spitzenmann oder Spitzenfrau' kodiert wird, wobei hier nur deutsche Führungskräfte einbezogen wurden[8]:

---

4 Dabei musste die außenpolitische Berichterstattung Bezüge zur deutschen Außenpolitik oder zur EU bzw. europäischen Institutionen aufweisen, um kodiert zu werden. Die Wirtschaftsberichterstattung in Tageszeitungen wurde in Bezug auf Unternehmen vollständig erfasst, der Börsen- und Finanzteil wurde i.d.R. nicht kodiert.

5 Dies hat Konsequenzen besonders bezogen auf die *Bild-Zeitung*, aus der nur die Seite 2 zum Thema Politik kodiert wurde – bestimmte Boulevardthemen auf den hinteren Seiten und Titelseiten-Aufmacher sind also nicht einbezogen. In Bezug auf WissenschaftlerInnen in Tageszeitungen muss bedacht werden, dass explizite Wissenschaftsseiten des spezifischen journalistischen Ressorts nicht einbezogen wurden.

6 Nicht ausgewertet werden konnte aus forschungsökonomischen Gründen der Umfang der Berichterstattung je Person. Unsere Daten treffen also keine Aussage darüber, ob innerhalb eines Beitrags z.B. in 6 oder 50 Zeilen bzw. in 6 oder 50 Sekunden über eine kodierte Person berichtet wurde.

7 Die Auszählungen selbst wurden in unserem Auftrag und nach unseren Vorgaben (Kategorien, Definitionen) von der Agentur Media Tenor durchgeführt. Die Auswertung der Daten inklusive teilweiser Rekodierungen erfolgte von uns innerhalb des Projekts. Wir danken Elke Grittmann für die Zusammenarbeit bei der Erarbeitung der Definitionen.

8 Die Erfassung der Spitzenkräfte wurde auf Deutschland eingegrenzt, weil eine Berücksichtigung auch anderer Nationen zu dem kaum zu bewältigenden Problem geführt hätte, weltweit den Status von Personen daraufhin recherchieren zu müssen, ob sie zur Spitze des jeweiligen Landes gehörten. In der Folge sind Erwähnungen von z.B. ausländischen Regierungschefs zwar in der statusübergreifenden Zählung mit erfasst, aber nicht Teil der kodierten Spitzenkräfte.

- ‚SpitzenpolitikerInnen' sind die Mitglieder der deutschen Bundesregierung, die Parteivorsitzenden und ihre StellvertreterInnen auf Bundesebene von Parteien, die im Bundestag vertreten sind, die Fraktionsvorsitzenden, der Bundespräsident und die Kandidatin für das Bundespräsidentenamt. ‚Andere PolitikerInnen' sind alle weiteren erwähnten politisch tätigen Personen (z.b. die stellvertretenden Fraktionsvorsitzenden, die Ministerpräsidenten und ihre StellvertreterInnen, die LandesministerInnen, Ausschussvorsitzende und -mitglieder, Staatsminister und -sekretäre, einfache Abgeordnete); hierunter fallen auch internationale PolitikerInnen und alle Personen, die früher in Spitzenpositionen tätig waren (z.b. Ex-Kanzler).

- ‚SpitzenmanagerInnen' sind: UnternehmenschefInnen, Vorstandsvorsitzende, Vorstandsmitglieder großer deutscher Unternehmen sowie VerbandschefInnen/-sprecherInnen; leitende ManagerInnen in weniger herausgehobenen Stellungen (Geschäftsführerinnen, Abteilungsleiterinnen); EigentümerInnen und LeiterInnen kleinerer und mittelständischer Unternehmen sowie von Familienbetrieben. ‚Andere ManagerInnen' sind solche in hierarchisch niedrigeren Positionen, z.B. SprecherInnen von Unternehmen.

- ‚SpitzenwissenschaftlerInnen' sind: ProfessorInnen und ForscherInnen in Leitungspositionen, sowohl in Universitäten als auch in außeruniversitären Forschungseinrichtungen; international renommierte ForscherInnen (ausgewiesen durch explizite Verweise auf das Renommee oder die Beschreibung von Auszeichnungen, z.B. Nobelpreise, oder Publikationserfolgen in angesehenen Fachmedien bzw. Journals). ‚Andere WissenschaftlerInnen' sind solche ohne besondere Leitungsfunktion oder Auszeichnung (z.B. ‚normale' ProfessorInnen, die als Fachleute erwähnt werden).

Die Definitionen folgen in Bezug auf die Enge bzw. Weite den unterschiedlichen Verhältnissen in den drei Bereichen. Weil für die Wirtschaft erwartbar war, dass Frauen auf nur geringe Anteile unter den nachrichtenwürdigen Personen kommen, wurde eine weite Definition gewählt, die nicht nur Leitungsfunktionen etwa in DAX-Unternehmen einbezieht, sondern auch Chefpositionen in z.B. mittelständischen Unternehmen. In der Wissenschaft sollte die Definition gewährleisten, dass nicht jede als Experte oder Expertin zitierte Person schon als Spitzenkraft gezählt wird. In der Politik wurde eine enge Definition gewählt: Durch die traditionell starke Fokussierung auf Parteipolitik und Regierungshandeln im deutschen nachrichtenbezogenen Journalismus ist auch die Zahl von erwähnten PolitikerInnen in Zeitungen und Fernsehnachrichten sehr hoch, wie alle Untersuchungen zeigen (vgl. Röser 2006). Diese in der Berichterstattung erwähnten PolitikerInnen haben zum größten Teil auch Führungsverantwortung, sei es in Kommunen, Ländern, im Bund oder in Parteien. Würden diese alle unterschiedslos als politische Spitzenkraft kodiert, wäre die Aussagekraft der Analyse verwässert. Deshalb haben wir die Definition auf PolitikerInnen in bundespolitischen Spitzenfunktionen im Sinne der Funktionselite fokussiert.[9]

Durch diese Definition ergibt sich für den Bereich Politik eine interessante Besonderheit in unserer Untersuchung: Da die Bezugsbasis quantitativ genau festgelegt ist, ließ sich präzise eruieren, wer die einbezogenen Ämter im Untersuchungszeitraum 2008 innehatte und wie sich das Geschlechterverhältnis darstellt: Es handelt sich um 46 bundespolitische Spitzenämter, die zu 37 Prozent von Frauen und zu 63 Prozent von Männern besetzt waren. Somit gibt es im Bereich der Spitzenpolitik exakte Daten zur sozialen Wirklichkeit auf quantitativer Ebene, mit denen die medialen Geschlechterverhältnisse verglichen und die journalistische Selektion beleuchtet werden kann.

3. Befunde im Überblick

Befunde zu allen kodierten Personen (statusunabhängig)

Die Auswertung von 23 Einzelmedien über einen Zeitraum von sechs Monaten erbrachte über 50.000 Erwähnungen von Personen aus Politik, Wirtschaft und Wissenschaft. Wird zunächst auf dieser breiten Basis eine geschlechtsbezogene Analyse vorgenommen, also unabhängig vom Status der genannten Personen an der Spitze oder auf niedrigeren Hierarchieebenen, zeigt sich ein Anteil von 17 Prozent weiblichen Funktionsträgerinnen gegenüber 83 Prozent männlichen Funktionsträgern (vgl. Abb. 2). Frauen sind gegenüber Männern somit deutlich weniger präsent in den Medien – nicht einmal jede fünfte Person aus Politik, Wirtschaft und Wissenschaft, über die berichtet wird, ist weiblich.

Dieser Befund deckt sich weitgehend mit früheren Untersuchungen: Eine Zwölf-Wochen-Analyse der Hauptnachrichten von elf Tageszeitungen zwischen November 2004 und Februar 2005 ergab einen Frauenanteil von 18 Prozent und speziell für die Titelseiten von 16 Prozent an allen

---

9 Mitglieder der Bundesregierung, die Partei- und Fraktionsvorsitzenden sind die Funktionselite der deutschen Politik. Die stellvertretenden Parteivorsitzenden werden integriert, weil keine Einheitlichkeit hinsichtlich der Anzahl der Parteivorsitzenden besteht. Horst Köhler und Gesine Schwan gelten als SpitzenpolitikerInnen, weil der Bundespräsident Staatsoberhaupt und Bundespolitiker ist und die Ankündigung der Kandidatur beider KandidatInnen in den Analysezeitraum fiel, so dass auch die Kandidatin berücksichtigt werden soll.

erwähnten Personen (vgl. Röser 2006: 30); diese Befunde bestätigte in der Tendenz eine Analyse von 16 ausgewählten aktuellen Medien (Print und Fernsehen) aus dem Jahr 2005 (vgl. Media Tenor 2006, 12 bis 21 Prozent Frauenanteil). Eine Auswertung von Hauptnachrichten in neun Tageszeitungen aus Deutschland, Österreich und der Schweiz des Jahres 2008 ergab einen Frauenanteil von 17 Prozent unter allen erwähnten Personen und von 18 Prozent unter den zentralen Akteuren; nur auf deutsche Medien bezogen lag der Anteil unter Hauptakteuren bei 22 Prozent (vgl. Magin/Stark 2010: 392–393).[10] Die genannten Studien weichen bezüglich des Samples und der Methode voneinander ab, festzuhalten ist gleichwohl, dass die gefundenen Zahlen dicht beieinander liegen und der Frauenanteil an den erwähnten Personen bei rund einem Fünftel liegt. Die quantitativen Geschlechterverhältnisse in den Medien erscheinen somit im Gesamtbild von Konstanz geprägt.

Unsere Daten belegen dabei in den drei untersuchten Themenbereichen durchaus unterschiedliche Entwicklungen: Während das mediale Bild der Wirtschaft sehr weitgehend von Männern geprägt ist (5 % Frauenanteil), sind in der Politik weibliche Akteure deutlich präsenter (20 %)[11]. Wissenschaftlerinnen stehen mit einem 12-Prozent-Anteil ebenfalls im Schatten ihrer männlichen Kollegen (vgl. Abb. 2 auf Seite 46). Bereits an dieser Stelle wird deutlich, dass eine nach den drei gesellschaftlichen Bereichen differenzierte Analyse der Berichterstattung sinnvoll ist.

Zu berücksichtigen ist ferner, dass allein 78 Prozent aller kodierten Personen politische FunktionsträgerInnen sind.[12] Dies liegt daran, dass das Sample quantitativ von den täglich erscheinenden aktuellen Medien Tageszeitung und Fernsehnachrichten geprägt wird und in diesen Medien PolitikerInnen eine außerordentlich dominante Rolle einnehmen.[13] In der

---

10 Das Global Media Monitoring Project 2010 errechnete für die weltweiten Medien ein Geschlechterverhältnis von 24 Prozent erwähnte Frauen zu 76 Prozent erwähnte Männer am untersuchten Stichtag (vgl. GMMP 2010).

11 Dieses Geschlechterverhältnis im Bereich Politik entspricht tendenziell neueren Befunden in anderen Studien, so von Boomgarden/Semetko 2007 (20 % Frauenanteil unter PolitikerInnen in den Medien) und von Bauer 2008 (27 % Frauenanteil unter den PolitikerInnen, soweit sie Hauptakteure im Medienbeitrag waren). Vgl. auch Lünenborg/Röser in diesem Band; Pantii 2007: 34ff.; Holtz-Bacha/König-Reiling 2007.

12 Insgesamt wurden in unserem Sample 78 Prozent der erwähnten Personen als PolitikerInnen (44.859), 18 Prozent als ManagerInnen (10.583) und 4 Prozent als WissenschaftlerInnen (2.103) kodiert.

13 Diese Politikerdominanz in tagesaktuellen Medien gilt auch dann, wenn alle Personen, über die berichtet wird, kodiert werden (vgl. Röser 2006). In der hier vorgestellten Untersuchung wird dieser Effekt zusätzlich gesteigert, weil sich unsere Inhaltsanalyse bei Tageszeitungen auf die Politik- und Wirtschaftsteile bezieht. Würden alle Ressorts, also auch Sport, Lokales, Vermischtes u.a.m. kodiert, würde die Politikerdominanz wohl etwas gemildert, aber nicht aufgehoben.

Abb. 2: Geschlechterverhältnis der erwähnten Personen (statusunabhängig) in den drei Gesellschaftsbereichen und gesamt (Anteil in %)

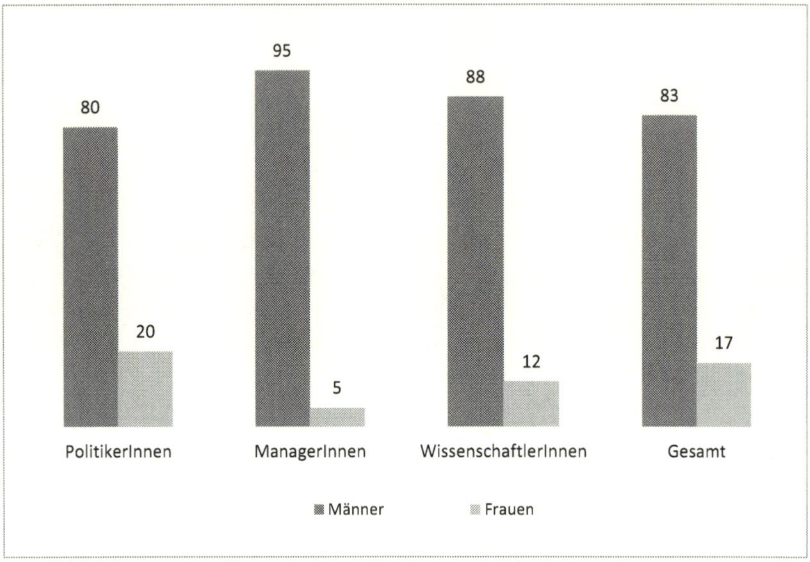

Materialbasis: Erwähnte Personen im Gesamtsample (23 Medien)

Folge sind allgemeine Durchschnittwerte in dieser wie auch in anderen Untersuchungen immer stark von den Geschlechterverhältnissen im Bereich der Politikberichterstattung geprägt (vgl. auch Magin/Stark 2010: 393; Röser 2006: 34–35). Dass ein Durchschnittswert von 17 Prozent Frauenanteil überhaupt erreicht wird, liegt an der umfangreichen Berichterstattung über PolitikerInnen.

Rund die Hälfte aller erwähnten Personen aus Politik, Wirtschaft und Wissenschaft wurden als Spitzenkräfte gemäß der oben genannten Definitionen identifiziert (47 %). Dieser hohe Anteil überrascht kaum, da der ‚Status von Personen‘ ein wesentlicher Nachrichtenfaktor ist und JournalistInnen also über Spitzenkräfte häufiger berichten als über Akteure aus der zweiten oder dritten Reihe. Solche Akteure auf niedrigeren Hierarchieebenen haben bessere Chancen, in die Medien zu kommen, wenn sie männlich sind: Während von allen nachrichtenwürdigen Männern immerhin 55 Prozent *nicht* zur Spitze gehören, sind es bei den Frauen nur 43 Prozent. Andersherum betrachtet sind 57 Prozent aller Frauen, die in den Medien erwähnt werden, in Spitzenpositionen, aber nur 45 Prozent aller erwähnten Männer. Für Frauen ist ein hoher Status somit tendenziell relevanter als Eintrittskarte in die Medienberichterstattung als für Männer.

Befunde zu den Spitzenkräften

Betrachtet man nur diese in den Medien erwähnten Spitzenkräfte, ergibt sich ein Anteil von 21 Prozent weiblicher gegenüber 79 Prozent männlicher Führungspersonen (vgl. Abb. 3). Der Frauenanteil steigt somit um vier Prozentpunkte: von 17 Prozent im Gesamtsample unabhängig von der hierarchischen Position auf 21 Prozent bei den Spitzenkräften. Dies bestätigt, dass statushohe Frauen etwas weniger marginalisiert sind als statusniedrigere Frauen. Dieser Effekt entsteht allerdings allein durch die Berichterstattungsverhältnisse in der Politik.

Abb. 3: Geschlechterverhältnis der erwähnten Spitzenkräfte in den drei Gesellschaftsbereichen und gesamt (Anteil in %)

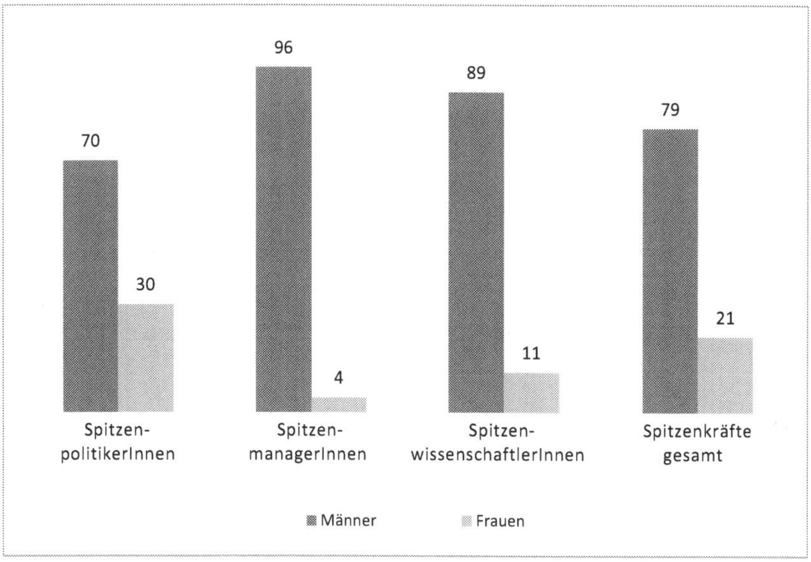

Materialbasis: Erwähnte Spitzenkräfte im Gesamtsample (23 Medien)

Differenziert analysiert für die drei Bereiche fällt zunächst auf, dass die Top-Etagen der Wirtschaft in den Medien nahezu frauenfrei erscheinen. Spitzenmanagerinnen kommen auf einen Anteil von nur vier Prozent, Spitzenwissenschaftlerinnen auf elf Prozent gegenüber den jeweiligen männlichen Pendants. Damit ergibt sich für die Bereiche Wirtschaft und Wissenschaft an der Spitze nahezu dasselbe Bild geringer Sichtbarkeit von Funktionsträgerinnen wie im statusunabhängigen Gesamtsample (Wirtschaft 4 % Spitze und 5 % gesamt; Wissenschaft 11 % Spitze und 12 % gesamt; vgl. Abb. 2 und 3). Anders sieht es in der Politik aus: Mit einem Anteil von 30 Prozent ist annähernd jede dritte bundespolitische Führungskraft, die in Artikeln und Fernsehbeiträgen erwähnt wurde, weiblich (Gesamtsample 20 %) (vgl. Abb. 3). Dieses Resultat mag auf den ersten Blick wie eine zunehmend adäquate journalistische Selektion unabhängig vom Geschlecht der BundespolitikerInnen erscheinen; eine genauere Analyse offenbart aber, dass dies nur teilweise zutrifft und hier vor allem ein *Kanzlerin-Effekt* zur Geltung kommt – d.h. die häufige Präsenz von Merkel beeinflusst die Prozentwerte zum Anteil von Frauen in den Medien allgemein positiv. Vertiefende Auswertungen der Daten werden im weiteren getrennt nach den Bereichen Politik, Wirtschaft und Wissenschaft vorgenommen, um den jeweils unterschiedlichen Befunden gerecht zu werden.

4. Spitzenkräfte der Politik und die Kanzlerin – Gruppenbild mit Dame

Spitzenpolitikerinnen auf Bundesebene kommen im Vergleich zu ihren männlichen Kollegen auf einen Anteil von 30 Prozent der Nennungen in den 23 untersuchten Medien. Fast jede dritte bundespolitische Führungskraft, die in Artikeln und Fernsehbeiträgen erwähnt wurde, ist weiblich (vgl. Abb. 3). Ein solch hoher Anteil wurde bislang in keiner Untersuchung gefunden.

Unsere oben vorgestellten Definitionen für Spitzenpositionen führen im Bereich der Politik zu einer Besonderheit: Hier lässt sich präzise feststellen, wer die einbezogenen Ämter im Untersuchungszeitraum 2008 innehatte. Somit kann auch das reale Geschlechterverhältnis zahlenmäßig präzise bestimmt werden – deshalb wollen wir, ohne einer abbildtheoretischen Argumentation folgen zu wollen (vgl. Abschnitt 1), an dieser Stelle einen Vergleich zwischen sozialer Wirklichkeit und Medienwirklichkeit vornehmen, weil dies Einsichten in journalistische Auswahlprozesse eröffnet. Die entsprechenden 46 bundespolitischen Spitzenämter waren zu 37 Prozent von Frauen (17) und zu 63 Prozent von Männern (29) besetzt. Auf den ersten Blick scheint es nun so, als entspräche das Geschlechterverhältnis in der Medienberichterstattung von 30 zu 70 zumindest annäherungsweise dem in der sozialen Wirklichkeit. Analysiert man jedoch, wie sich die Nennungen aus der Spitzenpolitik auf Ämter und Personen verteilen, zeigt sich eine extreme Ungleichverteilung und es werden journalistische Selektionsmuster deutlich.

Hier kommt der Kanzlerin-Effekt ins Spiel: Allein 18 Prozent der erfassten Nennungen von politischen Spitzenkräften entfallen auf die Kanzlerin, 12 Prozent auf alle anderen Spitzenpolitikerinnen und 70 Prozent auf alle männlichen Spitzenpolitiker (vgl. Abb. 4). Dass der Bereich der

Spitzenpolitik bei unseren Befunden mit einem 30 Prozent-Frauenanteil so positiv herausragt, liegt also einzig und allein an der Tatsache, dass Bundeskanzlerin Angela Merkel in den Medien so häufig berücksichtigt wird.[14]

Abb. 4: Anteil von Merkel an den Erwähnungen von SpitzenpolitikerInnen (in %)

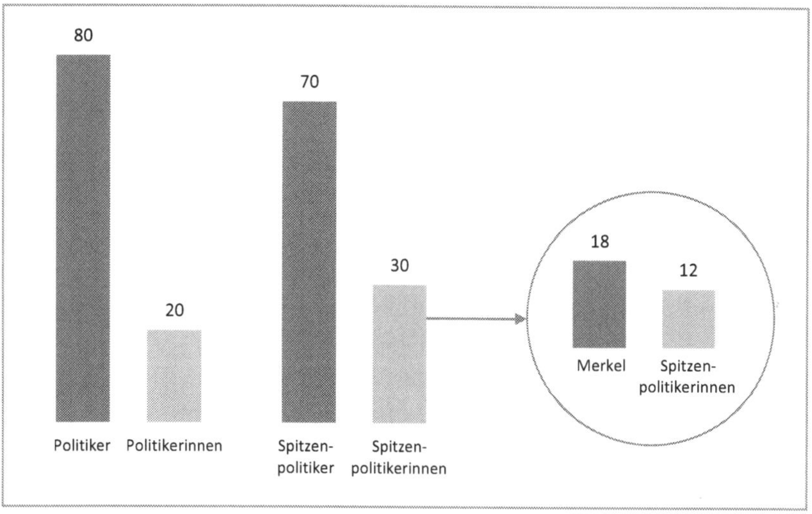

Materialbasis: Erwähnte PolitikerInnen und SpitzenpolitikerInnen im Gesamtsample

Die Kanzlerin ist medial omnipräsent. Sie ist im sechsmonatigen Untersuchungszeitraum die mit Abstand am häufigsten genannte Person – und dies sowohl im Vergleich zu Politikerinnen wie auch zu Politikern. Insofern verändert die Kanzlerschaft Merkels die medialen Geschlechterverhältnisse grundlegend und steigert die Sichtbarkeit von Spitzenpolitikerinnen und auch allgemein von Spitzenfrauen.

Betrachten wir nun die Präsenz anderer Spitzenpolitkerinnen, zeigt sich eine Kehrseite der positiven Befunde im Politikbereich. Alle 16 Spitzenpolitikerinnen zusammen kommen auf einen Anteil von nur zwölf Prozent der Nennungen in den Medien gegenüber 70 Prozent für ihre 29 männlichen Spitzenkollegen.

---

14 Von allen Nennungen weiblicher Spitzenpolitikerinnen entfallen auf Merkel 59 Prozent, auf alle anderen 16 Frauen 41 Prozent. Bezogen auf alle kodierten PolitikerInnen, unabhängig von deren Status, entfallen sieben Prozent aller Nennungen auf Merkel, alle anderen Politikerinnen zusammengenommen kommen auf 13 Prozent; 80 Prozent entfallen demgegenüber auf männliche Politiker.

Bundesminister und -ministerinnen im Vergleich

Anschaulich zeigt ein Blick auf die Erwähnungen der Bundesministerinnen und Bundesminister, dass weibliche Funktionsträgerinnen medial marginalisiert werden. Abbildung 5 zeigt, in welcher Rangfolge die Regierungsmitglieder 2008 in den Medien repräsentiert waren: Auf die Kanzlerin folgen nach der Häufigkeit der Nennungen in den Medien sieben männliche Minister. Erst auf den hinteren Plätzen sammeln sich die fünf Ministerinnen. Einzig bei Verteidigungsminister Jung wird der Männerbonus nicht vollständig umgesetzt, sondern Justizministerin Zypries etwas häufiger erwähnt.

Abb. 5: Kanzlerin und BundesministerInnen in den Medien: Rangfolge nach Häufigkeit (Anteil der Erwähnungen von SpitzenpolitikerInnen in %)

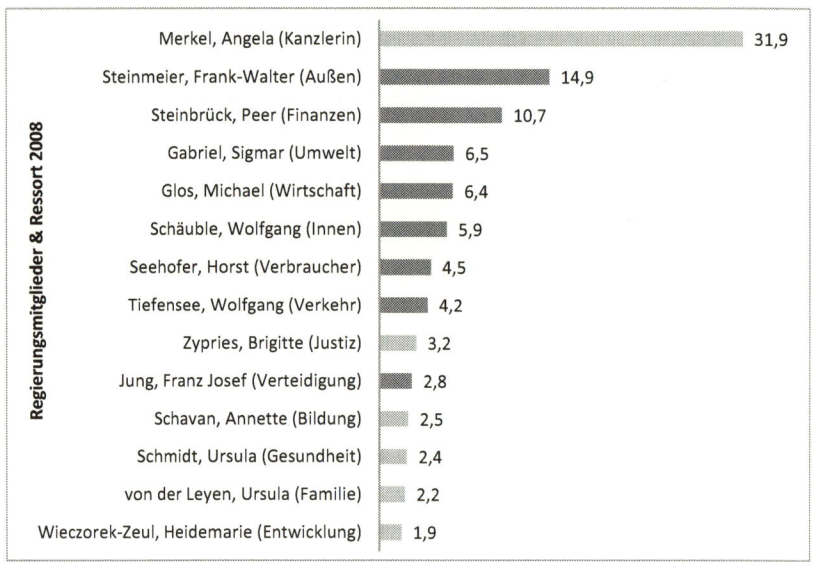

Materialbasis: Erwähnte Spitzenkräfte aus der Politik im Gesamtsample

Diese Rangfolge liefert ein sehr starkes Argument dafür, dass Geschlecht einen ausschlaggebenden Faktor für journalistische Selektion und somit für mediale Beachtung bildet. Denn die klare Sortierung nach Geschlecht weckt Zweifel, dass fachliche Gründe diese Rangfolge verursachen. Es gibt zur Rechtfertigung solcher Hierarchien das Argument, es liege am größeren Gewicht einzelner Fachressorts, die deshalb verstärkt in den Medien berücksichtigt würden, und es sei Zufall, wenn ein Mann davon profitiere. Gemeint ist damit, dass zum Beispiel das Finanzministerium objektiv wichtiger als das Familienministerium sei und deshalb häufiger thematisiert würde. Dieses Argument kann angesichts der systematischen Sortierung – Männer oben, Frauen unten – nur schwerlich überzeugen. Auch dürfte der lange Untersuchungszeitraum von sechs Monaten dafür sorgen, dass die Befunde nicht durch einzelne hervorgehobene Ereignisse verzerrt werden. Zu bedenken ist sicherlich, dass einige der Minister zusätzlich herausgehobene Funktionen in ihren Parteien bekleiden, die für weitere Medienbeachtung sorgen. Wenn allerdings ein Verkehrsminister ohne derartige Funktionen vor sämtlichen Ministerinnen platziert ist, kann auch dieser Aspekt die Rangfolge nicht zufriedenstellend erklären.

Offenbar werden Ministerien für nachrichtenwürdiger gehalten, wenn sie von Männern besetzt sind. Dies erklärt, warum die Ministerinnen für Bildungs-, Familien- oder Gesundheitspolitik – alles oft diskutierte Themen 2008 – deutlich seltener präsent sind als etwa der Umwelt- oder der Verkehrsminister. Die These, dass es einen Nachrichtenfaktor ‚Geschlecht' im Sinne einer systematischen Bevorzugung männlicher Akteure gibt (vgl. Prenner 1994; Röser 2006: 35–36), wird durch diese Befunde erhärtet.

Die Präferenzen der Medien: Rangfolge aller PolitikerInnen

Betrachtet man die Rangfolge der Nennungen von Politikerinnen und Politikern in den Medien unabhängig von unserer funktionsorientierten Definition von Spitzenpositionen – also auf Basis aller Genannten, wie sie von den Medien als mehr oder weniger nachrichtenwürdig erachtet werden –, ergibt sich folgendes Bild: Die nach Merkel am häufigsten erwähnten Politikerinnen sind Andrea Ypsilanti auf Platz 11 und Gesine Schwan auf Platz 24. Ypsilanti, SPD-Landesvorsitzende und Spitzenkandidatin in Hessen 2008, befand sich in einer äußerst konflikthaften Phase, in der sie nach einem Wahlerfolg versuchte, eine rot-grüne Minderheitsregierung unter Duldung durch ‚Die Linke' zu bilden und dafür viel Kritik erntete.[15] Schwan stand im Untersuchungszeitraum im Wahlkampf. Sie erklärte, ebenso wie Amtsinhaber Horst Köhler (Platz 9), im Mai 2008 ihre Kandidatur für das Bundespräsidentenamt. Wahlkampfzeiten stehen für den Nachrichtenfaktor Konflikt und allgemein für erhöhte mediale Aufmerksamkeit; und auch die Ereignisse in Hessen können dem Faktor Konflikt zugeordnet werden. Dieser Kontext beschert auch kandidierenden Frauen Beachtung in der Berichterstattung. Die nächste Frau folgt (nach Mer-

---

15 Dies endete – kurz nach Ende unseres Untersuchungszeitraums – im November 2008 mit ihrem Scheitern an vier ‚Abweichlern', gefolgt von Neuwahlen und ihrem Rücktritt im Januar 2009.

kel, Ypsilanti, Schwan) erst auf Platz 27 mit Bundesministerin Zypries, die anderen Ministerinnen sind ab Rang 35 platziert.

Die Top-30-Liste der Mediennennungen wird also deutlich von 26 männlichen Politikern dominiert. Zu erwähnen ist vor allem Kurt Beck, der nach Merkel der am häufigsten genannte Politiker ist und auf Platz 2 rangiert, gefolgt von Außenminister Steinmeier und Finanzminister Steinbrück auf den Plätzen 3 und 4. Beck war im Untersuchungszeitraum Ministerpräsident von Rheinland-Pfalz sowie Bundesparteivorsitzender der SPD; er trat im September 2008 vom Amt des Parteivorsitzenden zurück und es wurde Frank-Walter Steinmeier zum Spitzenkandidaten bestimmt. Becks herausgehobene Präsenz ist also mit seinem bundespolitischen Amt und zugleich der konflikthaften Zuspitzung darum in Verbindung zu bringen (vgl. zu Merkel und Beck, Schwan und Köhler sowie Steinmeier und von der Leyen die qualitativen Analysen bei Maier/Lünenborg sowie Grittmann in diesem Band).[16] Die Hitliste der Medien folgt somit – erwartungsgemäß – nicht allein funktionsorientierten Bedeutungen von PolitikerInnen, sondern zusätzlichen Nachrichtenfaktoren. Die Daten deuten darauf hin, dass insbesondere (durch die Medien) personalisierte Konflikte um politische Weichenstellungen oder Ämter zu einer vergleichsweise häufigen Berichterstattung über Politiker und ebenso Politikerinnen führen können.

Fazit

Für den Bereich der Politik bleibt festzuhalten: Spitzenpolitikerinnen erhalten systematisch weniger Medienpräsenz als ihre männlichen Kollegen in vergleichbaren Positionen. Diese Regel gilt jedoch in einem Fall nicht: Kanzlerin Merkel ist mit Abstand die meistbeachtete Spitzenkraft in den Medien. Das Amt als Bundeskanzler respektive Bundeskanzlerin erfährt höchste Aufmerksamkeit durch die Medien, unabhängig davon, ob es von einem Mann oder einer Frau bekleidet wird.[17] Die machtvolle Position allein an der Spitze der Regierung überlagert Marginalisierungen entlang der Kategorie Geschlecht. Eine Frau als Kanzlerin verändert deshalb auf der quantitativen Ebene die medialen Geschlechterverhältnisse und so fördert die Kanzlerschaft Merkels die Sichtbarkeit von Spit-

---

16 Ansonsten finden sich unter den häufig Genannten außer Bundeministern, einzelnen Landespolitikern und diversen Parteifunktionären auch Ex-Kanzler Gerhard Schröder (Platz 11) sowie ausländische Politiker wie Barack Obama oder George W. Bush (Platz 5 und 6).

17 Ob ein männlicher Kanzler eventuell noch häufiger in den Medien präsent wäre als die Kanzlerin, kann mit unseren Daten allerdings nicht geklärt werden; hierzu wären Vergleichsstudien (etwa zu Schröder in seiner Amtszeit) erforderlich.

zenpolitikerinnen – oder vielmehr: einer Politikerin als einsame Spitze. Top-Politikerinnen der nächsten Führungsebene profitieren davon nicht.

5. Spitzenkräfte der Wirtschaft – Gruppenbild ohne Damen

„It's a man's world" – mit dieser James Brown-Liedzeile ist das medial vermittelte Bild von den Spitzenkräften der Wirtschaft treffend beschrieben. Es ist nach wie vor ein Gruppenbild ohne Damen. 96 Prozent aller Personen, über die als Spitzenmanager oder -unternehmer berichtet wird, sind Männer, nur vier Prozent Frauen (vgl. Abb. 3). Diese Männerdominanz korrespondiert teilweise mit der sozialen Realität, in der Managerinnen in hohen und höchsten Positionen auch nicht sehr zahlreich sind: In Vorständen und Aufsichtsräten der hundert größten deutschen Unternehmen betrug der Frauenanteil 2008 beispielsweise sieben Prozent, bei Banken und großen Versicherungen 15 bzw. 13 Prozent, in den Vorständen dann nur noch ein bis drei Prozent (vgl. BMSFJ 2009: 135). Die Frauenanteile in den Medien bleiben gleichwohl hinter solchen Daten zurück, berücksichtigt man die weite Definition, die für die Inhaltsanalyse gewählt wurde. Im Management insgesamt betrug der Frauenanteil 2008 17 Prozent, in Großunternehmen 13 Prozent (vgl. ebd.: 143).

Entscheidend aber ist: Die strukturelle Männerdominanz im Bereich Wirtschaft wird medial weiter verstärkt – durch redaktionelle Auswahlprozesse. Darauf deuten einzelne auffällige Unterschiede zwischen den Mediengattungen hin (vgl. Abb. 6 auf Seite 54). Zunächst erscheinen die Differenzen zwischen den Medien nicht allzu groß: Während Fernsehnachrichten/-magazine und Publikumszeitschriften auf einen Anteil von sechs Prozent Frauen an den thematisierten Spitzenkräften der Wirtschaft kommen, nähert sich die Politik- und Wirtschaftsberichterstattung in Tageszeitungen diesbezüglich einer frauenfreien Zone, die mit drei Prozent gleichwohl dicht am Gesamtdurchschnitt bleibt. Innerhalb der Publikumszeitschriften zeigen sich zwei auffallende Pole, die von den Wirtschaftsmagazinen auf der einen Seite (2 %) und den unterhaltenden Illustrierten auf der anderen Seite (20 %) gebildet werden.

Die Wirtschaftstitel sind mit zwei Prozent Frauenanteil unter den erwähnten SpitzenmanagerInnen das Schlusslicht innerhalb der Gruppe der Publikumszeitschriften. Die Marginalisierung von Spitzenmanagerinnen wiegt in diesen Zeitschriften noch einmal schwerer als in den anderen untersuchten Mediengattungen, weil in ihnen eine monothematische Konzentration auf den Kontext Wirtschaft und Management erfolgt. Deshalb wäre anzunehmen, dass Managerinnen innerhalb dieser Themen

Abb. 6: Geschlechterverhältnis der erwähnten SpitzenmanagerInnen in verschiedenen Mediengattungen (Anteil in %)

1. Ebene	2. Ebene (Untergruppen)	SpitzenmanagerInnen	
		Männer	Frauen
Mediengattungen	Tageszeitungen	97	3
	Publikumszeitschriften/ Wochenzeitungen	94	6
	Fernsehen	94	6
	Gesamt	**96**	**4**
Publikumszeitschriften & Wochenzeitungen	Nachrichtenmagazine/ Wochenzeitung	96	4
	Wirtschaftsmagazine	98	2
	Illustrierte	80	20
	Gesamt	**94**	**6**

Materialbasis: Erwähnte Spitzenkräfte der Wirtschaft im Gesamtsample und in spezifischen Mediengattungen

eine größere Sichtbarkeit erfahren, weil mehr Raum für die Präsentation von vielfältigen Persönlichkeiten der Wirtschaft und somit auch von weiblichen Spitzenkräften gegeben ist, als es in Nachrichtensendungen, Fernsehmagazinen, Tageszeitungen, Nachrichtenmagazinen oder Illustrierten der Fall ist. Offenbar führt der thematische Schwerpunkt ,Wirtschaft' aber nicht zu einer stärkeren Präsenz von weiblichen Spitzenkräften, sondern im Gegenteil zu einer bevorzugten Darstellung männlicher Führungspersönlichkeiten.[18]

Einen deutlich höheren Anteil von Wirtschaftsfrauen fanden wir dagegen in den Illustrierten (vgl. Abb. 6). Diese Zeitschriftentypen verweisen darauf, dass Redaktionen Spitzenfrauen der Wirtschaft finden können, wenn sie denn wollen: Die Frauenzeitschrift *Brigitte* erreicht einen Managerinnen-Anteil von fast zwei Drittel – allerdings auf Basis einer niedrigen absoluten Zahl. Absolut gesehen deutlich häufiger präsentieren zwei Illustrierte eine Managerin oder Unternehmerin aus den Top-Etagen und erreichen relativ hohe Anteile: Bei *Bunte* ist rund jede fünfte, bei *Superillu* rund jede sechste genannte Spitzenkraft der Wirtschaft weiblich. So hat die Unternehmerin im Abendkleid auf einem Wohltätigkeitsball

---

18 Frappierend muss vor diesem Hintergrund erscheinen, dass die Wirtschaftstitel im Feld der Politik und auch der Wissenschaft höhere Anteile von Führungsfrauen erreichen und somit Spitzenpolitikerinnen und -wissenschaftlerinnen gegenüber den jeweiligen männlichen Kollegen mit höheren Anteilen präsent sind als Spitzenmanagerinnen im Vergleich zu Spitzenmanagern.

bessere Chancen auf Medienpräsenz als die im Hosenanzug bei der Arbeit. Denn die Frauen erscheinen in *Bunte* dem Konzept der Zeitschrift entsprechend oft im Kontext unterhaltender Themen aus der Welt der Prominenten und ihren gesellschaftlichen Zirkeln.

Die Darstellung von Frauen, die in Unternehmen tätig sind, wird somit nicht durch eine ausgeprägte Wirtschaftsberichterstattung begünstigt, sondern ist an einen Journalismus gekoppelt, der in seiner Berichterstattung auf so genannte Society-Ereignisse und Prominente zielt oder der, wie bei den Frauenzeitschriften, primär auf die Darstellung von Frauen für ein weibliches Publikum ausgerichtet ist. Hier zeigen sich die Spielräume der Medien, die nicht einfach Realität abbilden, sondern mit ihren spezifischen Berichterstattungs- und Selektionsmustern mehr oder weniger geschlechtergerechte Weltbilder erschaffen.

Die Namensliste derjenigen ManagerInnen, die besonders oft in den Medien genannt werden, führt Heinrich von Pierer (Siemens) an gefolgt von Hartmut Mehdorn (Deutsche Bahn) und Josef Ackermann (Deutsche Bank). Erst auf Platz 19 erscheint mit Ingrid Matthäus-Maier die erste Managerin – sie musste im Untersuchungszeitraum als Vorsitzende der KfW-Bankengruppe zurücktreten. Margreth Suckale, 2008 Mitglied im Vorstand der Deutschen Bahn, ist die am zweithäufigsten genannte weibliche Führungskraft. In der Gesamtliste liegt sie allerdings weit abgeschlagen auf Platz 72. Auch bekannte Unternehmerinnen wie Liz Mohn oder Friede Springer bleiben mit wenigen Einzelerwähnungen innerhalb eines Halbjahres marginal (vgl. zur gleichen Tendenz: Maier/Lünenborg sowie Grittmann in diesem Band).

Zusammengefasst: Managerinnen kommen in den Medien, insbesondere in den sogenannten Qualitätsmedien, im Vergleich zu Managern kaum vor. Der Anteil der Managerinnen weist innerhalb der unterschiedlichen Mediengattungen aber Schwankungen auf. Bemerkenswerterweise zeigt sich der geringste Managerinnen-Anteil in den Wirtschaftstiteln, in denen aufgrund ihrer thematischen Ausrichtung mit einem verstärkten Auftreten von Spitzenmanagerinnen zu rechnen gewesen wäre; fast genauso schlecht schneiden Tageszeitungen und Nachrichtenmagazine ab. Am höchsten ist ihr Gewicht im Vergleich zu Männern dagegen in den eher populärkulturell ausgerichteten Illustrierten, v.a. in *Bunte* und *Superillu*. Diese Gruppe von Frauen ist somit verstärkt in Medienangeboten mit Boulevardcharakter sichtbar und folglich weniger in professionellen Kontexten als in Society-Berichten. Die Sphäre ,Management und Wirtschaft' wird im Journalismus traditionellen Zuschreibungen folgend als originär männlich konstruiert, während die Sphäre ,Charity, Feste, Soziale Events' (auch) als weiblich konstruiert wird.

6. Spitzenkräfte der Wissenschaft – Eine Rarität in den Medien

Das Verhältnis von Spitzenwissenschaftlerinnen zu Spitzenwissenschaftlern in den untersuchten Medien beträgt elf zu 89 Prozent (vgl. Abb. 3). Damit liegt der Frauenanteil im Bereich Wissenschaft zwischen dem in der Politik und dem in der Wirtschaft. Lässt man im Bereich Politik die Präsenz von Angela Merkel einmal unberücksichtigt und zieht nur den Anteil der sonstigen Spitzenpolitikerinnen als Vergleich heran (12 %, vgl. Abb. 4), ergibt sich im Bereich Politik ein ähnlicher Anteil wie in der Wissenschaft.

Auffallend ist aber ein anderer Befund: Insgesamt spielen Spitzenwissenschaftler und -wissenschaftlerinnen innerhalb unseres Samples fast keine Rolle (vgl. auch Grittmann in diesem Band). Nur drei Prozent aller Personen, die als Spitzenkräfte kodiert wurden, entfielen auf den Bereich Wissenschaft, 0,3 Prozent dabei auf weibliche Top-Forscherinnen. In der Folge sind die absoluten Zahlen, auf denen unsere Befunde zu diesem Bereich basieren, niedrig. Schwankungen der Frauen- und Männeranteile in den Einzelmedien, die es im Bereich Wissenschaft gibt, können deshalb nicht als systematische Differenz bewertet werden, da schon eine einzige Spitzenprofessorin mehr oder weniger in der Berichterstattung die geschlechtsspezifischen Prozentanteile wesentlich verändert. So geben die quantitativen Befunde im Bereich Wissenschaft vor allem Auskunft darüber, wie gering der Stellenwert dieses Funktionsbereichs in den Medien im Vergleich zu Politik und Wirtschaft ist. Blickt man auf alle kodierten WissenschaftlerInnen unabhängig von ihrem Status, sind auch die Personen, die als Expertenstimmen in den Medien traditionellerweise ihren Platz haben, in die Kodierung einbezogen. Überraschenderweise machen auch diese wissenschaftlichen Fachleute nur vier Prozent der Kodierungen im Gesamtsample aus. Hier zeigt sich eine Kehrseite der Politik(er)lastigkeit des deutschen Journalismus, durch die Akteure aus anderen gesellschaftlichen Bereichen marginalisiert werden. Vor dem Hintergrund dieses geringen quantitativen Gewichts des Bereichs Wissenschaft bedeutet der Frauenanteil von zwölf Prozent an allen und elf Prozent an den herausgehobenen WissenschaftlerInnen, dass die Frauen aus diesem Berufsfeld in den Medien kaum sichtbar sind.

7. Mediengattungen

Betrachtet man die Geschlechterverhältnisse bei den FunktionsträgerInnen aus Politik, Wirtschaft und Wissenschaft in verschiedenen Mediengattungen, ist im Gesamtbild zunächst eine recht hohe zahlenmäßige

Übereinstimmung festzustellen (vgl. Abb. 7). In den drei großen Mediengattungen Tageszeitungen, Publikumszeitschriften/Wochenzeitungen und
Fernsehen variiert der statusunabhängige Frauenanteil lediglich zwischen
16 und 18 Prozent, der Männeranteil entsprechend zwischen 82 und 84
Prozent. Bei den Spitzenkräften zeigt sich dann ein ‚Ausreißer nach oben':
Das Fernsehen präsentiert einen Anteil von 28 Prozent Spitzenfrauen und
liegt damit deutlich über dem Durchschnitt von 21 Prozent. Dieser Effekt
entsteht, weil in den Fernsehnachrichten erstens der Bereich Politik (mit
seiner relativ höheren Präsenz von Spitzenfrauen) ein besonders großes
Gewicht hat gegenüber dem Bereich Wirtschaft und darin zweitens wiederum Berichte über Kanzlerin Merkel eine überdurchschnittliche Rolle
spielen. Zwei Drittel aller Nennungen von Spitzenpolitikerinnen im Fernsehen entfallen allein auf Merkel (66 %), während es den anderen Mediengattungen nur 55 (Tageszeitungen) bzw. 59 Prozent (Publikumszeitschrif-
ten/Wochenzeitung) sind. Die Fernsehnachrichten konzentrieren sich also
noch exklusiver als andere Mediengattungen auf das Themenfeld Politik
sowie auf die Person Merkels und dadurch erhöht sich der Spitzenfrauen-
Anteil – ein Kanzlerin-Effekt.

*Abb. 7: Geschlechterverhältnis aller erwähnten Personen sowie
der Spitzenkräfte in verschiedenen Mediengattungen (Anteil in %)*

Mediengattung	Männer	Frauen	Spitzenmänner	Spitzenfrauen
Tageszeitungen	84	16	82	18
Publikumszeitschriften/ Wochenzeitungen	82	18	79	21
Fernsehen	82	18	72	28
Gesamt	**83**	**17**	**79**	**21**

Materialbasis: Erwähnte Personen (statusunabhängig) und Spitzenkräfte aus Politik,
Wirtschaft und Wissenschaft in verschiedenen Mediengattungen

Beachtenswerte genrespezifische Differenzen zeigen sich des Weiteren
innerhalb der Gruppe der Publikumszeitschriften und Wochenzeitungen:
Die Anteile von Frauen und Männern bewegen sich bei Nachrichtenmaga-
zinen/Wochenzeitungen im Durchschnitt, zeigen sich bei Wirtschaftstiteln
stark männerdominiert und schlagen bei Illustrierten überdurchschnittlich
zugunsten von Frauen aus. (vgl. Abb. 8). Diese Geschlechterverhältnisse
zeigen sich sowohl auf der Ebene aller kodierten Personen (statusunabhängig) wie auf der Ebene ausschließlich der Spitzenkräfte. Hier handelt
es sich, wie oben schon in Bezug auf die Wirtschaft diskutiert wurde (vgl.
Abschnitt 5), um den Einfluss unterschiedlicher journalistischer Berichterstattungsmuster und Themenkontexte.

Abb. 8: Geschlechterverhältnis aller erwähnten Personen sowie der Spitzenkräfte in der Mediengattung Publikumszeitschriften/Wochenzeitungen (Anteil in %)

Publikumszeitschriften/ Wochenzeitungen	Männer	Frauen	Spitzenmänner	Spitzenfrauen
Nachrichtenmagazine/ Wochenzeitungen	82	18	79	21
Wirtschaftstitel	91	9	92	8
Illustrierte	76	24	71	29
Gesamt	**83**	**17**	**79**	**21**

Materialbasis: Erwähnte Personen (statusunabhängig) sowie Spitzenkräfte aus Politik, Wirtschaft und Wissenschaft in Publikumszeitschriften/Wochenzeitungen

Es sind somit insbesondere die Illustrierten, die sich in unserem Sample von den anderen Mediengattungen abheben. Bei aller Unterschiedlichkeit der Konzepte im Einzelnen verbindet die vier Titel *Stern, Bunte, Superillu* und *Brigitte*, dass sie unterhaltende Elemente in ihre journalistischen Konzepte integrieren und allgemein ein gewisser Themen- und Formenmix bei einem geringen Stellenwert institutionalisierter Politik leitend ist.[19] Dies begünstigt offensichtlich die Repräsentation von Frauen in allen drei Gesellschaftsbereichen und auf allen Hierarchiestufen.[20] Vergleichbare Tendenzen haben bereits frühere Untersuchungen aufgezeigt und diskutiert. „Möglicherweise wirkt sich das Prinzip der Mischung selbst günstig im Sinne einer vielfältigen Berichterstattung aus und erstreckt sich auch auf die Repräsentanz von Männern und Frauen, Alten und Jungen, Würdenträgern und alltäglichen Menschen" – so lautete etwa eine Überlegung in Bezug auf Regionalzeitungen (Röser 2006: 29), die auch für die Illustrierten gelten könnte. Im Rahmen solcher populärkultureller Medien sind jedenfalls auch die Anteile von Spitzenfrauen aus Politik, Wirtschaft und Wissenschaft im Vergleich zu ihren jeweiligen männlichen Pendants höher als in Mediengenres, die vorwiegend dem nachrichtlichen Journa-

---

19 Diese Mischung kommt in unserer Analyse auch zur Geltung, da wir bei Zeitschriften den gesamten Inhalt einbezogen haben; zu berücksichtigen ist, dass demgegenüber bei Tageszeitungen nur der Politik- und Wirtschaftsteil ausgewertet wurde – bezogen auf alle Ressorts stellt sich auch diese Mediengattung vielfältiger dar. Vgl. zur Diskussion um Tendenzen der Boulevardisierung im Journalismus und die ambivalenten Folgen für die medialen Geschlechterverhältnisse: Lünenborg/Röser in diesem Band; Pantti 2007: 26ff.

20 Die Frauenanteile betragen bei den Illustrierten auf Basis aller kodierten Personen (statusunabhängig) 22 bis 24 Prozent, bei den Spitzenkräften 26 bis 30 Prozent. Die auf die Leseinteressen speziell von Frauen ausgerichtete *Brigitte* hebt sich mit 59 bzw. 65 Prozent weiter ab, dies aber auf Basis geringerer absoluter Zahlen.

lismus verbunden sind. Die Art und Weise, wie die Personen dargestellt werden, kann allerdings ebenfalls von traditionellen Darstellungen geprägt sein, wie die qualitativen Analysen sichtbar machen (vgl. Grittmann sowie Maier/Lünenborg in diesem Band).

8. Fazit: Die hierarchische Positionierung der Geschlechter durch journalistische Selektion und der Kanzlerin-Effekt

Festzuhalten bleibt zunächst, dass die *quantitativen Geschlechterverhältnisse in den Medien insgesamt betrachtet* nur wenig in Bewegung geraten sind und Männer als Nachrichtensubjekte die Berichterstattung weiterhin deutlich dominieren. Der Anteil von 17 Prozent Frauen gegenüber 83 Prozent Männern über alle Statusgruppen hinweg entspricht in etwa den Befunden früherer Untersuchungen. Während solche Studien in der Regel nur PolitikerInnen oder aber alle in den Medien erwähnte Personen erfasst haben, wurden in unserer Untersuchung Akteure aus drei zentralen Gesellschaftsbereichen analysiert: aus Politik, Wirtschaft und Wissenschaft. Dies erbringt insofern neue Einsichten, als sich deutliche Unterschiede zwischen diesen Feldern zeigen – angefangen bei einer äußerst geringen Repräsentation von Wirtschaftsfrauen über etwas höhere Anteile der Wissenschaftlerinnen hin zu den mittleren Anteilen von Politikerinnen. Diese Unterschiede bestätigen sich ebenfalls, wenn nur die Spitzenkräfte betrachtet werden; hierzu ergibt die quantitative Bildanalyse vergleichbare Relationen (vgl. Grittmann in diesem Band). Diese Befunde legen nahe, die medialen Geschlechterverhältnisse über die Politik hinaus künftig grundsätzlich differenziert nach spezifischen Gesellschaftsbereichen zu untersuchen.

Rein auf die *Spitzenkräfte* in den Medien bezogen ist zunächst bemerkenswert, dass sich die Frauenanteile an der Spitze in allen drei Bereichen kaum von den Anteilen unter allen FunktionsträgerInnen (statusunabhängig) unterscheiden. In keinem Bereich sinken die Werte für die Spitze deutlich ab: So liegen die Anteile für Wirtschaft und Wissenschaft jeweils nur einen Prozentpunkt niedriger, in der Politik steigen sie – bedingt durch den Kanzlerin-Effekt – sogar an (vgl. Abb. 2 und 3). Damit repräsentieren die Medien eine Art ‚verkehrte Welt‘: Während strukturell der Anteil von Frauen in allen gesellschaftlichen Bereichen auf der Hierarchieleiter nach oben abnimmt und nach unten ansteigt, gibt es diese Systematik in den Medien nicht. Mit anderen Worten: Im Vergleich zu den männlichen Kollegen derselben Statusebene kommt die Wissenschaftlerin oder Managerin aus der zweiten Reihe auch nicht häufiger in die Medien als die aus der ersten Reihe, obwohl es in der zweiten Reihe anteilsmäßig mehr Frauen gibt. Dies ist ein weiterer Beleg dafür, dass der Journalismus Geschlechterverhältnisse nach eigenen Regeln konstruiert und nicht einfach den Strukturen der sozialen Wirklichkeit folgt. Dazu muss auch bedacht werden, dass sich der Journalismus ganz allgemein für die ‚zweite Reihe' weit weniger interessiert als für die erste.

Die quantitativen Befunde stellen sich für die drei Gesellschaftsbereiche, die hier untersucht wurden, unterschiedlich dar, wobei sich die Berichterstattung über das Spitzenmanagement der Wirtschaft besonders stark an Männern orientiert zeigt. Diese Verhältnisse stehen zwar mit denen in der sozialen Wirklichkeit der Wirtschaft in loser Verbindung, als alleinige Erklärung kann dies aber nicht ausreichen. So belegen die Unterschiede zwischen verschiedenen Mediengattungen gerade mit Blick auf die Wirtschaft, dass spezifische Themenkontexte und Berichterstattungsmuster zu relativ mehr oder weniger Präsenz von Spitzenmanagerinnen führen. Bemerkenswerterweise haben Spitzenmanagerinnen in Zeitschriften, die ‚bunte' Themen rund um Prominente und Society-Ereignisse behandeln, ein vergleichsweise höheres Gewicht als im Nachrichten- und besonders im Wirtschaftsjournalismus, der die Welt der Wirtschaft in besonderer Weise männlich konstruiert. Andersherum bedeuten die mit 30 Prozent deutlich höheren Anteile von Spitzenpolitikerinnen ebenfalls nicht, dass der Journalismus hier ‚Realität abbildet' – nur auf den ersten Blick scheint es sich hier um eine Annäherung an den gemäß unserer Definition[21] 36 Prozent-Anteil von Frauen am bundespolitischen Spitzenpersonal zu handeln. Eine genauere Analyse offenbart, dass sich hinter diesem Wert eine überproportionale Berücksichtigung von Kanzlerin Merkel verbirgt. Der sogenannte Kanzler-Bonus kommt somit ebenfalls als Bonus einer Kanzler*in* zur Geltung: Der Journalismus reproduziert die Strukturen hegemonialer Macht. Demgegenüber zeigen sich für andere Spitzenpolitikerinnen deutlich geringere Anteile in den Medien.

Besonders anschaulich wird die systematische Zurücksetzung von Spitzenfrauen in den Medien anhand der Bundesministerinnen, die wahrlich statushohe Positionen besetzen, aber gleichwohl systematisch seltener medial repräsentiert sind als ihre männlichen Kollegen. Weder spezielle Ereignisse noch die jeweiligen Ressorts oder Zusatzfunktionen können die regelhaft seltenere Erwähnung weiblicher gegenüber männlicher Minister erklären, sondern allein das Wirken eines Nachrichtenfaktors ‚Geschlecht'. Die gesellschaftliche Machtposition der Ministerinnen führt zwar zu einer häufigeren Repräsentation im Vergleich zu anderen Funktionsträgerinnen, neutralisiert aber nicht ihre geschlechtsspezifische Zurücksetzung gegenüber Männern auf derselben Statusebene, also Bun-

---

21 Vgl. zu den Definitionen der ‚Spitze' in der Politik Abschnitt 2.

desministern. Insofern ist es gar nicht erstaunlich, dass die Verhältnisse bei Kanzlerin Merkel andere sind, denn nur sie besetzt ihre Statusebene – ganz oben an der Spitze – alleine ohne männliche Konkurrenz. In dieser Konstellation folgt die journalistische Gewichtung der Macht und dem exklusiven Status des Amtes: Merkel ist die mit Abstand am häufigsten repräsentierte Spitzenperson in den untersuchten Medien. Durch ihre mediale Präsenz entsteht der *Kanzlerin-Effekt*: Der Anteil von Frauen in der journalistischen Medienberichterstattung steigt und dies beeinflusst die Prozentwerte auf allgemeiner Ebene wie auch bezogen auf die Politik und erst recht auf die Spitzenpolitik. Zu unserem Befund, wonach die in den Medien genannten Spitzenkräfte der Politik zu 30 Prozent Frauen sind, tragen mediale Erwähnungen der Kanzlerin weit mehr als die Hälfte bei (18 Prozentpunkte), während sich alle anderen Spitzenpolitikerinnen die restlichen 12 Prozentpunkte teilen; auf die männlichen Spitzenpolitiker entfallen zusammen 70 Prozentpunkte.[22]

Wenn auch als ‚einsame Spitze', so prägt mit der Person Merkels eine Spitzenfrau kontinuierlich die alltägliche Medienberichterstattung. Der Kanzlerin-Effekt ist insofern ein positiver Faktor im Sinne der quantitativen Repräsentation von Spitzenfrauen in den Medien. Anhand der Kanzlerin wird deutlich, dass erst die machtvolle Position alleine an der Spitze der Regierung geschlechtsspezifische Marginalisierungen im journalistischen Auswahlprozess überlagert. Auf die Wirtschaft übertragen heißt dies, ein höherer Anteil von Spitzenmanagerinnen in der Medienberichterstattung wäre vor allem dann zu erwarten, wenn eine Frau an die Spitze großer Unternehmen träte – etwa der Deutschen Bank, der Deutschen Bahn und der Siemens AG –, während ein stetig leicht wachsender ‚realer' Anteil von Frauen in Führungspositionen der Wirtschaft wohl nur geringe Auswirkungen auf die quantitativen Anteile in den Medien hätte.

Die Gesamtheit der quantitativen Befunde belegt die anhaltende Marginalisierung von Frauen und Spitzenfrauen in der Medienberichterstattung. Hier, auf der quantitativen Ebene, manifestiert sich fortlaufend eine hierarchische Positionierung der Geschlechter durch den Journalismus.[23]

---

22 In der Bildberichterstattung ist Merkels Anteil noch höher und es erreichen (dadurch) Spitzenpolitikerinnen insgesamt im Vergleich zu Spitzenpolitikern höhere Anteile als auf der Textebene (vgl. Grittmann in diesem Band).

23 Dieser Befund rückt das journalistische Handeln in den Blick verbunden mit der Frage, wie diese quantitative Zurücksetzung in journalistischen Auswahlprozessen hergestellt wird (vgl. Lünenborg/Maier in diesem Band). Genauer zu analysieren wäre in diesem Zusammenhang auch das Material und das Agieren von Nachrichtenagenturen – so ergab eine exemplarische Auswertung von dpa-Material im Jahr 2005 einen noch weit geringeren Frauenanteil im Agenturmaterial als in den parallel untersuchten Tageszeitungen (vgl. Röser 2006: 35–36).

Selbst wenn plakative geschlechtsspezifische Stereotypisierungen seltener werden, wird dies auf der Ebene der journalistischen Selektion konterkariert. Die Medien entwerfen damit – trotz Kanzlerin – Bilder einer Gesellschaft, die in solch zentralen gesellschaftlichen Bereichen wie Politik, Wirtschaft und Wissenschaft weiterhin vor allem von Männern geformt und dominiert wird.

Literatur

Bauer, Christina (2008): Merkel, Roth ... und sonst keine Politikerinnen im Fernsehen. In: Holtz-Bacha, Christina (Hg.): Frauen, Politik und Medien. Wiesbaden: VS, 25–48.

BMFSFJ (Hg.) (2009): Führungskräfte-Monitor 2001–2006. Vorgelegt von Elke Holst. Baden Baden: Nomos.

Boomgaarden, Hajo G./Semetko, Holli A. (2007): Duell Mann gegen Frau?! Geschlechterrollen und Kanzlerkandidaten in der Wahlkampfberichterstattung. In: Brettschneider, Frank/Niedermayer, Oskar/Weßels, Bernhard (Hg.): Die Bundestagswahl 2005. Analysen des Wahlkampfes und der Wahlergebnisse. Wiesbaden: VS, 171–196.

Gildemeister, Regine (2004): Doing Gender: Soziale Praktiken der Geschlechterunterscheidung. In: Becker, Ruth/Kortendiek, Beate (Hg.): Handbuch Frauen- und Geschlechterforschung. Theorie, Methoden, Empirie. Wiesbaden: VS, 132–141.

GMMP 2010 – Who Makes the News? Global Media Monitoring Project 2010. Online verfügbar: http://www.whomakesthenews.org/images/stories/restricted/global/global_en.pdf (Zugriff 16.12.2011).

Helwerth, Ulrike (2006): Zehn Jahre nach Peking – Eine Einführung. In: Journalistinnenbund (Hg.): Präsenz von Frauen in den Nachrichten. Medienbeobachtungen 2005, Bonn: Broschur, 6–7.

Holtz-Bacha, Christina/König-Reiling, Nina (Hg.) (2007): Warum nicht gleich? Wie die Medien mit Frauen in der Politik umgehen. Wiesbaden: VS.

Klaus, Elisabeth (2001): Ein Zimmer mit Ausblick? Perspektiven kommunikationswissenschaftlicher Geschlechterforschung. In: Klaus, Elisabeth/Röser, Jutta/Wischermann, Ulla (Hg.): Kommunikationswissenschaft und Gender Studies. Wiesbaden: Westdeutscher Verlag, 20–40.

Klaus, Elisabeth/ Röser, Jutta/ Wischermann, Ulla (2006): Frauen- und Geschlechterforschung: Zum Gesellschaftsbezug der Publizistik- und Kommunikationswissenschaft. In: Publizistik Sonderhefte, Bd. 5, Fünfzig Jahre Publizistik, hg. von Holtz-Bacha, Christina/Kutsch, Arnulf/ Langenbucher, Wolfgang/Schönbach, Klaus, 354–369.

Lünenborg, Margreth (2005): Journalismus als kultureller Prozess. Zur Bedeutung von Journalismus in der Mediengesellschaft. Ein Entwurf. Wiesbaden: VS.

Magin, Melanie/Stark, Birgit (2010): Mediale Geschlechterstereotype. Eine ländervergleichende Untersuchung von Tageszeitungen. In: Publizistik 55, 383–404.

Media Tenor (2006): Forschungsbericht Nr. 154, 2. Quartal, 28–29.

Pantti, Mervi (2007): Portraying Politics: Gender, Politik und Medien. In: Holtz-Bacha, Christina/König-Reiling, Nina (Hg.): Warum nicht gleich? Wie die Medien mit Frauen in der Politik umgehen. Wiesbaden: VS, 17–51.

Prenner, Andrea (1994): Die Nachricht ist ,männlich'. Zur Konstruktion von Männerrealität in den Nachrichtenmedien. In: Angerer, Marie-Luise/Dorer, Johanna (Hg.): Gender und Medien. Wien: Braumüller, 152–160.

Röser, Jutta (2006): Der Pressejournalismus als Konstrukteur männlicher Dominanz. Geschlechterverhältnisse auf den Hauptnachrichtenseiten deutscher Tageszeitungen – eine Zwölf-Wochen-Analyse. In: Journalistinnenbund (Hg.): Präsenz von Frauen in den Nachrichten. Medienbeobachtungen 2005. Bonn: Broschur, 27–36.

Röser, Jutta/Wischermann, Ulla (2008): Medien- und Kommunikationsforschung: Geschlechterkritische Studien zu Medien, Rezeption und Publikum. In: Becker, Ruth/ Kortendiek, Beate (Hg.): Handbuch der Frauen- und Geschlechterforschung. 2. erw. und aktual. Aufl., Wiesbaden: VS, 730–735.

„Kann der das überhaupt?"
Eine qualitative Textanalyse zum Wandel medialer Geschlechterrepräsentationen

Tanja Maier & Margreth Lünenborg

1. Hinführung

Im Sommer 2008 fragte sich *die tageszeitung,* ob der Außenminister und mögliche Kanzlerkandidat der SPD, Frank-Walter Steinmeier überhaupt in der Lage sei, im Bundestagswahlkampf 2009 gegen Angela Merkel zu gewinnen: „Kann so einer Angela Merkel schlagen?" (taz 14.7.08). Und auch bei der *Zeit* machten sich schon einige Wochen zuvor ähnliche Gedanken breit. Das politische Wochenmagazin will wissen: *„Aber kann er das überhaupt? Kann dieser Mann eine Partei, die seit Jahren zerstritten ist, (...) wieder zu einer Einheit zusammenschweißen und dabei Angela Merkel Paroli bieten?"* (Zeit 19.6.08). Mit Angela Merkel, so viel legt die Berichterstattung nahe, steht eine machtvolle Politikerin an der Spitze der deutschen Bundesregierung. Noch im Bundestagswahlkampf 2005 diskutierte die Presse hierzulande über die Politikfähigkeit von Angela Merkel. Eine Frage, die dabei in der medialen Berichterstattung immer wieder auftauchte, hat es bis zum Titel eines Sammelbandes über Geschlechterbilder in der Politik gebracht: „Kann die das?" (Scholz 2007a). Die politischen Leistungen und der berufliche Status einer Kanzlerin, die seit mehreren Jahren die Bundesrepublik regiert, lassen sich nicht mehr so einfach abqualifizieren.

Hat sich mit Angela Merkel als Kanzlerin vielleicht ein Zeitenwechsel in der medialen Repräsentation von weiblichem Spitzenpersonal in der journalistischen Berichterstattung vollzogen? Wie gestaltet sich die mediale Konstruktion von Männlichkeit im Feld der Politik? Und wie werden Spitzenkräfte in anderen relevanten gesellschaftlichen Feldern wie Wirtschaft und Wissenschaft medial sichtbar gemacht?

Um die medialen Geschlechterkonstruktionen untersuchen zu können, ist eine qualitative Analyse erforderlich, die das ‚Wie?' der medialen

Repräsentation in den Mittelpunkt rückt.[1] Uns interessiert konkret die Frage, in welcher Weise den medialen Repräsentationen machtvoller Spitzenpersonen in Politik, Wirtschaft und Wissenschaft Geschlechterkonstruktionen eingeschrieben sind. Wie also, so unsere zentrale Frage, wird das Verhältnis von Macht und Geschlecht medial verhandelt, strukturiert, gestaltet?

2. Journalismus und vergeschlechtlichte Konstruktionen der Wirklichkeit

Der Beitrag geht von einer kulturtheoretischen Konzeptionalisierung des Journalismus aus (vgl. Lünenborg 2005a). Journalismus erscheint aus dieser Perspektive als gesellschaftlicher Prozess der Bedeutungsproduktion, der journalistische Texte im Zirkel von Produktion, Text und Rezeption betrachtet. Entsprechend des Erkenntnisinteresses des vorliegenden Beitrages soll im Folgenden der Zusammenhang zwischen Journalismus, Geschlecht und Wirklichkeitskonstruktion auf der Ebene der Medienrepräsentation in den Blick genommen werden. Mit dem Begriff der Repräsentation[2] ist hier nicht einfach eine Stellvertretung oder das simple Spiegeln, Darstellen oder Verzerren von Sachverhalten gemeint:

> „In representation, constructionists argue, we use signs, organized into languages of different kinds, to communicate meaningfully with others. (...) There is no simple relationship of reflection, imitation or one-to-one correspondence between language and the real world. The world is not accurately or otherwise reflected in the mirror of language. Language does not work like a mirror. Meaning is produced within language, in and through various representational systems which, for convenience, we call ‚languages'. Meaning is produced by the practice, the ‚work', of representation. It is constructed through signifying – i.e. meaning-producing – practices." (Hall 1997: 28)

Die journalistische Berichterstattung spiegelt somit keine Wirklichkeit, sie bildet nicht einfach politisches, wirtschaftliches oder wissenschaftliches Handeln ab, indem sie eine naturgetreue oder verzerrte Abbildung sozialer Gegebenheiten liefert. Vielmehr konstruiert sie eine eigene ‚Realität', ein eigenes soziales Konstrukt von Politik, Wirtschaft und Wissenschaft. Repräsentation meint in diesem Sinne einen komplexen Prozess der Her-

---

1 Der vorliegende Beitrag ist Teil des Verbundprojektes „Spitzenfrauen im Fokus der Medien. Die mediale Repräsentation von weiblichen und männlichen Führungskräften in Politik, Wirtschaft und Wissenschaft" der Freien Universität Berlin (Leitung Margreth Lünenborg) und der Leuphana Universität Lüneburg (Leitung Jutta Röser).

2 Für einen kurzen und prägnanten Überblick über Repräsentationstheorien vgl. Hall 1997: 24ff.

stellung von Bedeutungen. Anlehnend an Hall fasst Engel die Repräsentationsarbeit prägnant zusammen: „Repräsentation bildet keine Wirklichkeit ab, sondern produziert Bedeutung, indem sie auf Wirklichkeit referiert und diese dabei konstruiert" (Engel 2002: 16).

Die Konstruktionsleistung von Journalismus, seine Gestaltung sozialer Wirklichkeit durch mediale Repräsentationen, wird in besonderer Weise mit Blick auf die öffentliche Wahrnehmung von Spitzenkräften in Politik, Wirtschaft und Wissenschaft offensichtlich. Nur die wenigsten Menschen haben eigene persönliche Kontakte zu Spitzenpersonal in diesen Bereichen. Für das Gros der Bevölkerung entstehen somit Vorstellungen von und über politische, wirtschaftliche und wissenschaftliche Spitzenkräfte auf der Grundlage der medialen Repräsentationen, die ihnen täglich zur Verfügung stehen (vgl. hierzu Müller/Röser in diesem Band). In diesem Zusammenhang kommt der Medienberichterstattung über Spitzenkräfte auch eine spezifische Konstruktionsleistung bezogen auf Geschlecht zu.

Wir gehen im Folgenden von einem prozessualen Geschlechterbegriff aus, der Geschlecht als Herstellungsprozess begreift und dabei immer auf seine Veränderbarkeit und Unabgeschlossenheit insistiert (vgl. stellvertretend Gildemeister/Wetterer 1992; Butler 1997). Wenn Geschlecht in und durch soziale Interaktionen sowie historische, gesellschaftliche und kulturelle Diskurse (re-)produziert wird, dann kommt offensichtlich auch medialen Repräsentationen eine wichtige Rolle bei der Herstellung von Geschlecht zu. Bezogen auf den vorliegenden Kontext produzieren mediale Repräsentationen Aussagen über die gesellschaftliche Relevanz von Spitzenpersonen in verschiedenen gesellschaftlichen Teilbereichen und darüber, wer zu den machtvollen und anerkannten Akteuren in den jeweiligen Feldern gehört. Sie gestalten Vorstellungen über Männlichkeit und Weiblichkeit in Politik, Wirtschaft und Wissenschaft mit und produzieren Aussagen darüber, wie Frauen und Männer in diesen gesellschaftlichen Teilbereichen sein sollen und was als nicht wünschenswert gilt. Damit bieten sie dem Publikum auch Angebote für die eigene Identitätskonstruktion (vgl. Lünenborg 2005b: 2). Identitäten, aber auch Körper, werden unter anderem durch mediale Repräsentationen, wie sie der Journalismus anbietet, gebildet und in Relation zu diesen verändert (vgl. Hall 1994: 200). „Medien liefern wichtige Bausteine zur eigenen Identitätskonstruktion und zur eigenen Positionierung innerhalb des Systems der Zweigeschlechtlichkeit" (Dorer 2002: 74). Die Identitäts-, Körper- und Wirklichkeitskonstruktionen finden in diskursiver Aneignung journalistischer Texte statt, der Journalismus mit seinen Zuschreibungen liefert hierfür wesentliches Diskursmaterial.

Bisher hat sich die deutschsprachige Kommunikationswissenschaft vor allem für die journalistische Berichterstattung über Politiker*innen* interessiert. Neuere Studien richten den Fokus vor allem darauf, wie Politikerinnen in den Medien vorkommen und inwiefern der gestiegene Anteil von Frauen in Spitzenämtern zu einer Veränderung der politischen Berichterstattung geführt hat (z.b. Pfannes 2004; Holtz-Bacha/König-Reiling 2007). Mitunter wird die Berichterstattung über Politikerinnen mit der von Politikern verglichen, um Unterschiede in der sprachlichen Darstellung[3] feststellen zu können (z.b. Eitner 2007; Koch/Holtz-Bacha 2008). Die Studien bleiben dabei auf Frauen fixiert, mediale Prozesse der Herstellung von Männlichkeit bzw. der Zweigeschlechtlichkeit geraten nicht ins Blickfeld. Insgesamt findet keine weiterreichende Auseinandersetzung mit dekonstruktiven Geschlechtertheorien statt, welche sich nicht nur für „Unterschiede", sondern primär für „Prozesse der Unterscheidung" interessieren (Gildemeister 2004: 136).

Im Bereich der kommunikations- und politikwissenschaftlichen Geschlechterforschung sind einige Studien entstanden, welche den sprachlichen Prozessen der Geschlechterdifferenzierung in der politischen Berichterstattung Beachtung schenken. Sie beschäftigen sich beispielsweise mit der Darstellung von Angela Merkel und Gerhard Schröder im Bundestagswahlkampf 2005 (Scholz 2005; Scholz 2007a), setzen sich mit einzelnen Politikerinnen auseinander (Lünenborg u.a. 2009) oder analysieren die Konstruktionen von Männlichkeit in der Politikberichterstattung über den 11. September bzw. den Afghanistankrieg (Nachtigall 2009). Die Arbeiten, die als Fallstudien über einzelne politische Persönlichkeiten angelegt sind und/oder sich auf ein kleines Mediensample beziehen, liefern wichtige theoretische Anregungen für die vorliegende Studie. Die mediale Repräsentation von männlichen und weiblichen Spitzenkräften in Wirtschaft und Wissenschaft ist bisher wenig untersucht (vgl. zum Forschungsstand ausführlich Lünenborg/Röser in diesem Band).

Die vorliegende Studie analysiert erstmals systematisch und anhand eines breiten Mediensamples die Art und Weise, in der medialen Repräsentationen machtvoller Spitzenpersonen in Politik, Wirtschaft und Wissenschaft Geschlechterkonstruktionen eingeschrieben sind. Der Fokus liegt dabei auf der Frage, wie Macht und Geschlecht in der journalistischen Berichterstattung verhandelt, strukturiert und gestaltet wird. Neue Einsichten verspricht die Vorgehensweise in doppelter Hinsicht: Wir betrachten die medialen Repräsentationen von weiblichen Spitzenkräften mit einem relationalen Geschlechterbegriff in Bezug auf die Berichterstat-

---

3 Wir beziehen uns hier nur auf Studien, die sich (auch) mit sprachlichen Repräsentationen beschäftigen.

tung über männliche Akteure. Zugleich analysieren wir die mediale Relation von Macht und Geschlecht in der Zusammenschau der Bereiche Politik, Wirtschaft und Wissenschaft.

3. Methodische Vorgehensweise

Die vorliegende Untersuchung basiert auf einer qualitativen Textanalyse, die sich an Verfahrensweisen der qualitativen Sozialforschung sowie der sozialwissenschaftlichen Diskursanalyse orientiert (vgl. insb. Strauss 1998; Glaser/Strauss 2008 sowie Landwehr 2004; Keller 2005; Keller 2007). Die methodische Vorgehensweise stellt für uns „eine Art Werkzeugkasten in der Auseinandersetzung mit praktischen Fragen und Problemen" (Flick 2009: 12) dar. Sie soll im Folgenden entlang des entwickelten Analyseinstruments (vgl. Abb. 1) näher beschrieben werden.

Abb. 1: Analyseinstrument

Formale Dimensionen	Inhaltliche Dimensionen
– Name der Person	– Anlass und Hauptthema
– Geschlecht	– Geschlechterthemen
– Bereich	– Private Kontexte
– Medium, Datum und Seite	– Körperkonstruktionen
– Stilform	– Personenbezeichnungen
– SiT, SuT[4]	– Metaphern in Überschriften
	– Charakterisierung
	– Erfolge und Leistungen

Die ‚formalen Dimensionen' dienen der Identifikation und der Gruppierung des Materials. Bezogen auf die Personen wurden Name, Bereich (Politik, Wirtschaft, Wissenschaft) sowie Geschlecht[5] erfasst, zusätzlich das Medium, Erscheinungsdatum und Seite sowie die journalistische Stilform. Zudem haben wir die analysierten Medien in stärker informationsorientierte Titel (SiT) und stärker unterhaltungsorientierte Titel (SuT) eingeteilt (weitere Details siehe Materialkorpus).

---

4 Stärker informationsorientierte Titel (SiT) und stärker unterhaltungsorientierte Titel (SuT).

5 Mit der Zuordnung zum Bereich der formalen Dimensionen ist nicht gemeint, dass wir an ein Alltagswissen von Geschlecht anknüpfen, welches unter anderem davon ausgeht, dass die Personen Männer und Frauen ‚sind', es nur zwei Geschlechter gibt und diese Geschlechterzugehörigkeit eindeutig abzulesen sei (vgl. Kessler/McKenna 1978: 113f.). Entsprechend der Frage nach der medialen Konstruktion als Männer und Frauen haben wir die Dimension Geschlecht aus den im Artikel verwendeten Zuschreibungen abgeleitet.

Die analytisch-interpretative Erschließung des Materials erfolgt entlang ‚inhaltlicher Dimensionen', die entsprechend der Erkenntnisinteressen und ausgehend von theoriegeleiteten Überlegungen entwickelt wurden. Uns interessieren mediale Diskurse und Aussagen hinsichtlich ihrer Geschlechterkonstruktionen, wobei wir danach fragen, *was* gesagt werden kann und *wie* etwas gesagt wird. Mittels der diskursanalytischen Herangehensweise wird untersucht, welche Aussagen in welchen Kontexten vorgenommen werden. Wir gehen davon aus, dass sich durch die mediale Wiederholung von Diskursen und ihrer Aussagen öffentliche Wissensbestände über Geschlecht herausbilden. Eine Aussage ist dabei „der typisierbare und typische Gehalt einer konkreten Äußerung bzw. einzelner darin enthaltener Sprachsequenzen, der sich in zahlreichen verstreuten Äußerungen rekonstruieren lässt" (Keller 2007: 64). Aussagen sind insofern performativ, als sie etwas wiederholen, was in anderen Kontexten bereits gesagt wurde. Mediendiskurse sind als spezifische Anordnungen solcher medialer Aussagen zu verstehen (vgl. Landwehr 2004: 111ff.). Eine Aussage kann ein einzelnes Wort, einen Satzteil, einen ganzen Satz oder einen Abschnitt eines Medientextes umfassen. Bei der Analyse ist zentral, dass es dabei nicht um die Bedeutung einzelner Äußerungen oder die Intention der Journalisten und Journalistinnen geht, sondern um medial zirkulierende Wissensvorräte und mediale Prozesse der Konstruktion und Kommunikation der sozialen Geschlechterordnung.

Die Aussagen bezüglich der Dimensionen interessieren uns bezogen auf folgende Fragen:

Anlass und Hauptthema: Was ist das Hauptthema und der Anlass der Berichterstattung? Hier geht es vor allem darum, den medialen Handlungsrahmen zu identifizieren sowie Hintergrundinformationen zu generieren.

Geschlechterthemen: Welche Aussagen zu Geschlechterthemen (etwa Gleichstellungsfragen) finden sich in der Berichterstattung? Wird die Geschlechtlichkeit der Akteurinnen und Akteure explizit thematisiert? Welche Aussagen finden sich zum ‚Frau-sein' und ‚Mann-sein' der Akteure und Akteurinnen?

Private Kontexte: Welche Aussagen über private und intime Details finden sich in der Berichterstattung? Wie wird das Privatleben der Personen im Zusammenhang mit Macht und Geschlecht verhandelt? Es gilt auch kritisch zu prüfen, ob Formen der Privatisierung und Intimisierung, die vor allem unterhaltenden Medienangeboten zugeschrieben werden (vgl. hierzu Lünenborg 2009), zu einer Abwertung der Macht von weiblichen Spitzenkräften beitragen. Finden sich hinsichtlich der Thematisierung des Privaten Unterschiede zwischen den stärker informationsorientierten Titeln und den stärker unterhaltungsorientierten Titeln? Eröffnet die boulevardisierte Berichterstattung vielleicht sogar Chancen zur Veränderung der dualistischen Geschlechterordnung zwischen ‚dem Öffentlichen' und ‚dem Privaten'?

Körperkonstruktionen: Wie wird der Körper beschrieben und wie werden mediale Körperkonstruktionen mit Status und Geschlecht verknüpft? Die Dimension fokussiert, wie der Geschlechterkörper sichtbar gemacht wird und was die Akteure jeweils verkörpern. Zentral ist die Frage, in welcher Form der „menschliche Körper selbst zum Zeichenträger, zur Verkörperung von Zeichen und Botschaften wird" (Nöth/Hertling 2005: 10).

Personenbezeichnungen: Wie drücken sich Macht und Geschlecht in den verwendeten Personenbezeichnungen aus? Hier werden nur Substantivierungen erfasst, welche die Personen bezeichnen. Die Personenbezeichnungen beschreiben die Akteurinnen und Akteure in verdichteter Form, weshalb ihnen eine wichtige Rolle in der Berichterstattung zukommt. Entscheidend ist nicht, wie die Autorin oder der Autor einen Begriff meint oder damit eine positive oder abqualifizierende Bewertung verbunden ist. Vielmehr geht es um die Einschreibung von Macht und Geschlecht in die Aussagen.

Metaphern: Welche Metaphern finden sich in den Überschriften und Unterzeilen? Auf welche Konzepte bezieht sich der verwendete metaphorische Sprachgebrauch? Wie werden die Aussagen aufeinander bezogen und wie wird dabei Macht und Geschlecht wirksam? Erfasst werden nicht die Konzeptionalisierungen von Politik, Wirtschaft, Wissenschaft (im Sinne von: ‚Politik ist Kampf'), sondern die jeweiligen metaphorischen Charakterisierungen der Personen und ihrer Macht (im Sinne von: ‚Merkel ist eine Kämpferin').

Charakterisierung: Wie soll laut Berichterstattung eine Spitzenkraft ‚sein', um in dem jeweiligen Feld bestehen zu können? Wie verhandelt die journalistische Berichterstattung die unterschiedlichen Charakterzuschreibungen? Inwiefern werden hierbei Geschlechterzuschreibungen wirksam? Die Charakterisierung beinhaltet neben medialen Aussagen zur Persönlichkeit auch solche zum Führungsstil[6] einer Person. Hier wird nicht in ontologisierender Weise nach vermeintlich ‚typisch männlichen' oder ‚typisch weiblichen' Eigenschaften gesucht oder reine Unterschiede zwischen Männern und Frauen festgestellt, sondern die medialen Prozesse der Geschlechterdifferenzierung analysiert. Einzelne Attribuierungen werden im Sinne einer diskurstheoretischen Vorgehensweise kontextualisiert

---

6 ‚Führungsstil' meint das langfristige Verhalten einer Führungskraft, hingegen bezeichnet ‚Führungsverhalten' situative Verhaltensweisen (vgl. Schindewolf 2002: 188ff.), wobei diese Ebenen in ihrer medialen Darstellung nicht immer trennscharf sind.

und danach gefragt, in welchen Zusammenhängen sie erscheinen (vgl. dazu Landwehr 2004: 124ff.).[7]

Erfolge und Leistungen: Welche wiederkehrenden Aussagen finden sich bezogen auf die Darstellung von Leistung und Erfolg? Wie werden Geschlechterkonstruktionen in Bezug auf die Thematisierung von Erfolg und Misserfolg wirksam? Während die Dimension ,Charakterisierung' die Persönlichkeitseigenschaften fokussiert, sind hier die erreichten Erfolge, erbrachten Leistungen und der berufliche Status zentral.

Die Auswertung erfolgte in einem Wechsel von Datenanalyse und -interpretation. Um die Komplexität des Materials zunächst zu reduzieren, wurden alle relevanten Aussagen den jeweiligen Dimensionen zugeordnet. Aus dem so verdichteten Material wurden dann erste zentrale Aussagemuster herausgearbeitet. Ein Aussagemuster meint eine Aussage, die häufig im Datenmaterial vorkommt und einen Bezug zu anderen Aussagemustern aufweist.[8] Die Verknüpfung von Politik, Sport und Männlichkeit wäre ein solches Aussagemuster. Im Forschungsprozess wurden „Theorie-Memos" (Strauss 1998: 45; 151–199) erstellt, um theoretische Gedanken zu verfolgen und die Aussagen miteinander in Verbindung zu setzen. Hierfür wurden auch weitere empirische und theoretische Studien herangezogen. Die auf diese Weise erhobenen Aussagemuster und die Memos wurden dann erneut an das Datenmaterial (die einzelnen Artikel vor der Zusammenfassung/Reduktion) herangetragen, die Theorie-

---

7 Die Feststellung, dass männliche Akteure in Zeitungen häufiger gemeinschaftsorientiert dargestellt werden als weibliche (vgl. Magin/Stark 2010: 398), wäre ein reiner Unterschied in der medialen Darstellung. Die vorliegende Studie würde eine entsprechende Attribuierung kontextualisiert und analysiert, ob die Gemeinschaftsorientierung der Männer als emotionale Fürsorge für die Familie oder als kumpelhafte Männerfreundschaft in Szene gesetzt ist. Letzteres wäre dann als konstitutiver Teil der Herstellung von Männlichkeit zu problematisieren. Gemeinschaftsorientierung bei Männern kann demnach nicht immer als ein Durchbrechen von Geschlechterstereotypen gedeutet werden, wie Magin und Stark (ebd.) dies nahelegen.

8 In der qualitativen Sozialforschung wäre hier von einer Kategorie die Rede. Die vorliegende Studie hat zwar Arbeitsschritte und Forschungsphasen qualitativer Datenanalyse nach Strauss (1998) bzw. Glaser/Strauss (2008) adaptiert, insbesondere was das Verdichten und Strukturieren des Materials, den Prozess des ständigen Vergleichens von theoretischem Wissen mit empirischen Daten und das Schreiben von Theorie-Memos angeht (vgl. insb. Strauss 1998; Glaser/Strauss 2008; Krotz 2005: 160–203). Sie weicht aber an wichtigen Punkten von der *Grounded Theory* ab. Ein zentraler Unterschied ist, dass wir im Vorfeld der Analyse Dimensionen festgelegt haben, um die Texte interpretativ-analytisch zu zerlegen. Entlang der Dimensionen haben wir die Aussagemuster aus dem Material heraus entwickelt. Außerdem hält sich unsere Medienanalyse nicht an das Kodierparadigma der gegenstandsbezogenen Vorgehensweise, welches immer nach Bedingungen, Interaktionen zwischen Akteuren, Strategien und Taktiken sowie Konsequenzen fragt (vgl. Strauss 1998: 56–64 und 90–123).

Memos modifiziert etc. Mithilfe dieser wiederholten Datenanalyse sollten sowohl neue Daten erhoben und Lücken gefüllt, als auch die Aussagemuster wieder kontextualisiert und auf die Medientexte bezogen werden.

Bestimmung des Materialkorpus

Die Geschlechterrepräsentationen wurden in einem insgesamt sechsmonatigen Untersuchungszeitraum vom 1. April 2008 bis 30. September 2008 analysiert. Gegenstand ist die personenorientierte Berichterstattung in insgesamt 13 informations- und unterhaltungsorientierten Titeln. Die stärker informationsorientierten Titel umfassen Tageszeitungen, politische Nachrichtenmagazine, Wochenzeitungen sowie Wirtschaftsmagazine (*die tageszeitung, Frankfurter Allgemeine Zeitung, Süddeutsche Zeitung, Die Zeit, Der Spiegel, Focus, Capital, Manager Magazin*). Zu den stärker unterhaltungsorientierten Titeln gehören eine Boulevardzeitung, mehrere Illustrierte sowie eine Frauenzeitschrift (*Bild, Bunte, Stern, Superillu, Brigitte*). Die Datenerhebung erfolgte unter Mitarbeit des Dokumentations- und Recherchedienstes der Gruner + Jahr-Datenbank.[9]

Bei der Erstellung des Analysekorpus wurden nur solche Beiträge berücksichtigt, welche eine Person aus Politik, Wirtschaft und Wissenschaft beruflich und/oder persönlich beschreiben. Eine so verstandene ‚personenorientierte Darstellung‘ ist nicht allein auf eine bestimmte Darstellungsform bezogen (etwa ein Portrait) und kann sich auch in einem Beitrag finden, der ein Sachthema wie die Bundespräsidentenwahl beinhaltet. Entscheidend ist, dass der Beitrag nicht rein das Ereignis fokussiert, sondern (auch) die Person selbst, ihr Auftreten oder ihre individuellen Fähigkeiten zum Gegenstand der Berichterstattung werden.[10] Hierfür boten sich besonders Reportagen, Porträts, personenorientierte Interviews, Magazingeschichten, Kommentare und längere Berichte an.[11] Die Größe des Materialkorpus richtet sich nach den analysierten Medien (13 Titel) und den zur Verfügung stehenden personenorientierten Beiträgen.

Um status- oder positionsspezifische Einflüsse berücksichtigen zu können, haben wir so weit als möglich eine personenbezogene Auswahl

---

9 Die Datenbank stellt die Artikel zwar mit dem vollständigen Text bereit, das Layout entspricht dabei aber nicht dem Originaltext. Aus diesem Grund war es bei den oft mehrseitigen Artikeln nicht immer möglich, die Seitenzahl zuzuordnen. Wir haben daher bei Zitaten auf eine Nennung der Seitenangaben verzichtet.

10 Eine Meldung über einen Rücktritt einer Spitzenkraft mit der reinen Auflistung bisheriger beruflicher Stationen im Werdegang gilt hier ebenfalls nicht als personenorientiert.

11 Geschlechterskripte können sich auch in kurzen Meldungen finden, wenn auch nicht in gleich verdichteter Form.

getroffen. Insgesamt wurden dabei nur Spitzenkräfte berücksichtigt, die im bundesdeutschen Kontext in Toppositionen von Politik, Wirtschaft und Wissenschaft agieren. Im Sinne einer theoriegeleiteten Auswahl haben wir auf eine Vielfalt und Unterschiedlichkeit der Akteurinnen und Akteure geachtet (vgl. Krotz 2005: 32ff.), um ein möglichst breites Spektrum an Geschlechterkonstruktionen in die Analyse einzubeziehen. Die in der Studie berücksichtigten Spitzenkräfte in den Untersuchungsbereichen Politik, Wirtschaft und Wissenschaft sollen bezogen auf ihre berufliche Position möglichst vergleichbar sein.

In der *Politik* gelten als Spitzenkräfte die Mitglieder der Bundesregierung, Vorsitzende von Parteien, die im Bundestag vertreten sind sowie der Bundespräsident und die Kandidatin für das Bundespräsidentenamt. Für die Politik konnte die Auswahl personenbezogen getroffen werden (vgl. Abb. 2). Der Materialkorpus für die Politik umfasst insgesamt 78 Beiträge.[12]

In der *Wirtschaft* gelten alle Akteurinnen und Akteure als Spitzenpersonal, die in verantwortlichen Leitungspositionen von Konzernen und Großunternehmen tätig sind.[13] Für die Manager konnte ebenfalls eine personenbezogene Auswahl getroffen werden. Aufgrund der geringen Materialbasis war dies bei den weiblichen Spitzenkräften nur für zwei Akteurinnen möglich. Daher wurden alle weiteren Beiträge über Frauen in Top-Positionen der Wirtschaft ermittelt.[14] Zusätzlich wurden Eignerinnen von Großunternehmen sowie Frauen in Spitzenpositionen von größeren Wirtschaftsverbänden und -organisationen berücksichtigt. Es wur-

---

12 So weit als möglich sollte pro Person jeweils ein personenorientierter Beitrag aus jedem Titel im Materialkorpus vertreten sein (also 13 Beiträge pro Person). War dies nicht möglich, wurde weitestgehend auf eine ausgeglichene Verteilung zwischen den stärker informationsorientierten Titeln (8 Medien) und den stärker unterhaltungsorientierten Titeln (5 Medien) geachtet. Von diesen Kriterien ausgehend wurde eine Zufallsauswahl getroffen.

13 Etwa Gesellschafter/innen, Geschäftsführer/innen, Vorstände und Aufsichtsräte, aber auch Leiter/innen von Unternehmensbereichen in DAX-Unternehmen oder Konzernen (z.B. Leitung Unternehmenskommunikation). Als Großunternehmen gelten entsprechend der Definition des Instituts für Mittelstandforschung Bonn alle Unternehmen mit mehr als 500 Beschäftigten respektive einem Jahresumsatz von über 50 Millionen € (http://www.ifm-bonn.org/index.php?id=89). Bei den Organisationen haben wir eine entsprechende Mitgliederzahl von mindestens 500 Personen zugrunde gelegt. Berücksichtigt wurden Unternehmensformen wie DAX-Unternehmen, Börsenkonzerne, Familienunternehmen, Publikumsgesellschaften, Tochterfirmen ausländischer Konzerne, staatliche oder halbstaatliche Unternehmen sowie genossenschaftlich orientierte Betriebe. Bei den Organisationen Fachverbände und Innungen.

14 Da nicht sämtliche Artikel aus allen Titeln in der *Gruner + Jahr-Datenbank* erfasst werden, fand für die weiblichen Spitzenkräfte in Wirtschaft und Wissenschaft eine zusätzliche Recherche in den Online-Archiven der *FAZ*, der *SZ*, der *Zeit* und der *taz* statt. Zudem wurde in vorliegenden Printausgaben von *Superillu* und *Bunte* nachrecherchiert.

den insgesamt 30 Beiträge für die weiblichen Spitzenkräfte ermittelt und entsprechend gleich viele Artikel für die Manager ausgewertet.

In der *Wissenschaft* konnte weder für die weiblichen noch für die männlichen Spitzenkräfte eine personenbezogene Auswahl vorgenommen werden. Es wurden daher alle Beiträge über Wissenschaftler und Wissenschaftlerinnen in verantwortlichen hochrangigen Leitungspositionen von Hochschulen, außeruniversitären Forschungseinrichtungen und Verbänden sowie international renommierte Personen recherchiert. Aufgrund der geringen Materialmenge wurden darüber hinaus auch Wissenschaftlerinnen in die Analyse einbezogen, die einen Preis erhalten haben oder Präsidentinnen einer Fachgesellschaft sind. Es konnten hier lediglich 10 personenorientierte Beiträge für die weiblichen Spitzenkräfte ermittelt werden.

Abb. 2: AkteurInnen nach Statusgruppe und Anzahl der analysierten Beiträge

Statusgruppen / Personen	Anzahl der Artikel	SiT*	SuT**
Politik gesamt	**78**	**50**	**28**
Kurt Beck	13	8	5
Horst Köhler	13	8	5
Frank-Walter Steinmeier	13	8	5
Angela Merkel	13	8	5
Gesine Schwan	13	9	4
Ursula von der Leyen	13	9	4
Wirtschaft gesamt	**60**	**51**	**9**
Joseph Ackermann	10	10	–
Hartmut Mehdorn	10	9	1
Heinrich von Pierer	10	9	1
Maria-Elisabeth Schaeffler	10	8	2
Margret Suckale	6	5	1
Diverse Akteurinnen	14	10	4
Wissenschaft gesamt	**20**	**19**	**1**
Diverse Akteure	10	10	–
Diverse Akteurinnen	10	9	1

* Stärker informationsorientierte Titel: die tageszeitung, Frankfurter Allgemeine Zeitung, Süddeutsche Zeitung, Die Zeit, Der Spiegel, Focus, Capital, Manager Magazin
** Stärker unterhaltungsorientierte Titel: Bild, Bunte, Stern, Superillu, Brigitte

Im Folgenden stellen wir die Befunde zunächst entlang der Bereiche Politik, Wirtschaft und Wissenschaft dar,[15] daran schließt sich eine vergleichende Zusammenschau an.

---

15 Die inhaltliche Darstellung erfolgt so weit als möglich entlang der Analysedimensionen. Kursiv gesetzte Begriffe zu Beginn eines jeden Unterkapitels verweisen auf die jeweilige Dimension bzw. die Dimensionen, die in dem Kapitel verhandelt werden.

4. Geschlechterbilder in der Politik

Bevor wir aufzeigen, ob und in welcher Weise den Repräsentationen machtvoller Spitzenpersonen Geschlechterkonstruktionen eingeschrieben sind, geben wir als Hintergrundinformation zunächst einen groben Überblick über die Personen und den politischen Ereignishintergrund. Die Berichterstattung über die von uns ausgewählten Politikerinnen und Politiker ist im Untersuchungszeitraum von April bis September 2008 bereits durch die bevorstehenden Wahlen zum Deutschen Bundestag im September 2009 sowie die Wahl zum Bundespräsidenten im Mai 2009 geprägt. Angela Merkel ist zu diesem Zeitpunkt Bundeskanzlerin in der großen Koalition und Vorsitzende der CDU Deutschlands. Frank-Walter Steinmeier ist Außenminister im Kabinett der ersten Legislaturperiode Merkel, im September 2008 wird er zum Kanzlerkandidaten der SPD für die Bundestagswahl 2009 nominiert. Kurt Beck, Ministerpräsident von Rheinland-Pfalz und Bundesparteivorsitzender der SPD, tritt nach einer Parteiklausur am Schwielowsee im September 2008, auf der Steinmeier zum Spitzenkandidaten berufen wurde, vom Amt des Parteivorsitzenden zurück. Ursula von der Leyen (CDU) ist Bundesministerin für Familie, Senioren, Frauen und Jugend. In ihrer Amtszeit wurden das Bundeselterngeld- und Elternzeitgesetz sowie das Kinderförderungsgesetz verabschiedet. Die Politikwissenschaftlerin Gesine Schwan ist Präsidentin der Europa-Universität Viadrina in Frankfurt (Oder). Sie wurde im Untersuchungszeitraum zum zweiten Mal von der SPD als Kandidatin für das Amt der Bundespräsidentin nominiert (Mai 2008). Ebenfalls im Mai 2008 gab der damalige Bundespräsident Horst Köhler bekannt, für eine zweite Amtsperiode zur Verfügung zu stehen.

In den informationsorientierten Beiträgen beziehen sich der *Anlass und das Hauptthema der Berichterstattung* auf politische Sachverhalte, wie etwa Personalentscheidungen der Parteien, Wahlchancen, politische Sachthemen und Entscheidungen, Staatsbesuche oder öffentliche Auftritte. In den unterhaltungsorientierten Beiträgen beziehen sich Anlass und Thema der Berichterstattung mitunter auf politische Sachverhalte, aber auch auf die Familie sowie kulturelle und soziale Kontexte.

4.1 Spitzenpolitikerinnen sind besondere Frauen

In der Berichterstattung über Politikerinnen werden häufig *Geschlechterthemen* relevant. Die Rede von der ‚ersten deutschen Regierungschefin‘ und der ‚ersten möglichen Bundespräsidentin‘ durchzieht das gesamte vorliegende Material. Des Weiteren geht es um Frauen in der politischen

Öffentlichkeit oder um Fragen nach der Vereinbarkeit von Familie und Beruf für Frauen (z.B. Spiegel 28.4.08; Bunte 22.5.08; Spiegel 26.5.08; Bild 27.5.08; SZ 27.5.08; Zeit 29.5.08; 17.7.08; FAZ 29.7.08). Bezogen auf Steinmeier, Beck und Köhler werden Geschlecht und speziell Männlichkeit (z.B. Männer zwischen Familie und Beruf) in der Berichterstattung nicht thematisiert. Es sind Politikerinnen, die Geschlecht und Geschlechterfragen repräsentieren, wie es ein Beitrag in der *Zeit* auf den Punkt bringt:

> „Es gibt also nur eine fundamentale Differenz zwischen Köhler und Schwan: Sie ist eine Frau. Und natürlich wäre es schön, wenn der Vormarsch der Frauen in der Politik endlich im formal höchsten Amt des Staates ankommen würde." (Zeit 21.5.08)

Nicht der zuerst genannte Köhler wird der Gruppe der Männer zugewiesen, sondern Schwan der Gruppe der Frauen. Und wie schnell in dieser Logik Gleichberechtigung explizit zur ,reinen Frauensache' gerät, verdeutlicht ein Beitrag in der *Frankfurter Allgemeinen Zeitung*. Dort heißt es, dass eine Frau als Kandidatin „für die Sache der Frau gut" sei (FAZ 29.7.08). Die Geschlechtlichkeit der Spitzenpolitiker bleibt weitgehend unsichtbar. In der Berichterstattung über männliche Spitzenpolitiker spielen Fragen nach ,Frauen und Macht' oder ,Männlichkeit und Macht' ebenso wenig eine Rolle wie gleichstellungsrelevante Themen. Männlichkeit ist in der politischen Berichterstattung das Undefinierte und Unbenannte, Männer stellen die Norm bzw. das Normale dar, während Weiblichkeit das Andere markiert.[16]

4.2 Private Kontexte

Berufstätige Powermuttis und Familienernährer

In den stärker informationsorientierten Titeln beziehen sich Anlass und Hauptthema zwar ausschließlich auf professionell-berufliche Themen, dennoch spielen *private Kontexte* in der Berichterstattung durchaus eine Rolle. Beispielsweise als personalisierter Einstieg in ein Thema oder als längere Passagen über die Privatperson in Porträts und Reportagen. Es sind aber vor allem die stärker unterhaltungsorientierten Titel, in denen private und intime Details als zentrales Thema vorkommen. Private und intime Details greift die Berichterstattung sowohl bezogen auf Politiker als auch auf Politikerinnen auf, womit in den Beiträgen zumindest auf der Ebene der Thematisierung eine geschlechterdifferente Zuordnung

---

16 Hierauf wird in der sozial- wie kulturwissenschaftlichen Geschlechterforschung vielfach hingewiesen (vgl. z.B. Knapp 2008: 158).

unterlaufen wird. Das Privatleben von Angela Merkel, die sich in der medialen Öffentlichkeit nicht gerne über Intimes und Privates äußert (vgl. Nieland 2009: 115), spielt in der journalistischen Berichterstattung praktisch gar keine Rolle. Eine einfache Zuordnung ‚des Privaten' ausschließlich an Politikerinnen findet also nicht statt. In der Art und Weise der Darstellung werden aber Geschlechterdifferenzen offensichtlich.

Beispielsweise bezogen auf Ursula von der Leyen, die im Untersuchungszeitraum die Alzheimererkrankung ihres Vaters Ernst Albrecht, dem ehemaligen Ministerpräsidenten von Niedersachsen, öffentlich macht. Sie wird als „Tochter" (Bild 28.5.08), aber auch als „siebenfache Mutter" (Bunte 5.6.08a) tituliert, wobei der Emotionalisierung von Mutterschaft eine wichtige Bedeutung zukommt. So zitiert etwa *Bunte* die Familienministerin in einer Headline: „Nichts ist schöner, als Mutter zu sein!" (Bunte 8.5.08) und kommentiert einen Monat später das Verhältnis zu ihrem Vater in einer Überschrift: „So liebevoll ist sie für ihren Vater da. Die Ministerin pflegt ihn – er hat Alzheimer" (Bunte 5.6.08a). Ganz ähnlich betont auch *Bild* fürsorgliche Momente: „So sorge ich für meinen Alzheimer-kranken Vater" (Bild 28.5.08). Hier wird wechselseitig – im Sinne von politischer Selbstinszenierung und medialer Repräsentation – das Bild einer erfolgreichen Karrierefrau aufgebaut, die sich neben dem Beruf auch aufopfernd um ihre gesamte Familie kümmert. Im Sinne einer modernen Form fürsorglicher Weiblichkeit sind ihrer Opferbereitschaft, so legt es die Berichterstattung in *Bunte* nahe, aber auch Grenzen gesetzt:

> „Die Pflege des Vaters sei jedoch auch für die Familie und die Ministerin eine Belastung: ‚(...) Ich will nicht behaupten, dass es konfliktlos geht. Ich versuche, deutlich zu machen: Hier ist meine Privatsphäre, bis hierhin und nicht weiter'." (Bunte 5.6.08a)

Von der Leyen verkörpert in den unterhaltungsorientierten Titeln eine modernisierte Form der Mutterschaft, sie erscheint als berufstätige Mutter, die Berufstätigkeit und Versorgung der Familie erfolgreich verbindet und dabei zuweilen an ihre Grenzen kommt.

Mit anderer Akzentsetzung wird auch Gesine Schwan emotionalisierend mit einem Vokabular der Fürsorglichkeit für die Familie beschrieben. Laut einem Teil der Berichterstattung kümmert sich Schwan schon immer um das Glück in der Familie. So schreibt *die tageszeitung*:

> „Der Vater war Lehrer, die Mutter Fürsorgerin, die sich keineswegs auf eine klassische Frauenrolle beschränkte. Beide waren aktiv gegen die Nazis. Die Mutter gründete später erfolglos mehrere Parteien, für Frieden und für Frauen. Und wenn die Debattenwogen daheim hochschlugen, hat Gesine vermittelt. Ein unbedingter Wunsch nach Harmonie, danach, dass sich doch alle irgendwie verstehen mögen, treibt sie auch heute." (taz 19.6.08)

Der *Stern* betont, dass Schwan sich schon immer „intensiv" und „angetrieben von ihrer eigenen leidvollen Erfahrung", dem Tod ihres ersten Ehemannes, um andere „kümmert" (Stern 29.5.08). Glück scheint Schwan in ihrer Familie zu suchen und laut *Stern* auch gefunden zu haben. An ihrem 65. Geburtstag, den Schwan im Jahr 2008 im Kreise ihrer Familie feierte, will die Journalistin als scheinbar ‚neutrale' Zeugin eine besondere Stimmung eingefangen haben, nämlich Familienglück und Geborgenheit:

> „Sie hat einen Teil ihrer Familie um sich versammelt, ihren Mann Peter Eigen, ihre Adoptivtochter Dorle, den Enkel Adrian. ‚Der ist heute wichtig', sagt Gesine Schwan, als sie ihn auf den Arm nimmt. Ein Gefühl von Geborgenheit ist zu spüren: ihre Familie." (Stern 29.5.08)

Die Berichterstattung inszeniert hier im privaten Kontext eine Fürsorglichkeit, welche sich, wie später zu zeigen sein wird, auch im beruflichen Kontext fortschreibt. Die medialen Repräsentationen Schwans und von der Leyens liefern ein modernisiertes und auch ambivalentes Bild von Weiblichkeit. Die Repräsentation als fürsorgliche Ehefrau und Mutter, die mit einer Idealisierung der Heterosexualisierung einhergeht, knüpft an klassische Vorstellungen von Weiblichkeit an. Zugleich sind sie als Politikerinnen nicht ausschließlich auf eine vermeintlich ‚weibliche Domäne' festgeschrieben, sondern werden im Mediendiskurs auch als beruflich Handelnde in öffentlichen und gesellschaftlichen Bereichen sichtbar.

Hingegen scheint das Bild des Politikers bezogen auf private Kontexte nur wenig Wandel zu erfahren. In der unterhaltungsorientierten Berichterstattung erscheint er in der traditionellen Rolle des ‚Ernährers' und ‚Haushaltsvorstands', dessen Familie hinter dem Beruf zurückstecken muss. Das Bild des Politikers als Familienvater schließt Familienarbeit nicht gänzlich aus, Ehefrau und Kinder sind der beruflichen Tätigkeit aber explizit nachgeordnet. In der *Superillu* ist beispielsweise Steinmeier als Mann beschrieben, der die wenigen freien Stunden in seinem ausgefüllten Berufsleben gerne mit Ehefrau und Tochter zu Hause verbringt. Und nur, wenn „es der Terminkalender zulässt, holt Vater Steinmeier seine Tochter von der Schule ab" oder er bringt „sonntags die Brötchen" für die Familie mit nach Hause (Superillu 4.9.08). Für den Beruf und nicht für die Familie opfert sich der moderne Politiker auf, wie auch die *Brigitte* deutlich macht: „Er erzählt, dass er mit Frau und Tochter ein Wochenende nach Paris fahren wollte, aber dann kam wieder etwas dazwischen. Auf unbestimmt verschoben … Ach, Paris" (Brigitte 24.9.08). Solche medialen Darstellungen reproduzieren nicht nur ein altbekanntes Stereotyp vom Mann als Familienernährer. Es wird auch eine Trennung zwischen dem Öffentlichen (Politik) und dem Privaten (Familie) aufrechterhalten, die wiederum geschlechtlich kodiert ist. Bezogen auf die inszenierte Politikermännlichkeit erscheint das Private als ein von der politischen Arbeit gänzlich abgetrennter Bereich. Der private Raum dient für den Politiker laut Berichterstattung explizit zur Entspannung vom harten Politikalltag (Bunte 5.6.08a) oder er bietet Rückhalt bei schweren beruflichen Entscheidungen (Bild 15.9.08). Zu Hause scheint der Politiker auch nicht über berufliche Dinge zu sprechen (vgl. Bunte 5.6.08) oder darüber nachzudenken (Brigitte 24.9.08). Das gleiche Muster findet sich in einem Artikel über Kurt Beck in *Bunte*, in dem emotionalisierend die Einsamkeit des Politikers auf öffentlicher wie auf privater Ebene inszeniert wird.

> „Roswitha Beck, 59, war – wie schon bei seiner Wahl zum SPD-Chef im Mai 2006 – nicht bei ihrem Mann, als er am Sonntag den bittersten Moment seines politischen Lebens durchlitt. Als Kurt Beck, 59, am brandenburgischen Schwielowsee den überraschten Spitzengenossen erklärte: ‚Schluss – ich trete zurück!‘ Und später ergänzte: ‚Mir fehlt die Kraft zum Weitermachen.‘ Die rheinland-pfälzische First Lady Roswitha Beck war 650 Kilometer entfernt, daheim in Steinfeld, und kümmerte sich um Garten, Mutter, Schwiegervater." (Bunte 11.9.08)

Die Ehefrauen sind auch in dieser Erzählung in der Sphäre der Familie und des Privaten verortet, sie agieren im Hintergrund der großen Politik und ihrer Repräsentanten:

> „Vor dem Rücktritt hatten sie miteinander telefoniert, wie sie es täglich tun: ‚Er ruft mich meist zwischen den Sitzungen an.‘ Der Ex-SPD-Chef legt großen Wert auf die Ratschläge seiner Frau, wie er BUNTE verriet: ‚Sie mischt sich nicht in die Politik ein, ist aber durchaus kritisch zu vielen Dingen, die ich mache.‘" (Bunte 11.9.08)

Im Haushalt, so stellt es die Berichterstattung dar, hat dann die Ehefrau das Sagen: Sie verwaltet, wie im Falle Köhlers, die Familienkasse und macht ihre Sache gut (Stern 15.5.08). Sie sorgt, wie bei den Steinmeiers, dafür, dass der Politikergatte den Rasen des Hauses regelmäßig mäht (Bunte 5.6.08) oder macht, wie bei den Becks, im gemeinsamen Urlaub die beruflichen Sorgen vergessen (Bunte 11.9.08). Die Politiker werden hauptsächlich über ihren beruflichen Erfolg definiert und als Personen beschrieben, die ihr Leben vor allem der Arbeit widmen.

Sport als Terrain der Männlichkeit

Der *Kontext Sport* spielt vor allem in den informationsorientierten Medien eine wichtige Rolle in der Berichterstattung über Politiker. Sie präsentieren Steinmeier, Beck und Köhler als Sportfans und aktive Sportler. Beck ist beispielsweise in einem Beitrag in der *Frankfurter Allgemeinen Zeitung* als Fußballfan eingeführt (FAZ 15.9.08). Steinmeier taucht als aktiver Fußballer, Fußballfan, Basketballfan und Bergwanderer auf (SZ 30.6.08; taz 14.7.08; FAZ 9.9.08). In der Illustrierten *Bunte* erscheint Köhler als leistungsstarker Marathonläufer, der zudem Handball liebt, und als großer „Sportfan", der gerne Triathlet wäre (Bunte 31.7.08).[17]

Die Forschung hat das Feld des Sports vielfach als wichtigen Ort für die Konstruktion von Männlichkeit thematisiert (vgl. z.B. Connell 1999: 74). Interessant ist in diesem Zusammenhang, wie die Berichterstattung eine enge Verbindung zwischen Sport und dem beruflichen Kontext herstellt. So berichtet die *Frankfurter Allgemeine Zeitung* über die Abstimmung zum Landesvorsitz der SPD in Rheinland-Pfalz und beginnt den Beitrag mit folgendem personalisierten Einstieg über Kurt Beck:

> „Erst siegt am Freitag sein Lieblingsverein 1. FC Kaiserslautern mit 4:1 über St. Pauli, und am Tag darauf machen 409 SPD-Delegierte ihrem Kurt ein noch schöneres Geschenk. (…) Mit einem Traumergebnis von 99,5 Prozent der Stimmen hat ihm seine rheinland-pfälzische SPD genau eine Woche nach dem Albtraum am Schwielowsee ein perfektes Wochenende unter Freunden beschert." (FAZ 15.9.08)

In der Berichterstattung über Politiker findet eine Diskursverschränkung von sportlichem und beruflichem Handeln statt. Bezogen auf Steinmeier wird der Politikdiskurs über Sportdiskurse vermittelt. Ein Beispiel von mehreren soll dies verdeutlichen:

> „Der neue erste Sturm der SPD. Wo suchen die beiden Fußballfans Franz Müntefering und Frank-Walter Steinmeier den Erfolg: Eher links auf dem Feld, wo der Platz zuletzt eng wurde, oder zielen sie auf die Mitte, wo nicht nur das Tor steht, sondern auch Wahlen entschieden werden?" (FAZ 9.9.08)

Steinmeier und Müntefering werden hier nicht nur als ‚Sportkumpel' inszeniert, sondern ihr berufliches Handeln wird auch entlang der Spielweise einer vermeintlichen Fußballmannschaft erklärt. Die berufliche Taktik der Politiker wird über Fußballtaktik beschrieben. In dieser journalistischen Beschreibung von Politik als Sport ist einmal mehr die Vorstellung von Politik als sportlichem Wettkampf eingeschrieben. Die Inszenierung von Wettkampf und Konflikt bedient dabei erfolgreich journalistische Berichterstattungsmuster, die auf die Dichotomie von Sieg und Niederlage zurückgreifen (vgl. Lünenborg/Maier in diesem Band).

---

17 Bei den Politikerinnen lässt sich kein entsprechendes Aussagemuster beobachten. Nur bezogen auf Schwan finden sich zwei kurze Erwähnungen sportlicher Interessen (vgl. Bunte 22.5.08; Stern 29.5.08).

4.3 Körperkonstruktionen: Einschreibungen von Macht und Geschlecht

Die Beschreibung der *äußeren Erscheinung* umfasst Aussagen zu Körper, Bekleidung, Frisur, Accessoires sowie zur Körpersprache. In der bisherigen Forschung wird immer wieder festgestellt, dass über das Äußere von Politikerinnen häufiger berichtet wird als über das ihrer männlichen Kollegen (z.B. Pantti 2007). Solche medialen Körperkonstruktionen sind aber nicht bloße Äußerlichkeiten, die sich einfach trivialisierend oder gar diskriminierend auf den Bereich der Politik auswirken. Jenseits einer quantifizierenden Logik ist interessant, *wie* die Berichterstattung die Körper sichtbar und bedeutsam macht.

Bei den Politikerinnen fällt zunächst eine größere sprachliche Differenziertheit und Vielfalt auf, wenn über die Körper und die Einkleidungen der Frauen berichtet wird. Die Frisur, ihre Bekleidung, die Accessoires oder Schuhe werden sehr detailliert beschrieben und dabei Geschlechterdifferenzen reproduziert. In einem Artikel der *Süddeutschen Zeitung* heißt es:

> „Da steht sie nun, die neue SPD-Doppelspitze. Der schwere Mann mit Bart und Mecki-Frisur im hellen Sommeranzug (…). Neben ihm die schlanke, hochgewachsene Dame mit dem Lockenkopf, im blutroten Kostüm, schwarzen, hochhackigen Pumps und filigranen Perlenbällchen an den Ohren." (SZ 27.5.08)

Dem (unattraktiven) „Mann" im dennoch professionell wirkenden männlichen Anzug steht die (attraktive) „Dame" gegenüber, deren Bekleidungsinventar auf klassische Versatzstücke weiblicher Kleidung der Moderne verweist.[18] Die Kleidungsstücke in ihrer medialen Darstellung sind nicht nur weiblich und männlich konnotiert, sondern auch daran beteiligt, Geschlecht herzustellen und zu naturalisieren, also den Geschlechterkörper kulturell sichtbar und bedeutsam zu machen (vgl. Ellwanger 1999: 9, 15f.).

Der Referenzpunkt für weibliche Kleidung ist in der Berichterstattung oftmals der Bereich Mode und Modekonsum. So beschreibt etwa die *Zeit* Gesine Schwans Look explizit als „etwas altmodisch hochgesteckte Locken" (Zeit 29.5.08). In einem Interview mit *Bild* wird sie auf einen angeb-

---

18 Karen Ellwanger (1999: 15ff.) hat drei Aspekte benannt, die ‚weibliche' Bekleidung kennzeichnen: Erstens bestimmte Gestaltungsmerkmale und Kleidungsstücke, wie etwa lange, durchgehende Kleider, hohe Schuhe, weit ausgeschnittene Dekolletés, helle oder bunte Farben, fließende Stoffe etc. Zweitens ist sie mit modischer Veränderung und Formbarkeit verbunden. Drittens ist die große Variationsbreite im Hinblick auf Anlass und Situation, Stimmung und Absicht.

lichen „Schuh-Tick" angesprochen (Bild 23.6.08). Angela Merkel wird in der *Superillu* gar zur „Trendsetterin" in Sachen Halsschmuck erklärt und der Status einer „Modeexpertin" zugeschrieben (Superillu 31.7.08).

Die Beschreibung des Aussehens von *Politikern* wird in der Berichterstattung hingegen als politische Performance relevant: Der Körper wird nicht nur geschlechtlich sichtbar gemacht, sondern häufig auch mit dem politischen Handeln der Akteure verknüpft. So beginnt die *Süddeutsche Zeitung* einen Beitrag über Horst Köhler, indem die Zeitung anhand von Körperkonstruktionen die Frage aufwirft, wie sich der Bundespräsident auf dem politischen Parkett bewege:

> „Der Mann betritt den Saal, und nichts ist zu hören. Er muss leise Sohlen tragen. Mittelgroß ist er, mittelschwarz ist sein Anzug, mittelgrau ist sein Haar geworden. In wenigen Schritten eilt er nach vorn, er will Platz nehmen und kein Aufhebens machen. (...) Köhler schreitet nicht, er stolziert nicht, er gibt nicht den eitlen Storch, wie das mancher seiner Vorgänger durchaus genussvoll zelebrierte. Horst Köhler zelebriert gar nichts. Würde sich das Publikum nicht vor seinem Auftritt erheben – es würde ihn vielleicht gar nicht bemerken." (SZ 21.5.08)

Über Körperkonstruktionen (ein Leisetreter von durchschnittlicher Statur und gewöhnlichem Aussehen) beschreibt die Zeitung seine berufliche Persönlichkeit; er trete dezent auf, zeige seine Macht nicht. Zwar wird im nachfolgenden Beispiel eine andere Politikermännlichkeit dargestellt, aber auch hier wird politisches Handeln über den Körper beschrieben. Der *Spiegel* thematisiert den Wandel Steinmeiers vom „Bürokrat im Kanzleramt" zum „Kanzlerkandidaten" über seine Körpersprache. „Steinmeier probierte sich an den ganz großen Gesten. Er bohrte Zeigefinger in die Luft, ballte Fäuste, wie sie bislang nur Gerhard Schröder ballen konnte, er röhrte sogar fast so inbrünstig wie Schröder einst röhrte." (Spiegel 8.9.08). In diesem Zusammenhang kommt auch den Einkleidungen der Politikermännlichkeit eine wichtige Rolle zu: „Sakko weg, Krawatte locker, Ärmel hoch. Und dann geht's los. Frank-Walter Steinmeier brüllt fast vom ersten Wort an in den Saal" (SZ 30.6.08). Jenseits der Frage danach, ob die Medien die Performance als authentisch oder als eine Imitation Schröders bewerten, wird hier deutlich, wie der männliche Körper in der Berichterstattung zum Austragungsort von Status und Macht wird. Bei den Politikerinnen bleibt der professionelle Status bezogen auf die medialen Körperkonstruktionen hingegen nachgeordnet oder unsichtbar.[19] Eine Umkehrung der geschlechtsgebundenen medialen Körperkonstruktionen

---

19 Dies trifft auf Merkel und Schwan zu, bezogen auf von der Leyen fanden sich jenseits von Altersangaben keine sprachlichen Körperkonstruktionen in unserem Material.

scheint (bisher) unmöglich zu sein. Eine Politikerin, die machtvoll auf den Tisch haut oder lautstark in den Saal brüllt, ist in der Berichterstattung nicht zu finden.

4.4 Personenbezeichnungen: Von Alphatieren und Müttern der Nation

Bezogen auf die *Personenbezeichnungen* wird Status und Macht deutlich thematisiert. Insgesamt dominieren bei den Politikerinnen wie den Politikern Berufs- und Funktionsbezeichnungen (‚Außenminister', ‚Regierungschefin' etc.) sowie Berufsbezeichnungen, welche die politische Linie der Person zum Ausdruck bringen (‚Reformkanzlerin' usw.). Es finden sich zahlreiche allgemeine Personenbezeichnungen sowie Verwandtschafts- und Herkunftsbezeichnungen, welche auf die jeweilige Stellung in der Gesellschaft verweisen. Auf der einen Seite die „Dame", „Frau", „Mutter" oder „Tochter", auf der anderen Seite der „Mann", „Herr", „Kerl", „Tischlersohn" oder „Vater". Solche Titulierungen finden sich am häufigsten in den unterhaltungsorientierten Titeln, insofern diese stärker private Themen aufgreifen. Hier werden auch einige trivialisierende Begriffe für Frauen wie für Männer verwendet; etwa „Schwänin" oder „Prickel".

Trotz häufig formulierter Kritik an politischen Positionen oder den Führungsqualitäten der Akteure und Akteurinnen ist deren beruflicher Status meist nicht nur benannt, er wird auch immer wieder durch Hochwertworte[20] anerkannt: „Ressortchefin", „Chef", „Chefin" oder auch Begriffe wie „Star" oder „Führungsfigur", zwei der wenigen geschlechtsneutral verwendeten Personenbezeichnungen. Zudem finden sich viele Umschreibungen der Person, mittels derer sich die Akteure und Akteurinnen knapp und anschaulich charakterisieren lassen (vgl. Abb. 3).[21]

Verweise auf Mütterlichkeit scheinen bei der Beschreibung der beruflichen Persönlichkeit von Politikerinnen fast unverzichtbar – selbst bei Angela Merkel, die mit privat-emotionalisierenden Äußerungen äußerst sparsam umgeht. Die Berichterstattung ruft hier stereotype Rollen auf, in denen ‚weibliche' Macht und Autorität denkbar sind: Zuschreibungen wie

---

20 Ein Hochwertwort meint hier eine Personenbezeichnung, die ohne ein entsprechendes Attribut die Person aufwertet, weil der Begriff einen sehr positiven Bedeutungsgehalt hat (vgl. Janich 1999: 120).

21 Es geht uns bei dieser Darstellung nicht um die jeweilige Wertigkeit bezogen auf die Person, sondern um die Frage, wie die Titulierungen Geschlecht und Macht zum Ausdruck bringen.

Abb. 3: Personenbezeichnungen in der Politik

Politikerinnen	Politiker
„Mutti"	„Anwalt der Bürger"
„Mutter der Nation"	„Messias mit Aktentasche"
„Alma Mater"	„Lichtgestalt"
„Herbergsmutter"	„Hoffnungsträger"
„Merkels Trumpf"	„Löwe"
„Hoffnungsträgerin"	„Alphatier"
„Machtpolitikerin"	„Denker"
„Führungsfrau"	„Vollprofi"
„Vorfrau"	„Schröders Schatten"
„Vorderfrau"	„Hausherr im Schloss Bellevue"
„Powerfrau"	„Kämpfer"
„Schönwetterkanzlerin"	„Parteisoldat"
(…)	„Ritter"
	„Landesvater"
	„Diplomat"
	„Bürokrat"
	„Beamter"
	„Technokrat"
	„Machtschattengewächs"
	(…)

„Mutter" oder „Mutter der Nation" fungieren bei Angela Merkel nicht als Verwandtschaftsbezeichnung, sie sollen vielmehr ihren Führungsstil bezeichnen. Auffällig sind auch Wortschöpfungen wie „Vorfrau", „Vorderfrau", „Führungsfrau" oder altbekannte Stereotype wie die „Powerfrau aus der Bundesregierung". Diese drücken zwar die Macht von Politikerinnen aus, machen aber auch den Geschlechterstatus explizit sichtbar. Bezeichnungen wie ‚Vormann', ‚Vordermann' oder ‚Führungsmann' finden sich in unserem Material nicht, dafür zahlreiche Bezeichnungen, bei denen Macht und Dominanz deutlicher zutage treten. Bei den Politikern werden tradierte Bilder von Männlichkeit aufgegriffen: wie etwa Kampf und Heldentum. Bei Personenbezeichnungen wie „Löwe" oder „Alphatier" werden Eigenschaften und Verhaltensweisen der Menschen mit tierischen Merkmalen verglichen; Eigenschaften, die wiederum mit Kraft und Stärke assoziiert werden. Es findet eine Gleichsetzung von Politikern mit männlich konnotierten Eigenschaften wie Kraft, Stärke, Macht, Genialität, Kampf und Konkurrenz statt.[22]

---

22 Hierbei handelt es sich selbstverständlich um keine ‚typisch männlichen' Eigenschaften, sondern um kulturelle Zuschreibungen von Männlichkeit, die auf Konventionen beruhen.

4.5 Sprachbilder:
Politik als Kampf, Spiel und öffentliche Bühne

In der journalistischen Berichterstattung spielen *Metaphern* eine wichtige Rolle. Sie werden häufig benutzt, um komplexe Sachverhalte vereinfacht und eindrücklich darzustellen (vgl. Skirl/Schwarz-Friesel 2007: 72). Ihnen kommt zudem eine emotionalisierende, wertende und die Aufmerksamkeit steuernde Funktion zu. Bei der Verwendung metaphorischer Ausdrücke greift die Berichterstattung häufig auf bekannte Konzeptionalisierungen zurück, welche dem Publikum vertraut sind. Verschiedene Studien haben gezeigt, dass in der Berichterstattung Politik als Kampf, Spiel und Theater konzeptionalisiert wird (vgl. Holtz-Bacha 1999; Skirl/Schwarz-Friesel 2007: 72ff.). Metaphern haben dabei nicht nur eine erklärende und informierende Funktion, sondern ihnen kommt auch eine narrative Bedeutung zu. Beispielsweise ruft die Inszenierung von ,Politik als Kampf' bekannte Erzählungen auf und produziert zugleich eine emotionale Vorstellung von dem Geschehen. Bezogen auf die Politikberichterstattung vermitteln sie komplexes Wissen über Welten, die dem Publikum wenig vertraut sind. Konzeptionalisierungen liefern dadurch nicht nur neue Einsichten, sondern setzen diese mit bekanntem, anschlussfähigem Wissen in Verbindung.

In den Überschriften der analysierten Beiträge finden sich neben den bekannten Konzeptionalisierungen von ,Politik als Kampf', ,Politik als Spiel' und ,Politik als Theater' weitere Konzepte wie ,Politik als Liebe', ,Politik als eine Reise', ,Politik als Natur'. Zentral ist für uns jedoch die Frage, welche Sichtweise auf die Person und ihre Macht sich hier ausdrückt. Zur Charakterisierung der politischen Persönlichkeit verwendet die Berichterstattung verschiedene metaphorische Ausdrücke, welche die Personen in unterschiedlicher Art und Weise ins Bild setzen.

Abb. 4: Metaphorische Konzepte in Überschriften

Politikerinnen erscheinen als ...	Politiker erscheinen als ...
... Kämpferin (Zeit 29.5.08)	... gestürzter Herrscher (Zeit 11.9.08; Bunte 11.9.08)
... Soldatin (Bunte 22.5.08)	
... Schauspielerin (Bunte 1.5.08)	... Soldat (Superillu 4.9.08)
... Entdeckerin (Stern 21.5.08)	... Schauspieler (taz 10.9.08; Spiegel 19.5.08)
... Vogel (Zeit 17.4.08)	
... Spielobjekt (Superillu 12.6.08)	... Fußballer (FAZ 9.9.08; Superillu 4.9.08)
... Duellantin (Focus 26.5.08)	
... Kapitänin (Manager Magazin 1.7.08; Spiegel 10.5.08)	... Jäger, Krieger, Tier (Stern 11.9.08)
	... kämpfender Ritter (SZ 15.4.08)
(...)	(...)

Die Auflistung der mit den metaphorischen Ausdrücken verbundenen Konzeptionalisierungen zeigt, dass die medial verfügbaren Sprachbilder über politische Spitzenkräfte nicht einfach geschlechtscodiert und dualistisch angeordnet sind (vgl. Abb. 4).[23] Vielmehr verwendet die Berichterstattung in den Überschriften zum größten Teil ähnliche metaphorische Konzepte für Politikerinnen wie für Politiker.

In der Konzeptionalisierung von ‚Politik als Kampf‘[24] ist etwa Köhler als „Präsident Parzival" beschrieben, also als kämpfender Ritter aus dem Mittelalter (SZ 15.4.08). Im „Duell ums Bellevue" (Focus 26.5.08), wird Schwan zur Duellantin im „Kampf" (ebd.) mit dem statushöheren Gegner, nämlich Köhler. Steinmeier ist „gefesselt" (taz 22.8.08), erscheint also als handlungsunfähig. In der Konzeptionalisierung von ‚Politik als Theater‘ erscheint Beck als Schauspieler, der allerdings von der Bühne abgegangen ist. „Der Mann aus Mainz. Selbstschutz und Intrige waren die Gründe für Kurt Becks Abgang, sagt Beck und bleibt dabei Parteisoldat" (taz 10.9.08). Köhler ist ebenfalls aktiver Schauspieler, der „seine Rolle" selbst, wenn auch „eher unglücklich" definiert (Spiegel 19.5.08). In der Konzeptionalisierung von ‚Politik als Spiel‘ wird Merkel als passives Spielobjekt in einem aussichtslosen Kampf beschrieben: „Mieses Spiel mit Angela. Schlammschlacht – mit Unwahrheiten versucht Lafontaine ein Zerrbild Merkels als ‚überzeugte Jungkommunistin‘ zu zeichnen" (Superillu 12.6.08). Steinmeier erscheint als Fußballer und ist dabei der „erste Sturm" im Kontext Spiel (FAZ 9.9.08).

Die Konzeptionalisierung von ‚Politik als Natur‘ lässt Merkel als ‚zahmen Vogel‘ erscheinen, der davongeflogen ist: „Entflogen. Wo ist bloß die Reform-Kanzlerin hin?" (Zeit 17.4.08). Steinmeier ist hingegen das ‚wilde Tier‘, das Zähne zeigt: „Ja ich will. Auf einmal sagt er ‚ICH‘. Auf einmal zeigt er Zähne. Frank-Walter Steinmeier, eigentlich ein bedächtiger Bürokrat, hat SPD-Chef Kurt Beck aus dem Amt geputscht und nimmt nun die Kanzlerin ins Visier" (Stern 11.9.08). Er ist zudem als Kämpfer inszeniert (‚nimmt die Kanzlerin ins Visier‘, ‚hat Beck aus dem Amt geputscht‘). Beck erscheint als Opfer, das „allein mit der Meute" ist (Stern 26.6.08). Bei den Politikerinnen findet sich ferner eine Konzeptiona-

---

23 Eine Äußerung wie ‚Merkel hält den Kurs‘ haben wir im Sinne von ‚Merkel erscheint als Kapitänin‘ (und nicht als Kapitän) konzeptionalisiert und damit vergeschlechtlicht. Zugleich gilt es zu bedenken, dass viele der verwendeten Konzepte eher männlich konnotiert sind. Da die Geschlechterzugehörigkeit im Gesamtzusammenhang der Überschriften aber eindeutig markiert wird, haben wir uns für diese Darstellungsweise entschieden.

24 Die Zuordnung zu den übergeordneten Konzeptualisierungen dient hier nur der Strukturierung des Materials, sie ist nicht immer eindeutig zu leisten. Zentral für unsere Analyse ist die Sichtweise auf die Person und ihre Macht.

lisierung von ‚Politik als Liebe'. „Sarkozy wirbt um Merkel und für Europa" (SZ 2.5.08a). Merkel ist in dieser heteronormativen Konzeption die passive Figur, die umworben wird. Politik wird auch als Reise dargestellt, Merkel erscheint dabei als Kapitänin, die den Kurs vorgibt: „Die Abkanzlerin. Das Klima zwischen Angela Merkel und der Wirtschaftselite ist frostig. Immer mehr Unternehmer und Manager sind tief enttäuscht vom Kurs der Kanzlerin und gehen auf Distanz" (Manager Magazin 1.7.08). Die Berichterstattung benutzt hier auch eine Temperaturmetapher (frostiges Klima), um die Beziehung zwischen Merkel und den Spitzenkräften der Wirtschaft zu beschreiben. Von der Leyen ist ebenfalls als Kapitänin in Szene gesetzt, die das Schiff steuert und aktiv einen „Kursschwenk" vornimmt (SZ 2.5.08). Steinmeier ist als „Rettungsanker der SPD" beschrieben, der somit Halt im Sturm verspricht (Capital 1.8.08).

Die Beispiele zeigen, dass die untersuchten Medien die politischen Persönlichkeiten nicht einfach geschlechterdualistisch anordnen. Die Medienberichterstattung greift vor allem auf bekannte konventionelle Metaphern und Konzepte zurück. Bezogen auf die Repräsentationen von Macht und Geschlecht lassen die gewählten Bilder in einigen Fällen die Politikerinnen weniger machtvoll erscheinen, in anderen erscheinen die Politiker machtloser. Für die Politikerinnen werden nicht vornehmlich neue und ungewohnte Konzeptionalisierungen verwendet, vielmehr werden sie in weiten Teilen bekannten Mustern wie ‚Politik als Kampf', ‚Politik als Spiel' oder ‚Politik als öffentliche Bühne' zugeordnet.[25]

4.6 Naive Politiker und durchsetzungsfähige Politikerinnen

Eine Erhebung der verwendeten *Charakterisierungen* der Personen zeigt, dass die Berichterstattung nicht ungebrochen klassische Vorstellungen von Weiblichkeit und Männlichkeit reproduziert, wie dies etwa Hausen (1976) expliziert. Es findet beispielsweise keine simple Unterscheidung zwischen der emotionalen Politikerin auf der einen und dem rationalen

---

[25] Zu einem etwas anders gelagerten Befund kommt eine Studie über den Einsatz von Metaphern für Merkel und Schröder im Nachrichtenmagazin *Spiegel*. „Die assoziierten Bilder von Schröder waren eher klar und eindeutig. Zudem wurde er in den gängigen Konzepten für Politik (Sport, Kampf, Krieg, Film) dargestellt und nahm meistens in den Bildern eine Machtposition ein. Für Merkel gibt es eine Fülle an verschiedenen metaphorischen Konzepten, ihre Rolle wird in den Bildern oft sehr detailliert umschrieben, daher sind die Assoziationen oft ambivalent und diffus. Merkel besitzt in vielen Metaphern keine Machtposition oder sie wird in Frage gestellt. Durch die Analyse der Metaphern lässt sich deutlich erkennen, dass neue Schemata für Merkel entworfen werden." (Weber 2009: 121)

Politiker auf der anderen Seite statt. So erscheint Kurt Beck in der Berichterstattung als schwach, verletzlich, nicht durchsetzungsfähig, naiv, emotional, sensibel, impulsiv und unflexibel.[26] Angela Merkel erscheint in der stärker informationsorientierten Berichterstattung als durchsetzungsfähig, sachorientiert, rational, risikoscheu, ohne Visionen, autoritär und einzelgängerisch. In den stärker unterhaltungsorientierten Titeln wird sie als offen, charmant und bescheiden beschrieben. Mitunter sind die Attribuierungen auch widersprüchlich, wie etwa das Beispiel Horst Köhler zeigt: Er erscheint als mutig, frei heraus, intervenierend, aktiv, zupackend, beliebt, sympathisch, fleißig, bescheiden, nicht geradlinig, aber auch als strategisch.

Hiervon ausgehend ließe sich vermuten, dass die Berichterstattung über politisches Spitzenpersonal hinsichtlich der Charakterisierungen weniger geschlechterstereotyp erfolgt, als dies in der aktuellen Forschung für andere gesellschaftliche Personengruppen festgestellt wurde (z.B. Magin/Stark 2010). Die einfache Zuordnung bestimmter Attribute zu Politikern und Politikerinnen hat aber nur begrenzten Aussagewert, wenn es um die medialen Prozesse der Geschlechterkonstruktion geht, wie im Folgenden anhand ausgewählter Fallbeispiele verdeutlicht werden soll.

Bezogen auf Frank-Walter Steinmeier verhandelt die Berichterstattung zwei Idealtypen der Politikermännlichkeit: den Bürokraten und den charismatischen Kämpfer. Frank-Walter Steinmeier erscheint als teamfähig, ausgeglichen, zuverlässig, beliebt, freundlich, sachlich, klug, bürokratisch, effizient, zögerlich, zurückhaltend, aggressiv und kämpferisch. Der *Spiegel* sieht in Steinmeier den „Technokrat(en)", der sich etwa im Fall des Folteropfers Murat Kurnaz „an seine Paragrafen klammerte" (Spiegel 8.9.08). Er habe nicht wie der ehrgeizige Schröder „am Zaun des Kanzleramts gerüttelt", er habe „seine Ämter nie in politischen Schlachten erkämpft" und dazu mied er „die Ochsentour durch die Parteihierarchien, die Politiker wie Gerhard Schröder oder auch Franz Müntefering gestählt haben" (ebd.). Als Kanzlerkandidat aber müsse er beweisen, dass er begeistern und kämpfen kann. Da er aber akribisch sei und nichts dem Zufall überlasse, habe er vor seiner Entscheidung für die Kandidatur auch Wahlkampf geübt. Nun brülle er bei Reden „wie ein Löwe" und „tanzte plötz-

---

26 Für die paraphrasierten Charakterisierungen haben wir sowohl explizit genannte Attribuierungen erfasst, als auch Sätze einbezogen, die den Führungsstil bzw. die Persönlichkeit umschreiben. Wenn die analysierten Beiträge über eine Person aussagen, dass diese nur wenige Minuten überlege, bevor sie eine wichtige Karriereentscheidung trifft, dann haben wir ihr das Attribut spontan zugewiesen. In einem ersten Schritt wurde so ein Inventar an medialen Charakterisierungen erstellt und dieses in einem zweiten Schritt zu Dimensionen gruppiert.

lich wie ein Derwisch hinter dem Rednerpult" (ebd.). Der charismatische Führer hat sich in dieser Logik den eigenen Erfolg zu erkämpfen, er darf ihm nicht einfach nur zufallen. Der *Stern* beschreibt Steinmeier retrospektiv ebenfalls als „Bürokrat", der „Politik nicht als Kampf begreift" und den „man zum Kanzleramt tragen muss, damit er wenigstens zaghaft daran rüttelt" (Stern 11.9.08). Mit der Kandidatur sei aus ihm eine andere politische Persönlichkeit geworden, er habe „Beck aus dem Amt geputscht und nimmt nun die Kanzlerin ins Visier" (ebd.).

Die *Brigitte* konstatiert ebenfalls einen Wandel und meint, der „Klassenprimus, der sich nicht vordrängelt", könne „auch auf den Tisch hauen" (Brigitte 24.9.08). Die Frauenzeitschrift sieht in Steinmeier allerdings einen Politiker, der nicht „aggressiv sein Testosteron versprüht wie Sarkozy oder Berlusconi" (ebd.). Eine Kritik an der hypermännlichen Politikerinszenierung, die im Analysematerial immer wieder auftaucht, ist auch einem *Zeit*-Beitrag zu entnehmen, der Steinmeier ebenfalls einen Wandel vom Bürokraten zum Kämpfer attestiert:

> „In der Evolutionsgeschichte der Macht ist Steinmeier gar ein gutes Stück weiter vorangeschritten als sein Mentor. Wo Schröder noch den Konflikt mit anderen Alphamännchen suchte, knüpft Steinmeier längst schon an einem Beziehungsgeflecht, das ihn zuerst auf leisen Sohlen nach oben hieven und seine Position dann nach allen Seiten absichern soll." (Zeit 19.6.08)

Es zeigt sich, wie die Berichterstattung anhand von Steinmeier verschiedene Formen von Männlichkeit verhandelt, die innerhalb des politischen Feldes miteinander konkurrieren. Männlichkeit als relationale Kategorie erhält nicht nur in Relation zu Weiblichkeit ihre Gestalt, sondern auch im Verhältnis zu anderen Männlichkeiten (vgl. Meuser/Scholz 2005: 214, 218ff.; Connell 1999). In der medialen Diskursivierung werden die konfligierenden Formen der Politikermännlichkeit mit unterschiedlichen Akzentsetzungen hierarchisch angeordnet.

Nicht in jedem Fall ist das Handeln eines Politikers als männlichmachtvoll dargestellt. Beim Scheitern an Ansprüchen hegemonialer Männlichkeit ist für einen Politiker die Fallhöhe besonders hoch, wie das Beispiel Beck verdeutlicht. Kurt Beck ist in der Berichterstattung als ‚provinzieller Landespolitiker' oder als ‚tragischer Held' in Szene gesetzt. Sein politisches Handeln wird mitunter in einem infantilisierten und irrationalen Vokabular beschrieben. Er sei „naiv" und reagiere emotional, weil er sich „von seinen Genossen hintergangen fühlte" (Focus 15.9.08). Im harten Spiel der Berliner Politik, in dem niemand Samthandschuhe trage, sei ein Provinzpolitiker wie Beck am falschen Platz: „Es braucht da nicht den idyllischen Typus, sondern den gestählten. Man kann sich da nur einen Politiker wünschen, der nicht schon nach einer Serie kritischer

Geschichten ins große Jammern verfällt" (Spiegel 30.6.08). Beck sei einfach „zu schwach, die Partei zu einen, gar zu führen", daher werde er auch von „der Parteilinken am Nasenring geführt" (Superillu 17.7.08). Sein Problem sei außerdem, dass er auf die Angriffe gegenüber seiner Person „dünnhäutig" reagiert und zudem „Verletzlichkeit" gezeigt habe (SZ 9.9.08).

> „Und damit trat ein ewiges Gesetz der Macht in Kraft: Nie darf der Führer Schwäche zeigen. Vielleicht kann er unter stabilen Verfassungsumständen ohne Charisma auskommen. Aber solange Politik Wettkampf ist, muss er die Kraft haben, so zu tun, als sei er der Stärkste." (Ebd.)

Zuschreibungen von Schwäche, Verletzlichkeit, Naivität gehen in der medialen Berichterstattung über einen Spitzenpolitiker mit einer negativen Wertschätzung einher. Zur Konstruktion einer idealen Politikermännlichkeit gehört Mut, Heroismus, Risikobereitschaft, Wagemut und Tapferkeit. D.h., ein ‚richtiger' Politiker stellt sich schwierigen Situationen, er kann im Wettbewerb auch verlieren, doch niemals darf er einfach aufgeben. Die Berichterstattung formuliert eine Kritik anhand von fehlendem rationalen, vernünftigen und starken Handeln, welches im Falle Becks über ein Vokabular der Feminisierung artikuliert wird.

In den stärker unterhaltungsorientierten Beiträgen erscheint Beck mitunter als tragischer Held, der zwar im Wettbewerb verloren hat, doch niemals aufgibt. So macht etwa *Bunte* aus Becks Niederlage eine einfühlsame Erzählung über den Kämpfer in ihm: Er leidet, er muss viel aushalten, er steht vor schwierigen Entscheidungen. Und obwohl er nach seinem Rücktritt den bittersten Moment seines Lebens durchlitt, sei er dennoch ein Kämpfer, wofür ihn seine Ehefrau liebe (Bunte 11.9.08). Medial hoch bewertete, männlich konnotierte Attribute im Politiksystem – wie visionäres Denken, zielorientiertes und kämpferisches Handeln – werden im vorliegenden Material auch Politikerinnen zugestanden. So erscheint etwa Ursula von der Leyen in der Berichterstattung unter anderem in positiver Weise als durchsetzungsfähig, zielorientiert, kämpferisch und risikofreudig. Sie bedient den Typus der erfolgreichen „Powerfrau" (SZ 9.7.08). Gesine Schwan entwirft die Berichterstattung als „fröhliche Intellektuelle" (Spiegel 26.5.08), sie sei der „Inbegriff des gediegenen, weltoffenen deutschen Bildungsbürgertums" (SZ 27.5.08). Sie wird als durchsetzungsfähig, zielstrebig, selbstsicher, entschlossen, intelligent, ausdrucksstark, extrovertiert, fürsorglich, harmoniebedürftig, offen und freundlich beschrieben. Bezogen auf die beiden Politikerinnen fällt auf, dass bei der Charakterisierung zugleich stark auf ein Vokabular der Emotionalität und der Nähe rekurriert wird. Schwan erscheint in der Berichterstattung als Person, die zwar durchsetzungsfähig ist, aber auch im beruflichen Kontext immer um das Wohl anderer bemüht. „Freundlichkeit ist ihre friedvolle Waffe gegen Politikverdrossenheit", schreibt die *Zeit* (29.5.08). Ihre „ausgestrahlte Freude beleidigt nie das Leiden der anderen" (FAZ 29.7.08) und sie „habe ihr ganzes Berufsleben lang Menschen mit ihrer offenen Art für sich gewinnen können" (Spiegel 26.5.08). Als Präsidentin der Viadrina Universität habe sie sich immer wie eine „Herbergsmutter" (SZ 29.5.08) um ihre Studenten gesorgt und steht diesen selbst in schweren Zeiten bei:

> „[N]achdem sich eine polnische Studentin aus Prüfungsangst das Leben genommen hatte, tauchte sie abends in der Studenten-WG auf, um den fassungslosen Kommilitonen Trost zu spenden. ‚Andere hätten ein Kondolenzschreiben an die Familie geschickt und fertig', sagt Thymian Bussemer, damals ihr Referent. ‚Gesine Schwan aber hat noch am selben Abend für die Studenten gekocht'. Typisch ‚Schwänin'. Wenn nötig mischt sich Pragmatismus mit Empathie." (Stern 29.5.08)

Die bereits im privaten Kontext beschriebene Fürsorge für andere wird bezogen auf Schwan und von der Leyen auch im beruflichen Kontext fortgeschrieben. Emotionales Handeln erfährt in diesem Zusammenhang, anders als bei Beck, eine positive Wertigkeit. In der Berichterstattung wird Emotionalität somit bezogen auf die Geschlechter unterschiedlich bewertet und in Szene gesetzt.

4.7 ‚Kann der das?' – Sie kann!

Die *Erfolge und Leistungen* der politischen Spitzenkräfte werden an öffentlichen Ämtern und Mandaten, Beziehungen und Netzwerken in Politik und Wirtschaft, Einfluss in der eigenen Partei, Erfahrungen und beruflichen Qualifikationen sowie guten Umfrage- und Sympathiewerten festgemacht. Die Berichterstattung zeigt Frauen in der Politik als beruflich erfolgreiche Personen. Dies verwundert kaum, handelt es sich bei den medial thematisierten Personen beiderlei Geschlechts um das politische Spitzenpersonal. Journalistische Hinweise auf die Untauglichkeit von Frauen für das Politische, welche die Forschung immer wieder gefunden hat (vgl. z.B. Schaeffer-Hegel u.a. 1995; Pantti 2007), bestätigen sich im Analysematerial nicht. Politikerinnen werden in der Berichterstattung in ihrer beruflichen Funktion ernst genommen und ihre berufliche Eignung anerkannt. Auch wird Politikern nicht pauschal die Fähigkeit zum Führen oder Regieren unterstellt, wie die wiederholte Frage ‚Kann der das?' exemplarisch verdeutlicht (vgl. Zeit 19.6.08; taz 14.7.08; Spiegel 8.9.08).

In Relation zu Steinmeier wird Merkel in der Berichterstattung eindeutiger als Spitzenkraft inszeniert, ihr wird mehr Macht zugeschrieben, die ihr qua Amt auch zur Verfügung steht. So schreibt beispielsweise *Capital*: „In den Augen der Führungsspitzen ist er der Kanzlerin erstaunlich ähnlich – und fast so stark" (Capital 1.8.08). In einigen Beiträgen fällt dabei auf, wie sich mitunter ein Unbehagen gegenüber Merkels Einfluss auf die Politik bzw. männliche Politiker ausdrückt. Sieht man sich zuerst an, wie Steinmeier in Relation zu anderen Spitzenkräften dargestellt wird, dann erscheint er entweder, wie bereits deutlich wurde, im Wettkampf mit anderen Männern oder er wird als Kumpeltyp inszeniert. So sei er etwa mit seinem Kollegen Gerhard Schröder „freundschaftlich verbunden" (Bild 15.9.08; auch Focus 22.9.08) und er schloss „rasch Freundschaft mit Luxemburgs Außenminister Jean Asselborn" (Spiegel 8.9.08; auch Bunte 5.6.08). Gemeinsam mit dem ehemaligen Außenminister Fischer, mit dem ihn ebenfalls eine tiefe Freundschaft verbinde, habe er auch schon einmal „eine Frau glücklich gemacht" (Bunte 5.6.08), indem sie ihrem Auto Starthilfe gaben.[27]

Merkel erscheint in der Berichterstattung weniger als Kumpeltyp, sondern mehr in Auseinandersetzung mit anderen Akteuren aus Politik und Wirtschaft. In einem Beitrag im *Manager Magazin* wird Merkel als machtvolle und einflussreiche Politikerin beschrieben, wobei ihr autoritärer Stil gegenüber der Wirtschaft in die Kritik gerät. Während Steinmeier sich in einem Wettbewerb und -kampf befindet, der die Beteiligten in der sprachlichen Inszenierung nicht explizit trennt,[28] wird bezogen auf Merkel mehrfach das Bild von ‚den Männern' auf der einen Seite und der (weiblichen) Kanzlerin auf der anderen Seite aufgerufen. So schreibt das Magazin: „Die Herren waren aufgebracht. Da standen sie beisammen im Kanzleramt, warteten auf die Kanzlerin – und harrten ihrer Abwicklung. (…) Die Männer der Wirtschaft sind frustriert von der deutschen Führungsfrau" (Manager Magazin 1.7.08). Der in dem Beitrag beschriebene Interessenkonflikt zwischen Politik und Wirtschaft wird hier über einen Geschlechterdualismus artikuliert. Entsprechend einer heteronormativen Logik wird Merkels Beziehung zur Wirtschaftselite als „Liebesentzug" gedeutet:

> „Kaum ein Boss wagt noch, gegenüber der Kanzlerin aufzumucken oder sie gar öffentlich zu kritisieren. Denn inzwischen hat sich herumgesprochen: Auf Widerworte reagiert Merkel mit Liebesentzug. Wer sich nicht bedingungslos loyal zeigt, gilt als Gegner." (Ebd.)

---

27 Merkel ist in den Beiträgen nicht in Relation zu weiblichen Spitzenkräften beschrieben, diese binnengeschlechtliche Dimension kann hier nicht weiter verfolgt werden. Zu den Diskursen um Merkels „Girlscamp" vgl. Scholz 2007b: 107f.

28 Michael Meuser hat den Wettbewerb in homosozialen Männerwelten als ein Mittel männlicher Vergemeinschaftung beschrieben, zu dem sowohl Wettbewerb als auch Solidarität gehören (vgl. z.B. Meuser 2006a).

Das Magazin beklagt, dass mit Merkel der kumpelhafte Politikstil eines Gerhard Schröder nicht mehr denkbar sei:

> „Anders als Gerhard Schröder, der ein entspanntes Verhältnis zu Topmanagern pflegte, hält Merkel die Männer auf Abstand. Mittlerweile undenkbar: Szenen wie jener Flug nach Lateinamerika, als Schröders Wirtschaftsbegleiter Jürgen Großmann (heute RWE-Chef) und Heinrich v. Pierer (damals Siemens) skatkloppend eine mit Rotweinpullen gefüllte Sporttasche leerten, die Großmann an Bord geschafft hatte. Stilfragen. Einerseits. Andererseits irritiert viele die neue Distanz der Politik zur Wirtschaft." (Ebd.)

Zudem drückt sich in den Beschreibungen mitunter ein Unbehagen gegenüber ihrem Einfluss auf männliche Politiker aus. So stellt *Capital* fest, die „Vorderfrau" habe eine Partei ohne „Alpha-Männchen" erschaffen: „Die CDU ist mittlerweile nicht nur eine Partei ohne Wirtschaftspolitiker. Gefährlicher noch: Sie ist eine Partei ohne Alpha-Männchen. Die Kanzlerin ist in ihrer Partei allein zu Haus" (Capital 1.9.08). Und auch der *Focus* bringt die Befürchtung zum Ausdruck, die Kanzlerin könne ‚die Männer' von den Schaltzentralen der Macht verdrängen (Focus 29.9.08). Einmal mehr überspitzt die *Bild* die Befürchtung vor einer Entmachtung der idealen Männlichkeit:

> „Es gibt keine Männer mehr wie Adenauer, Brandt, Heuss, Strauß, Wehner, Schmidt. Es gibt nur noch Männer wie Udo Walz, der der Kanzlerin eine neue Frisur verpasst. Wenn wir keine starken Männer mehr haben, dann kommen die Frauen. Das ist logisch." (Bild 27.5.08)

Als *Zwischenfazit* für den Bereich der Politik lässt sich festhalten, dass die journalistische Berichterstattung eher selten auf altbekannte grobe Klischees zurückgreift, wenn sie Politikerinnen beschreibt. Es lässt sich kein einfacher Defizitdiskurs ausmachen, der Politikerinnen im Gegensatz zu Politikern per se als mangelhaft in Szene setzt. Schlichte Konstruktionen von abgewerteter Weiblichkeit und aufgewerteter Männlichkeit stellen im Material kein Aussagemuster dar. Dennoch greift die Berichterstattung immer wieder auf Geschlechterskripte zurück. Zuschreibungen von mütterlicher, fürsorglicher Weiblichkeit und heroischer, kämpferischer Männlichkeit stellen hier die Eckpunkte eines Kontinuums dar. Die Aneignung von Macht durch Politikerinnen wird in der Berichterstattung durchaus akzeptiert. Das Erobern einer machtvollen Position durch eine Frau bewertet die Berichterstattung dabei positiver als die Einbuße von Macht bei einem Politiker. Wie das Beispiel Kurt Beck eindringlich zeigt, wird Macht- und Kontrollverlust bei einem Politiker nicht nur abgewertet, sondern auch mit einem Absprechen von Männlichkeit verbunden.

5. Geschlechterkonstruktionen in der Wirtschaft

Als Hintergrundinformation sollen auch im Feld Wirtschaft zunächst die analysierten Personen und der wirtschaftliche Ereignishintergrund dargestellt werden. Josef Ackermann ist im Untersuchungszeitraum Vorstandsvorsitzender der Deutschen Bank und stellvertretender Aufsichtsratsvorsitzender bei Siemens. Er tritt in der Berichterstattung nur in seiner Funktion als Bankmanger in Erscheinung. Unter anderem im Zusammenhang mit der Finanzkrise, der Postbank-Übernahme, allgemeinen Wirtschaftsinformationen aus dem Unternehmen sowie der Diskussion über sein Millionengehalt. Hartmut Mehdorn ist im Untersuchungszeitraum Vorstandssprecher der Deutschen Bahn AG. Die Berichterstattung über den Bahnchef thematisiert Sachthemen wie den Börsengang der Bahn, die Übernahme der Logistiktochter Schenker, den Bedienzuschlag am Schalter und die Mitarbeiterbespitzelung bei der Bahn. Heinrich von Pierer hält im Untersuchungszeitraum zahlreiche Aufsichtsratsmandate, unter anderem bei Bayer, Hochtief und Volkswagen. In der Berichterstattung erscheint er im Handlungsrahmen der Korruptionsaffäre bei Siemens, wegen der er bereits 2007 von seinem Posten als Aufsichtsratsvorsitzender zurückgetreten war.

Margret Suckale ist im Untersuchungszeitraum Vorstandsmitglied der Bahn für den Personalbereich. Im Untersuchungszeitraum 2008 wurde sie zur ‚Managerin des Jahres' gewählt, über sie wird zudem im Zusammenhang mit dem Börsengang der Bahn berichtet. Maria-Elisabeth Schaeffler ist Unternehmerin und gemeinsam mit ihrem Sohn Eigentümerin der Schaeffler KG. Das Familienunternehmen plant 2008 die Übernahme des mächtigen DAX-Unternehmens Continental, was Schaeffler viel mediale Aufmerksamkeit bringt. Für weitere Akteurinnen konnte aufgrund der geringen medialen Präsenz von Frauen in Spitzenpositionen der Wirtschaft (vgl. Röser/Müller in diesem Band) keine personenbezogene Auswahl getroffen werden.[29] Stattdessen werden Einzelartikel über folgende Personen analysiert: Renate Bloß-Barkowski (SEB AG), Ingrid Matthäus-Maier (KfW), Catharina Cramer (Warsteiner Brauerei), Marli Hoppe-Ritter (Ritter Sport), Angelika Jahr-Stilcken (Gruner+Jahr AG), Henriette Elisabeth Joop (JETTE GmbH), Christine Novakovic (ehem. SEB), Liz Mohn (Bertelsmann), Madeleine Schickedanz (Arcandor AG), Petra Ledendecker (Verband deutscher Unternehmerinnen), Kirsten Schubert

---

29 Ingrid Matthäus Maier (KfW) ist laut quantitativer Analyse die am häufigsten genannte Managerin (vgl. Röser/Müller in diesem Band), von ihr lagen aber nur wenige personenorientierte Beiträge vor. Die Häufigkeit der Nennung muss sich somit nicht in personenorientierter Berichterstattung widerspiegeln.

(Schubert Unternehmensgruppe), Anne-Marie Steigenberger (Steigenberger Hotels AG).

In den informationsorientierten wie den unterhaltungsorientierten Titeln bezieht sich der *Anlass und das Hauptthema* der Berichterstattung auf wirtschaftliche Sachverhalte, zum Beispiel Personalentscheidungen, Hintergründe über Unternehmen, Wirtschaftsleben, Zahlen und Fakten oder Karriereverläufe. Männliches wie weibliches Spitzenpersonal in der Wirtschaft erscheint somit ganz vorrangig im beruflichen Kontext.

5.1 ‚Allein unter Männern‘

Wie bereits in der Politik aufgezeigt, wird auch den weiblichen Spitzenkräften in der Wirtschaft bezogen auf die *Geschlechterthemen* immer wieder der Status des Besonderen und der Ausnahmefrau zugeschrieben. Nimmt man hier nur einmal das Beispiel Margret Suckale, dann fällt auf, dass in vier der sechs analysierten Beiträge ihr Sonderstatus in der Wirtschaft überhaupt zum Anlass für eine personenorientierte Berichterstattung genommen wird. So titelt etwa die *Frankfurter Allgemeine Zeitung*:

> „Allein unter Männern. Eine Frau in der Führungsriege großer Unternehmen sucht man auch im Jahr 2008 vielerorts vergebens. Von drei Managerinnen, die es geschafft haben – jede auf ihre Weise." (FAZ 20.9.08)

Der „token status" (Kanter 1977), den Frauen in Spitzenpositionen der Wirtschaft noch immer innehaben, scheint ein wichtiger Faktor für die Berichterstattung zu sein. „Es gibt in diesem Land eben nicht so viele Frauen in Führungspositionen. Um genau zu sein: In der Vorstandsetage eines führenden Unternehmens nur eine einzige, eben Margret Suckale" (SZ 22.9.08). Zudem tauchen in verschiedenen Beiträgen immer wieder kurze Verweise oder Passagen auf, die sich mit dem Sonderstatus der jeweiligen weiblichen Spitzenkraft oder mit Fragen nach Quotierung und Frauenförderung in den Unternehmen bzw. dem System der Wirtschaft allgemein beschäftigen.[30]

Diesem journalistischen Auswahlprozess haftet etwas Ambivalentes an. Die Spitzenfrauen in der Wirtschaft bekommen somit durchaus ein Mehr an öffentlicher Sichtbarkeit. Die Sichtbarkeit ist aber als eine „Sichtbarkeit am Rand" bestimmt (Brandes 2004: 149). Die Managerin und Unternehmerin gerät geschlechtsgebunden zum Aushängeschild und zur

---

30 Das Thema ‚Geschlecht' spielt in der Berichterstattung über Manager, wie auch im Feld Politik, wiederum keine Rolle. Manager stellen – wie auch die Politiker – berufliche Individuen dar. Gleichberechtigung auf der Führungsebene von Unternehmen bleibt auch hier ‚Frauensache'.

Randrepräsentation. Die Männer stellen hingegen den Normalfall dar; die Berichterstattung zeigt sie als individuelle Persönlichkeit, die zugleich Teil der Mehrheit ist.

5.2 Körper und Kultur in der Wirtschaft

Den *privaten Kontexten* und den *Körperkonstruktionen* kommt im Vergleich zur Politik in der Wirtschaft eine geringe Bedeutung zu. Lässt man einmal die Nennung des Alters außer Acht, finden sich bei den Managern kaum Bezüge auf das Äußere. Erwähnt wird höchstens der Seriosität und Kompetenz ausstrahlende „graue Anzug" (Zeit 12.6.08), den Heinrich von Pierer trägt. Einschreibungen von Macht finden nicht im selben Maße wie bei den Politikern über den männlichen Körper statt. Und während bei Pierer, Mehdorn und Ackermann lediglich am Rande Aussagen zu den Themenbereichen Sport, Freizeit und Familie zu finden sind, kommt den Kontexten Kultur, Familie und Partnerschaft bei einigen Unternehmerinnen und Managerinnen durchaus eine Rolle zu. In Teilen der Berichterstattung werden die Unternehmerinnen und Managerinnen nicht nur als berufliche Persönlichkeit, sondern auch als private Person charakterisiert. Dies betrifft in besonderem Maße ihr Familienleben.[31] Auch wird das Äußere der weiblichen Spitzenkräfte stärker hervorgehoben als bei den Managern. Haarfarbe, Größe, Bekleidung und Stimme der Unternehmerinnen und Managerinnen werden häufiger kommentiert und bewertet. So schreibt die *Frankfurter Allgemeine Zeitung* über die Unternehmerin Kirsten Schubert, die in der Geschäftsführung der Düsseldorfer Schubert Gruppe für personalintensive Dienstleistungsbereiche zuständig ist:

> „Die hochgewachsene Frau mit dem blonden Fransenschnitt führt heute die Geschäfte in einer klassischen Männerdomäne. Schubert passt irgendwie in das Klischee einer jung-dynamischen Unternehmerin: ihr Outfit ein enges, figurbetontes Nadelstreifenkostüm, die Unternehmenszentrale ein moderner mehrgeschossiger Rundbau im Düsseldorfer Stadtteil Lörick." (FAZ 23.6.08)

Diesem modernen Typus der Businessfrau, den die Zeitung hier entwirft, steht ein weiteres Bild der Unternehmerin zur Seite: die kulturbeflissene Unternehmerin, die Eleganz, Stil und Seriosität ausstrahlt. Dazu gehört etwa Maria-Elisabeth Schaeffler, die der *Stern* beschreibt als „große, schlanke Dame, sorgfältig geschminkt, elegant gekleidet, perfekt vom Zeh bis zum festbetonierten Haar. Wenn sie durch den Betrieb geht, wirkt es, als beträte eine Königin ihr Reich" (Stern 24.7.08).

---

31 Dabei geht die Dimension Familie-Leistung-Erfolg eine enge Verbindung ein, der Konnex wird weiter unten behandelt.

Mittels der Einkleidungen von Weiblichkeit und den kulturellen Interessen wird bei einigen Managerinnen der soziale Status offensichtlich. Die erfolgreiche Unternehmerin verkörpert, wie im Falle Schaeffler, in der medialen Repräsentation einen bestimmten klassenspezifischen Habitus: „Sie gilt als stilvoll und kulturbeflissen, ist Opernfreundin und passionierte Golfspielerin" (SZ 22.8.08). Der große schlanke Körper, die elegante Kleidung, die zurückhaltende Art, die gewählte Ausdrucksweise und das Interesse an Hochkultur, welches die Berichterstattung bezogen auf Schaeffler wiederholt beschreibt, rufen explizit einen weiblichen Habitus der Oberschicht auf. Der Körper wird somit nicht nur geschlechtlich sichtbar gemacht, sondern zum Bedeutungsträger ihrer gesellschaftlichen Stellung.

5.3 Statuskonstruktionen: Von Witwen und Lichtgestalten

Bezogen auf die *Personenbezeichnungen* werden die Managerinnen in weiten Teilen der Berichterstattung als erfolgreiche und handlungsfähige Personen dargestellt. Wie im Bereich der Politik dominieren Berufs- und Funktionsbezeichnungen („Aktionärin", „Unternehmerin", „Bahn-Managerin" etc.). Es finden sich geschlechtsspezifische Bezeichnungen sowie Verwandtschafts- und Herkunftsbezeichnungen, die das Geschlecht sichtbar machen: die „Dame", „Tochter", „Frau", „Witwe", „Erbin" oder „lebhafte Rheinländerin" steht dem „Mann" oder „Herr" gegenüber. Teilweise werden gleiche oder annähernd gleichwertige[32] Hochwertworte verwendet, wie „Chef" und „Chefin". Zugleich fallen viele Beschreibungen auf, die den beruflichen Status der weiblichen Spitzenkräfte negieren: wie „Party-Girl", „blonde Cabrio-Fahrerin" oder „Femme Fatale". Auf der Ebene der Umschreibungen finden sich ebenfalls auffällig viele Rückgriffe auf zweigeschlechtliche Muster, die implizit hierarchisch angelegt sind (vgl. Abb. 5).

Bei vielen Titulierungen überzeichnet die Berichterstattung die Personen stark und greift auf vergeschlechtlichte Zuschreibungen zurück. Die Macht der Geschlechternormen ist nicht einfach darin zu suchen, dass hier Geschlechterstereotypen reproduziert werden, wie bei der „Grande Dame" oder dem „Held". Für den vorliegenden Erkenntniszusammenhang ist relevant, dass auch im Feld der Wirtschaft in großen Teilen der Etikettierungen die Zuschreibung von Macht und Dominanz bei den Managern meist expliziter herausgestellt wird, als dies bei den weiblichen Spitzenkräften der Fall ist. Die weiblichen Spitzenkräfte werden nicht nur

---

32 Gleichwertig in dem Sinne, wie sie den Status ausdrücken, die geschlechtliche Markierung bleibt auch hier wie immer erhalten.

Abb. 5: Personenbezeichnungen in der Wirtschaft

Weibliche Spitzenkraft	Männliche Spitzenkraft
„Chefin"	„Boss"
„Zeitschriften-Chefin"	„Chef"
„Top-Bankerin"	„Buhmann der Nation"
„weibliche Top-Managerin"	„Alleinherrscher"
„Top-Designerin"	„Lichtgestalt"
„Frau in der Führungsriege"	„Mr. Siemens"
„Personalchefin"	„Konzernlenker"
„Business-Frau"	„Visionär"
„Mama"	„Stratege"
„Witwe"	„Meister aller Klassen"
„Erbin"	„Oberbahner"
„Unternehmertochter"	„Patriarch"
„keine Bussi-Blondine"	„Anführer"
„alles andere als eine lebenslustige Blondine"	„Superstar"
„Grande Dame der deutschen Hotellerie"	„Held"
„Überzeugungstäterin"	„Managerdenkmal"
„Strippenzieherin"	„Leitwolf im internationalen Bankerranking"
„Kreative"	(…)
„Königin von Herzogenaurach"	
„Teamplayerin"	
„Firmenpatriarchin"	
(…)	

im Privaten, sondern auch im beruflichen Kontext immer wieder über ihren Familienstand definiert: „Witwe", „Erbin", „Unternehmertochter". Umschreibungen wie „keine Bussi-Blondine" oder „alles andere als eine lebenslustige Blondine" verankern das Neue im Alten, was zu einer Naturalisierung von Geschlechterdifferenzen beiträgt. Repräsentation bedeutet immer einen Rückgriff auf bereits bestehende Darstellungsparameter (vgl. Schaffer 2008). Mittels solcher Etikettierungen greift die Berichterstattung ex negativo auf Geschlechterstereotype zurück, um Persönlichkeit zu charakterisieren. Die Manager werden in der sprachlichen Inszenierung hingegen mitunter auf einen Sockel gestellt, wie es die Bezeichnung als „Managerdenkmal" auf einen plakativen Begriff bringt. Die Zusammenschau verdeutlicht weiterhin, wie in der Berichterstattung mit dem „Superstar", „Patriarch" oder „Leitwolf" tradierte Bilder von Männlichkeit reproduziert werden.

Wie lässt sich erklären, dass die Presseberichte über Spitzenpersonal immer wieder auf solche überkommenen Geschlechterbilder zurückgreifen? Auf der Ebene der journalistischen Berichterstattung wird vermittels dieser medialen Zuschreibungsprozesse Unbekanntes durch Bekanntes ausgedrückt. Um einen abstrakten, weniger bekannten Bereich – etwa Leistungen und Erfolge von Spitzenkräften in der Wirtschaft – für ein breites Publikum beschreibbar zu machen, wird auf altbekannte Geschlechtervorstellungen zurückgegriffen. Dies wird deutlich, wenn man die Bezeichnungen wieder re-kontextualisiert. Die Titulierung als „Mama" oder „Königin", die für Schaeffler in einem *Stern*-Artikel gewählt wird, bezeichnet ihren Führungsstil:

> „So funktioniert das Matriarchat: Mama sorgt für ihre Kinder, aber sie mag es nicht, wenn man ihr reinredet. Sie bolzt nicht herum wie ihr oberster Manager Geißinger, das ist nicht ihr Stil. Maria-Elisabeth Schaeffler, die stille Königin von Herzogenaurach, droht nicht mit Abwanderung ihrer Produktion für den Fall, dass die Mitarbeiter aufbegehren oder weniger arbeiten wollen. Sie sagt nur leise und freundlich: ‚Ach, das wäre schade. Schade für Deutschland'." (Stern 24.7.08)

In der Vertrautheit mit dem Bekannten entwirft die Berichterstattung eine Vorstellung von Schaefflers Führungsstil. Gerade in einem Bereich, der den meisten Menschen nicht durch eigene Anschauung zugänglich ist, stellt sich eine Vorstellung von Wirklichkeit und Wahrheit nicht im Abgleich mit der vormedialen Wirklichkeit her, sondern in der Vertrautheit mit den Figuren und Erzählungen (Lünenborg 2005a: 146ff.). In diesem Sinne ist auch eine Bezeichnung als „dieser Leitwolf im internationalen Banker-Ranking" zu deuten: Sie macht die Macht und den Status eines Managers erklär- und verstehbar. Daraus lässt sich auch folgern, dass traditionelle Geschlechterbilder von Journalistinnen und Journalisten eingesetzt werden, weil sie sinnvoll und funktional erscheinen. Zugunsten medialer Komplexitätsreduktion, Verständlichkeit, Anschaulichkeit sowie sprachlicher Variation – bei gleichzeitigem Zeitmangel in der journalistischen Produktion (vgl. Lünenborg/Maier in diesem Band) – ruft die journalistische Berichterstattung immer wieder altbekannte Geschlechterbilder und -stereotypen auf und ist damit gewiss, an gut bekannte und vertraue Interpretationsmuster des Publikums anknüpfen zu können.

5.4 Sprachbilder: Wirtschaft ist ein männliches Spiel

Welche Sichtweisen auf die Person liefern die *Metaphern* in der Berichterstattung über Spitzenkräfte in der Wirtschaft?[33] Mehdorn führt ein „Re-

---

[33] Aufgrund der geringeren Materiallage und fehlender wissenschaftlicher Literatur zum Thema wird für den Bereich Wirtschaft auf eine Konzeptionalisierung von ‚Wirtschaft als ...' verzichtet. Die Analyse der metaphorischen Ausdrücke und ihrer Konzeptionalisierungen erfolgt daher entlang der Geschlechter, zunächst für die Manager und dann für die Managerinnen.

giment der Angst" (taz 4.6.08), er ist also als gefürchteter Kriegsherr in Szene gesetzt. Der Bahn-Manager ist aber auch der „Buhmann der Nation" (Stern 25.9.08), somit das Opfer der öffentlichen Meinung. Mehdorn wird „demontiert" (SZ 20.5.08), in diesem Bild wird ihm seine Macht genommen. Pierer erscheint als unerfahrener Schauspieler in einer unbekannten Rolle: „Das Leben nach der Macht. Im Schatten der Korruptionsaffäre: Der frühere Siemens-Chef Heinrich von Pierer muss sich an eine Rolle gewöhnen, mit der er keine Erfahrung hat" (SZ 29.4.08). Da er nun im Schatten steht, macht ihn die Korruptionsaffäre weniger öffentlich sichtbar. Pierer ist als abstürzender, aber statushoher Schauspieler in Szene gesetzt. „Absturz der Superstars. Zumwinkel, v. Pierer, Ospel – warum gerade die scheinbar Besten so häufig scheitern. Eine Pathologie des Managementversagens in fünf Krankheitsbildern" (Manager Magazin 1.6.08). Der metaphorische Ausdruck der ‚Pathologie in fünf Krankheitsbildern' in der Überschrift beschreibt zudem Versagen als Krankheit und lässt Pierer somit als einen Kranken erscheinen, den mehr das ihn ereilende Schicksal als persönlich zu verantwortendes Versagen um die Spitzenposition gebracht hat. Ackermann wiederum „umgarnt" laut Berichterstattung Neukunden (FAZ 13.9.08), er ist in diesem Bild eine Spinne, die ihre Opfer einwickelt. Er ist aber auch ein Entdecker, der notgedrungen seine „Liebe zum Privatkundengeschäft entdeckte" (SZ 13.9.08a).

Schaeffler erscheint als eine „Dame ohne Schmusekurs" (taz 16.7.08), also eine Frau, die stilvoll, aber hart und nicht liebevoll ist. Die *Süddeutsche Zeitung* schreibt: „Die listige Witwe. Maria-Elisabeth Schaeffler zieht im Hintergrund die Fäden" (SZ 22.8.08). Sie ist in diesem Bild eine Puppenspielerin, welche selbst die Fäden in der Hand hält. Interessant ist, dass ihr dabei ein bestimmter Ort zugewiesen wird, nämlich „im Hintergrund" (ebd.). Bezogen auf Schaeffler finden sich weitere Metaphern, die diese Aussage wiederholen. Sie sei „die Frau hinter dem Coup" (Spiegel 21.7.08), schreibt der *Spiegel*. Der *Stern* sieht in ihr eine Angreiferin, die im Verborgenen agiert: „Nun greift sie mit ihrem unauffälligen Familienunternehmen den Dax-Konzern Continental aus dem Hinterhalt an" (Stern 24.7.08). Wirtschaft ist als Kampf in Szene gesetzt und Schaeffler wird mittels des metaphorischen Sprachgebrauchs ein spezifischer Platz im Raum der Wirtschaft und seiner Auseinandersetzungen zugewiesen, nämlich im Hintergrund der männlich geprägten Welt der Wirtschaft. Hier deutet sich ein ambivalentes Bild an: Die Unternehmerin erscheint aktiv und kämpferisch, zugleich werden auch Assoziationen über einen unauffälligen und ‚hinterhältigen' Führungsstil aufgerufen.

Die KfW-Chefin Matthäus-Maier wird als „Mensch unter Wölfen" beschrieben (SZ 9.4.08). Hier findet sich die Orientierungsmetapher ‚unten', welche die Managerin in ein hierarchisches Verhältnis einordnet. Zugleich erscheint die Managerin als Beute, als Opfer wilder Tiere, die mit „Tränen in den Augen" (ebd.) von ihrem Posten zurücktritt. Wirtschaft ist auch als ein Spiel dargestellt und Margret Suckale darin das „Bauernopfer", das zurückstecken muss (FAZ 17.5.08). In diesem Bild ist Suckale also die schwächste Figur im Schachspiel, kaum beweglich, machtlos und kein großer Verlust. Sie erscheint aber auch als die Person, die im Kampf „durch das Feuer" (Capital 1.6.08) geht, also mutig ist und Verletzungen auf sich nimmt.

Die verwendeten Metaphern zeichnen ein widersprüchliches Bild, was die Macht und den Status der männlichen und weiblichen Spitzenkräfte anbelangt. Die Frauen in Toppositionen der Wirtschaft sind durchaus kämpferisch beschrieben, den Managern wird in einigen Fällen auch Macht abgesprochen. Dennoch treten Macht und Status bei den Managern etwas deutlicher zutage. Interessant ist insbesondere die Verwendung der Orientierungsmetaphern, die der Unternehmerin einen Platz am Rand oder auf einer niederen Hierarchieebene der Männerwelt Wirtschaft zuweisen. Die Wirtschaft wird so in der Berichterstattung als ein männliches Spiel metaphorisch konstruiert.

5.5 Ein Wandel von Führungsstilen?

In Teilen der Berichterstattung besteht nach wie vor ein geschlechtsgebundenes Differenzdenken, wenn es um die *Charakterisierung* der Persönlichkeit geht. So entsteht das mediale Bild Mehdorns, von Pierers und Ackermanns weitestgehend vor dem Hintergrund klassischer Zuschreibungen von Männlichkeit. Der Bankmanager Josef Ackermann verkörpert den Inbegriff des Managers als Global Player. Er gilt der Berichterstattung als visionär, strategisch, durchsetzungsfähig, stark, entschlossen, optimistisch und gelassen. Zudem verfüge er über internationale Kompetenzen. Er gilt als „starker Mann" bei der Deutschen Bank, der geradlinig „ambitionierte Ziele" verfolge (SZ 13.9.08a). Er sei ein Manager, „der den anderen zeigt, wie das Bankgeschäft läuft" (Capital 1.6.08). Die medial dargestellte kontrollorientierte, disziplinierende Führung von Mehdorn ist mit hegemonialen Formen von konkurrenz-, wettkampf- und kontrollorientierter Männlichkeit (vgl. Connell 1999; Baur/Luedtke 2008) kompatibel. Die Beschreibungen der Persönlichkeit und des Führungsstils sind zudem anschlussfähig an Vorstellungen des ‚idealen Managers': führungswillig, selbstsicher, konfliktbereit, konkurrenzorientiert, entscheidungsfreudig und dynamisch (vgl. Rosenstiel 1992: 173).

Heinrich von Pierer ist als erfolgreicher Manager beschrieben, der einen freundlichen, verantwortungsvollen Umgang mit Kollegen und Untergebenen pflegt. Er „weiß Konflikte auf milde Art zu lösen" (Bild 30.7.08) und ihm sei wichtig, was die Menschen bei Siemens und in seiner Heimatstadt von ihm denken (SZ 29.4.08). Pierers Führungsstil basiere auf Soziabilität und einer sozial-verantwortlichen, freundlichen Autorität. Er pflege einen sanften Umgang und habe einen „mitarbeiterfreundliche[n] und zurückhaltende[n] Führungsstil", weshalb er selbst beim Betriebsrat „breite Hochachtung" (taz 10.5.08) genieße. Er sei ein „Patriarch" und

> „handelt gerne wie ein Familienvater, auch bei Siemens. Für Schmiergeld-zahlungen will er bisher keine Verantwortung übernehmen, aber als er noch Aufsichtsratschef war, warf er sich in die Bresche, wenn es um seine alten Kollegen aus dem Vorstand ging." (SZ 29.4.08)

Er ist als Respektsperson beschrieben, ein Beschützer, der seine Hand über Kollegen und Mitarbeiter hält. Vor dem Hintergrund dieses paternalistischen Führungsstils gerät sein situatives Führungsverhalten im Zusammenhang mit den Schmiergeldzahlungen bei Siemens besonders in die mediale Kritik. Hier habe er eben keine Verantwortung übernommen. Er wirkt „verbittert" (SZ 21.4.08) und „verschanzt sich in einem Gefühlsbunker" (Zeit 19.4.08). Er redet sich Dinge ein (ebd.) und sieht sich als Opfer der Medien (SZ 29.4.08). „Die eigene Krise bekommt er jetzt nicht in den Griff" (ebd.). Gezeichnet wird hier ein Mann, der unter Kontrollverlust leidet und mangels emotionaler Kompetenz als überfordert erscheint.

Den Bahnmanager Hartmut Mehdorn inszeniert die Berichterstattung dagegen als Machtmensch mit einem rigiden, disziplinierenden und kontrollierenden Führungsstil. Er wird als hart, kompromisslos, stark, aggressiv, autoritär, unerschütterlich, konkurrenz- und kampforientiert, ignorant, großspurig und arrogant charakterisiert. Er gilt als der „rau-bauzige Bahnchef", der „einem Streit (...) nur selten aus dem Weg" geht (SZ 13.9.08). Misserfolge steckt Mehdorn einfach weg und gibt nicht auf, er ist robust und kann auch mal einen Tiefschlag verdauen (vgl. FAZ 13.9.08). Die *taz* bezeichnet ihn daher als „autoritären Chef", der bei der Bahn „längst ein Machtsystem in dem Konzern installiert [hat], das von Angst und Abhängigkeit lebt" (taz 4.6.08). Es seien aber nicht nur die ihm unterstellten Mitarbeiter und Mitarbeiterinnen, die den auf Drohung basierenden Managementstil Mehdorns zu spüren bekommen, sondern auch JournalistInnen (ebd.). Dieser autoritäre Führungsstil gerät in der Berichterstattung in die Kritik. Ihm wird vorgeworfen, er baue seine personale Macht zu stark aus und könne keine Macht abgeben. Der *Spiegel* beklagt, er führe das Unternehmen wie ein „Alleinherrscher" (Spiegel 19.5.08a), das *Manager Magazin* attestiert ihm gar „Allmachtsallüren" (Manager Magazin 1.4.08).

Diese Kritik lässt die öffentliche Erwartung an neue Formen der Führung erkennen, wie sie in Managementtheorien diskutiert werden (vgl. z.B. Lange 1998). Die Presseberichterstattung verhandelt hier also den Wandel von Managementkonzepten, sich wandelnde Formen der Führung in Unternehmen, die heute stärker als „Gemeinschaften" entworfen werden (ebd.). Wie Lange ausführt, habe sich damit auch eine neue Vision der Führung entwickelt, jenseits der Frage, ob diese in der Praxis realisierbar sei. Im Leitbild des neuen Managers sind auch soziale und kommunikative Kompetenzen angelegt. „In dieser Vision zeichnet sich die ideale Führungskraft durch eine bestenfalls mit charismatischer Ausstrahlung verbundene handlungs- und durchsetzungsfähige Autorität aufgrund fachlicher und sozialer Kompetenzen aus" (ebd.).

Dass auch eine Managerin den modernen Typus erfolgreich verkörpern kann, zeigt das Beispiel Margret Suckale. Die Managerin, die als Personalvorstand bei der Deutschen Bahn AG einen hohen beruflichen Status erreicht hat, gilt in der Berichterstattung als gelassen, standhaft, ausdauernd, bestimmt, entscheidungsfreudig, zurückhaltend und teamorientiert. Wie bei Ackermann wird ihr gelassener Führungsstil in Krisensituationen betont. So meint die *Bild*, im Tarifkampf mit den Lokführern „behielt die gebürtige Hamburgerin stets einen kühlen Kopf" (Bild 19.9.08). Und auch *Capital* ist der Ansicht: „Die 52-Jährige bringt so leicht nichts mehr aus der Fassung" (Capital 1.6.08). Ruhiges Auftreten und kooperativer Führungsstil werden ihr in der Berichterstattung anerkennend bescheinigt; und dies wird mitunter auch mit einer Kritik an autoritären Männlichkeitsentwürfen verbunden:

> „Margret Suckale ist nicht dafür bekannt, kräftig auf den Tisch zu hauen. Ganz im Gegenteil: Während der monatelangen Tarifauseinandersetzung mit der Gewerkschaft der Lokführer (GDL) wurde ihr vorgeworfen, nicht hemdsärmlig genug zu sein – anders als etwa der Vorstandsvorsitzende der Deutschen Bahn, Hartmut Mehdorn, oder der ewig polternde Ober-Lokführer Manfred Schell. Als sei Hemdsärmeligkeit schon der halbe Weg zum Erfolg. ‚Ich war verblüfft über diese männlichen Klischees', sagt Suckale, die mehrere Seminare zum Thema Mediation und Verhandlungstechnik an der amerikanischen Eliteuniversität Harvard besucht hat." (FAZ 20.9.08)

Bei Schaeffler und den weiteren Akteurinnen in Spitzenpositionen der Wirtschaft fällt auf, dass diese tendenziell stärker in einem Vokabular beschrieben werden, das sie nicht nur teamfähiger, freundlicher und kooperativer, sondern auch sensibler und zurückhaltender als ihre männlichen Kollegen erscheinen lässt. Bei den Managern setzt die Berichterstattung stark auf wettbewerbs- und konfliktorientierte Aussagemuster. Bei einigen Akteurinnen tritt dabei das emotionalisierende Vokabular zutage.

Dabei werden beispielsweise spezifische Potenziale einer erfolgreichen Chefin entdeckt, neben der „sozialen Kompetenz" auch die „emotionale Intelligenz" (Zeit 3.4.08). Den Rücktritt der Staatsbankerin Matthäus-Maier betitelt die *Süddeutsche Zeitung* mit dem Hinweis, dass sie „mit Tränen in den Augen" (SZ 9.4.08) gehe. Und auch Maria-Elisabeth Schaeffler wird in der Berichterstattung nicht nur als durchsetzungsfähig, listig und mutig charakterisiert, sondern vor allem auch als rücksichtsvoll, gefühlvoll, kommunikativ und zurückhaltend beschrieben.[34] Unternehmerinnen und Managerinnen, so lässt sich festhalten, werden tendenziell als sensibler (besorgt, ängstlich) und zurückhaltender beschrieben, die Männer erscheinen dagegen unerschütterlich (gelassen, selbstsicher). In der Kontrastierung von Suckale und Mehrdorn wird dabei zugleich deutlich, dass dabei eine Neubewertung stattfinden kann. Teilweise wird sein dominanter Führungsstil negativ als überholt charakterisiert, während ihr beharrlich-zurückhaltendes Verhalten mitunter positive Wertschätzung erfährt.

5.6 Leistung und Erfolg: Zwischen Anerkennung und Abwertung

Außer an der Persönlichkeit werden *Erfolge und Leistungen* in der Berichterstattung festgemacht an der Hierarchie der beruflichen Position, ökonomischem Kapital (Einkommen, Umsatz und Gewinn des Unternehmens), der Anzahl des unterstellten Personals, Beziehungen und Netzwerken, Auszeichnungen und Ehrenämtern sowie der öffentlichen Bekanntheit. Bei den Managern werden diesbezügliche Leistungen und Erfolge explizit anerkannt. Und auch die Frauen werden in der Berichterstattung als erfolgreiche, handlungsfähige und mitunter machtvolle Spitzenkräfte in Szene gesetzt. Nur selten stellt ein Beitrag die Macht von Frauen in Toppositionen der Wirtschaft explizit in Frage, wie etwa die *Frankfurter Allgemeine Zeitung*, die folgende ontologisierende Äußerung einer Unternehmerin als Titel wählt: „Töchter dringen nicht so auf die Macht" (FAZ 23.6.08). Im Bereich Wirtschaft lässt sich aber beobachten, wie Karriereverläufe von Männern und Frauen unterschiedlich beschrieben und begründet werden. Einige Spitzenfrauen haben sich etwa in kleinen Schritten nach oben gearbeitet und sich ihre „steile Karriere wohl nie vorzustellen gewagt" (FAZ 20.9.08). Laut Medienberichterstattung scheinen manche Managerinnen und Unternehmerinnen nur aus Zufall oder aufgrund fa-

---

34 Jette Joop stellt in unserem Material eine interessante Ausnahme in der Repräsentation dar. Sie wird als ehrgeizige und unabhängige ‚Femme Fatale' inszeniert, die eine verführerische Ausstrahlungskraft hat, ihren Körper für ihren Erfolg einsetzt und versucht, sich von ihrem Vater zu befreien (Stern 26.6.08a).

miliärer Umstände an die Spitze des Unternehmens gekommen zu sein. Die Erfolge mehrerer Frauen sind mitunter so beschrieben, als lägen sie außerhalb ihrer eigenen Handlungsmacht, etwa indem sie dem Zufall oder dem sozialen Umfeld zugeschrieben werden. Das Beispiel Maria-Elisabeth Schaeffler soll dies pars pro toto verdeutlichen.

Dass sie das Unternehmen leitet, verdankt sie laut Teilen der Berichterstattung nicht ihren eigenen wirtschaftlichen Fähigkeiten, sondern ihrem ökonomischen Kapital, das ihr von ihrem Mann hinterlassen wurde. Sie wird als „Branchenfremde" (taz 16.7.08) abgewertet, auch wenn ihr „ein gewisses industrielles Gespür (…) von zu Hause aus mitgegeben" sei (Spiegel 21.7.08). Mehr noch, sie wird dargestellt, als hätte sie es aus eigener Kraft erst gar nicht an die Spitze schaffen können, da ihr mangelndes Fachwissen und mangelnde Kompetenz zugeschrieben werden. Der *Stern* schreibt:

> „Im Gespräch mit dem stern vor einigen Monaten erzählte sie, wie sie einst bei Ingenieuren und Technikern ‚Nachhilfeunterricht' nahm, ‚um zu erfahren, was ein Flügelzellenversteller ist'. Die Produkte ihres Mannes, Wälzlager, sind eben nicht einfach zu begreifen." (Stern 24.7.08)

Schaeffler wird nahezu durchgängig im Verhältnis zu ihrem verstorbenen Mann inszeniert, die ihren Reichtum nur ihm, und nicht ihren eigenen Fähigkeiten verdanke.[35] Es ist daran anschließend die Bezeichnung als „listige Witwe", ohne die nahezu kein Beitrag auskommt (FAZ 15.7.08; Stern 24.7.08; SZ 22.8.08; taz 16.7.08). Mittels dieses Wortspiels wird die Opernliebhaberin Schaeffler mit der Operette ‚Die lustige Witwe' von Franz Lehár verbunden, deren Sujet von einer selbstbewussten Millionenerbin handelt.

Schaeffler wird in der Berichterstattung nicht nur im privaten Bereich, sondern auch im beruflichen Kontext immer wieder als andere Seite eines Mannes in Szene gesetzt. Zusammen mit dem Geschäftsleiter der Schaeffler KG, Manager Jürgen Geißinger, wird sie als Geschäftspaar inszeniert. Diese Repräsentation erfolgt geschlechterhierarchisch entsprechend des Konzepts des heteronormativen Paares. Nur zwei von zahlreichen Beispielen sollen dies verdeutlichen. Bezogen auf Schaeffler und Geißinger vertritt die *Süddeutsche Zeitung* folgende Position:

> „Die beiden könnten unterschiedlicher nicht sein. Einerseits die in ihren Formulierungen vorsichtige und von einem Hauch der Unnahbarkeit umwehte Eigentümerin. Eine sozial und kulturell engagierte Frau. Andererseits der forsche, in der Wortwahl wenig zimperliche und selbstsichere Manager. Doch die Gegensätze scheinen sich gut zu ergänzen." (SZ 15.7.08)

---

35 Wenn auch nicht immer so explizit, findet sich dieses Aussagemuster auch bei anderen Akteurinnen.

Und der *Spiegel* attestiert der Unternehmerin und dem Manager:

> „Er [Geißinger] ist dabei zuständig fürs Grobe, für Übernahmen und die Gefechte mit Betriebsräten und Gewerkschaften (…). Maria Elisabeth Schaeffler dagegen kümmert sich um die Seele des Unternehmens." (Spiegel 21.7.08)

Hier werden nicht nur klassische Zuschreibungen von kämpferischer Männlichkeit und umsorgender Weiblichkeit aufgerufen und auf die Führung eines Unternehmens übertragen. Im Konzept des heteronormativen Paares, welches in der Berichterstattung über Schaeffler immer wieder aufgerufen wird, dient ‚der Andere' dazu, die eigene Unvollständigkeit zu überwinden bzw. zu vervollständigen. Allein – so sieht es ein Großteil der Berichterstattung[36] – ist Schaeffler nicht in der Lage, den ‚Wettkampf' gegen den DAX-Riesen Continental zu führen oder gar zu gewinnen. Nur zusammen mit dem Manager Geißinger scheint sie demnach eine ‚vollständige' und eben auch ‚erfolgreiche' Unternehmerin zu sein.

Durch das Gegeneinandersetzen unterschiedlicher Positionen entlang der Geschlechterdifferenz tritt Schaeffler als Kontrastfigur zur idealen Männlichkeit in Erscheinung. Sie ist ein Gegenbild, über das sich die ideale Managermännlichkeit konstituiert. Das heteronormative Argumentationsmuster, nach welchem die Unternehmerin einen Manager zur Vervollständigung benötigt, findet sich beispielsweise auch bezogen auf die Juniorchefin Catharina Cramer der Brauerei-Gruppe Warsteiner. Unter der Überschrift „Tochter-Unternehmen" schreibt das *Manager Magazin*:

> „Die blonde junge Frau ist bodenständig, umgänglich und trinkfest. Aber reichen diese Attribute aus, um einen schwächelnden Bierkonzern durch äußerst schwierige Zeiten zu steuern? In der Brauerei mehren sich die zweifelnden Stimmen, ob Catharina es (zusammen mit ihrem etwas altersstarrsinnigen Vater Albert) schafft, den Niedergang der Marke Warsteiner zu stoppen. Die junge Frau wird in der Macho-Bierwelt streng beäugt. Bösartige Beobachter nennen sie wegen ihrer ausgeprägten Feierlaune ‚Partygirl', das zum Beispiel an seinem 30. Geburtstag rosa gefärbtes Bier ausschenken lässt. Wohlmeinende Insider dagegen raten ihr, einen gestandenen Manager zu holen, um mit ihm gemeinsam die Probleme im Hause Warsteiner anzugehen. Ein (Vertriebs-)Mann an ihrer Seite könnte – so argumentieren sie – hilfreich sein." (Manager Magazin 1.8.08)

Das ‚Partygirl', so ließe sich diese Passage pointiert zusammenfassen, schafft es alleine nicht, den Konzern zu lenken. Wenn sie überhaupt eine Chance hat, dann nur mit einem ‚gestandenen Mann' an ihrer Seite.

---

36 Eine Ausnahme bildet im Material ein Beitrag in der *Frankfurter Allgemeinen*, der Schaeffler zwar ebenfalls als „charmant" bezeichnet, in ihr aber auch die „knallharte Unternehmerin" mit „Durchsetzungskraft" sieht, die alles auf Rendite trimmt (FAZ 17.7.08).

In den medialen Repräsentationen Pierers, Mehdorns und Ackermanns finden sich keine Hinweise darauf, dass diese eine andere Person brauchen, um erfolgreich zu sein. Wenn sie in Relation zu anderen Personen beschrieben werden, dann werden sie mit einem Kumpel inszeniert und/oder es werden Formen konkurrenz- und wettkampfsorientierter Männlichkeit aufgerufen. So meint etwa der *Spiegel*, Mehdorn habe sich hingebungsvoll mit den Berliner Politkern angelegt (Spiegel 19.5.08a) und die *Süddeutsche Zeitung* ist der Ansicht, „einem Streit geht er nur widerwillig aus dem Weg" (SZ 13.9.08). Bei der Deutung der Beziehung zwischen dem ehemaligen Siemens-Chef Heinrich von Pierer und dem früheren argentinischen Staatschef Carlos Menem greift der *Spiegel* auf das semantische Feld des Sports und des Wettkampfs zurück. Das Magazin schreibt über die Beziehung der beiden Manager, sie

> „standen sich damals nicht nur geschäftlich nahe, sondern gelegentlich auch auf dem Tennisplatz, rechts und links vom Netz. Pierer, früher mal bayerischer Tennisjugendmeister, ließ sich bei einer Geschäftsreise durch Südamerika mit einem Helikopter aus seinem Hotel abholen, um Menem im Duell Mann gegen Mann herauszufordern. Doch 2001, Match-Partner Menem war nicht mehr im Amt, kündigte die argentinische Regierung den Milliarden-Deal" (Spiegel 21.4.08).

Die mediale Inszenierung greift auf eine Inszenierung von Wettbewerb und Kameradschaft zurück, die als ein wichtiges Moment der Herstellung von Männlichkeit gilt (vgl. z.B. Meuser 2006b).

6. Geschlechterbilder in der Wissenschaft

Für den Bereich Wissenschaft konnten weit weniger personenorientierte Beiträge über weibliches Spitzenpersonal recherchiert werden als im Bereich Wirtschaft. Dies mag vor dem Hintergrund der Befunde aus der quantitativen Inhaltsanalyse im ersten Moment verwundern, beträgt der Anteil der Nennungen von Wissenschaftlerinnen in Spitzenpositionen immerhin 11 Prozent, in der Wirtschaft hingegen nur 4 Prozent (vgl. Röser/Müller in diesem Band). Ein Grund hierfür dürfte sein, dass Wissenschaftlerinnen wie Wissenschaftler häufig als Experten und Expertinnen für ein Thema in der Presse auftauchen,[37] ohne als Person beschrieben zu werden. Wissenschaftliches Spitzenpersonal taucht vor allem in den stärker informationsorientierten Titeln auf,[38] um zu einem relevanten oder

---

37 Porträts, Reportagen und Interviews, in denen Wissenschaftler und Wissenschaftlerinnen als berufliche Person im Mittelpunkt stehen, lassen sich aber im Bereich der Wissenschaftsberichterstattung finden (vgl. Maier 2008).
38 Es gibt im Material nur einen Beitrag, der zu den stärker unterhaltungsorientierten Titeln zählt.

aktuellen Thema Stellung zu beziehen. Geschlechterunabhängig gilt, dass weniger die Tätigkeit oder die Person an sich relevant zu sein scheinen als vielmehr deren wissenschaftliche Expertise.

Jene personenorientierten Beiträge, die in die vorliegende Untersuchung eingegangen sind, beziehen sich unter anderem auf die Verleihung von Preisen, den Wechsel an der Spitze von Institutionen, einzelne Karriereverläufe oder Forschungsprojekte. Einige Akteurinnen und Akteure und ihre beruflichen Positionen im Untersuchungszeitraum seien hier exemplarisch genannt: Die Entwicklungsbiologin Kirsten Bomblies; Ute Frevert, Direktorin des Max-Planck-Instituts für Bildungsforschung; die Präsidentin der Gesellschaft für Biologische Systematik, Regine Jahn, oder die Generalsekretärin der Hochschulrektorenkonferenz, Christine Gaethgens. Unter den Akteuren finden sich zum Beispiel: Detlef Müller-Böling, der Leiter des Centrums für Hochschulentwicklung; der ehemalige Leiter der Heidelberger Akademie der Wissenschaft Gottfried Seebaß oder der Rektor der Universität Freiburg, Andreas Voßkuhle, der zum Verfassungsrichter ernannt wurde.

In den informationsorientierten Titeln bezieht sich der *Anlass und das Hauptthema der Berichterstattung* auf wissenschaftliche Sachverhalte. Der einzige unterhaltungsorientierte Beitrag beschreibt Zusammenhänge zwischen dem beruflichen Tun und dem privaten Leben der Klimaexpertin Claudia Kemfert (Brigitte 9.9.08). Private Themen spielen darüber hinaus in der Berichterstattung über wissenschaftliches Personal fast keine Rolle.[39]

6.1 Körperkonstruktionen: ‚Den Professor sieht man ihm an'

Bezogen auf die *Körperkonstruktionen* finden sich keine stereotypen Darstellungen von Wissenschaftlerinnen, wie sie beispielsweise für den Film festgestellt wurden (vgl. Flicker 2003). Die *Zeit* beschreibt die Direktorin des Max-Planck-Instituts für Bildungsforschung, Ute Frevert, beispielsweise folgendermaßen:

> „Statt des hellen Kostüms, der wildledernen Stiefel und des Pink in Rosa gepunkteten Schals vom Vorabend trägt sie nun helle Cordjeans, die bloßen Füße stecken in flachen Schuhen, Haare hochgesteckt, Sonnenbrille. Immer wieder wirkt sie, als könne sie auch ihre eigene Tochter sein." (Zeit 15.5.08)

---

[39] Entsprechend findet sich hier kein eigenes Unterkapitel zu privaten Kontexten. Wie bei den Frauen in der Politik und der Wirtschaft wird auch bei den Wissenschaftlerinnen mehrfach die Geschlechterzugehörigkeit herausgestellt. Um Redundanzen zu vermeiden, wurde auf eine erneute Darstellung des Befundes verzichtet, das Thema wird im Schlusskapitel nochmals aufgegriffen. Aufgrund der geringen Materialmenge wurden die Metaphern nicht analysiert, die wenigen vorgefunden Äußerungen lassen keine Rückschlüsse auf Aussagen oder gar Aussagemuster zu.

Während in diesem und weiteren Beispielen klassische Versatzstücke weiblicher Kleidung – wie etwa Muster, Schals oder Schmuck – explizit herausgestellt werden, erscheinen Wissenschaftlerinnen aber auch anders: „Sie trägt eine braune Cordhose, die hennaroten Haare mit den grauen Strähnen zum Zopf" (taz 13.5.08). Der professionelle Status – und das ist hier entscheidend – bleibt bei den Körperkonstruktionen nachgeordnet oder unsichtbar. Bei den Wissenschaftlern finden sich neben dem Verweis auf die „Vorliebe für pastellfarbene Polohemden" (FAZ 5.7.08) zwei Hinweise auf die Körpergröße: „der 1,94 Schlacks" Axel Ockenfels (FAZ 17.5.08a) sowie der „1,95 Meter große Jurist" Andreas Voßkuhle (taz 26.4.08). Wie Profession und Männlichkeit in der körperlichen Charakterisierung der männlichen Personen verschmelzen können, zeigt folgendes Beispiel eindrucksvoll.

> „Der Mann, der die deutsche Wissenschaft in die Zukunft führen soll, wirkt äußerlich wie aus diesem Jahrhundert gefallen. Der Kopf dominiert von einer Denkerstirn, die durch das streng nach hinten gekämmte Haar noch betont wird. Der zweireihige Anzug ist mit ‚mittelgrau' freundlich beschrieben. Den Professor müsste sich Volker ter Meulen (75), klinischer Virologe aus Würzburg, nicht auf die Visitenkarte drucken lassen. Den Professor sieht man ihm an." (Manager Magazin 1.7.08)

Im *Manager Magazin* wird der Inbegriff des Wissenschaftlers sprachlich inszeniert, der Virologe verkörpert seinen Beruf als innere Berufung. Im Sinne Bourdieus ruft die Berichterstattung hier einen professoralen Habitus auf (Bourdieu 1997; insb. 175 und 278ff.). Wie auch in der Politik wird dem Wissenschaftler seine Profession und damit sein gesellschaftlicher Status auf den Körper geschrieben.

6.2 Jenseits von Stereotypen?

In der Wissenschaft tauchen mitunter andere *Personenbezeichnungen* auf als in der Politik und der Wirtschaft. Bei den Titulierungen finden sich fast ausnahmslos Bezeichnungen, die sich auf den beruflichen Status beziehen („Chemikerin", „Forscherin", „Rektor" etc.). Richtet man den Blick auf die Umschreibungen der Personen, dann fällt auf, dass die Berichterstattung hier kein so breites Repertoire an Geschlechterstereotypen aufruft wie in der Wirtschaft und der Politik (vgl. Abb. 6).

Nur in einem Fall wird in einem Wortspiel die Position im Stellengefüge der Organisation über das Geschlechterstereotyp der „Hausfrau" erklärt. Über die ehemalige Generalsekretärin der Hochschulrektorenkonferenz, Christiane Gaehtgens, schreibt die *taz*: „Als solche [Generalsekretärin] war sie für die inneren Angelegenheiten der HRK zuständig, doch die

Abb. 6: Personenbezeichnungen in der Wissenschaft

Wissenschaftlerinnen	Wissenschaftler
„Hausfrau"	„Star"
„Kunstliebhaberin"	„Hoffnungsträger"
„Hüterin des Herbariums"	„Strippenzieher"
„Architektin"	„Macher"
„Mittlerin"	„Manager der Wissenschaft"
„Öko-Bibliothekarin"	„Lobbyist"
„Expertin"	„Medizin-Papst"
„Klima-Expertin"	„heimlicher Bildungsminister"
„Kapazität"	„Inbegriff eines Professors"
„Überfliegerin"	„Vordenker"
(...)	„Nummer 1 der Gelehrtenrepublik"
	„Nummer 1 in Karlsruhe"
	„Gelehrter"
	(...)

Rolle der Hausfrau lag ihr nicht. Statt im Amtssitz in Bonn, habe sie häufiger auf Podien gesessen, bemängeln Kritiker." (taz 2.7.08) Ansonsten werden die Wissenschaftlerinnen als „Expertin", „Kapazität" oder auch „Überfliegerin" tituliert. An diesen Bezeichnungen lässt sich aufzeigen, was sich insgesamt durch die Berichterstattung im Bereich Wissenschaft zieht. Die Leistungen der Frauen werden sehr anerkennend mit Wert belegt. Es findet mitunter auch eine annähernd gleiche Bewertung der Leistungen statt. Dennoch wird den Wissenschaftlern mehr Macht und Autorität zugeschrieben. Die Wissenschaftler gelten als „kühner Vordenker", „nobler Gelehrter" oder „Nr. 1 der Gelehrtenrepublik". Ein Sprachbild wie der Gelehrte oder der Vordenker steht für den idealen Wissenschaftler, der überragende geistige Leistungen erbracht hat. Die männlichen Spitzenkräfte werden in der Berichterstattung einmal mehr überhöht. Wenn man die jeweiligen Titulierungen miteinander vergleicht, dann wird deutlich, dass hier nicht nur Verschiedenheit, sondern auch Ungleichheit hergestellt wird. Mittels der Personenbezeichnungen werden die Wissenschaftler als Vorreiter und Genies inszeniert, die über eine herausragende schöpferische Geisteskraft verfügen und deren Originalität einzigartig ist. So betrachtet sind es die männlichen Spitzenkräfte, die den wissenschaftlichen Vorsprung sichern. Für die Wissenschaftlerinnen scheint es keine Anknüpfungspunkte an diese Inbilder eines Wissenschaftlers zu geben. Auch wenn die Beschreibungen der Wissenschaftlerinnen im Vergleich zu ihren Kollegen mitunter durchaus zeitgemäßer erscheinen, verlagert die Berichterstattung die Handlungsmacht stärker auf die männlichen Spitzenkräfte.

6.3 Nimmermüde Wissenschaftsmanager und Visionäre

Die zentralen Attribuierungen aller Wissenschaftler und Wissenschaftlerinnen zeigen, dass bezüglich der *Charakterisierung* der Spitzenkräfte keine klassischen Vorstellungen von Männlichkeit und Weiblichkeit reproduziert werden. Sowohl die Männer als auch die Frauen in Spitzenpositionen der Wissenschaft erscheinen als aktive, durchsetzungsfähige und handlungsmächtige Personen. In der Tendenz sind die Wissenschaftlerinnen allerdings stärker als teamfähig, freundlich und kooperativ beschrieben, sie erscheinen verträglicher und diplomatischer. Bei den Wissenschaftlern wird stärker das Konflikthafte und Konfrontative betont. Der ehemalige Direktor des Energiewirtschaftlichen Instituts Köln und Leibnitz-Preisträger Axel Ockenfeld habe sich in jungen Jahren mit fast der gesamten Ökonomenzunft angelegt, doch heute sei er wegen seiner besonderen Leistungen ein Star (FAZ 17.5.08a). Der Mediziner und Leiter des Instituts für Mikrotherapie in Bonn und Essen, Dietrich Grönemeyer, sei für seine Kritiker ein Rotes Tuch (FAZ 5.7.08). Über den Rektor der Universität Dortmund schreibt die *Süddeutsche Zeitung*: „Manche verdrehen die Augen, wenn sie nur seinen Namen hören, und interessanterweise sind unter seinen Kritikern sehr konservative ebenso wie betont linke Professoren und Studenten" (SZ 16.6.08).

Laut Berichterstattung scheinen die Wissenschaftler auch stärker als die Wissenschaftlerinnen auf der Suche nach neuen Herausforderungen zu sein. Ihre Aktivitäten beziehen sich dabei auf den großen Wurf eines Visionärs. Volker ter Meulen ist etwa „der Mann, der die deutsche Wissenschaft in die Zukunft führen soll" (Manager Magazin 1.7.08a). Auffällig ist, dass die Wissenschaftler als unermüdlich arbeitende Personen dargestellt sind. Laut Berichterstattung gibt es ständig etwas zu tun und auch der Ruhestand bedeutet nicht das Ende ihrer Aktivität. So kann sich weder die *Zeit* noch die *Süddeutsche Zeitung* vorstellen, dass sich Müller-Böling nach seinem Abschied vom Centrum für Hochschulentwicklung (CHE) zur Ruhe setzt und als Privatier stillhält (Zeit 3.7.08; SZ 16.6.08). Das Einzige, was einen nimmermüden Wissenschaftler zum Aufgeben zwingen kann, so stellt es sich in der *Frankfurter Allgemeinen Zeitung* dar, scheint eine Krankheit zu sein. Ein Nachruf für Gottfried Seebaß, der von 1996 bis 2000 Präsident der Heidelberger Akademie der Wissenschaften war, beschreibt seine berufliche Laufbahn wie folgt:

> „Die Emeritierung war für Gottfried Seebaß kein Abschied von der Universität. So hat er zwischen Universitätsleitung und Instituten vermittelt, damit die Geisteswissenschaften bei der Exzellenzinitiative nicht ins Abseits gerieten. Hätte ihn nicht eine schwere Krankheit zum Rückzug gezwungen, er hätte die Forschung über den linken Flügel der Reformation und seinen Einsatz für seine Alma Mater fortgesetzt." (FAZ 9.9.08a)

In einem Beitrag über den emeritierten Walter Rüegg, der Führungsfunktionen in verschiedenen Wissenschaftsorganisationen innehatte, ist der Wissenschaftler als der „noble Gelehrte" in Szene gesetzt, „der keinen Unterschied macht zwischen Arbeit und Muße" (FAZ 4.4.08). Er erscheint als Kämpfer, der mit vollem Einsatz Wissenschaft betreibt und dabei auch auf seinen Körper keine Rücksicht nimmt.

> „Kämpfen musste Rüegg auch bei der Herausgabe des vierbändigen Standardwerks ‚Geschichte der Universität in Europa'. Im vergangenen Jahr wäre er beim Korrekturlesen fast erblindet; aber eine Operation erlaubt es dem Unermüdlichen, mit der Lupe zu lesen." (Ebd.)

Der so beschriebene Wissenschaftler erinnert stark an die von Weber zu Beginn des 20. Jahrhunderts entworfene wissenschaftliche Persönlichkeit. In Abgrenzung zu der seinerzeit gängigen Vorstellung von wissenschaftlicher Leistung als göttlicher Gnade tritt bei Weber die Vorstellung von der inneren Berufung zur Wissenschaft. Dem Prinzip der göttlichen Bestimmung setzt Weber die Vorstellung von Leidenschaft und harter Arbeit entgegen, auf der wissenschaftliche Erfolge beruhen (vgl. Weber 2002: 481ff.).

6.4 Zur ‚bedingten Anerkennung' von Erfolg und Leistung

Bezogen auf die beschriebenen *Erfolge und Leistungen* kommt dem kulturellen Kapital der wissenschaftlichen Spitzenkräfte erwartungsgemäß eine große Bedeutung zu. Leistung und Erfolg werden in der Berichterstattung darüber hinaus an den Beziehungen und Netzwerken, Auszeichnungen sowie der öffentlichen Bekanntheit der WissenschaftlerInnen gemessen. Die Behauptung und Anerkennung besonderer akademischer Leistungen fällt dabei bei den Wissenschaftlern euphorischer aus als bei den Wissenschaftlerinnen. Einige Beispiele sollen dies verdeutlichen. Der Rektor der Universität Aachen sei „einer der bundesweit erfolgreichsten Hochschulchefs" (SZ 1.8.08). Detlef Müller-Böling gehöre zu „einem der einflussreichsten Akteure der deutschen Hochschulpolitik" (taz 21.6.08). Er sei ferner „eine zentrale und inspirierende Gestalt" und habe mit seinen „Mitstreitern die deutsche Hochschullandschaft entscheidend verändert" (Zeit 3.7.08). Der Arzt Grönemeyer zähle „zweifellos zu den bekanntesten Medizinern hierzulande" (FAZ 5.7.08). Der ehemalige Max-Planck-Direktor und Vorsitzende des Wissenschaftsrates Reimar Lüst „hat die Wissenschaftspolitik in Deutschland wie wohl kein anderer geprägt" (Zeit 17.7.08).

Die Nobelpreisträgerin Christine Nüsslein-Volhard ist bereits verhaltener als „eine Kapazität in der Entwicklungsbiologie" beschrieben (FAZ

24.9.08). Die Chemikerin Signe Unverricht, die neben anderen mit dem BASF Award für herausragende Leistungen ausgezeichnet wurde, habe sich „bei der BASF schon einige Meriten erworben" (SZ 19.5.08). Ute Frevert, Direktorin am Max-Planck-Institut für Bildungsforschung habe eine „brillante Habilitation" geschrieben, sie verfüge aber über keine „einschlägige Expertise in Bildungsfragen" und sagt von sich selbst, „sie sei eine ‚riskante Berufung'" (Zeit 15.5.08). Claudia Kempfert, Leiterin der Abteilung Energie am Deutschen Institut für Wirtschaftsforschung wird immerhin als „Deutschlands bekannteste Klima-Expertin" bezeichnet. Laut *Brigitte* ist sie „auch international gefragt – als Gutachterin, Beraterin und als Gast in Talkshows" (Brigitte 9.9.08).

Durch solche Beschreibungen zollt die Berichterstattung den beruflichen und wissenschaftlichen Leistungen der Wissenschaftler mehr Anerkennung. Wir haben es hier mit einer Form der medialen Bedeutungsproduktion zu tun, die sich so nicht nur bezogen auf Spitzenpersonal findet. Schaffer hat dies als eine Form der Differenzproduktion beschrieben, die nur eine Seite der Differenz mit Souveränität auflädt. Sie spricht von einer „Anerkennung im Konditional" (Schaffer 2008: 70f und 92ff). Eine solche „bedingte Anerkennung" (ebd.) meint, dass Sichtbarkeit und Anerkennung so lange medial möglich sind, wie die Souveränität der dominanten Subjektpositionen – hier die Wissenschaftler – nicht zur Disposition steht.

7. Zusammenführung und Fazit

Die qualitative Textanalyse von Spitzenpersonal in Politik, Wirtschaft und Wissenschaft liefert Indizien dafür, dass Geschlechterverhältnisse in Mediendiskursen im Wandel sind. Die journalistische Berichterstattung zeigt Frauen in Politik, Wirtschaft und Wissenschaft ebenso wie Männer als kompetente und erfolgreiche Personen. Explizite Diskriminierungen und Abwertungen aufgrund der Geschlechterzugehörigkeit, wie sie die Forschung immer wieder festgestellt hat (vgl. hierzu Lünenborg/Röser in diesem Band), stellen in weiten Teilen der Berichterstattung über politisches, wirtschaftliches und wissenschaftliches Führungspersonal kein relevantes Aussagemuster dar. Jenseits von einfachen Defizitdiskursen und weiblichen Geschlechterstereotypen spielen mediale Prozesse der Geschlechterdifferenzierung dennoch nach wie vor eine Rolle. Insgesamt bleibt die Presseberichterstattung einem differenztheoretischen Geschlechterdiskurs verhaftet, der die politischen, wirtschaftlichen und wissenschaftlichen Spitzenkräfte durchgängig *als Männer und Frauen* in Szene setzt. Beobachtbar sind Formen einer Modernisierung öffentlicher Frauenbilder – jedoch keine Verabschiedung von Geschlechterzuschreibungen.

Wenig Wandel findet sich zugleich in der medialen Herstellung von Männlichkeit.

So werden die Spitzenfrauen anerkennend als ausgesprochen erfolgreiche Persönlichkeiten in Szene gesetzt, die es bis in eine Leitungsposition in Politik, Wirtschaft oder Wissenschaft gebracht haben. Zugleich wird dabei immer wieder ihre Geschlechterzugehörigkeit herausgestellt, wohingegen die Geschlechtlichkeit der männlichen Spitzenkräfte in der Berichterstattung ausgeblendet bleibt. Männlichkeit bildet nach wie vor die implizite Norm. Vor allem in der Wirtschaft, aber auch in der Politik und seltener in der Wissenschaft, werden die weiblichen Spitzenkräfte als das Besondere und Spezielle sichtbar gemacht, die männlichen Spitzenkräfte stellen hingegen das Allgemeine und Unbenannte dar. Die mediale Berichterstattung schreibt hier bezogen auf Spitzenpersonal altbekannte Prozesse der Geschlechterdifferenzierung fort, die für die Herstellung von Weiblichkeit und Männlichkeit konstitutiv sind (vgl. etwa Meuser 2006b: 276f.; 313).

Die Analyse der medialen Körperkonstruktionen zeigt, dass sich in der untersuchten Berichterstattung keine abwertenden oder sexualisierenden Äußerungen über das Aussehen von Politikerinnen, Managerinnen oder Wissenschaftlerinnen finden.[40] Der Körper wird in seiner medialen Darstellung zum Schauplatz von Geschlechterinszenierungen gemacht, wobei die Verbindung von Macht und Geschlecht bei männlichen und weiblichen Spitzenkräften unterschiedlich wirksam wird. In der Politik und der Wissenschaft wird den männlichen Spitzenkräften ihre Profession und damit auch ihr gesellschaftlicher Status auf den Leib geschrieben. Die Berichterstattung verhandelt über die Beschreibung der Körper eine ideale Politiker- und Wissenschaftlermännlichkeit. Bei den Körperkonstruktionen weiblicher Spitzenkräfte bleibt der berufliche Status eher nachgeordnet, vornehmlich werden modische Aspekte sowie Versatzstücke weiblicher Kleidung herausgestellt. Sie erscheinen mit unterschiedlichen Akzentsetzungen als erfolgreiche Business-Frauen, ohne dass ein spezifischer beruflich-professioneller Habitus über den Körper sichtbar gemacht wird.

Hinsichtlich der Personenbezeichnungen, Metaphern, Charakterisierungen sowie der geschilderten beruflichen Leistungen und Erfolge bilden einfache geschlechter*stereotype* Zuschreibungen im analysierten Material kein durchgängiges Aussagemuster. Medial hochbewertete Eigenschaften wie Rationalität, Durchsetzungsfähigkeit und Sachlichkeit werden auch weiblichen Spitzenkräften anerkennend zugeschrieben. Vorstellungen von Männlichkeit bilden auch bei den weiblichen Spitzenkräften in weiten Tei-

---

40 Der Rückgriff auf tradierte Muster von Weiblichkeit ist in der Medienberichterstattung jederzeit aktivierbar, wie die Diskurse zu Merkels Dekolleté im Untersuchungszeitraum zeigen (vgl. Lünenborg u.a. 2009).

len die Folie, vor deren Hintergrund das beruflich-professionelle Handeln bewertet und entworfen wird. Spitzenfrauen gelten dann als erfolgreich, wenn sie sich *wie Männer* auf dem Feld der Politik schlagen, und genau diese Adaptionsleistung wird ihnen zugestanden. Bezogen auf die Relation von Macht und Geschlecht lässt die Berichterstattung einige der weiblichen Spitzenkräfte als machtvoller erscheinen (etwa bezogen auf Merkel), in anderen Fällen erscheinen sie gegenüber den männlichen Spitzenkräften als machtloser, mitunter werden sie paritätisch in Szene gesetzt. Insgesamt werden die Erfolge und die beruflichen Leistungen der weiblichen Spitzenkräfte in weiten Teilen anerkannt.

Der Rückgriff auf altbekannte, tradierte Weiblichkeitszuschreibungen findet am deutlichsten in der Wirtschaft statt. Hier werden einige der Managerinnen und Unternehmerinnen in Abhängigkeit zu Männern in Szene gesetzt, insbesondere dann, wenn sie als ,Tochter von ...' oder ,Witwe von ...' dargestellt werden. Diese Unternehmerinnen und Managerinnen scheinen sich dann in dieser Medienlogik ihren Erfolg nicht hart erarbeitet zu haben. Mitunter finden sich hier auch schlichte geschlechterdichotome Konstruktionen, etwa von kämpfender Männlichkeit und umsorgender Weiblichkeit. Ebenso werden vermeintliche weibliche Führungskompetenzen wie emotionale Intelligenz behauptet. Auf diese Weise reproduziert die Berichterstattung einen heteronormativen Diskurs, nach welchem die Frauen auch im beruflich-professionellen Kontext einen Mann bzw. Manager an ihrer Seite brauchen, um beruflich erfolgreich zu sein.

Politiker, Manager und Wissenschaftler werden in der Berichterstattung annähernd ungebrochen mit Kraft, Kampf und Stärke assoziiert. Abweichungen von Vorstellungen idealer Männlichkeit werden abgewertet. Bezogen auf die Inszenierung von machtvollen Spitzenpersonen in Politik, Wirtschaft und Wissenschaft werden tradierte Bilder von kämpferischer Männlichkeit, von Heldentum und Geniekult aufgegriffen und transformiert. Die mediale Diskursverschränkung von sportlichem und beruflichem Handeln der politischen Akteure schreibt klassische Männlichkeitskonstruktionen fort. Die journalistische Berichterstattung präsentiert dabei kein einheitliches Männlichkeitsbild, hingegen lassen sich konkurrierende Männlichkeitskonstruktionen nachzeichnen. In der Politik zeigt sich beispielsweise, dass der wirklich machtvolle Politiker immer der Kämpfer ist. Nur selten findet sich Kritik an klassischen Männlichkeitsmythen, vielmehr gehen Männlichkeit und Macht in weiten Teilen der Berichterstattung eine unhinterfragte Verbindung ein.

Insgesamt zeigt die Studie, dass es nicht nur die so genannten Boulevardmedien sind, die in der Wirtschaft, aber auch in Politik und Wissenschaft, immer wieder dichotome Geschlechterskripte (re-)produzieren.

Auch die politischen Wochenzeitungen und Nachrichtenmagazine sowie teilweise die überregionale Qualitätspresse greifen auf traditionelle Geschlechterzuschreibungen zurück – besonders auffällig ist dies in den Magazinen *Spiegel, Focus, Manager Magazin* und *Capital*. Die dichotome Unterscheidung zwischen rationalem Diskurs in informationsorientierten Medien und emotionalisierter Berichterstattung in Boulevardmedien trägt damit bei der Analyse nicht. In beiden Medientypen wird auf emotional grundierte Geschlechtermuster zurückgegriffen.

Journalismus konstruiert sich über seine Selektionskriterien und Inszenierungsweisen als überlegene Deutungsinstanz, die darüber mitbestimmt, wer zu den machtvollen und legitimen AkteurInnen in Politik, Wirtschaft und Wissenschaft gehört. Ihm kommt auch eine wichtige Rolle bei der Herstellung von politischen, wirtschaftlichen und wissenschaftlichen Öffentlichkeiten zu. Geschlechterzuschreibungen spielen in diesem Zusammenhang nicht nur als mediale Konstruktion, sondern auch als sozialer Platzanweiser (vgl. Knapp 2008) eine wichtige Rolle. Frauen- und Männerbilder werden im Journalismus nicht nur als verschieden, sondern auch als hierarchisch strukturiert entworfen – wie es beispielsweise anhand der überhöhenden sprachlichen Inszenierung der männlichen Wissenschaftler deutlich wurde.

Bezogen auf die Leistung des Journalismus, Öffentlichkeiten herzustellen, ist in besonderer Weise die Entgrenzung zwischen ‚dem Öffentlichen‘ und ‚dem Privaten‘ interessant, ein Thema, das in der kommunikationswissenschaftlichen Geschlechterforschung hohe Relevanz besitzt (vgl. beispielhaft Klaus 2001). Politik, Wirtschaft und Wissenschaft werden verstärkt über Personen medial verhandelt. Die AkteurInnen geraten so oftmals nicht nur als Entscheidungsträger, sondern auch als private Persönlichkeiten in den Fokus medialer Aufmerksamkeit. Privates Leben und Handeln erfährt vor allem in der Politik große Beachtung, in der Wirtschaft und insbesondere der Wissenschaft hingegen weitaus seltener. Die Thematisierung des ‚Privaten‘ im ‚Öffentlichen‘ geht dabei ein spannungsreiches Verhältnis ein. Trennscharfe Unterscheidungen des Öffentlichen und des Privaten verlieren zunehmend an Gültigkeit, zugleich wird in der Art und Weise der medienöffentlichen Schilderung des Privaten geschlechterhierarchische Differenz wiederhergestellt. Vor allem die unterhaltungsorientierten Titel knüpfen an moderne Geschlechterdiskurse an, der Politikerinnen als beruflich erfolgreiche Frauen präsentiert, die Karriere und Familie zu verbinden versuchen. Männliche Spitzenpolitiker werden demgegenüber im Privaten als Ernährer der Familie in Szene gesetzt, bei denen der berufliche Erfolg und nicht die Familie an erster Stelle steht.

Es sind aber nicht nur die Boulevardmedien und die People-Magazine, welche das Privatleben oder auch Äußerlichkeiten von Spitzenkräften zum Gegenstand der Berichterstattung machen. Der klassische Nachrichtenjournalismus der Qualitätsmedien greift vielfältig auf boulevardisierte Formen der politischen Kommunikation zurück. Ein Beispiel sind hier etwa personalisierte Einstiege, die sich durch die politischen und wirtschaftlichen Nachrichtenmagazine und die Tagespresse ziehen. Somit erscheint auch die klassische Unterscheidung in Qualitätsmedien einerseits und Unterhaltungsmedien andererseits im Rahmen der hier vorgelegten Befunde fragwürdig.

Es ist eine zentrale Leistung von Journalismus, Öffentlichkeiten zu entwerfen, indem er sich nicht nur auf politische, wirtschaftliche und wissenschaftliche Sachverhalte konzentriert, sondern auch Personen mit ihrem Privat- und Berufsleben in den Fokus der Aufmerksamkeit rückt. Entscheidend sind dabei vor allem die Deutungskontexte, die Journalismus herstellt. Die Berichterstattung greift auf Muster und Skripte zurück, mit denen dem Publikum Deutungsrahmen zur Verfügung gestellt und Lesarten angeboten werden. Dabei spielen Geschlechtervorstellungen eine wichtige Rolle, insofern sie einen vertrauten Deutungsrahmen eröffnen. So bietet der Rückgriff auf tradierte und gesellschaftlich überholte Bilder und Metaphern, etwa von mütterlicher Weiblichkeit und kämpferischer Männlichkeit, schlichte, aber lebensweltlich vertraute Muster zur Interpretation fremder Welten an. Nicht im Abgleich mit einer vormedialen Wirklichkeit, sondern in der Vertrautheit mit den Figuren und narrativen Mustern entwirft die Berichterstattung für das Publikum eine Vorstellung von Wahrheit und Wirklichkeit (vgl. dazu Lünenborg 2005a: 150ff.; bes. 157).

Die journalistische Berichterstattung reproduziert nicht nur Geschlechterdualismen und -hierarchien, sondern sie ruft auch neoliberale Prämissen auf. Wirtschaft und Politik werden als steter Kampf und Wettbewerb präsentiert und auch in der Wissenschaft scheint nur Erfolg zu haben, wer härter als jede/r andere arbeitet. Durchsetzungsfähigkeit wird in allen Feldern als das zentrale Charakteristikum einer Spitzenkraft benannt. Die mediale Berichterstattung entwirft damit eine von Konkurrenz geprägte Welt, in der sich Frauen wie Männer nach feststehenden Regeln zu bewähren haben. Hipfl hat diese Logik im Feld medialer Kulturen analysiert und folgendermaßen beschrieben:

> „Jede/r einzelne, so die Rhetorik des Neoliberalismus, ist für den eigenen Erfolg verantwortlich und ist gefordert, sich möglichst gut in Szene und gegenüber den anderen durchzusetzen. Die Prämisse des Neoliberalismus, dass sich im freien Kräftefeld des Marktes die besten durchsetzen, klammert freilich die strukturellen Bedingungen und Grundlagen, die eben nicht für alle gleich sind, aus. Gleichzeitig wird die gesamte Verantwortung den einzelnen übertragen." (Hipfl 2004: 11f.)

Selbstverantwortung meint mit Blick auf das hier zur Disposition stehende Thema, dass es in dieser Logik jeder und jede schaffen kann, eine Spitzenposition in der Gesellschaft zu erreichen, wenn sie oder er nur genug an sich arbeitet. Die Presseberichterstattung greift nachhaltig auf diese neoliberalen Aussagemuster zurück, welche ebenso längst zum Strukturmuster für andere populärkulturelle Medienformate geworden sind. Vor allem in Talkshows oder Castingshows ist der öffentliche Wettstreit um die optimale Performanz im Fernsehen längst zum Massenphänomen geworden. Wettbewerbs- und konkurrenzorientierte Selektionsprozesse werden hier medienöffentlich in Szene gesetzt (vgl. z.B. Hipfl 2004; Thomas 2008). Der beobachtete Wandel medialer Entwürfe von Weiblichkeit in Politik, Wirtschaft und Wissenschaft bleibt damit gerahmt von und begrenzt durch neoliberale Prämissen konkurrenzorientierter Leistungsfähigkeit.

Literatur

Baur, Nina/Luedtke, Jens (2008): Konstruktionsbereiche von Männlichkeit. Zum Stand der Männerforschung. In: Dies. (Hg.): Die soziale Konstruktion von Männlichkeit. Hegemoniale und marginalisierte Männlichkeiten in Deutschland. Opladen: Barbara Budrich, 7–29.

Bourdieu, Pierre (1997): Die feinen Unterschiede. Kritik der gesellschaftlichen Urteilskraft. 9. Aufl., Frankfurt/Main: suhrkamp.

Brandes, Kerstin (2004): „,What you lookn at' – Fotografie und die Spuren des Spiegel(n)s". In: Falkenhausen, Susanne von u.a. (Hg.): Medien der Kunst: Geschlecht, Metapher, Code. Marburg: Jonas. 148–163.

Butler, Judith (1997): Körper von Gewicht. Die diskursiven Grenzen des Geschlechts. Berlin: Berlin Verlag.

Connell, Robert W. (1999): Der gemachte Mann. Konstruktion und Krise von Männlichkeiten. Opladen: Leske und Budrich.

Dorer, Johanna (2002): Diskurs, Medien und Identität. Neue Perspektiven in der feministischen Kommunikations- und Medienwissenschaft. In: Dies./Geiger, Brigitte (Hg.): Feministische Kommunikations- und Medienwissenschaft: Ansätze, Befunde und Perspektiven der aktuellen Entwicklung. Wiesbaden: VS, 53–78.

Eitner, Janis (2007): Macht Macht männlich? Das Bild von Angela Merkel und Gerhard Schröder in der deutschen Tagespresse. Marburg: tectum.

Ellwanger, Karen (1999): Kleiderwechsel in der Politik? Zur vestimentären Inszenierung der Geschlechter im Raum des Politischen. In: FrauenKunstWissenschaft 28, 7–29.

Engel, Antke (2002): Wider die Eindeutigkeit. Sexualität und Geschlecht im Fokus queerer Politik der Repräsentation. Frankfurt/Main: Campus.

Flick, Uwe (2009): Qualitative Sozialforschung. Eine Einführung. 2. Aufl., Reinbek: Rowohlt.

Flicker, Eva (2003): Between Brains and Breasts – Women Scientists in Fiction Film: On the Marginalization and Sexualization of Scientific Competence. In: Public Understanding of Science 12, 319–333.

Gildemeister, Regine (2004): Doing Gender: Soziale Praktiken der Geschlechterunterscheidung. In: Becker, Ruth/Kortendiek, Beate (Hg.): Handbuch Frauen- und Geschlechterforschung. Theorie, Methoden, Empirie. Wiesbaden: VS , 132–141.

Gildemeister, Regine/Wetterer, Angelika (1992): Wie Geschlechter gemacht werden, die soziale Konstruktion der Zweigeschlechtlichkeit und ihrer Reifizierung in der Frauenforschung. In: Knapp, Gudrun-Axeli u.a. (Hg.): Traditionen – Brüche: Entwicklungen feministischer Theorie. Freiburg: Kore Verlag, 201–254.

Glaser, Barney G./Strauss, Anselm L. (2008): Grounded Theory. Strategien qualitativer Forschung. Bern: Huber.

Hall, Stuart (1994): Die Frage der kulturellen Identität. In: Ders. (Hg.): Rassismus und kulturelle Identität. Hamburg: Argument.

Hall, Stuart (1997): The Work of Representation. In: Ders. (Hg.): Representation. Cultural Representations and Signifying Practices. London: Sage, 13–74.

Hausen, Karin (1976): Die Polarisierung der ‚Geschlechtscharaktere'. In: Conze, Werner (Hg.): Sozialgeschichte der Familie in der Neuzeit Europas. Stuttgart: Ernst Klett, 363–393.

Hipfl, Brigitte (2004): Medien – Macht – Pädagogik. In: MedienPädagogik. Unter: http://www.medienpaed.com/03-2/hipfl03-2.pdf (Zugriff am 12.1.2011).

Holtz-Bacha, Christina (Hg.) (2008): Frauen, Politik und Medien. Wiesbaden: VS.

Holtz-Bacha, Christina (1999): Wahlkampf 1998: Modernisierung und Professionalisierung. In: Dies. (Hg.): Wahlkampf in den Medien – Wahlkampf mit den Medien: Ein Reader zum Wahljahr 1998. Opladen: Westdeutscher Verlag, 9–23.

Holtz-Bacha, Christina/König-Reiling, Nina (Hg.) (2007): Warum nicht gleich? Wie die Medien mit Frauen in der Politik umgehen. Wiesbaden: VS.

Janich, Jina (1999): Werbesprache. Ein Arbeitsbuch. Tübingen: narr.

Kanter, Rosabeth Moss (1977): Men and Women of the Corporation. New York: Basic Books.

Keller, Reiner (2005): Wissenssoziologische Diskursanalyse. Grundlegung eines Forschungsprogramms. Wiesbaden: VS.

Keller, Reiner (2007): Diskursforschung. Eine Einführung für Sozialwis-senschaftlerInnen. Wiesbaden: VS.

Kessler, Suzanne J./McKenna, Wendy (1978): Gender: An Ethnomethodo-logical Approach. New York u.a.: John Wiley & Sons.

Klaus, Elisabeth (2001): Das Öffentliche im Privaten – Das Private im Öf-fentlichen. Ein kommunikationstheoretischer Ansatz. In: Herrmann, Friederike/Lünenborg, Margreth (Hg.): Tabubruch als Programm. Privat-heit und Intimität in den Medien. Opladen: Leske und Budrich, 15–35.

Klinger, Cornelia /Knapp, Gudrun-Axeli (Hg.) (2008): Überkreuzungen. Fremdheit, Ungleichheit, Differenz. Münster: Westfälisches Dampfboot.

Knapp, Gudrun-Axeli (2008): Verhältnisbestimmungen: Geschlecht, Klas-se, Ethnizität in gesellschaftstheoretischer Perspektive. In: Klinger, Cornelia/Knapp, Gudrun-Axeli (Hg.): Überkreuzungen. Fremdheit, Ungleichheit, Differenz. Münster: Westfälisches Dampfboot, 138–170.

Koch, Thomas/Holtz-Bacha, Christina (2008): Der Merkel-Faktor – Die Berichterstattung der Printmedien über Merkel und Schröder im Bundestagswahlkampf 2005. In: Holtz-Bacha, Christina (Hg.): Frauen, Politik und Medien. Wiesbaden: VS, 49–70.

Krotz, Friedrich (2005): Neue Theorien entwickeln. Eine Einführung in die Grounded Theory, die Heuristische Sozialforschung und die Eth-nographie anhand von Beispielen aus der Kommunikationsforschung. Köln: Herbert von Halem.

Landwehr, Achim (2004): Geschichte des Sagbaren. Einführung in die his-torische Diskursanalyse. Tübingen: edition diskord.

Lange, Ralf (1998): Männer – Macht – Management. Zur sozialen Kon-struktion von hegemonialer Männlichkeit im Management von Orga-nisationen. In: Widersprüche 67, 45–61.

Lünenborg, Margreth (2009): Politik auf dem Boulevard? Eine Einfüh-rung aus geschlechtertheoretischer Perspektive. In: Dies. (Hg.): Politik auf dem Boulevard? Die Neuordnung der Geschlechter in der Politik der Mediengesellschaft. Bielefeld: transcript, 7–21.

Lünenborg, Margreth (2005a): Journalismus als kultureller Prozess. Zur Bedeutung von Journalismus in der Mediengesellschaft. Ein Entwurf. Wiesbaden: VS.

Lünenborg, Margreth (2005b): Öffentlichkeit und Geschlecht. In: gender … politik … online … Unter: http://web.fu-erlin.de/gpo/pdf/tagungen/ oeffentlichkeit_geschl_luenenborg.pdf (Zugriff am 11.1.2011).

Lünenborg, Margreth/Röser, Jutta/Maier, Tanja/Müller, Kathrin/Grittmann, Elke (2009): Merkels Dekolleté als Mediendiskurs. Eine Bild-, Text- und Rezeptionsanalyse zur Vergeschlechtlichung einer Kanzlerin. In: Lünenborg, Margreth (Hg.): Politik auf dem Boulevard? Die Neuordnung der Geschlechter in der Politik der Mediengesellschaft. Bielefeld: transcript, 73–102.

Magin, Melanie/Stark, Birgit (2010): Mediale Geschlechterstereotype. Eine ländervergleichende Untersuchung von Tageszeitungen. In: Publizistik 55, 383–404.

Maier, Tanja (2008): Populäre (Sprach-)Bilder. Wie Wissensmagazine Forscher und Forscherinnen vorstellen. In: Medienheft, Dezember 2008. Unter: http://www.medienheft.ch/uploads/media/k08_MaierTanja_01.pdf (Zugriff am 11.1.2010).

Meuser, Michael (2006a): Ernste Spiele. Zur Konstruktion von Männlichkeit im Wettbewerb der Männer. In: Baur, Nina/Luedtke, Jens (Hg.): Die soziale Konstruktion von Männlichkeit. Hegemoniale und marginalisierte Männlichkeiten in Deutschland. Opladen: Barbara Budrich, 33–44.

Meuser, Michael (2006b): Riskante Praktiken. Zur Aneignung von Männlichkeit in den ernsten Spielen des Wettbewerbs. In: Bilden, Helga/ Dausien, Bettina (Hg.): Sozialisation und Geschlecht. Opladen: Barbara Budrich, 163–178.

Meuser, Michael/Scholz, Sylka (2005): Hegemoniale Männlichkeit. Versuch einer Begriffsklärung aus soziologischer Perspektive. In: Dinges, Martin (Hg.): Männer – Macht – Körper. Hegemoniale Männlichkeit vom Mittelalter bis heute. Frankfurt/Main: Campus, 211–228.

Nachtigall, Andrea (2009): Von Cowboys, Staatsmännern und Terroristen. Männlichkeitskonstruktionen in der medialen Inszenierung des 11. September und des Krieges in Afghanistan. In: Lünenborg, Margreth (Hg.): Politik auf dem Boulevard? Die Neuordnung der Geschlechter in der Politik der Mediengesellschaft. Bielefeld: transcript, 196–231.

Nieland, Jörg-Uwe (2009): Merkel und der Boulevard – eine weibliche (Erfolgs-)Strategie? In: Lünenborg, Margreth (Hg.): Politik auf dem Boulevard? Die Neuordnung der Geschlechter in der Politik der Mediengesellschaft. Bielefeld: transcript, 103–129.

Nöth, Winfried / Hertling, Anke (Hg.) (2005): Körper – Verkörperung – Entkörperung. Kassel: Kassel University Press.

Pantti, Mervi (2007). Portraying Politics. Gender, Politik und Medien. In: Holtz-Bacha, Christina/König-Reiling, Nina (Hg.): Warum nicht gleich? Wie die Medien mit Frauen in der Politik umgehen. Wiesbaden: VS, 17–51.

Pfannes, Petra (2004): ‚Powerfrau', ‚Quotenfrau', ‚Ausnahmefrau' …? Die Darstellung von Politikerinnen in der deutschen Tagespresse. Marburg: Tectum.

Rosenstiel, Lutz (1992): Grundlagen der Organisationspsychologie: Basiswissen und Anwendungshinweise. 3. Aufl., Stuttgart: Schäffer-Poeschel.

Schaeffer-Hegel, Barbara (1995): Frauen mit Macht: zum Wandel der politischen Kultur durch die Präsenz von Frauen in Führungspositionen. Pfaffenweiler: Centaurus-Verlag.

Schaffer, Johanna (2008): Ambivalenzen der Sichtbarkeit. Über die visuellen Strukturen der Anerkennung. Bielefeld: transcript.

Schindewolf, Klaus (2002): Betriebswirtschaftslehre. Organisation und Betriebsführung in der Altenpflege. Quedlingburg: Urban & Fischer.

Scholz, Sylka (Hg.) (2007a): Kann die das? Angela Merkels Kampf um die Macht. Geschlechterbilder und Geschlechterpolitiken im Bundestagswahlkampf. Reihe Rosa-Luxemburg-Stiftung – Texte 33. Berlin: Karl Dietz Verlag.

Scholz, Sylka (2007b): Männer reden Merkel klein. Männlichkeitskritiken im Bundestagswahlkampf 2005. In: Dies. (Hg.): Kann die das? Angela Merkels Kampf um die Macht. Geschlechterbilder und Geschlechterpolitiken im Bundestagswahlkampf. Reihe Rosa-Luxemburg-Stiftung – Texte 33. Berlin: Karl Dietz Verlag, 103–116.

Scholz, Sylka (2005): Von „Rüpeln", „Testosteronbomben" und einem „Engel ... der über Leichen geht" – Geschlechterkonstruktionen im Bundestagswahlkampf 2005. In: femina politica, Nr. 2, 56–66.

Skirl, Helge/Schwarz-Friesel, Monika (2007): Metapher. Heidelberg: Universitätsverlag Winter.

Strauss, Anselm L. (1998): Grundlagen qualitativer Sozialforschung. Datenanalyse und Theoriebildung in der empirischen soziologischen Forschung. München: Wilhelm Fink.

Thomas, Tanja (2008): Leben nach Wahl? Zur medialen Inszenierung von Lebensführung und Anerkennung. In: Wischermann, Ulla/Dies. (Hg.): Medien – Diversität – Ungleichheit. Zur medialen Konstruktion sozialer Differenz. Wiesbaden: VS, 225–244.

Weber, Lena (2009): Schröder und Merkel im Spiegel. In: IFFOnZeit 1, 105–125. Unter: http://www.iffonzeit.de/aktuelleausgabe/pdf_texte/berichte_iff/weber/bweber.pdf (Zugriff am 11.1.2010).

Weber, Max (2002): Wissenschaft als Beruf. In: Kaesler, Max (Hg.): Max Weber: Schriften 1894–1922. Stuttgart: Alfred Kröner, 474–511.

Quellen

Bild

27.05.2008: Liebe Frau Professorin Gesine Schwan, ... Post von Wagner. S. 2.

28.05.2008: So sorge ich für meinen Alzheimer-kranken Vater. S. 6.

23.06.2008: Gesine Schwan stärkt SPD-Chef den Rücken! S. 2.

30.07.2008: Lieber Heinrich von Pierer, … Post von Wagner. S. 2

15.09.2008: Was ich als Kanzler als erstes anpacken würde. S. 2.

19.09.2008: Gewinner. S. 1.

Brigitte

09.09.2008: Wie lebt die Frau, die alles weiß? S. 148–149.

24.09.2008: Der Sommer des entscheidenden Mannes. S. 174–176.

Bunte

01.05.2008: Der neue Star der Stars. S. 30–31.

08.05.2008: Nichts ist schöner, als Mutter zu sein! S. 54–56.

22.05.2008: Treten Sie an, Frau Schwan? S. 54–59.

05.06.2008: Ich, ein Frauentyp? … das überrascht mich. S. 54–59.

05.06.2008a: So liebevoll ist sie für ihren Vater da. S. 60–61.

31.07.2008: Nachgefragt…bei Bundespräsident Horst Köhler. S. 110.

11.09.2008: Nichts erschüttert seine Ehe. S. 34–38.

Capital

01.06.2008: Leistung, die Leiden schafft. S. 158.

01.06.2008a: Die durch das Feuer geht. S. 202.

01.08.2008: Die Wahl-Verwandten. S. 34–40.

01.09.2008: Die Einsamkeit der Schönwetterfrau. S. 42–46.

Frankfurter Allgemeine Zeitung (FAZ)

04.04.2008: Walter Rüegg 90. S. 4.

19.04.2008: Abwarten und verbittert schweigen. S. 12.

17.05.2008: Mehdorns Bauernopfer. S. 20.

17.05.2008a: Rebell im Elfenbeinturm. S. [C3].

04.06.2008: Honoris Causa. S. 2.

23.06.2008: Töchter dringen nicht so sehr auf die Macht. S. 16.

05.07.2008: Medicus mit Miniaturwerkzeug. S. [C3].

15.07.2008: Die Überzeugungstäterin. S. 13.

17.07.2008: Arbeiter und Stratege mit Durchsetzungskraft. S. 12.

29.07.2008: Eine Fleiß- und Beißliberale. S. 33.

09.09.2008: Der neue erste Sturm der SPD. S. 14.

09.09.2008a: Gottfried Seebaß gestorben. S. 4.

13.09.2008: Gegen den Protestzug verloren. S. 18.

15.09.2008: Strahlend vor Glück. Beck wird in Mainz gefeiert. S. 3.

20.09.2008: Allein unter Männern. S. 11.

24.09.2008: Die Frau auf Darwins Spuren. S. 40.

Focus

26.05.2008: Duell ums Bellevue. S. 24–28.

15.09.2008: Für Berlin war Beck zu naiv. S. 3.

22.09.2008: Meine prägende Handschrift. S. 20–24.

29.09.2008: Wenn der schwarze Kater kommt. S. 22–26.

Manager Magazin

01.04.2008: Allmachtsallüren. S. 20.

01.06.2008: Absturz der Superstars. S. 52–63.

01.07.2008: Die Abkanzlerin. S. 82–90.

01.07.2008a: Der Klub der Denker. S. 96–99.

01.08.2008: Tochter-Unternehmen. S. 58–63.

Spiegel

21.04.2008: Soldaten von Siemens. S. 94–97.

28.04.2008: Nun jammern Sie mal nicht. S. 27–30.

10.05.2008: Viele Kinder, kein Job. S. 29.

19.05.2008: Der Politikverdrossene. S. 26–27.

19.05.2008a: Im Namen der Minister. S. 92.

26.05.2008: Alle an die Dreckschleudern. S. 22–29.

30.06.2008: Tückisches Idyll. S. 29.

21.07.2008: Heißer Reifen. S. 82–84.

08.09.2008: Das Wagnis. S. 18–24.

15.09.2008: Abenteuer Börsengang. S. 36.

Stern

15.05.2008: Die Finanzmärkte sind zu einem Monster geworden. S. 40.

21.05.2008: Wie grün sind Sie eigentlich – Frau Bundeskanzlerin? S. 58.

29.05.2008: Mein lieber Schwan. S. 30.

26.06.2008: Allein mit der Meute. S. 36.

26.06.2008a: Im Alleingang. S. 104.

24.07.2008: Weibliche Übernahme. S. 82–86.

11.09.2008: Ja ich will. S. 34–44.

25.09.2008: Ich werde nicht dafür bezahlt, dass ich beliebt bin. S. 148–154.

Süddeutsche Zeitung (SZ)

09.04.2008: Mensch unter Wöfen. S. 21 (Bayern).

15.04.2008: Präsident Parzival. S. 6.

21.04.2008: Die Ehre von Siemens. S. 17 (Bayern).

29.04.2008: Das Leben nach der Macht. S. 3 (Bayern).

02.05.2008: Herz, Herd und Hort für Kinder. S. 4.

02.05.2008a: Sarkozy wirbt um Merkel und für Europa. S.1 (Bayern).

19.05.2008: Forsche Forscherin. S. 18.

20.05.2008: Sturm am Gipfel: Bahnchef Mehdorn ist kaum am Ziel, schon wird er demontiert. S. 20.

21.05.2008: Allein, es fehlt der Glanz. S. 3 (Bayern).

27.05.2008: Rettung in Rot. S. 3 (Bayern).

29.05.2008: So ist hier studentisches Leben. S. 11.

30.06.2008: Ein Kandidat unter sich. S. 3.

09.07.2008: Die Laute und die Leise. S. 6 (Bayern).

15.07.2008: Das Vermögen der Witwe. S. 2.

22.08.2008: Die listige Witwe. S. 22.

09.09.2008: Die Gesetze der Macht. S. 4.

13.09.2008: Deutsche Achterbahn AG. S. 4 (Bayern).

13.09.2008a: Die Wandlungen des Dr. Ackermann. S. 26 (Bayern).

22.09.2008: Eine Frau sieht grün. S. 18.

Superillu

12.06.2008: Mieses Spiel mit Angela. S. 93.

17.07.2008: Ärmel hoch zum letzten Gefecht. S. 22–23.

31.07.2008: Angela Merkel und ihr Ketten-Chic. S. 82–83.

04.09.2008: Unser Gesicht im Ausland. S. 84.

die tageszeitung (taz)

26.04.2008: Jung, teamfähig, bald Nr. 1 in Karlsruhe. S. 2.

10.05.2008: Der ordnungswidrige Mister Siemens. S. 2.

13.05.2008: Die Schatzhüterin. S. 5.

04.06.2008: Mehdorns Regiment der Angst. S. 1.

19.06.2008: Sie meint, sie kann. S. 5.

21.06.2008: Der stolze Schlachter der heiligen Kühe. S. 2.

02.07.2008: Das Ende einer Affäre. S 6.

14.07.2008: Der ruhige Runde. S. 4.

16.07.2008: Charmante Dame ohne Schmusekurs. S. 2.

22.08.2008: Der gefesselte Steinmeier. S. 6.

10.09.2008: Der Mann aus Mainz. S. 3.

Die Zeit (Zeit)

03.04.2008: Unabhängig beschäftigt. S. 34 [Online Dokument].

17.04.2008: Entflogen. S. 3.

15.05.2008: Wesen der Gefühle. S. 39. [Online Dokument].

21.05.2008: Jacke wie Bluse. Köhler oder Schwan? S. 1.

29.05.2008: Red Bull. S. 4.

12.06.2008: Man soll ihm nichts anmerken. S. 32.

19.06.2008: Mann ohne Geschichte. S. 3.

03.07.2008: Der fröhliche Reformer. S. 65.

17.07.2008: Wie man das Neue auf den Weg bringt. S. 55.

11.09.2008: Sonntags am See. S. 4.

Der Blick auf die Macht
Geschlechterkonstruktionen von Spitzenpersonal in der Bildberichterstattung

Elke Grittmann

1. Einleitung

Im vergangenen Jahrzehnt hat eine Reihe visueller Performances von Spitzenpolitikern Aufmerksamkeit in den Medien erregt, die vom gewohnten Bild des Anzug tragenden politischen Repräsentanten abweichen: Der russische Präsident Wladimir Putin erschien als muskelbepackter Naturbursche mit entblößtem Oberkörper auf Tigerjagd, sein französischer Amtskollege Nicolas Sarkozy ebenso freizügig im Kanu und George W. Bush wurde als Bomberpilot in ungebrochen traditioneller Stereotype starker Männlichkeit abgebildet (vgl. Böhm 2007). Auch die Truppenbesuche des 2011 zurückgetretenen Verteidigungsministers Karl Theodor zu Guttenberg in Afghanistan waren nach Ansicht der Süddeutschen Zeitung „an Coolness kaum zu übertreffen" (süddeutsche.de 2011: o.S.). Als neuen „Machismo" hat Andrea Böhm solche visuellen Körperkonstruktionen in der *Zeit* charakterisiert. Sie deutet sie als Reaktion darauf, dass unter anderem der Feminismus „so ziemlich alles Vertraute infrage" gestellt habe (Böhm 2007: 10). In der Tat lassen sich diese Repräsentationen politischer Machtsymbolik und Männlichkeit in einer Phase beobachten, in der Frauen in Machtpositionen und damit auch in den Selektionshorizont des Journalismus vordringen (vgl. Lünenborg u.a. 2011).

Allerdings weisen einzelne wissenschaftliche Befunde darauf hin, dass mit dem verstärkten Erscheinen von Frauen in Spitzenpositionen nicht nur Inszenierungen stereotyper Männlichkeit eine Renaissance erleben, sondern traditionelle Vorstellungen von Männlichkeit und Weiblichkeit in der Bildberichterstattung auch in Bewegung geraten. Gerade Stereotype von Weiblichkeit scheinen – zumindest in der visuellen Berichterstattung über die Bundeskanzlerin Angela Merkel – nicht mehr ungebrochen aufgerufen zu werden (vgl. Norris 1997; Holtz-Bacha/Koch 2008; Kinnebrock/Knieper 2008) – auch wenn ihr Abendkleidauftritt bei der Eröffnung der Osloer Oper im April 2008 mit inzwischen zum Schlagwort gewordenen „Dekolleté" für aufgeregtes Rauschen im Blätterwald gesorgt hat (vgl. Lünenborg u.a. 2009).

Diese Entwicklung erscheint umso relevanter, als die Bildberichterstattung im vergangenen Jahrzehnt an Bedeutung gewonnen hat. Die visuelle Repräsentation von Hauptakteuren gehört inzwischen zu den Routinen des aktuellen Journalismus (vgl. Grittmann 2007). Das gilt nicht nur für die Politik, sondern auch für andere Themenfelder journalistischer Berichterstattung, wie beispielsweise Wirtschaft, Kultur oder Sport. Selbst in der Wissenschaftsberichterstattung werden Experten ins Bild gesetzt; in Magazinen zeigen ganze Bilderstrecken die Porträts von Spitzenmanagern. Durch die Bilder wird nicht nur die mediale Personalisierung von Macht forciert, sondern auch die Vorstellung davon. So sind auch die eingangs skizzierten körperbezogenen Macht-Männlichkeitskonstruktionen ohne Bilder und deren gestiegene Relevanz in der Berichterstattung nicht vorstellbar.

Gleichzeitig prägen diese Bilder Vorstellungen von Personen oder Personengruppen, ihren Verhaltens- und Lebensweisen sowie Charaktereigenschaften. Dies gilt insbesondere für die Führungsetagen der Politik, Wirtschaft und Wissenschaft, zu denen die meisten Rezipientinnen und Rezipienten keinen unmittelbaren Zugang haben. Wie die Rezeptionsanalyse gezeigt hat, machen sich junge Erwachsene ihr Bild von Spitzenkräften durch die Medien (vgl. Müller in diesem Band). Es stellt sich daher die Frage, ob und wie der Journalismus Macht und Geschlecht ins Bild setzt. Handelt es sich beim ‚Machismo' der Politiker um ein erwähnenswertes Ausnahmephänomen? Wird Merkels Dekolleté gerade deshalb nachrichtenwürdig, weil vergeschlechtlichte Körperthematisierungen von KanzlerInnen in der Routineberichterstattung ansonsten eben keine Rolle spielen? Bereits die Befunde zur Darstellung von Angela Merkel sind uneinheitlich (s.o.), darüber hinaus liegen keine umfassenden aktuellen Studien über die Bildberichterstattung zur geschlechterdifferenzierenden Darstellung von Spitzenkräften in Wirtschaft, Wissenschaft und Politik vor.

Der Bedeutung der Bilder wird in der folgenden Studie Rechnung getragen.[1] Sie bietet erstmals eine umfassende, systematische quantitative und eine tiefer gehende qualitative Bildanalyse zur visuellen Repräsentation von Spitzenpersonen aus Politik, Wirtschaft und Wissenschaft in der Berichterstattung.[2] Die Studie geht dabei erstens der Frage nach, ob der

1   Der vorliegende Beitrag ist Teil des Verbundprojektes ‚Spitzenfrauen im Fokus der Medien. Die mediale Repräsentation von weiblichen und männlichen Führungskräften in Politik, Wirtschaft und Wissenschaft' der Freien Universität Berlin (Leitung Margreth Lünenborg) und der Leuphana Universität Lüneburg (Leitung Jutta Röser).

2   Die Autorin bedankt sich ganz herzlich bei Caroline Keller für ihre Projektmitarbeit.

Journalismus Unterschiede in der Beachtung von männlichen und weiblichen Spitzenkräften erzeugt. Zweitens wird untersucht, ob und durch welche Strategien machtvolle Spitzenkräfte dabei vergeschlechtlicht werden. Die qualitative Analyse bezieht sich ausschließlich auf fotografische Bilder[3], da – dies sei vorweg angemerkt – die quantitative Analyse ergeben hat, dass andere Genres wie Karikaturen oder Zeichnungen nur eine marginale Rolle in der visuellen Berichterstattung über Spitzenkräfte spielen. Daher wird im Folgenden der Begriff des Bildes und der Fotografie auch synonym gebraucht.

2. Theoretischer Rahmen: Die sozio-kulturelle Konstruktion von Macht und Geschlecht in der visuellen Berichterstattung

Wenn im Folgenden ein geschlechterdifferenzierender Blick auf die visuelle Berichterstattung geworfen werden soll, dann ist das relevant, weil Geschlechterverhältnisse nach wie vor Machtverhältnisse darstellen (vgl. Bourdieu 2005). Geschlecht wird hier als soziale und kulturelle Konstruktion begriffen (vgl. Butler 1997). Damit ist bereits die Unterscheidung in das biologische Geschlecht (sex) und das soziale, kulturelle Geschlecht (gender) als Teil einer „reflexiven, sozialen Praxis [zu] begreifen, die beides zugleich hervorbringt" (Wetterer 2004: 122). Geschlecht ist „eine naturalisierte, gesellschaftliche Konstruktion" (Bourdieu 2005: 45). Ziel wissenschaftlicher Analyse ist die Dekonstruktion dieser Naturalisierung. Da Geschlechterverhältnisse mit sozialer Ungleichheit verbunden sind, stellt sich weiter die Frage, ob sich in einer symbolischen Ordnung, wie sie der Journalismus diskursiv herstellt, ebenfalls Aufwertungs- und Abwertungsstrategien durch eine Vergeschlechtlichung ein- und fortschreiben.

Als „discoursive construct" (Sreberny/van Zoonen 2000: 5) weist diese Konstruktion von Geschlecht in der Bildberichterstattung einige Besonderheiten auf. Im Vergleich zur Wortberichterstattung kommt fotografischen (oder auch filmischen) Bildern in der journalistischen Berichterstattung von Tages- und Wochenzeitungen sowie Nachrichtenmagazinen eine besonders hohe Glaubwürdigkeit und Authentizität zu (vgl. Grittmann 2003). Sie haben unter anderem die Aufgabe zu belegen, dass etwas auch tatsächlich *so gewesen ist* (vgl. Barthes 1989: 86ff.). Gerade Fotografien haben, so Stuart Hall, „a specific way of passing themselves off as aspects of ‚nature'" (Hall 1973: 188). Da sich die Pressefotografie vorrangig auf Personen konzentriert und diese sichtbar werden lässt, liegt der Fokus gera-

---

3 Dazu zählen Fotografien, Fotomontage und Fotos im Kontext von Infografiken.

de auf dem menschlichen Körper und menschlichem Verhalten. Während in der Wortberichterstattung die Konstruiertheit mittels bewusster Benennung oder Anrufung von Personenmerkmalen durch das symbolische System der Sprache deutlicher hervortritt, erscheinen diese Merkmale im Bild als mehr oder weniger kalkulierter Akt der Fotografierten, als ‚Doing Gender'. Innerhalb des fotografischen ‚truth claim' (Gunning 2004: 39) wird dem menschlichen Körper damit ein ontologischer Status zugeschrieben. Damit eignet sich das Medium wie kein anderes dazu, Geschlechterdifferenzen zu naturalisieren.

Sehen ist jedoch nicht allein ein biologischer Prozess, er ist eine Beobachtungspraxis, bei der Bedeutung zugewiesen wird (vgl. Schaffer 2008: 30f.). Die FotojournalistInnen vor Ort und JournalistInnen in den Redaktionen sind keine passiven Vermittler von Realität, sondern konstruieren sie insofern mit, als sie Realität durch spezifische ästhetische Gestaltungsmittel und inhaltliche Auswahl erst Bedeutung verleihen. Sie entscheiden, was zum Thema wird, sie nehmen eine Perspektive auf ein Geschehen oder auf eine Person ein; sie bestimmen beispielsweise über Aufnahmemoment, Kamerawinkel und Distanz, ebenso finden in den Redaktionen Themensetzung, Auswahl und Gewichtung statt. Durch den Bezug auf Bildtraditionen werden Bildelemente zusätzlich mit Bedeutung aufgeladen. Bildberichterstattung ist damit eine sozial-kulturelle Konstruktion. Die Repräsentationsordnung negiert nach Schaffer (2008: 53) „dass das, was zu sehen ist, ein Produkt diskursiver Prozesse ist – also ein *Zu-Sehen-Gegebenes*." Es ist somit nicht nur das ‚Objekt' der Repräsentation, es ist der Fotojournalismus, der Geschlechterdifferenzen und -hierarchien konstruiert, fortführt oder transformiert.

Diese symbolische Konstruktionsarbeit erfasst damit auch die Körperdarstellungen im situativen Aufnahmemoment. Nach Bourdieu beschränkt sich diese Konstruktionsleistung nicht auf „die rein *performative* Operation der Benennung", sondern „endet und vollendet sich in einer tiefgreifenden und dauerhaften Transformationsarbeit der Körper (und des Geistes)" (Bourdieu 2005: 45). Sie verkörpert sich im Habitus (ebd.). In der Konsequenz können die in die Körper eingeschriebenen sozialen Regeln und Normen erneut durch die visuelle Berichterstattung im Bild aufgerufen werden.

Darüber hinaus folgt die visuelle Berichterstattung wie auch die Textberichterstattung inhaltlichen Auswahl- und formalen Darstellungsregeln des Journalismus. Die Bildberichterstattung ist erstens geprägt durch eine konventionalisierte Machtikonografie, die sich aus einer langen Tradition speist, wie beispielsweise das Motiv des ‚Abschreitens der Truppen' in der Politik zeigt (vgl. Grittmann 2007). Inzwischen ist es nun eine Kanzlerin wie Angela Merkel, die ebenfalls die Truppen abschreitet. Durch die Wiederholung wird die bestehende, herrschende Bildordnung reproduziert. Es stellt sich daher die Frage, ob Machtikonografie Geschlechterdifferenzen auflöst.

Schließlich werden im fotografischen Aufnahme- und redaktionellen Bearbeitungsprozess spezifische Darstellungsstrategien eingesetzt, durch die Personen auf- oder abgewertet werden können (vgl. Kress/van Leeuwen 2006).

Diese unterschiedlichen Dimensionen sozialer und kultureller Wirklichkeitskonstruktion lassen sich aus zwei Perspektiven analysieren:

Zunächst stellt sich die Frage, wer welche Aufmerksamkeit in der Bildberichterstattung findet. Medien stellen, wie bereits Gaye Tuchman (1978) beschrieben hat, in ihren Inhalten eine symbolische Ordnung her; Geschlechterverhältnisse werden somit auch in der Bildberichterstattung sozial und kulturell konstruiert.[4] Auf dieser ersten Stufe kann zunächst erfasst werden, wer überhaupt und wie häufig sichtbar wird.

Sichtbarkeit wird jedoch nicht als rein positive Kategorie betrachtet. Die Frage nach Konstruktionen von Geschlechterdifferenzen in der Bildberichterstattung kann sich nicht allein auf die quantitative Repräsentation erstrecken. (Visuelle) Sichtbarkeit wird zwar sowohl gesellschaftlich als auch im Kontext der Genderforschung als Form der Anerkennung begriffen. Wie Schaffer jedoch deutlich gemacht hat, ist diese Form der Anerkennung ambivalent, da sie an vorherrschende soziale Normen geknüpft wird (vgl. Schaffer 2008: 20f.; Butler 2009: 11)

Als spezifische Form der Bezeichnungspraxis geht es ebenso darum, auf welche Art und Weise es zu Geschlechterdifferenzen in der Bildberichterstattung kommt. Diese kritische Analyse richtet sich auf Unterscheidungen insgesamt und insbesondere auf asymmetrische, symbolisch hergestellte Konstellationen.

Ziel der Untersuchung ist es somit, die Konstrukte Macht und Geschlecht in der Bildberichterstattung im Verhältnis zueinander zu analysieren. Aus den spezifischen, beschriebenen Formen der journalistischen Bildkonstruktion ergeben sich folgende Bildanalyseebenen:

Sichtbarkeit
1. Repräsentanz von weiblichem und männlichem Spitzenpersonal im Vergleich

Art und Weise der Sichtbarmachung
2. Ikonografie
3. Körperkonstruktion und Interaktionen

---

4 Diese symbolische Ordnung wird hier allerdings im Gegensatz zur Auffassung Tuchmans nicht als Spiegel sozialer Verhältnisse begriffen, sondern als eigenständige Konstruktion.

4. Ästhetische fotojournalistische und redaktionelle Darstellungsstrategien
5. Geschlechtliche Attribuierung durch Bildbeschriftung

Der Beitrag verfolgt somit zwei Ziele: Erstens wird untersucht, ob sich eine strukturelle Ungleichbehandlung der Geschlechter in der Bildberichterstattung beobachten lässt.

Zweitens will der Beitrag auf Basis des dekonstruktivistischen Ansatzes Konstanten, aber auch Veränderungen und Verschiebungen von (traditionellen) Geschlechterkonstruktionen gleichermaßen in den Blick bekommen. Die Folge ist, dass auch die Forschende selbst hier wieder mit Zweigeschlechtlichkeit operiert und diese Norm damit wiederholt. Gerade eine Institution wie der Journalismus fordert durch sein Realitätsversprechen jedoch dazu heraus, das Risiko einzugehen und, wie es Bourdieu formuliert hat, Konstanten zum Vorschein zu bringen, die zwischengeschlechtliche Beziehungen zu verewigen scheinen (Bourdieu 2005: 12). Die Angst, man ratifiziere die Wirklichkeit, könne nicht dazu führen, negative Effekte von Herrschaft zu überspielen (ebd.: 194).

3. Forschungsansatz und Methodendesign

Aus den theoretischen Ausführungen ergeben sich folgende Fragen:
1. Wird Spitzenpersonal der Politik, Wirtschaft und Wissenschaft in unterschiedlichen Medientypen unterschiedlich häufig visuell repräsentiert und dadurch eine Geschlechterdifferenz erzeugt?
2. In welchen situativen Momenten und Kontexten wird Spitzenpersonal im Bild gezeigt? Lassen sich positions- oder geschlechtsspezifische Differenzen beobachten?
3. Welche Körpervorstellungen werden durch die situativen Aufnahmen geprägt in Bezug auf Raum, Haltung und Gestik? Und welche Interaktionsmuster stehen dabei im Mittelpunkt?
4. Wie werden ästhetische Darstellungsmittel eingesetzt, um (geschlechterdifferenzierende) Machtbeziehungen herzustellen?
5. Werden in den Bildunterzeilen geschlechterspezifische Bewertungen oder Beschreibungen gewählt?

Von besonderem Interesse ist, ob die Herstellung von Geschlechterdifferenzen vom Medium oder Medientyp abhängt.

Quantitative Bildinhaltsanalyse

Zur Beantwortung der Forschungsfrage 1 wurde im ersten Schritt eine quantitative Bildinhaltsanalyse durchgeführt und die Bildberichterstattung daraufhin analysiert, in welchem Umfang Spitzenkräfte in Politik, Wirtschaft und Wissenschaft in der visuellen Berichterstattung vertreten sind. Analyseeinheiten waren die Spitzenpersonen. Die quantitative Bildinhaltsanalyse konzentrierte sich auf folgende Charakteristika:

1. Personenmerkmale: Geschlecht, beruflicher Bereich (Politik, Wirtschaft, Wissenschaft), Name
2. Formale Merkmale: Medium, Medientyp, Datum, Ressort, Seite, Platzierung, Bildnummer
3. Bildmerkmale: Bildgattung (Foto, Karikatur, Infografik), Bildgröße (klassifiziert auf 6-stufiger Skala von winzig bis sehr groß) und kurze, offene Charakterisierung des Bildinhalts (Kopfporträt, Begegnung, Rede)

Qualitative Bildinhaltsanalyse

Im zweiten Schritt wurde eine Auswahl aus diesen Bildern zur Beantwortung der Forschungsfragen 2 bis 5 getroffen. Die qualitative Bildanalyse wurde jeweils einzeln für die Bereiche Politik, Wirtschaft und Wissenschaft ausgeführt, da sich bereits bei der Durchsicht des Bildmaterials zeigte, dass sich die jeweilige Ikonografie stark unterscheidet, dass die Personengruppen in unterschiedlichen öffentlichen Räumen zu sehen sind und selbst die Körperkonstruktionen und ästhetischen Gestaltungsmittel differieren.

Die Auswahl der Bilder der Bereiche Politik und Wirtschaft erfolgte personenbezogen, um individuelle, amts- oder positionsspezifische Einflüsse einzelner Spitzenpersonen besser kontrollieren zu können. Diese Auswahl orientierte sich an zwei Kriterien: Erstens wurden von den weiblichen und männlichen Spitzenkräften diejenigen ausgewählt, die in der visuellen Berichterstattung am häufigsten vorkommen. Zweitens ist ein Vergleich zwischen männlichen und weiblichen Spitzenkräften nur dann sinnvoll, wenn sich in Bezug auf die jeweilige Position eine gewisse Äquivalenz beobachten lässt. Dementsprechend wurden möglichst gleichrangige Führungskräfte in die qualitative Inhaltsanalyse einbezogen. Dabei tauchten unterschiedliche Probleme[5] in den einzelnen Bereichen auf, die jeweils unter den Einzelergebnissen erörtert werden. Hier sei schon vorab erwähnt, dass die Anzahl der Bilder von Spitzenwissenschaftlerinnen und -wissenschaftlern so gering war, dass alle berücksichtigt werden konnten, zumal die Medien hauptsächlich Kopfporträts veröffentlichen.

Wie lassen sich genderspezifische Konstruktionen und Veränderungen im Bild überhaupt analysieren? Zur Analyse wurden verschiedene methodische Ansätze kombiniert:

---

5 So waren beispielsweise unter den Aufnahmen der Wirtschaftsführungskräfte kaum Frauen aus den Topunternehmen vertreten.

1. *Ikonografische Bildtypenanalyse:* Wie im theoretischen Teil argumentiert, werden Geschlechterdifferenzen situativ hergestellt, sie sind nicht ontologisch verfestigt. In der bisherigen Forschung wurde dabei die Frage des Kontextes kaum berücksichtigt. So wurde die Differenzierungslinie privat und öffentlich allein über Rollenbilder (z.B. Hausfrau, Politikerin) erhoben (vgl. z.B. Sreberny/van Zoonen 2000: 17; Pantti 2007). Das Rollenkonzept ist für eine Bildanalyse von Spitzenkräften aber nicht geeignet, weil es den situativen Momentaufnahmen der Pressefotografie nicht gerecht wird und zu undifferenziert ist. Das Bildmotiv umfasst den situativen Rahmen und greift über die Repräsentation des individuellen Körpers hinaus. Dieser Kontext lässt sich im Rahmen einer qualitativen Bildtypenanalyse anhand der spezifischen Ikonografie des Gesamtmotivs analysieren (vgl. Grittmann/Ammann 2011).

2. *Körperkonstruktionen und Interaktionen:* Gerade die Zuschreibung von körperlichen Merkmalen, Verhaltensweisen und Charaktereigenschaften erzeugt eine extrem gruppenbildende Klassifizierung, die im Falle von Geschlechterkategorien zur Fortführung von „sozialen Ordnungen der Ungleichheit" führen kann (vgl. Mühlen Achs 2003b: 9). Körperhaltungen, Mimik, Gestik sowie Distanz bzw. Nähe oder körperliche Interaktion sind im Bild sozialkulturell codiert und damit bedeutend. Sie bilden hier die Untersuchungsdimensionen. In Anlehnung an Goffman (1981) und Mühlen Achs (2003a, 2003b) lassen sich dominante oder subordinierende Verhaltensweisen unterscheiden und entlang einer Machtachse interpretieren. Die jeweiligen Pole bilden bei

- Körperhaltungen: Labilität und Stabilität,
- Gestik: Aggression und Zurückhaltung/Unsicherheit (vgl. Mühlen Achs 2003a: 130ff.),
- Distanz: intime Nähe und Entfernung/soziale Distanz,
- körperlicher Interaktion: Dominanzverhaltensweisen (z.B. belehrende Geste) und Subordinationsverhaltensweisen (z.B. Anlehnen an andere Person; vgl. Mühlen Achs 2003a: 109ff.).

Die polaren Körperkonstruktionen und Beziehungen sind eng mit der Geschlechtszuweisung verknüpft, sie werden als ,männlich' oder ,weiblich' charakterisiert und sind dementsprechend als Stereotype zu definieren. Wir kommen hier in einen Zirkel semantischer Bedeutungszuschreibungen, der allerdings durchbrochen werden kann. Ein Beispiel: Die Geste, den Arm um die Schulter einer Person zu legen, hat zunächst eine Bedeutung als Schutzgeste, sie ist damit hierarchisch angelegt zwischen Schützendem und Beschütztem, zwischen Stärke und Schwäche. Sie wird in der Interaktion vorrangig von Männern gegenüber Frauen ausgeübt und erhält daher die Konnotation ,männliche Geste'. Diese Konnotation kann jedoch aufgelöst werden, indem Geschlecht und Geste nicht stets aufgerufen werden oder eben nicht in derselben Kombination auftauchen. Dadurch verliert nicht nur die Geste ihre geschlechterspezifische Konnotation, sie verweist auch nicht mehr auf das biologische Geschlecht. Geschlecht und Geste bedingen sich gegenseitig. Nicht die Auflösung dieser Kategorien, sondern die Auflösung der Beziehungen der Kategorien können als Zeichen für einen (historischen) Wandel auf der symbolischen Ebene gewertet werden, weil die Kategorien selbst dadurch ihre geschlechtsspezifische Bedeutung verlieren.

3. *Ästhetische Darstellungsstrategien:* Eine entscheidende fotografische und redaktionelle Möglichkeit, eine Geschlechterunterscheidung zu erzeugen, sind ästhetische Gestaltungsmittel, die zur Hervorhebung, Kontrastierung, Zentrierung oder Marginalisierung von Personen eingesetzt werden (vgl. Kress/van Leeuwen 2006). Dies geschieht bei der Aufnahme durch die Positionierung innerhalb des Bildes (Wahl des Kamerastandpunktes und Ausschnitts), die Perspektive (Untersicht/Aufsicht) und Bildtiefe (vorne/hinten, Schärfe/Unschärfe). Im redaktionellen Kontext können durch Bildkombinationen neue Bedeutungen über das einzelne Bild hinaus generiert werden, es entsteht der so genannte ‚Third Effect' (vgl. Kobré 1991: 196).[6]

4. *Attribuierung in Bildüberschriften und -unterzeilen:* Schließlich kann es durch Attribuierungen in den Bildüberschriften oder -unterzeilen zu einer Vergeschlechtlichung der Personen oder Handlungen kommen.

Das qualitative Vorgehen orientiert sich im ersten Schritt an der ikonografischen Typenbildung (vgl. Grittmann/Ammann 2011). Das Material wurde zunächst nach Personen sortiert, anschließend wurden die Bildmotive nach Bildtypen systematisiert. In jeweils einzelnen Untersuchungsschritten wurde das Material dann auf die theoretisch abgeleiteten Analysedimensionen, wie z.B. Bildmotiv, Körperkonstruktionen oder ästhetische Darstellungsstrategien vergleichend untersucht und daraufhin geprüft, ob und wie dadurch Geschlechtsunterschiede markiert werden.

Untersuchungssample

Da es das Ziel der Studie ist, Erkenntnisse über die Auswahl- und Darstellungsroutinen und damit über die alltäglichen Muster der visuellen Berichterstattung über Führungspersonen zu gewinnen, wurden das Untersuchungsmaterial und der Untersuchungszeitraum sehr breit bestimmt.

Der Analysezeitraum umfasst zwei Monate, die innerhalb des sechsmonatigen Untersuchungszeitraums der quantitativen und qualitativen

---

6 Beispielsweise werden Porträtfotos von zwei Personen so platziert, dass durch die Gegenüberstellung der Eindruck einer Konfrontation entstehen kann.

Textanalyse liegen (vgl. Lünenborg/Röser sowie Röser/Müller in diesem Band). Der Untersuchungszeitraum erstreckt sich konkret bei

- den Zeitungen auf die Zeit vom 20.5.2008 bis 11.7.2008,
- den wöchentlich und 14-täglich erscheinenden Zeitschriften auf die Ausgaben vom 15.5.2008 bis 11.7.2008,
- bei den monatlich erscheinenden Zeitschriften auf die Ausgaben von Mai bis Juli 2008.

Für die Entscheidung, welche Personenaufnahmen einbezogen werden sollten, wurde die Definition des „Spitzenpersonals" aus der Beitragsanalyse herangezogen (vgl. Röser/Müller in diesem Band).[7] Untersucht wurden 13 Medien, fünf Tageszeitungen sowie acht Publikumszeitschriften, die sowohl Nachrichten- und Wirtschaftsmagazine wie auch Illustrierte, darunter Frauenzeitschriften und People-Magazine, umfassten (vgl. Lünenborg/Röser sowie Röser/Müller in diesem Band). Das Spektrum der Titel reicht damit von stark informationsorientierten oder themenspezifischen Medien bis hin zu unterhaltungsorientierten Titeln. Ausgewählt wurden die überregionalen Zeitungen *Frankfurter Allgemeine Zeitung*, *Süddeutsche Zeitung* und *die tageszeitung*, sowie die Boulevardzeitung *Bild*, die Nachrichtenmagazine *Spiegel* und *Focus* sowie die Wochenzeitung *Die Zeit*. Mit Blick auf die Wirtschaft wurden die Wirtschaftsmagazine *Capital* und das *Manager Magazin* ausgewählt. Das Sample umfasst des Weiteren die Illustrierten *Superillu*, *Stern* und *Bunte* sowie die Frauenzeitschrift *Brigitte*.

4. Die Präsenz von Spitzenkräften in der Bildberichterstattung. Ergebnisse der quantitativen Inhaltsanalyse

Im Untersuchungszeitraum publizierten die Medien 2.234 visuelle Personendarstellungen von Spitzenkräften aus Politik, Wirtschaft und Wissenschaft. Zentrales Genre der Bildberichterstattung ist dabei die Pressefotografie: Rund 85 Prozent der dargestellten Personen werden in Fotos und vier Prozent in Fotomontagen gezeigt. Der Anteil der Personendarstellungen in Zeichnungen und Karikaturen beträgt drei Prozent, rund acht Prozent werden im Kontext von Infografiken publiziert.[8]

---

7 Die Samplebildung weicht in zwei Punkten von der der Beitragsanalyse ab: Nur die definierten Spitzenkräfte wurden in das Sample aufgenommen. Andere WissenschaftlerInnen, PolitikerInnen oder WirtschaftsvertreterInnen wurden nicht berücksichtigt. Aussagen über das Verhältnis von Spitzenkräften zu anderen Personen können daher nicht getroffen werden. TV-Beiträge wurden nicht analysiert.

8 D.h. Fotos oder Zeichnungen von Personen werden in diese Hybridform hineinmontiert, sei es in Form eines Fotos oder einer Zeichnung. Zwischen Geschlecht und Darstellungsform gibt es keinen statistisch signifikanten Zusammenhang.

Bei den dargestellten Personen handelt sich bei über der Hälfte (54 Prozent, 1.208 Personen) um Spitzenkräfte der Politik, 44 Prozent (982 Personen) sind Wirtschaftsführungskräfte. Eine Randgruppe bilden die wissenschaftlichen Spitzenkräfte: Sie sind mit lediglich 44 Personendarstellungen (2 Prozent) in der Bildberichterstattung vertreten.

Die ausgewogene Repräsentanz in gesellschaftlichen Positionen gilt als einer der wichtigsten Indikatoren für die gesellschaftliche Gleichstellung von Männern und Frauen. In der visuellen Berichterstattung ermöglicht dieser Indikator in Bezug auf die mediale Sichtbarkeit einen ersten Einblick in die Logik medialer Konstruktionsmechanismen.

In der Bildberichterstattung sind drei Viertel aller Spitzenkräfte männlich, ein Viertel weiblich (vgl. Tab. 1). Dabei handelt es sich bei den Darstellungen der weiblichen Spitzenkräfte in gut der Hälfte aller Fälle um eine einzige Person: Bundeskanzlerin Angela Merkel (13 Prozent insgesamt). Keine andere Spitzenkraft – ob männlich oder weiblich – erreicht eine solche mediale Sichtbarkeit. Diese starke Präsenz ist vermutlich auf die Bedeutung des Amtes zurückzuführen. Gleichzeitig offenbart diese personenbezogene Auswertung aber auch, dass weibliche Spitzenkräfte ansonsten nach wie vor marginalisiert werden.

Tab. 1: Visuelle Repräsentation von Spitzenkräften nach Geschlecht in den einzelnen Mediengattungen (Anteil in %, gerundet)

	Tages-zeitungen	Nachrichten-magazine / Wochenztg.	Wirtschafts-magazine	Illustrierte	Gesamt
Spitze männlich	73	75	90	66	75
Spitze weiblich (Merkel)	27 (16)	25 (13)	10 (2)	34 (15)	25 (13)
Gesamt absolut	100 813	100 562	100 375	100 484	100 2.234

p < 0,01; Cramer's V: 0,17
Materialbasis: alle Darstellungen von Spitzenkräften aus Politik, Wirtschaft und Wissenschaft

Dabei unterscheiden sich die einzelnen Mediengattungen deutlich voneinander[9] (vgl. Tab. 1): Bei den Tages-, Wochenzeitungen und Nachrich-

---

9 Die Medien wurden wie folgt gruppiert: *Bild, taz, SZ* und *FAZ* = Tageszeitungen; *Die Zeit, Spiegel, Focus* = Nachrichtenmagazine/Wochenzeitungen; *Capital, Manager Magazin* = Wirtschaftsmagazine; *Stern, Superillu, Brigitte, Bunte* = Illustrierte.

tenmagazinen liegt der Anteil der Spitzenfrauen mit der Bundeskanzlerin bei 27 bzw. 25 Prozent, ohne Merkel bei 13 bzw. 12 Prozent. Die Wirtschaftsmagazine bilden eine traditionelle Männerbastion. Nur jede zehnte der abgebildeten Führungskräfte ist eine Frau. Dagegen ist der Anteil weiblicher Führungskräfte in den Illustrierten deutlich höher als im Gesamtdurchschnitt; er liegt bei rund 34 Prozent (ohne Merkel: 19 Prozent) und das Verhältnis von Männern zu Frauen somit in diesen Zeitschriften insgesamt bei 2:1.

Die Unterschiede zwischen einzelnen Mediengattungen zeigen, dass es sich hier nicht um angebliche „Abbildungen" sozialer Realität handelt, sondern unterschiedliche redaktionelle Selektionskriterien maßgeblich die Auswahl bestimmen.

Auch stellt sich die Repräsentation der Spitzenkräfte in den drei Bereichen Politik, Wirtschaft und Wissenschaft jeweils sehr unterschiedlich dar (vgl. Tab. 2):

Tab. 2: Visuelle Präsenz von Spitzenkräften nach Geschlecht in den drei Gesellschaftsbereichen Politik, Wirtschaft und Wissenschaft und gesamt (Anteil in %, gerundet)

	Politik	Wirtschaft	Wissenschaft	Gesamt
Spitze männlich	59	94	86	75
Spitze weiblich (Merkel)	41 (23)	6	14	25 (13)
Gesamt innerhalb Bereich absolut	100 1.208	100 982	100 44	100 2.234

Materialbasis: alle Darstellungen von Spitzenkräften aus Politik, Wirtschaft und Wissenschaft

Bei den Spitzenkräften aus der Politik liegt der Frauenanteil aufgrund der hohen Präsenz von Angela Merkel (23 Prozent aller Politikerinnen und Politiker) bei 41 Prozent, der Anteil der Männer dementsprechend bei 59 Prozent.

Unter den Politikerinnen wird der Bonus der Bundeskanzlerin im Vergleich besonders deutlich: Die zunächst vergleichsweise hoch erscheinende Präsenz von Politikerinnen in der Berichterstattung wird durch die Dominanz von Angela Merkel deutlich relativiert. Bei insgesamt 587 Personenabbildungen von Frauen ist Angela Merkel mit 57 Prozent präsent, mit weitem Abstand folgen Bundespräsidentschaftskandidatin Gesine Schwan (18 Prozent), Andrea Nahles (7 Prozent) und Ursula von der Leyen (5 Prozent). Alle weiteren Spitzenpolitikerinnen sind zusammen mit rund 15 Prozent vertreten.

Deutlich unterrepräsentiert sind weibliche Führungskräfte aus der Wirtschaft: Nur sechs Prozent der gezeigten Führungskräfte sind weiblich, 94 Prozent dagegen männlich. In der visuellen Berichterstattung über Spitzenkräfte aus der Wirtschaft lassen sich auch keine vergleichbaren herausragenden Personen wie in der Politik finden. Bei den 982 Personendarstellungen erreicht René Obermann (Telekom) mit rund vier Prozent den Spitzenwert. Weibliche Spitzenkräfte kommen unter den Top-Ten nicht vor. Die Situation in den Medien gleicht der Lage in den Führungsetagen der großen Konzerne, die von Männern dominiert werden (vgl. auch Röser/Müller in diesem Band).[10]

In der visuellen Repräsentation von weiblichen und männlichen Führungskräften aus der Wirtschaft zeigen sich bei den einzelnen Mediengattungen auffällige Unterschiede (vgl. Tab. 3).

Tab. 3: Visuelle Repräsentation von Spitzenmanagerinnen und Spitzenmanagern in den einzelnen Mediengattungen (Anteil in %, gerundet)

	Tageszeitungen	Nachrichtenmagazine / Wochenztg.	Wirtschaftsmagazine	Illustrierte	Gesamt
Spitzenmanager	95	98	93	86	94
Spitzenmanagerinnen	5	2	7	14	6
Gesamt	100	100	100	100	100
absolut	317	167	339	159	982

Materialbasis: Abbildungen von Spitzenmanagerinnen und -managern im Sample

In den Wirtschaftsmagazinen und Tageszeitungen liegt der Anteil der Spitzenmanagerinnen bei fünf bzw. sieben Prozent. Der geringe Anteil bei den Wirtschaftsmagazinen ist umso erstaunlicher, als die thematische Ausrichtung der Zeitschriften erwarten ließe, dass auch Spitzenmanagerinnen stärker sichtbar würden. Schließlich sind 339 der 375 Personendarstellungen Wirtschaftsführungskräfte. *In Zeit, Spiegel* und *Focus* kommen Managerinnen so gut wie gar nicht vor (2 Prozent). Die visuelle Präsenz von Spitzenmanagerinnen im Vergleich zu Spitzenmanagern ist hingegen in den Illustrierten *Superillu, Stern* und *Bunte* etwas höher[11]: Rund 14 Prozent der gezeigten Führungskräfte sind hier Frauen.

---

10 Eine Studie des Deutschen Instituts für Wirtschaftsforschung Berlin hat ergeben, dass in den Vorständen der 100 wichtigsten Konzerne der Frauenanteil im Jahr 2010 bei gerade einmal 2,2 Prozent lag. Über 90 Prozent haben keine einzige Frau im Vorstand (vgl. Holst/Schimeta 2011).

11 Den Illustrierten wurde hier auch die *Brigitte* zugerechnet (vgl. Anm. 9). Da sich hier nur zwei visuelle Darstellungen von Spitzenmanagerinnen fanden, hat die Zeitschrift keinen Einfluss auf das Gesamtergebnis der Gruppe.

Bilder von Spitzenwissenschaftlerinnen und -wissenschaftlern sind in den untersuchten Medien eine Seltenheit (insgesamt 44 Personendarstellungen). Diese Gruppe macht insgesamt nur einen Anteil von zwei Prozent an allen 2.234 Personendarstellungen aus. Die Verteilung von Spitzenwissenschaftlern im Verhältnis zu Wissenschaftlerinnen könnte hier daher stark vom Zufall abhängen. Aber selbst in der visuellen Darstellung dieser marginalen Gruppe finden sich fast genauso drastische Differenzen wie bei den Spitzenmanagerinnen: Spitzenwissenschaftlerinnen sind mit einem Anteil von 14 Prozent im Verhältnis zu Spitzenwissenschaftlern (86 Prozent) ebenfalls deutlich unterrepräsentiert.

Insgesamt ergibt sich für die visuelle Repräsentation von Spitzenkräften aus Politik, Wissenschaft und Wirtschaft ein ähnliches Bild wie in der Textberichterstattung und den Fernsehbeiträgen (vgl. Röser/Müller in diesem Band). So beträgt der Anteil weiblicher Führungspersonen im Bild insgesamt 25 Prozent, in der Text- und TV-Berichterstattung liegt er bei 21 Prozent. Entsprechend werden in 75 Prozent der Fälle männliche Führungspersonen im Bild gezeigt, in der Text- und TV-Berichterstattung sind es 79 Prozent. Vergleicht man die Anteile differenziert nach den Gesellschaftsbereichen Politik, Wirtschaft und Wissenschaft sowie nach Mediengattungen, dann liegen die Werte auch hier sehr nah beieinander. Lediglich der Anteil der Spitzenpolitikerinnen ist in der Bildberichterstattung deutlich höher als in der Text- und TV-Berichterstattung (41 gegenüber 30 Prozent, vgl. ebd.) Diese Kongruenz bestätigt einmal mehr, dass die (ungleiche) Sichtbarkeit auf redaktionelle Selektionsprozesse zurückzuführen ist. Sieht man von Angela Merkel ab, so ist die Sichtbarkeit von Frauen in Spitzenpositionen im Bild wie im Text marginal, mögen die Anteile auch jeweils etwas variieren.

5. Macht– und Geschlechterkonstruktionen im Bild aus qualitativer Perspektive

5.1 Machtvolle Perspektiven auf die Spitzenpolitik

Für die qualitative Bildinhaltsanalyse wurden jeweils jene Spitzenpolitikerinnen und -politiker ausgewählt, die am häufigsten gezeigt wurden und in ihrer Position möglichst vergleichbar sind. Bundeskanzlerin Angela Merkel führt die ‚Top Ten' der Spitzenpolitikerinnen und -politiker in den Bildern an (vgl. Tab. 4). Der damalige Parteivorsitzende der SPD Kurt Beck und Außenminister Frank-Walter Steinmeier liegen mit ihrem Anteil jeweils deutlich unter 10 Prozent (9,3 bzw. 8,7) auf Platz 2 und 3; die Kandidatin und der Kandidat für das Amt des Bundespräsidentenamt, der damalige Amtsinhaber Horst Köhler und die Herausforderin Gesine Schwan – in der Untersuchungsphase erklärten beide ihre Kandidatur –

schließen mit jeweils rund 7 Prozent an, gefolgt von Peer Steinbrück (rund 5 Prozent), Gregor Gysi (rund 4 Prozent) sowie Oskar Lafontaine, Andrea Nahles und Guido Westerwelle (jeweils rund 3 Prozent). Erstaunlicherweise findet sich keine einzige Ministerin unter den zehn am häufigsten gezeigten Spitzenpolitikerinnen und -politikern. Familienministerin Ursula von der Leyen erscheint erst auf Platz 11.

Tab. 4: Rangliste der Spitzenpolitikerinnen und -politiker nach Häufigkeit ihrer visuellen Repräsentanz (absolut und Anteil in %)

Rang	Spitzen-politiker/in	Position im Untersuchungszeitraum	Häu-figkeit	Anteil in %
1.	Angela Merkel	Bundeskanzlerin	283	23,4
2.	Kurt Beck	SPD-Parteivorsitzender	112	9,3
3.	Frank-Walter Steinmeier	Bundesminister des Auswärtigen	105	8,7
4.	Gesine Schwan	Bundespräsidentschaftskandidatin	88	7,3
5.	Horst Köhler	Bundespräsident	85	7,0
6.	Peer Steinbrück	Bundesminister der Finanzen und stellv. Parteivorsitzender SPD	58	4,8
7.	Gregor Gysi	Fraktionsvorsitzender Die Linke im Deutschen Bundestag	64	3,8
8.	Oskar Lafontaine	Fraktionsvorsitzender Die Linke im Deutschen Bundestag und Parteivorsitzender Die Linke	33	2,7
9.	Andrea Nahles	Stellvertretende Parteivorsitzende SPD	32	2,6
10.	Guido Westerwelle	Parteivorsitzender FDP	31	2,6
11.	Ursula von der Leyen	Bundesministerin für Familie, Senioren, Frauen und Jugend	25	2,1

Die Untersuchung konzentrierte sich auf folgende Personen[12]:

- Bundeskanzlerin Angela Merkel sowie den SPD-Parteivorsitzenden Kurt Beck,
- Bundespräsident Horst Köhler und die Herausforderin für das Bundespräsidentenamt, Gesine Schwan,
- Familienministerin Ursula von der Leyen[13] und Außenminister Frank-Walter Steinmeier.

---

12 Die qualitative Textanalyse bezieht sich ebenfalls auf diese Personen (vgl. Maier/Lünenborg in diesem Band).

13 Zwar erscheint Andrea Nahles häufiger als Ursula von der Leyen, letztere ist als Ministerin jedoch besser mit den anderen Spitzenpolitikerinnen und -politikern vergleichbar. Als stellvertretende Bundesvorsitzende der SPD wird Nahles häufig in der Position ‚in der zweiten Reihe' gezeigt.

Im ersten Schritt wurde die Ikonografie, d.h. die spezifische Darstellung von Spitzenpolitikerinnen und Spitzenpolitikern in Handlungskontexten untersucht.

Alles im Rahmen?
Die Ikonografie der Spitzenpolitikerinnen und -politiker

Die journalistische Praxis ist hochgradig standardisiert (vgl. Blöbaum 2004). Innerhalb der Politikberichterstattung haben sich Konventionen entwickelt, in welchen Momenten welche Personen publikationswürdig sind. Neben Porträts gehören Aufnahmen von Gesprächen und Verhandlungen, von informellen und offiziellen Reden, von repräsentativen Handlungen wie dem Abschreiten der Truppen durch die Bundeskanzlerin und legitimatorischen Handlungen wie dem Besuch einer Kindertageseinrichtung der Familienministerin zur konventionalisierten Bildikonografie von Politikerinnen und Politikern in der Presse (vgl. Grittmann 2007: 374ff.). Sie stellen gleichermaßen das demokratisch legitimierende Repertoire der Machtrepräsentation dar, wie es die Medien durch Auswahl und damit Bedeutungszuweisung konstruieren. Die Frage ist, ob Spitzenpolitikerinnen genauso oder anders ins Bild gesetzt werden wie ihre männlichen Kollegen.

Spitzenpolitik wird in der Pressefotografie gern im Moment der *formellen oder informellen Rede* gezeigt. Das ist einer der zentralen Bildtypen in der visuellen Darstellung von Politik. Spitzenpolitikerinnen und -politiker werden hier in gleicher Weise dargestellt (vgl. Abb. 1).

Abb. 1: Beck. Bild, 23.6.08. 2, Köhler. SZ, 23.5.08. 2, Schwan. Spiegel, 16.6.08: 12.

Die Bildmotivgruppe der *offiziellen Begegnungssituation mit anderen (internationalen) PolitikerInnen* bleibt – wohl qua Amt – ausschließlich Angela Merkel als Bundeskanzlerin, Frank-Walter Steinmeier als Außenminister und Horst Köhler als Bundespräsident vorbehalten. Diese Motivgruppe umfasst unterschiedliche Bildtypen wie beispielsweise das Begegnungsbild oder den Glad-to-See-You-Typus[14], Aufnahmen von Begrüßungs- oder Shaking Hands-Szenen oder des repräsentativen Zusammensitzens (vgl. Abb. 2), vom Abschreiten der Truppen oder von informelleren Begegnungen bei einer Veranstaltung oder im Gespräch. Zwar wechselt das Geschlecht der zentralen Personen, die Bildmotive als solche bleiben auch in diesem Fall die gleichen.

Ein zentrales Motiv der Politikerinnen und Politiker sind *Treffen oder Gespräche mit anderen PolitikerInnen*. Der politische Diskurs gehört zum Grundbestand der Ikonografie demokratischer Systeme (vgl. Grittmann 2007: 376ff.). Auch hier wiederholt sich das Bildmotiv unabhängig vom Geschlecht.

Abb. 2: Steinmeier: SZ, 5.6.08: 7; Merkel: SZ, 2.6.08: 7.

Die Inszenierung als volksnahe VertreterInnen von einzelnen Gruppen, die sich ein Bild von der Situation im Land machen und Bürgernähe zeigen, ist ebenfalls einer der zentralen Bildtypen der Pressefotografie. In welchen Gruppen sich die einzelnen Spitzenkräfte wiederfinden, hängt dabei vom Amt ab: Ursula von der Leyen wird in ihrer Funktion als Bundesministerin für Familie, Senioren, Frauen und Jugend mehrfach beim Besuch einer Kindertagesstätte gezeigt (z.B. SZ 10.6.08: 2; Spiegel 26.5.08: 49), Horst Köhler reiht sich in die Belegschaft eines Industrieunternehmens ein (Spiegel 2.6.08: 92).

Während der politische Kontext in den informationsorientierten Tages- und Wochenzeitungen sowie Nachrichtenmagazinen im Mittelpunkt steht, richten die Boulevardzeitung Bild und die Illustrierten ihre visuelle Berichterstattung vor allem auf gesellschaftliche *Veranstaltungen* aus, bei denen sich Politikerinnen und Politiker inmitten eines gehobenen Bürgertums

---

14 Der Glad-to-See-You-Typus umfasst Personenaufnahmen, die Politikerinnen oder Politiker zeigen, wie sie Zuschauenden zuwinken, deren Hände schütteln oder beispielsweise jemandem aus der Menge auf die Schultern klopfen. Sie symbolisieren die Beliebtheit und Unterstützung von PolitikerInnen und gleichzeitig deren Zuwendung und Aufmerksamkeit für die jeweiligen Personengruppen. (Vgl. Glassman/Kenney 1994).

und von Prominenz präsentieren. Dies dient zuweilen der medialen Selbst-referenz, wenn beispielsweise Angela Merkel bei der ‚Osgar-Verleihung' der *Bild-Zeitung* gezeigt wird (vgl. Abb. 3). Auch hier sind Politikerinnen und Politiker gleichermaßen repräsentiert.

Abb. 3: Merkel: Bild, 26.6.08: 30; 25.6.08: 28.

Neben diesen stärker nachrichtlichen Bildern werden häufig Kopf- und Brustporträts gezeigt. Der Fokus auf Kopf und Oberkörper stellt ein kon-ventionalisiertes Fotogenre dar, das gleichermaßen zur Darstellung von Politikerinnen wie Politikern verwendet wird.

Insgesamt lässt sich dieses Bildrepertoire von Spitzenpolitik als eine ständige Wiederholung bekannter Motive charakterisieren. Dabei werden Spitzenpolitikerinnen und -politiker bildlich vorrangig im politischen oder gesellschaftlichen Rahmen gezeigt. Die Aufnahmemomente von Spitzenpolitikerinnen und -politikern im Arbeits- und gesellschaftlichen Kontext unterscheiden sich in den positionsspezifischen situativen Akten, die sich aus den unterschiedlichen Funktionen der Führungspersonen ergeben. Diese Bildmotive finden sich hauptsächlich in den Tageszeitun-gen, Nachrichtenmagazinen und der Wochenzeitung *Die Zeit*.

Deutliche Geschlechterdifferenzen weisen jedoch jene Motive auf, die Momente außerhalb des Arbeitskontextes zeigen.

Bildtypen von Männlichkeit: Der Sportkumpel

Ein zentraler Unterschied in der Darstellung von Spitzenpolitikerinnen und -politikern ist die Präsentation des Politikers als echter Sportfan und -kumpel, zum Beispiel Kurt Beck als Fußballspieler (vgl. FAZ 9.6.08: 3; Focus 16.6.08: 40), Frank-Walter Steinmeier als Baseball-Fan im entsprechenden Outfit (vgl. Abb. 4, m.) und Horst Köhler als Volkssportler beim Marathon (vgl. Abb. 4, l.), womit er in leistungsgesteigerter Form in die Fußstapfen des einst wandernden Karl Carstens tritt. Auf den ersten Blick ließen sich diese Motive von Freizeitaktivitäten der privaten Sphäre zuordnen und könnten somit als ein Moment der Auflösung einer traditionellen Zuweisung des Privaten (weibliche Sphäre) und Beruflichen (männliche Sphäre) entlang der Geschlechterdifferenz gedeutet werden. Sport ist jedoch eine starke Metapher in der Politik für männlich hegemoniale Entwürfe. Sport ist eine „prime arena for the flexing of masculine muscle" (Wahl-Jorgensen 2000: 59). Der Politiker wird im Bild zum Athleten, Kumpelhaftigkeit und echte Volksnähe sind somit nach wie vor stark männlich besetzt, denn es handelt sich dabei um die Ausübung von Sportarten, die sich durch ein hohes Maß an Öffentlichkeit, Popularität und Breitenwirkung auszeichnen.

Abb. 4: Köhler: Spiegel, 19.5.08: 26; Steinmeier: Focus, 2.6.08: 26; Merkel: Bild, 18.6.08: 1.

Von Spitzenpolitikerinnen sind solche Aufnahmen von Spiel- oder Wettkampf-Situationen nicht zu finden. Lediglich Angela Merkel erscheint – vergleichbar zur Aufnahme von Steinmeier beim Baseball – bei der Fußball-Europameisterschaft im Sommer 2008 als emotional involvierter Fan (vgl. Abb. 4, r.). Holtz-Bacha (2008: 81) hat die Auftritte von Angela Merkel bei der Fußball-WM 2006 in Deutschland auf die Repräsentationspflicht der Politik angesichts eines internationalen Turniers im eigenen Land zurückgeführt. Merkel habe bei den Medien den Eindruck vermitteln können, dass sie diese Aufgabe nicht nur absolvierte, sondern dass sie „mit echtem Interesse" bei der Sache gewesen sei (ebd.: 81).

Das Bildmotiv der mitfiebernden und begeisterten Bundeskanzlerin bei der EM 2008 wird in vielen Medien aufgegriffen (z.B. Bild 18.6.08: 1; FAZ, 17.6.08: 1; Superillu 3.7.08: 1; Die Zeit 10.7.08: 8). So greift die *Bild* auf Geschlechterstereotype zurück, indem sie die Kanzlerin als schwärmerisches Mädchen zeigt und damit verniedlicht (Bild 18.6.08: 24).

Typen von Weiblichkeit: Mütter, Ehefrauen und Töchter in den Porträts

Wie die Textanalyse zeigt, werden bei Politikerinnen vor allem in den unterhaltungsorientierten Titeln Vorstellungen der fürsorglichen Tochter oder Mutter, ihr ‚Dasein für andere' aufgerufen (vgl. Maier/Lünenborg in diesem Band). Dem folgt auch die Bildberichterstattung. Die Konstruktion der „fürsorglichen Tochter" wird im Beitrag über Ursula von der Leyen und ihren Umgang mit der Alzheimer-Erkrankung ihres Vaters, Ernst Albrecht, mit Vater-Tochter-Bildern aus Gegenwart und Vergangenheit visualisiert (Bild 28.5.08: 12). Wie schon im eingangs erwähnten Fall von Merkels Auftritt in ausgeschnittenem Abendkleid bei der Eröffnung der Osloer Oper im April 2008 fällt auch in diesem Fall auf, dass weibliche Geschlechterklischees ereignisbezogen aktiviert werden.

Auch in Porträts werden Geschlechterstereotype aufgerufen. Bundespräsidentschaftskandidatin Gesine Schwan wird in einem Porträt im *Stern* (29.5.08: 30–38) fast ausschließlich im familiären, privaten Kontext gezeigt. In der Bilderstrecke wird ihr Leben zu einer Aneinanderreihung privater Glücksmomente. Aufgemacht wird die Geschichte mit einer Aufnahme von Gesine Schwan, die sie an einem See sitzend zeigt. Diesem Foto folgt ein altes Bild: Schwan als junge Frau, wiederum am See, im Dirndl. Durch diese Motivkombination wird die Kontinuität einer naturverbundenen Persönlichkeit suggeriert. Danach folgen Aufnahmen beim Segeln, mit ihrem Ehemann, bei Geburtstag, Theateraufführung, Klavierspiel oder Hochzeit, mit Enkel und Ehemann (vgl. Abb. 5). Ihre Karriere als Wissenschaftlerin wird auf eine Aufnahme beim Geburtstagsmusical zu ihren Ehren reduziert, es geht also um Unterhaltung, nicht um die eigentliche Arbeit. Auch Politik wird zum Tête-à-tête mit Kurt Beck (Stern 29.5.08: 37).

Abb. 5: Schwan: Stern, 29.5.08: 31, 32, 33, 34; Steinmeier: Superillu, 12.6.08: 14.

Das Leben von Gesine Schwan erscheint wie die Personalisierung eines Wertekanons für Frauen höherer Bildungsschichten, der Fürsorge für Ehemann und Familie, kulturelle Bildung und körperliche Leistungsfähigkeit durch Sport vereint. Die einzige Aufnahme aus dem beruflichen Kontext assoziiert eher eine ehrenamtliche Tätigkeit als eine arbeitsintensive, verantwortungsvolle Position, wie sie die Leitung einer Hochschule darstellt. Die Geschlechterkonstruktion einer sich vorrangig im Privaten erfüllenden Existenzweise ist damit unmittelbar mit einer schicht- oder milieuspezifischen Vorstellung einer gehobenen, eher wertkonservativen Bildungsschicht verschränkt. Damit erscheint auch ihre Kandidatur für das Bundespräsidentenamt wie die Bewerbung um ein anspruchsvolleres Ehrenamt. Vergleichbare Aufnahmen aus dem familiären Kontext der Politiker finden sich im Untersuchungszeitraum nicht. Allein die Begleitung der Ehefrau bei gesellschaftlichen Veranstaltungen, wie im Fall von Frank-Walter Steinmeier und Elke Büdenbender, lässt einen privaten Moment aufscheinen (vgl. Abb. 5, r.).

Körperkonstruktionen im Bild

Körper und Bild stehen in einer besonderen Beziehung: Körper, Körperhaltungen und Verhalten dienen der Herstellung von Geschlecht(sidentität), gleichzeitig wird dem Körper Natürlichkeit zugeschrieben, die die Fotografie scheinbar reifiziert. Spitzenpersonal kann somit über die Wahl spezifischer Momente der Körperhaltungen vergeschlechtlicht werden.

Stark standardisiert erscheinen *Gestik und Mimik* der Spitzenpolitikerinnen und -politiker. Das Spektrum ist relativ klein, aber geschlechtsspezifische Zuschreibungen werden nicht aktiviert. So wenig Politikerinnen auf stete Freundlichkeit festgelegt sind, so wenig sind es Politiker auf den strengen Blick. Gesten und Mimik der dargestellten SpitzenpolitikerInnen korrespondieren häufig mit dem Tenor und dem Thema der Berichterstattung und ergeben somit mit der Überschrift ein geschlossenes Gesamtbild. Heißt es dort beispielsweise „Ist die EU jetzt am Ende?", so hat Merkel, die für eine EU-Reform eintritt, auf dem dazugehörigen Bild einen mürrischen Gesichtsausdruck (Bild 14.6.08: 2), während sie im Kontext des Beitrags „Regierung stoppt den Verkauf ins Ausland" zufrieden freundlich lächelt (Bild 29.5.08: 2). Die Bildfunktion im Kontext des Beitrages ist entscheidend, eine geschlechtsspezifische Zuschreibung spielt dabei keine Rolle.

Das Gestenrepertoire der Spitzenpolitikerinnen und -politiker bei formellen wie informellen Reden ist ebenfalls stark standardisiert, sowohl Präzisions- und rhetorische Gesten (z.B. Zeigegestus, Formung eines Kreises mit Zeigefinger und Daumen) als auch Macht- und Aggressionsgesten (geballte Faust) und Selbstberührungen (wie die zusammengefalteten Hände) werden bei Politikerinnen wie Politikern gezeigt (vgl. Abb. 1).

Bei Verhaltensweisen werden jedoch auch Stereotype aufgerufen. Beispielsweise wird Kurt Beck auf einigen Aufnahmen mit einem Bierhumpen in der Hand dargestellt, ihm wird damit eine traditionelle, fast schon bräsig-bäuerliche Männlichkeit zugeschrieben (z.B. Spiegel 9.6.08: 40). Ähnlich setzt ihn der *Stern* in einem Porträt ins Bild: Beck wird als Mann der Provinz vorgeführt, der sich wohl fühlt, wenn er bei einem Landes-fest ein Gewehr laden, im Bierzelt feiern oder gar mit einem römischen Legionärshelm auf dem Kopf auftreten kann (Stern 12.6.08: 29–34).

Gerade bei den Spitzenpolitikerinnen finden sich zuweilen subtile Brüche zwischen Mimik und Gestik, indem eine zunächst selbstbewusst oder gar dominant erscheinende Ausdrucksweise durch eine unsichere und verlegene konterkariert wird: Eine Aufnahme inmitten von G-8-Partnern zeigt Angela Merkel zwar dominant in der Mitte – was durch ihre Positionierung im Bildzentrum noch verstärkt wird –, doch ihre do-minante Führungsgeste des Nach-Vorne-Zeigens wird durch einen ver-schmitzten Blick konterkariert (vgl. Abb. 6, l.). Auch Ursula von der Leyens Auftritt in Boxhandschuhen zur Businesskleidung (zusammen mit Heidemarie Wieczorek-Zeul und Brigitte Zypries, vgl. Abb. 6, r.) wird dadurch gebrochen, dass die Geste nicht durch einen entschlossenen Blick und selbstbewusste Mimik, sondern durch lachende Gesichter begleitet wird. Die medial inszenierte Pose wird sichtbar gemacht und damit ent-wertet.

Staats- und Regierungschefs (in Heiligendamm): *Hinterher glänzen*   **Ministerin Wieczorek-Zeul (M.), Kolleginnen*:** *Üppige Haushaltspläne*

Abb. 6: Merkel: Spiegel, 16.6.08: 32; Von der Leyen: Spiegel, 30.6.08: 26.

Politikerinnen und Politiker werden vorrangig aufrecht stehend, sitzend oder gehend aufgenommen. Sie strahlen damit Souveränität aus. Bei den Männern ist das immer der Fall, gerade Steinmeier und Köhler werden auch sehr ‚staatsmännisch' in Szene gesetzt. Eine Ausnahme bildet Ge-sine Schwan, die leicht schief und verdreht sitzend oder gehend darge-stellt wird (vgl. Abb. 5, l.), häufig dann, wenn sie im Kontext mit anderen Personen auftritt (vgl. dazu den nächsten Abschnitt). Da es auch ganz andere Aufnahmen von ihr gibt, wird deutlich, dass es sich hier auch um eine journalistische Konstruktion handelt. *Die Zeit* zeigt Schwan bei-spielsweise bei einer Rede, bei der sie durch Bildausschnitt und Kamera-standpunkt souverän und standfest wirkt (Zeit 29.5.08: 4).

Ungleiche Verhältnisse: Körpersprache in der Interaktion

In Aufnahmen von Begegnungen und Gesprächen mit AmtskollegInnen aus anderen Ländern, der eigenen Partei, Fraktion oder mit gesellschaftlichen Gruppen werden ranggleiche Politikerinnen und Politiker meist gleichberechtigt dargestellt, d.h. sie befinden sich auf einer Bildebene, auf gleicher Höhe und nebeneinander (vgl. Abb. 2). Die Interaktion basiert auf gesellschaftlich anerkannten Höflichkeits- und Verhaltensgesten wie dem Händeschütteln, allenfalls wird noch der Oberarm des Gegenübers berührt. Die Nähe oder Distanz zwischen den Personen und ihre Positionierung zueinander wird dabei ebenso symbolisch eingesetzt wie der Gesichtsausdruck: Im Beitrag über Spannungen in der Regierungskoalition von CDU und SPD erscheinen Steinmeier und Merkel nebeneinander sitzend, Merkel mit abgewandtem Kopf und in großer Distanz, ohne jeglichen Blickkontakt (FAZ 29.5.08: 4). In „entspannte[r] Atmosphäre" dagegen sind sie einander zugewandt, fast körpernah und halten Blickkontakt (SZ 30.5.08: 6).

Allerdings ist die visuelle Darstellung von Beziehungen und Interaktionen wie keine andere Dimension von Dominanz- und Subordinationsmomenten durchzogen, die Hierarchie qua Macht und/oder Geschlecht erzeugen. Angela Merkel steht häufig im Mittelpunkt. Gerade bei Aufnahmen im internationalen KollegInnenkreis schreitet sie voran, führt oder steht im Zentrum (vgl. Abb. 6, l.). Dieser fotografische Blick erscheint damit auch hochgradig national ausgerichtet. Die deutsche Position, vertreten durch die Bundeskanzlerin, wird visuell ins Zentrum gerückt, meist ist es Merkel, die gerade spricht, deutet, gestikuliert. Auch im Gespräch mit Ministerinnen oder Ministern im innerdeutschen Kontext wird sie durch den Kamerastandpunkt zentriert (Focus 23.6.08: 28). Durch Tiefenschärfe, Ausschnitt und Perspektive wird die Fokussierung verstärkt oder erst erzeugt. Geschlechterhierarchien werden hier zugunsten von politischen Machthierarchien überlagert.

Allerdings werden Politikerinnen und Politiker auch in Kontaktformen gezeigt, die eine klare geschlechterhierarchische Bedeutung aufweisen. Das trifft Angela Merkel ebenso wie Ursula von der Leyen oder Gesine Schwan. Beim Gespräch legt der amerikanische Präsident George W. Bush schon einmal die Hand auf die Schulter von Angela Merkel, eine Geste, die von der *Süddeutschen Zeitung* symbolisch-politisch als „Amerikanische Übermacht" gedeutet wurde, so die Bildunterzeile (SZ 12.6.08: 17). Auch Begrüßungsküsse werden beim Aufeinandertreffen von Politikerinnen und Politikern im Gegensatz zum (sozialistischen) Bruderkuss eines Erich Honeckers oder Michael Gorbatschows nicht gegenseitig, sondern einseitig von Seiten der Politiker präsentiert (z.B. SZ 10.6.08: 7).

Als legitime Höflichkeitsform bei der Begrüßung sind diese Körperkontakte gerade durch die Einseitigkeit der Aufnahme hierarchisch angelegt, sie erscheinen sexualisiert.

Eine eindeutig vergeschlechtlichte Beziehungsgestaltung zeigt sich vor allem dann, wenn Ehepartner/innen mit ins Bild gesetzt werden – und zwar in einem eindeutig hierarchischen Verhältnis: Es sind grundsätzlich Frauen, die sich von Männern beschützend den Arm um die Schulter legen lassen. So wird beispielsweise Gesine Schwan an ihren Mann angelehnt gezeigt; er und nicht sie dominiert das Bild (vgl. Abb. 5, 2.v.r). Ebenso schmiegt sich Steinmeiers Ehefrau an ihren Mann oder hängt sich bei ihm ein (vgl. Abb. 5, r.), Horst Köhler legt entspannt den Arm um die Schulter seiner Frau (Stern 15.5.08: 43).

Machtvolle Perspektiven: Ästhetische Darstellungsstrategien

Auf der darstellungsästhetischen Ebene lassen sich zwei Formen beobachten, durch die eine zweigeschlechtliche Hierarchie erzeugt wird:

Vergeschlechtlichung durch Kontextualisierung
Angela Merkel wird in der *Bild* und in der *Superillu* in den Kontext von sehr feminin gekleideten und gestylten Filmstars bzw. eher leicht bekleideten weiblichen Fußball-Fans montiert (vgl. Abb. 3; Superillu 3.7.08: 78).

Die Konnotation von Geschlecht kann aber auch durch redaktionelle Kontrastierung entstehen: Eine Aufnahme von Angela Merkel wird beispielsweise im *Spiegel* mit den Fotos von Frank-Walter Steinmeier, Barack Obama und John McCain zusammengestellt (vgl. Abb. 7, l.). Während die drei Männer entweder mit ausholenden, raumgreifenden oder machtvollen Gesten zu sehen sind, steht Merkel mit angewinkelten Armen auf einem Balkon und hält vor dem Bauch die Finger der einen Hand mit der anderen fest. Durch den zur Seite gerichteten Blick und den Kontrast wirkt sie eher verschüchtert.

Abb. 7: Merkel u.a.: Spiegel, 9.6.08: 23; Köhler und Schwan: Spiegel, 9.6.08: 15.

Dieses Muster der Hierarchisierung lässt sich besonders deutlich in einer Bildgegenüberstellung von Gesine Schwan und Horst Köhler nachvollziehen: Während er, aus der Untersicht fotografiert, aufrecht vor der Deutschlandfahne steht und in Krawatte und Anzug eine Rede hält, trägt sie eine Art Wolljacke und lächelt fast verträumt in die Kamera, den Körper schief zur Seite geneigt, den Kopf auf die Hand gestützt (vgl. Abb. 7, r.).

Vergeschlechtlichung durch Wahl des Standpunktes und der Aufnahmeperspektive
Kamerastandpunkt, Bildausschnitt und Tiefenschärfe sind fotografische Techniken, um Personen in den Mittelpunkt oder in eine Randposition zu rücken. Kompositorische Raumkonstellationen haben symbolische Bedeutung. So wirkt, wie oben bereits beschrieben, zumindest Angela Merkel durch ihre Zentrierung im Bildmittelpunkt häufig wie die ‚prima inter pares'. Die Aufnahmeperspektive der Untersicht oder ein traditionell machttypischer Ausschnitt (bildfüllende Halbfigur) wird jedoch vor allen Dingen bei Politikern gewählt (vgl. Steinmeier in Focus 2.6.08: 6).

Mädchen, Mütter, Powerfrauen – geschlechterdifferenzierende Bezeichnungen in den Bildunterschriften

Geschlechterdifferenzierende Benennungen, die über die vergeschlechtlichte berufliche Bezeichnung (Kanzler/Kanzlerin etc.) hinausgehen, werden in den Bildunterschriften bei Politikern äußerst selten eingesetzt[15]: Lediglich in einem Beitragstitel, der über ein Bild läuft, findet sich eine geschlechtsspezifische Konnotation: Ein Interview mit Frank-Walter Steinmeier in der *Bunten* wird betitelt mit „Ich, ein Frauentyp? ... das überrascht mich" (Bunte 5.6.08: 55). Dagegen werden Politikerinnen immer wieder geschlechtsspezifisch attribuiert. Das Bezeichnungsspektrum reicht von Attributen wie „mütterlich" (SZ 16.6.08: 3) über die Beschreibung als „Powerfrauen" (Bunte 3.7.08: 46) oder „starke Frauen" (Superillu 26.6.08: 7) bis hin zu abwertenden Trivialisierungen durch einen verniedlichenden Spitznamen, der aus dem Vornamen gebildet wird. So macht der *Focus* aus Bundeskanzlerin Angela Merkel „Angie" (Focus, 30.6.08: 3) und die *Superillu* untertitelt „Bundes-Angie macht's vor: Frauen sind die besten Fans" (Superillu 3.7.08: 78).

Diese Formen der Vergeschlechtlichung werden sowohl in den informationsorientierten als auch in den unterhaltungsorientierten Medien eingesetzt.

---

15 Allerdings sind geschlechterdifferenzierende Attribuierungen in den Texten deutlich stärker verbreitet (vgl. Maier/Lünenborg, in diesem Band).

5.2 Auf dem Gipfel der Macht: Spitzenkräfte der Wirtschaft

Wirtschaftsmacht als journalistisches Selektionskriterium

Wie für die Politik sollten auch für die Wirtschaft jene Spitzenkräfte in der qualitativen Bildanalyse berücksichtigt werden, die insgesamt am häufigsten in der Berichterstattung abgebildet wurden und möglichst im Status vergleichbar sind. Dabei war die Definition von Wirtschaftsführungskraft breit gewählt (vgl. hierzu Röser/Müller in diesem Band). Bei den Männern führen René Obermann (Telekom, 37 Bilder), der Unternehmer Franjo Pooth (32 Bilder), der Siemens-Vorstandschef Peter Löscher (24 Bilder) und der Chef der Deutschen Bank, Josef Ackermann (21 Bilder) die Liste an. Sowohl über Telekom als auch Siemens wurde aufgrund von Bespitzelungs- und Bestechungsskandalen viel berichtet, die Deutsche Bank stand durch die Finanzkrise in der Medienaufmerksamkeit. Das erklärt allerdings nur zum Teil die hohe visuelle Beachtung, die ihren Topmanagern gewidmet wird. Unter den zehn am häufigsten gezeigten Managern befinden sich – bis auf eine Ausnahme (Pooth) – ausschließlich Manager großer Konzerne wie VW, RWE oder Daimler. Wirtschaftliche Macht erscheint somit als entscheidendes Selektionskriterium für die visuelle Repräsentation ihrer Spitzenmanager.

Der hohe Anteil an Aufnahmen von Franjo Pooth, Gründer einer Elektronik-Firma, ist dagegen auf das vorrangige Interesse der unterhaltungsorientierten Medien zurückzuführen, insbesondere der *Bild*. Prominenz und Negativismus – Pooth ist der Ehemann der Moderatorin Verona Pooth und musste Anfang 2008 überschuldet Insolvenz anmelden – sind hier zentrale Nachrichtenfaktoren. Bei den Frauen waren die Designerin Jette Joop (9 Bilder), die Managerin im Bahn-Personalvorstand, Margret Suckale (7 Bilder) sowie die Deutschland-Chefin der Personalberatung Heidrick & Struggles, Christine Stimpel (6 Bilder), am häufigsten präsent.

Bereits der Blick auf die Verteilung der einzelnen Personen in den Medien zeigt eine grundlegende Problematik: Während Obermann, Löscher und Ackermann in dem gewählten Untersuchungszeitraum in fast allen Medien zu sehen waren, erscheinen Joop, Suckale und Stimpel ausschließlich in einzelnen Medien: Joop in den unterhaltungsorientierten Titeln *Bild*, *Stern* und *Superillu*, Suckale und Stimpel allein in einem jeweils ausführlichen Porträt im Wirtschaftsmagazin *Capital*. Die höhere Präsenz im Vergleich zu anderen Frauen in Führungspositionen erklärt sich somit nicht aus einer häufigen Präsenz in verschiedenen Medien, sondern allein aus der Thematisierung der Personen in jeweils einem Medium, das mehrere Bilder der Spitzenfrauen zeigte. Es erscheint daher sehr zufällig, welche Spitzenmanagerinnen überhaupt eine nennenswerte

Tab. 5: Rangliste der Spitzenmanagerinnen und -manager
nach Häufigkeit ihrer visuellen Repräsentanz (absolut und Anteil in %)

Rang	Spitzen-politiker/in	Position im Untersuchungszeitraum	Häu-figkeit	Anteil in %
1.	Obermann, René	Vorstandsvorsitzender Deutsche Telekom AG	37	3,8
2.	Pooth, Franjo	Unternehmer Maxfield GmbH	32	3,3
3.	Löscher, Peter	Vorstandsvorsitzender Siemens AG	24	2,4
4.	Ackermann, Josef	Vorstandsvorsitzender Deutsche Bank AG	21	2,1
5.	Wiedeking, Wendelin	Vorstandsvorsitzender Porsche AG	19	1,9
16.	Joop, Jette	Designerin	9	0,9
21.	Suckale, Margret	Personalvorstand Deutsche Bahn	7	0,7
27.	Stimpel, Christine	Deutschland-Chefin Personalberatung Heidrick & Struggles	6	0,6

Materialbasis: Abbildungen der Spitzenmanagerinnen und -manager im Sample

Beachtung in den Medien erfahren. Insgesamt kommen weibliche Führungskräfte vorrangig in Unterhaltungstiteln vor.

In einzelnen Medien ist die Selektionslogik deutlich „pro domo" ausgerichtet: *Bild* publizierte in sechs der sieben Aufnahmen Frauen in Führungspositionen, die dem Blatt in irgendeiner Form verbunden sind: zum einen Friede Springer, Hauptaktionärin und stellvertretende Aufsichtsratsvorsitzende des Axel-Springer-Verlags, zum anderen Dr. Dr. h.c. Manuela Schmidt, Besitzerin von Hotels auf Mallorca, aber vor allem bekannt durch ihre Unterstützung mit angeblichen Beträgen im Millionenbereich der von *Bild* getragenen Aktion ‚Ein Herz für Kinder'. Zwar gibt es solche hausgemachten Selektionsvorzüge auch bei Männern – Chefredakteur Kai Diekmann, Vorstandsvorsitzender Mathias Döpfner und der ehemalige Vorstandsvorsitzende Peter Tamm sind neben Franjo Pooth die beliebtesten Fotoobjekte unter den männlichen Wirtschaftsführungskräften der *Bild* – im Vergleich mit Bildpublikationen in anderen Titeln relativiert sich dieser Anteil jedoch deutlicher.

Diese Situation stellt auch eine qualitative Analyse vor ein Auswahlproblem. Während die Bildberichterstattung zu Ackermann, Löscher und Obermann aufgrund der Vielzahl der Bilder und Bandbreite in den Medien ein relativ breites und damit typisches Bild der Darstellung von Spitzenmanagern wiedergeben dürfte, erscheinen Frauen in Führungspositionen großer Unternehmen nur vereinzelt im Bild. Deshalb wurden neben den Fotos von Jette Joop, Margret Suckale und Christine Stimpel sowie Friede

Springer (Axel Springer AG) weitere (Einzel-)Bilder von Birgit Adels (Geschäftsführerin Musikkonzern EMI Deutschland), Simone Bagel-Trah (stellvertretende Aufsichtsratsvorsitzende von Henkel), der Managerin Karin Katerbau (Commerzbank), Nicola Leibinger-Kammüller (Vorsitzende der Trumpf-Geschäftsführung), Liz Mohn (Vorstand Bertelsmann-Stiftung), Andrea Schauer (Geschäftsführerin Playmobil Deutschland) und Maria-Elisabeth Schaeffler (Eigentümerin der INA Schaeffler KG) einbezogen.

Powerplay und Party Girl –
die Geschlechterikonografie der Führungskräfte

Die Bilderwelt der Spitzenkräfte in der Wirtschaft ist eine dominant männliche Welt und sie ist, im Gegensatz zur politischen Ikonografie, weniger ereignis- und handlungsorientiert. Kopfporträts[16] und Porträts bestimmen die Bildberichterstattung.

In handlungsfokussierten, ereignisbezogenen Bildern aus dem konkreten beruflichen Kontext kommen Frauen im Untersuchungszeitraum nicht vor, nicht einmal in der zweiten Reihe. Die Aktivität ist dem männlichen Spitzenpersonal vorbehalten. Wirtschaftshandeln ist männliches Handeln, z.B. wenn Josef Ackermann vor den Aktionären über die Finanzkrise spricht (vgl. Abb. 8, r.) oder sich Konzernchef René Obermann für die Spitzelaffäre in „seinem Konzern" Telekom (Spiegel 30.6.08: 70) vor der Presse verantworten muss (vgl. Abb. 8, l.).

Abb. 8: Obermann: SZ, 2.6.08: 3; Obermann u.a.: Spiegel, 26.5.08: 88; Ackermann: SZ, 30.5.08: 27.

Das Motivspektrum ist relativ klein: Redemomente, ob in Nahaufnahme oder in der Totalen im Rahmen von Veranstaltungen, im Gespräch oder Interview, vor Mikrofonen oder Rednerpult, sind die beherrschenden Bildmotive. Das Bild von Spitzenmanagern ist auf wenige Orte reduziert: auf die Bühnen der Aktionärsversammlungen (vgl. Abb. 8, r.), die Podien

---

16 Kopfporträts vor neutralem Hintergrund wurden bei der weiteren Analyse nicht berücksichtigt, allerdings ist hier zu erwähnen, dass sie die Visualisierung in den Wirtschaftsmagazinen dominieren.

der Pressekonferenzen (ebd.), Konferenztische bei Interviews und Säle der Veranstaltungsforen und Kongresse, bei denen sich die Spitzen von Wirtschaft, aber auch der Politik treffen. Gezeichnet wird eine hermetische Welt der Wirtschaftsmacht. Mann bleibt unter sich, es sind stets Spitzenkräfte, die auf Spitzenkräfte treffen, sich unterhalten oder miteinander debattieren (vgl. Abb. 8, m.). Es ist die Vorstellung eines mächtigen, sozialen Kapitals der Verbindungen und Netzwerke, die somit aktiviert wird. Dabei stehen die Topmanager für ihre Unternehmen: Durch die herausragende Präsentation vor den Logos, Fahnen und Schriftzügen der Unternehmen werden Management und Unternehmen visuell zusammengeführt. Der Fokussierung auf einzelne Personen stehen zuweilen Totalaufnahmen von gesamten Aktionärsversammlungen gegenüber, bei denen wiederum die Großprojektion des Vorstandsvorsitzenden auf der Bühne herausragt (vgl. z.B. FAZ 30.5.2008: 17).

Das Privatleben von Wirtschaftsmanagerinnen und -managern ist kein Bildthema. Dafür zeigen sich die Führungsspitzen in Kontexten, die ihren sozialen Status stützen: Aufnahmen von Auftritten bei gesellschaftlichen Ereignissen, wie beispielsweise von Josef Ackermann und Peter Löscher mit ihren Ehefrauen beim Wiener Opernball im *Stern* (vgl. Abb. 9), bei Preisverleihungen, Ehrungen, Museumseröffnungen, Opern oder sonstigen Kulturveranstaltungen, die für eine traditionelle Hochkultur stehen, runden das Bild der einflussreichen, mächtigen, gesellschaftlich anerkannten Top-Manager ab. Hier geht es selten um die Aufnahme von Handlungen[17], sondern allein um das situative Moment der Anwesenheit. Die bevorzugte Darstellungsform ist das Gruppenfoto, das den Zusammenhalt, die Gruppenzugehörigkeit symbolisiert. Durch die Pressefotografie formt sich das Bild einer sozialen Schicht, der Topmanager in der ‚High Society'. Es wirkt zunächst wie ein privater Moment, letztlich handelt es sich jedoch um eine Form der Statusrepräsentation. Zwar erscheinen gerade im Kontext dieser gesellschaftlichen Veranstaltungen auch Topmanagerinnen (s.u.). Sie werden jedoch visuell in Konkurrenz zu den Ehefrauen der Topmanager gesetzt (vgl. Abb. 9 auf Seite 156). Die heterosexuelle Ehe wird als gesellschaftlich ‚vorzeigbare' Lebensform zum Statusmodell.[18]

---

17 Eine Ausnahme bildet beispielsweise die Eröffnung des von Peter Tamm gestifteten Museums in Hamburg durch den ehemaligen Vorstandsvorsitzenden des Axel Springer Verlags (Bild 26.6.08: 8).

18 Es ist eine Medienwelt, in der das *Manager Magazin* die Frage aufwirft, ob es mit dem Status als Topmanager zu vereinbaren ist, dass sich René Obermann von seiner Frau getrennt hat und mit der TV-Moderatorin Maybrit Illner zusammen ist. Das Magazin kommt dabei zum Schluss, damit habe der „Telekom-Manager vielen Managern den Weg bereitet – für einen offeneren Umgang mit ihren Ehen, deren Endlichkeit" (Manager Magazin 1.7.08: 179).

Abb. 9: Ackermann, Löscher: Stern, 26.6.08: 74; Joop: Bunte, 15.5.08: 58.

In Form der Veranstaltungsfotografie werden immerhin auch vereinzelt Frauen in Führungspositionen repräsentiert, wie beispielsweise Friede Springer in *Bild*. Sie ist eine der wenigen weiblichen Führungskräfte aus der Vorstandsriege, die als eigenständige Persönlichkeit dargestellt wird (Bild 26.06.08: 8). Die Porträtierten erscheinen dabei gut gelaunt.

Wie in der Politik werden auch Frauen in der Wirtschaft durch die Gruppenfotos in Beziehung zu ihren Vätern gesetzt: Nicola Leibinger-Kammüller, Vorsitzende der Trumpf Geschäftsführung, erscheint ebenso neben ihrem Vater wie Victoria Strehle, Leiterin von Strenesse Stores (Bunte 26.6.08: 107; Stern 26.6.08: 81). In einem Porträt in der Zeitschrift *Bunte* wird die Designerin Jette Joop gleich in mehreren Fotos mit ihrem Vater gezeigt (vgl. z.B. Abb. 9, kleines Foto). Die in den Textporträts zu beobachtenden Vergeschlechtlichungsprozesse durch den Tochter-Bezug (vgl. Maier/Lünenborg in diesem Band) finden sich somit auch in der visuellen Berichterstattung, sie werden dadurch wechselseitig verstärkt.

Den vergleichsweise wenigen Motiven von handlungsorientierten oder zumindest situativen Momenten steht eine Fülle von Porträts gegenüber, die sich durch spezifische Merkmale auszeichnen, um den Machtstatus der fotografierten Person zu versinnbildlichen. Dieser Typus ist vorrangig Topmanagern vorbehalten. Dadurch kommt es zu einer Aufwertung der männlichen und Abwertung der weiblichen Führungskräfte.

Einen besonders verbreiteten Typus stellt das halbfigurige Porträt dar. Der oder die Porträtierte ist der Kamera frontal zugewandt oder dreht den Kopf leicht zur Seite. Führungskräfte wie Josef Ackermann stehen im Zentrum und Vordergrund, so dass eine starke Präsenz entsteht (vgl. Abb. 10, l.). Arme und Hände werden in einer Ruheposition aufgenommen. Auffällig ist die Reduktion bis hin zum Fehlen jeglicher Gegenstände,

Utensilien oder Handlungen, die auf eine Tätigkeit hinweisen könnten. Der leere Raum ist das Privileg der Topmanager. Die Person genügt, um Macht und Autorität auszustrahlen. Zuweilen erscheint noch ein Kunstwerk im Hintergrund, das ebenfalls gesellschaftlichen Status und Macht symbolisiert (vgl. Ullrich 2000). Auch diese Bilder in den Bildern sind in den Wirtschaftsporträts den Topmanagern vorbehalten.[19] Alternativ dazu wird der Blick aus der oberen Etage als Hintergrund gewählt (vgl. Abb. 10, l.). Es ist der privilegierte Feldherrenstandpunkt, der nun im Kontext von individueller Macht und hierarchischer (räumlicher) Ordnung seine Nachfolge im Motiv des weiten Blicks aus dem Fenster findet. Zwar werden auch Frauen in Spitzenpositionen in Einzelporträts repräsentiert, diese visuelle Machtsymbolik bleibt allerdings dem Topmanagement der DAX-Konzerne und der großen Finanzunternehmen vorbehalten.

Abb. 10: Ackermann: *Capital*, 20.5.08: 190; 18.6.08: 158; Löscher: *Stern*, 26.6.08: 5.

Ein weiterer Porträttypus nutzt charakteristische Gegenstände (z.B. Produkte oder Modelle), technische Geräte zur Produktion (z.B. Maschinen) oder das Setting der Produktionsstätten, um das Wirtschaftsfeld der Porträtierten zu bestimmen. Auf diese Art und Weise werden häufig sowohl weibliche als auch männliche Spitzenkräfte kleinerer oder mittelständischer Unternehmen porträtiert, z.B. Stefan Pischinger in der *FAZ* (9.6.08: 19) oder Andrea Schauer in der *Zeit* (10.7.08: 28).

Der einzigen Frau, der Versatzstücke, Versatzblicke der Machtrepräsentation zugebilligt werden, ist Margret Suckale. Das *Capital*-Porträt über den Personalvorstand der Deutschen Bahn begleitet eine Bildstrecke, die unterschiedliche Arbeitsmomente und Sachaufnahmen zeigt (Capital 18.6.08).

---

19 Auch in den Porträts von Spitzenpolitikerinnen oder -politikern wird Kunst als Statussymbol eingesetzt.

Die Strecke wird mit einer Aufnahme aus dem bodentiefen Fenster ihres Büros hinaus auf Berlin eröffnet (vgl. Abb. 11, l.), auch hier taucht somit das Motiv des privilegierten Blicks wieder auf. Allerdings wird es insofern gebrochen, als auf dem Holzboden im Vordergrund eine kleine elektrische Eisenbahnlok auf einer Schiene zu sehen ist, die das Geschäftsfeld symbolisiert, die Szene jedoch verniedlicht. Die Ikonografie der folgenden einzelnen Bilder nimmt sich wie die Variation der bereits beschriebenen Bildmotive aus: Dem Feldherrenblick folgt ein Porträt von Suckale im ICE (vgl. Abb. 11, 2.v.l.). Doch steht Suckale nicht im Bildmittelpunkt, sie ist an die Seite gerückt. Auch erscheint sie in einer Diskussionsrunde aus der Untersicht, gefolgt vom Bild der Rednerin in einem Hörsaal (vgl. ebd., 3.v.l.). Neben weiteren Aufnahmen wird auch Suckales Schreibtisch Aufmerksamkeit gewidmet: Er wird zum Stillleben, durch das seine Benutzerin charakterisiert werden soll (vgl. Abb. 11, r.). Im Gegensatz zu den leeren Arbeitsplätzen der Topmanager stehen hier auch noch Thermoskanne und Tasse, daneben liegen Bücher über Woody Allen, „Yoga für dich und überall", „Rhetorik und Public Relations" sowie ein Buch über „Die Unterrichtung der Arbeitnehmer vor Betriebsübergang" (ebd.). Kulturelle Aufgeschlossenheit, die Assoziation körperlich-mentaler Fitness, Führungskompetenz und Führungsstrategien – obgleich Margret Suckale eine vergleichbar hohe Position in der Wirtschaft erreicht hat, wird hier ein normiertes Leistungsprofil einer leitenden Angestellten bibliophil durchdekliniert, die sich körperlich, kulturell und beruflich *weiter* bildet.

Abb. 11: Suckale: Capital, 18.6.08: 202, 203, 204, 208

Körperkonstruktionen: Mächtige und schmächtige Haltungen

Körperkonstruktionen spielen in den Gruppen- und Einzelporträts der Wirtschaftsspitze eine ganz zentrale Rolle, aber auch in den situativen Gruppenfotos, die im Kontext von Veranstaltungen entstehen.

Der bildfüllende, massiv wirkende Körper ist das Privileg der Topmanager in der Porträtfotografie. Sie nehmen Raum ein und durch die frontalen Perspektiven wird deutlich, dass die Körper aufrecht und gerade stehen (vgl. Abb. 10). Die Haltung drückt Geradlinigkeit, Standhaftigkeit und durch die raumgreifende Präsenz auch Macht aus. In dieser Form ist diese Körperkonstruktion nur bei den Topmanagern zu finden. Die körperliche Kultivierung traditioneller und machtvoller Männlichkeitsvorstellungen wird durch die Bildinszenierung aufgerufen und erhält damit Bedeutung. Herrschaftsverhältnisse reichen damit bis in den Körper hinein (vgl. Bourdieu 2005: 45). Der normierte, konservative Kleidercode des Managements verstärkt diesen Eindruck; die dunklen Anzüge sollen Seriosität signalisieren und sind Ausdruck einer wertkonservativen Oberschicht. Mediale Selbstinszenierung und Bildikonografie verschmelzen damit zu einem Typus der Machtelite, der gesellschaftlich positionierte und geschlechtliche Macht verbindet.

Dagegen werden die Aufsichtsratsvorsitzende von Henkel, Simone Bagel-Trah oder Margret Suckale so in einer Bildhälfte positioniert oder an die Wand gedrängt, dass dieser mächtige Eindruck erst gar nicht entsteht (vgl. Abb. 11, 2.v.l.; Abb. 12, l.).

Abb. 12: Bagel-Trah: Manager Magazin, 1.6.08: 72; Katerbau: SZ, 9.6.08: 18; Schubert: FAZ, 23.6.08: 11.

Neben solchen schlichten (Bagel-Trah) bis abwertenden (Suckale) Körperinszenierungen, die im Vergleich zu den visuellen Darstellungen männlicher Führungskräfte Geschlechterdifferenzen markieren, lassen sich auch Anpassungsformen beobachten, die die Darstellungsschemata der Topmanager aufgreifen, aber stets alte Geschlechterdarstellungen fortführen. Ein Beispiel dafür stellt die Aufnahme der Commerzbank-Managerin Karin Katerbau in der *Süddeutschen Zeitung* dar (vgl. Abb. 12, m.). Katerbau wird in den Bildmittelpunkt gerückt und gewinnt dementsprechend Präsenz. Die Perspektive ist auf Augenhöhe, Katerbau steht fast frontal, ruhig und gelassen mit verschränkten Armen, der Kopf ist allerdings ganz leicht schief geneigt. Business-Kleidung kennzeichnet ihren Arbeitsbereich. Ein anderes Beispiel zeigt die Vorsitzende der Schubert-Dienstleistungsgruppe, Kirsten Schubert (vgl. Abb. 12, r.). Auch sie wird halbfigurig frontal aufgenommen und ins Bildzentrum gerückt. Der Nadelstreifenblazer entspricht auch hier dem uniformen Dresscode wertkonservativer Wirtschaftsmilieus. Im Hintergrund ist der Firmeneingang mit dem Logo und Schriftzug des Unternehmens zu sehen, auch sie steht damit gleichermaßen für das Unternehmen. Die Perspektive aus der Untersicht schreibt ihr Macht zu. Allerdings hält Schubert die rechte Hand so vor das Kinn, dass sie das Gesicht teilweise verdeckt. Beide lächeln freundlich.

Auch Unternehmerinnen anderer Milieus werden im Kontext der Veranstaltungsfotos und Porträts vergeschlechtlicht, die Strategien unterscheiden sich jedoch. Ein Beispiel dafür ist die Designerin Jette Joop, die eher einem avantgardistischen, kreativen Milieu zuzuordnen ist. Im Rahmen eines Porträts in der Zeitschrift *Bunte*, das in der Rubrik ‚Wirtschaft' publiziert wurde, sitzt sie mit schwarzen Lederstiefeln, eng anliegender schwarzer Hose und T-Shirt in einem weißen Sessel (vgl. Abb. 9, r.). Die Kleidung drückt damit zum einen die Ablehnung der Konventionen wertkonservativer Wirtschaftsmilieus mit ihrer formstrengen Anzugs- und Kostümwelt aus, sie ist durch die starke Körperbetonung und durch die schwarzen hohen Lederstiefel aber ebenso geschlechtsspezifisch konnotiert. Auch die Haltung des Oberkörpers erscheint zwar betont lässig – die Unterarme liegen entspannt auf der Sessellehne – die Beine sind dagegen eng übereinander geschlagen, fast umeinander geschlungen, der Unterkörper ist schief verdreht und aus einer leichten Aufsicht aufgenommen, so dass Joop nach oben blicken muss. Verfügbarkeit und Dominanz werden gleichermaßen aufgerufen.

Perspektiven der Macht: Der da oben, die da unten

Verstärkt werden Machtzuschreibungen und Vergeschlechtlichungsstrategien durch Einsatz von darstellerischen Mitteln wie Bildausschnitt und Kameraperspektive.

Die Positionierung im Bildzentrum, die die Bedeutung einer Person hervorhebt, wird sowohl bei weiblichen als auch bei männlichen Führungskräften eingesetzt.

In den Porträts von Josef Ackermann wird der Bildausschnitt so gewählt, dass der Körper besonders stattlich wirkt (vgl. Abb. 10, l. und m.). Durch die Wahl des Bildausschnitts und des Objektivs wird wirtschaftliche Macht und Größe hervorgerufen; dieser Eindruck wird durch die Untersicht noch verstärkt. Die bildfüllende Körperlichkeit durch die Wahl des Bildausschnitts erscheint nur bei Porträts von Topmanagern. Dagegen wird Margret Suckale in der bereits beschriebenen Aufnahme im ICE durch die Positionierung am Bildrand abgewertet (vgl. Abb. 11, 2.v.l.).

Sowohl bei den Porträts als auch bei den ereignisorientierten Aufnahmen von Topmanagern wird aus der Untersicht fotografiert (vgl. Abb. 8, r.; Abb. 10, m.). Wie am Beispiel von Kirsten Schubert gezeigt wurde, wird diese Form der Machtzuschreibung auch einmal bei einer weiblichen Führungskraft eingesetzt, jedoch durch die Gestik wieder gebrochen. Die Aufsicht, also der Blick von oben, wird hingegen nur bei einigen Topmanagerinnen gewählt (z.B. Birgit Adels, EMI, Manager Magazin 1.6.08: 33).

Darstellungsstrategien, die mit einer Machtzuschreibung verbunden sind, werden somit bei den Topmanagerinnen nie uneingeschränkt eingesetzt, wie es bei den Topmanagern der Fall ist. Darüber hinaus finden sich Abwertungsstrategien wie der Blick von oben nur bei den Topmanagerinnen.

Diese Strategien des Einsatzes von Kameraperspektive und Bildausschnitt, um Machtwirkungen zu erzeugen, ist nicht medienspezifisch, sondern ist in allen Zeitungen und Zeitschriften zu beobachten.

Dagegen lassen sich geschlechterspezifische Anrufungen in den Bildunterzeilen nicht feststellen. Das mag damit zusammenhängen, dass die typischen Verniedlichungen, wie sie bei Spitzenpolitikerinnen zu finden sind, immer eine (medial erzeugte) Vertrautheit mit der Person voraussetzen, die bei den Topmanagerinnen nicht vorhanden ist. Der Grund dafür ist ihre seltene Beachtung in der Berichterstattung.

5.3 Die ‚verkopfte‘ Wissenschaft

Die Bildanalyse der Wissenschaftlerinnen und Wissenschaftler in ausgewiesenen Führungspositionen stand vor demselben Problem wie die Textanalyse (vgl. Maier/Lünenborg in diesem Band): Wissenschaftliches Spitzenpersonal wird in der Berichterstattung auch visuell kaum repräsentiert. Die Personengruppe ist mit gerade einmal 44 Personendarstellungen vertreten. Wissenschaftlerinnen bilden mit lediglich sechs Aufnahmen eine Minderheit.[20] Darüber hinaus sind die meisten Aufnahmen Kopfporträts oder Brustbilder, die Passbildcharakter haben. Gerade bei den Aufnahmen der Wissenschaftlerinnen ist dies bis auf zwei Aufnahmen (beide von Jutta Allmendinger) der Fall. Kurz: Wissenschaft ist in den Medien hochgradig verkopft. SpitzenwissenschaftlerInnen sind als Experten und Expertinnen gefragt, ihr Arbeitsalltag ist dabei kaum von Interesse.[21] Vereinzelt werden Gegenstände aus dem Arbeitskontext, die einen

---

20 Diese Zahl kommt aufgrund einer Zuordnung zustande, die auch hätte anders entschieden werden können: Die Geschäftsführerin des Instituts für Demoskopie Allensbach, Renate Köcher, wurde als Professorin in die Wissenschaftlergruppe aufgenommen und nicht in die Wirtschaft.
21 Genauso werden sie auch von den Befragten wahrgenommen (vgl. Müller in diesem Band).

Hinweis auf das Tätigkeitsfeld der Porträtierten geben, mit ins Bild gerückt oder ein Ausschnitt einer Bücherwand als Hintergrund gewählt,
der die Porträtierten als belesene Gelehrte ausweisen soll.

Wie bei der Wirtschaftsspitze werden hier allein die Wissenschaftler
in einem stärkeren Handlungskontext dargestellt und zwar als Redner
oder Diskussionsteilnehmer mit dem auch in der Politik üblichen rhetori-
schen Gestenrepertoire (s.o.). So zeigt die *Frankfurter Allgemeine Zeitung*
den damaligen Vorsitzenden des Rats der Wirtschaftsweisen, Bert Rürup,
als Podiumsteilnehmer einer Pressekonferenz, wie er, frontal zur Kamera
ausgerichtet, mit der rechten Hand nach vorne zeigt (FAZ 2.6.08: 13). Diese Motive werden stets im Kontext politischer Themen eingesetzt, also
immer dann, wenn Wissenschaftler zu gesellschaftlich umstrittenen oder
politisch zu bearbeitenden Themen Stellung beziehen. Sie werden dadurch als Teilnehmer eines gesellschaftlichen Diskurses positioniert, aus
dem Wissenschaftlerinnen zumindest visuell ausgeschlossen sind.

Es ist eventuell ein Einzelfall, aber unter den 44 Personenaufnahmen
befinden sich genau zwei Porträtaufnahmen, die die Personen in einem
etwas größeren räumlichen Kontext ganzfigurig bzw. fast ganzfigurig
zeigen: Auf der einen Seite publiziert die *Brigitte* eine Aufnahme von Jutta
Allmendinger, Präsidentin des Wissenschaftszentrums Berlin für Sozialforschung (vgl. Abb. 13, r.), auf der anderen Seite porträtiert das *Manager
Magazin* den Präsidenten der Leopoldina Akademie, Volker ter Meulen
(vgl. Abb. 13, l.).

*Abb. 13: ter Meulen: Manager Magazin, 1.7.08: 96; Allmendinger:
Brigitte, 7.5.08: 170.*

Jutta Allmendinger sitzt sehr lässig im dunklen, eng anliegenden und
knielangen Kleid in der Ecke eines hellen, schlichten Sofas. Der Blick ist
selbstbewusst zur Kamera gerichtet, sie sitzt aufrecht, die Arme ruhen
weit ausgebreitet auf der Rücken- und Seitenlehne der Couch. Die Beine

sind übereinander geschlagen und ragen bis in den Bildvordergrund. Dadurch werden sie stark betont. Der Kontext wirkt eher sachlich und durch die Holzvertäfelung an der Wand auch gediegen, ist aber weder als beruflich noch als privat zu bestimmen. Allmendinger wird zwar als starke Persönlichkeit dargestellt, sie erscheint aber, durch die Beinbetonung, auch ‚verweiblicht'. Das Bild passt somit in den Kontext der *Brigitte*. Die Betonung der Professionalität bei gleichzeitiger Anrufung von geschlechtsspezifischer Körperkonstruktion wird hier verbunden. Die Farben der Aufnahme sind hell, freundlich und dezent.

Dagegen wird Volker ter Meulen in grauem, locker sitzendem Anzug mit Krawatte vor einer schweren Bücherwand aus dunklem Holz positioniert. Er ist ebenfalls frontal aufgenommen, bis zur Hüfte zu sehen, die Arme sind vor dem Körper verschränkt und ter Meulen blickt aufmerksam in die Kamera. Graues Haar und Brille runden in diesem Kontext den Eindruck von Wissenschaftlichkeit und Erfahrung ab. Das Bücherregal im Hintergrund, das gedeckte Braun des Holzes, die dunkelgrünen Bände und der im Vordergrund durchlaufende Holzträger erzeugen eine Schwere und eine dunkle Atmosphäre. Die Signaturen der alten Bände im Regal sind schon leicht angegilbt, vereinzelt blinken rotgoldene Buchrücken. Das Regal atmet geradezu jahrhundertealtes Wissen. Volker ter Meulen hat eine lange Tradition des Wissens im Rücken. Er wird als Gelehrter mit traditionellen Attributen charakterisiert. Auch dieses Bild fügt sich in das auf konservative Machtkonstruktionen spezialisierte *Manager Magazin* (vgl. Abschnitt Wirtschaft).

Die unterschiedlichen Inszenierungen von ter Meulen und Allmendinger mögen daher vom Medium abhängen. Gerade im Kontrast wird deutlich, dass beide Geschlechterdifferenzen aufrufen.

Dagegen werden Geschlechterdifferenzen in den Bildunterzeilen nicht aktiviert, meist wird lediglich der Name der Abgebildeten genannt.

6. Zusammenfassung und Fazit

Die Bildauswahlkriterien der Medien wie auch die Art und Weise, wie Spitzenkräfte aus Politik, Wirtschaft und Wissenschaft visuell dargestellt werden, erzeugen nach wie vor geschlechterdifferenzierende Ungleichheiten und Hierarchien. Schon die Sichtbarkeit ist von einem eindeutigen Geschlechterbias bestimmt: Unabhängig von den gesellschaftlichen Bereichen Politik, Wirtschaft oder Wissenschaft oder dem Medientyp erhalten männliche Führungskräfte in der Bildberichterstattung deutlich mehr Aufmerksamkeit als weibliche Spitzenkräfte. Frauen in Führungspositionen sind nach wie vor unterrepräsentiert. Zwar scheinen Spitzenpolitike-

rinnen auf den ersten Blick mehr Beachtung zu finden als Topmanagerinnen oder Spitzenwissenschaftlerinnen. Der höhere Anteil ist jedoch im
Wesentlichen auf Bundeskanzlerin Angela Merkel zurückzuführen. Sie
ist stark repräsentiert und verdeckt damit in der visuellen Politikberichterstattung, dass weibliche Spitzenkräfte hier wie auch in der Wirtschaft
und Wissenschaft im Vergleich zu ihren Kollegen selten gezeigt werden.
Die Befunde der quantitativen Bild- und Textanalyse stimmen hierin
überein (vgl. Röser/Müller in diesem Band). Der Journalismus gewährt
somit Aufmerksamkeit nach Geschlecht unterschiedlich. Selbst dort, wo
Frauen vergleichbare Positionen wie Männer einnehmen – wie beispielsweise in der Politik –, führt dies nicht zu einer vergleichbaren visuellen
Präsenz. Mit einer besonderen Ereignislage lässt sich dies nicht begründen. Der Untersuchungszeitraum ist so lange, dass einzelne Ereignisse
nicht ausschlaggebend sein dürften.

Die Sichtbarkeit, die der Journalismus erzeugt und ermöglicht, ist
nicht nur durch die Selektionskriterien, sondern auch durch allgemeine
Darstellungsstrategien reglementiert und normiert. Die Befunde der qualitativen Bildanalyse deuten einerseits auf einen Wandel traditioneller
Geschlechterbilder von Spitzenpersonal hin, der sich vor allen Dingen in
der Darstellung einer größeren Handlungsfähigkeit und Machtzuschreibung von Frauen in Spitzenpositionen im Bild zeigt. In der Art und Weise, wie Spitzenkräfte dargestellt werden, zeigen sich jedoch auch Unterschiede in der visuellen Berichterstattung. Das ‚Wie' der Darstellung
hängt dabei vom Medium ab, aber auch davon, ob es sich um eine Spitzenkraft der Politik, Wirtschaft oder Wissenschaft handelt. Für diese Bereiche hat sich jeweils eine eigene Ikonografie entwickelt, so dass es zunächst sinnvoll erscheint, die Ergebnisse getrennt nach Bereichen zu
diskutieren.

In der ereignisbezogenen visuellen Politikberichterstattung der informationsorientierten Tages- und Wochenzeitungen erscheinen Spitzenpolitikerinnen in denselben handlungsmächtigen Aufnahmemomenten wie
ihre männlichen Kollegen. Der Journalismus führt hier routiniert eine
Ikonographie der Macht weiter, die die Geschlechterdifferenzen weitgehend aufzulösen scheint. Bundeskanzlerin Angela Merkel erscheint gerade im internationalen Kontext als ‚prima inter pares'. Durch Aufnahme-
technik und Ausschnitt wird die ihr zugeschriebene Macht auch visuell
konstruiert. Dennoch durchziehen die Bilder von Spitzenpersonal nach
wie vor geschlechtsspezifische Differenzen. Sportlicher Wettbewerb und
Kumpelhaftigkeit bleibt Politikern vorbehalten, das Eindringen von
Frauen in diese Sphäre löst im Journalismus deutliche Irritationen aus.
Besonders auffällig sind Vergeschlechtlichungsstrategien im Rahmen von

Porträts. Sobald es um die Vorstellung einer einzelnen Person geht, greifen die Medien auf geschlechterspezifische Klischees zurück.

Insgesamt zeigen sich auf der Ebene der Körperhaltungen und Interaktionen klare Auflösungen klassischer Zuordnungen von Dominanz und Subordination entlang der Geschlechterdifferenz. Traditionelle Geschlechterstereotype werden aber auch hier nach wie vor visuell aufgerufen. Die geschlechterspezifische Konstruktion reicht bis hinein in Darstellungsstrategien, die erst durch redaktionelle Verarbeitungsprozesse erzeugt werden: durch Bildunterschriften, aber vor allem durch die Kontrastierung oder Einbettung in Bildsammlungen.

Das Topmanagement im Bild ist eine Männerbastion. In der ereignisbezogenen Pressefotografie, die sich auf den beruflichen Kontext bezieht, kommen Frauen schlichtweg nicht vor. Wirtschaftshandeln ist männliches Handeln. Visuelle Machtpräsentation wird von Männern ausgefüllt. Die Machtikonografie erzeugt dabei eine symbolische Rangordnung, die sich im Gebrauch spezifischer Darstellungsmuster zeigt. Als Spitze wird das Bild einer äußerst wertkonservativen Machtelite gezeichnet, die bis in die bildfüllenden Körperinszenierungen mit Männlichkeitsvorstellungen verschränkt wird. Vereinzelt werden auch Frauen in den Formeln dieser Machtinszenierung ins Bild gesetzt. Diese Inszenierungen erscheinen jedoch stets in irgendeiner Weise gebrochen. Die Topmanagerinnen bleiben damit „token", wie es Dana L. Cloud (1996: 122) beschreibt. Durch die stets thematisierte Differenz werden sie als Minderheitengruppe charakterisiert, die die Regeln der Mehrheit beherrscht. Letztlich ändern sich die grundlegenden Vorstellungen von Macht damit nicht.

Spitzenwissenschaftlerinnen und -wissenschaftler sind hingegen eine Gruppe, die von den hier untersuchten Medien kaum ins Bild gerückt wird, und wenn, dann nur im Kopfporträt. Erste Befunde zu den Konstruktionen dieser Personengruppe im Bild, wie sie Tanja Maier (2008) ermittelt hat, können an dieser Stelle daher kaum wissenschaftlich weiter überprüft werden. Doch auch hier zeichnet sich im Ansatz ein ähnliches Bild wie in der Wirtschaft ab: Wissenschaftliches Handeln (einer Spitzengruppe) ist im öffentlichen Diskurs gleichbedeutend mit männlichem Handeln.

Auffällig ist ebenso, dass die einzelnen Medien in sehr unterschiedlichem Maß geschlechtsspezifische Bilder konstruieren. Während neben dem eher verhaltenen Auftreten von geschlechtsspezifischen Stereotypen in den Qualitätszeitungen vor allem *Die Zeit* solche Stereotype schlichtweg nicht aufgreift und stattdessen Macht im Bild differenziert darstellt, leben vor allen Dingen in den Porträts der Wirtschaftsmagazine *Manager Magazin* und *Capital* sowie in den Illustrierten wie *Stern*, *Superillu* und der *Bunten* als auch in den Nachrichtenmagazinen *Spiegel* und *Focus* geschlechtsspezifische Darstellungsklischees fort.

Der *Spiegel* stellt zuweilen solche Muster erst durch die Gegenüberstellung von Bildmotiven her. Eine These, die sich aus dieser Untersuchung ableiten lässt, ist, dass die journalistische Darstellungsform und der Ereignischarakter Einfluss auf visuelle Geschlechtskonstruktionen haben. Wird der Fokus auf das berufliche, positionsbestimmte Handeln gerichtet, werden Geschlechterklischees nur vereinzelt fortgeführt. Vor allen Dingen in Porträts, also dort, wo die Person selbst in den Mittelpunkt gerückt wird, werden geschlechtsspezifische Zuschreibungen im Bild aufgerufen. Schließlich ist die Fotografie von öffentlichen Auftritten im Kontext von kulturellen oder gesellschaftlichen Veranstaltungen der Ort traditioneller, vergeschlechtlichter Körper- und Beziehungskonstruktionen.

Der Blick auf die Geschlechterdifferenzen, die nach wie vor hierarchisch strukturiert sind und damit weiterhin Konstanten eines Herrschaftsverhältnisses auf der symbolischen Ebene aufweisen, darf jedoch nicht die Perspektive auf jene Veränderungen verstellen, die sich vor allen Dingen in der politischen Berichterstattung abzeichnen. Die vorliegenden Ergebnisse zeigen einen Anpassungsprozess, in dem auch Frauen in Spitzenpositionen in die traditionellen Bildmuster eingefügt werden. Das Vordringen von Spitzenfrauen in den Wahrnehmungshorizont des Journalismus und die damit einhergehenden neuen Formen von Sichtbarkeit konkurrieren dabei zunehmend mit Formen traditioneller Darstellungen der ,First Ladies' als Inkarnation der ,Frau an seiner Seite'. Der Wandel im Bild des Spitzenpersonals bleibt damit ein unsicheres Phänomen.

Literatur

Barthes, Roland (1989): Die helle Kammer. Bemerkungen zur Photographie. Frankfurt/Main: suhrkamp.

Blöbaum, Bernd (2004): Organisationen, Programme und Rollen. Die Struktur des Journalismus in systemtheoretischer Perspektive. In: Löffelholz, Martin (Hg.): Theorien des Journalismus. Ein diskursives Handbuch. 2. vollst. überarb. und erweiterte Aufl., Wiesbaden: VS, 201–216.

Böhm, Andrea (2007): Mann, was sind wir hart. In: Die Zeit, 23.8.07, 10.

Bourdieu, Pierre (2005): Die männliche Herrschaft. Frankfurt/Main: suhrkamp.

Butler, Judith (2009): Die Macht der Geschlechternormen. Frankfurt/Main: suhrkamp.

Butler, Judith (1997): Körper von Gewicht. Die diskursiven Grenzen des Geschlechts. Frankfurt/Main: suhrkamp.

Cloud, Dana L. (1996): Hegemonie or Concordance. The Rhetoric of To-kenism in ‚Oprah' Winfrey's Rags-to-Riches Biography. In: Critical Studies in Mass Communication, 13, 115–137.

Glassman, Carl/Kenney, Keith (1994): Myths & Presidential Campaign Photographs. In: Visual Communication Quarterly, 1, 4, 4–7.

Goffman, Erving (1981): Geschlecht und Werbung. Frankfurt/Main: suhrkamp.

Grittmann, Elke (2007): Das politische Bild. Fotojournalismus und Pressefotografie in Theorie und Empirie. Köln: von Halem.

Grittmann, Elke (2003): Die Konstruktion von Authentizität. Was ist echt an Pressefotos im Informationsjournalismus? In: Knieper, Thomas/ Marion G. Müller (Hg.): Authentizität und Inszenierung von Bilderwelten, Köln: von Halem, 123–149.

Grittmann, Elke/Ammann, Ilona (2011): Quantitative Bildtypenanalyse. In: Petersen, Thomas/Clemens Schwender (Hg.): Die Entschlüsselung der Bilder. Methoden zur Erforschung visueller Kommunikation. Köln: von Halem, 163–177.

Gunning, Tom (2004): What's the Point of an Index? Or, Faking Photographs. In: Nordicom Review, 25, 1–2, 39–49.

Hall, Stuart (1973): The Determinations of News Photographs. In: Cohen, Stanley/Young, Jock (Hg.): The Manufacture of News. Social Problems, Deviance and the Mass Media. London: Constable, 176–190.

Holst, Elke/Schimeta, Julia (2011): 29 von 906: Weiterhin kaum Frauen in Top-Gremien großer Unternehmen. In: Deutsches Institut für Wirtschaft (Hg.): Wochenbericht des DIW Berlin, Nr. 3, 18.1.2011, 2–10.

Holtz-Bacha, Christina (2008): Angela Merkel und der Fußball. Die Eroberung einer Männerbastion. In: dies. (Hg.): Frauen, Politik und Medien. Wiesbaden: VS, 72–82.

Holtz-Bacha, Christina/Koch, Thomas (2008): Das Auge wählt mit. Angela Merkel in der Bildberichterstattung. In: Holtz-Bacha, Christina (Hg.): Frauen, Politik und Medien. Wiesbaden: VS, 104–121.

Kinnebrock, Susanne/Knieper, Thomas (2008): Männliche Angie und weiblicher Gerd? Visuelle Geschlechter- und Machtkonstruktionen auf Titelseiten von politischen Nachrichtenmagazinen. In: Holtz-Bacha, Christina (Hg.): Frauen, Politik und Medien. Wiesbaden: VS, 83–103.

Kobré, Kenneth (1991): Photojournalism. The Professionals' Approach. 2. Aufl., Amsterdam u.a.: Focal Press.

Kress, Gunther/van Leeuwen, Theo (2006): Reading Images. The Grammar of Visual Design. 2. Aufl., London/New York: Routledge.

Lünenborg, Margreth/Röser, Jutta/Maier, Tanja/Müller, Kathrin (2011): Gender Analysis of Mediated Politics in Germany. In: Krijnnen, Tonny/Alvares, Claudia/Van Bauwel, Sofie (Hg.): Gendered Transformations. Theory and Practices on Gender and Media. Bristol/Chicago: Intellect, 57–78.

Lünenborg, Margreth/Röser, Jutta/Maier, Tanja/Müller, Kathrin/Grittmann, Elke (2009): Merkels Dekolleté als Mediendiskurs. Eine Bild-, Text- und Rezeptionsanalyse zur Vergeschlechtlichung einer Kanzlerin. In: Lünenborg, Margareth (Hg.): Politik auf dem Boulevard. Die Neuordnung der Geschlechter in der Politik der Mediengesellschaft. Bielefeld: transcript, 73–102.

Maier, Tanja (2008): Populäre (Sprach-)Bilder. Wie Wissensmagazine Forscher und Forscherinnen vorstellen. In: Medienheft, Dezember 2008. http://www.medienheft.ch/uploads/media/k08_MaierTanja_01.pdf (28.01.11).

Mühlen Achs, Gitta (2003a): Wer führt? Körpersprache und die Ordnung der Geschlechter. München: Frauenoffensive.

Mühlen Achs, Gitta (2003b): Konstruktionen des anderen Geschlechts. In: Mühlen Achs, Gitta/Schorb, Bernd (Hg.): Geschlecht und Medien. München: kopaed, 2, 2003, 17–37.

Norris, Pippa (1997): Women Leaders Worldwide. A Splash of Color in the Photo Op. In: Dies. (Hg.): Women, Media and Politics. New York: Oxford University Press, 149–165.

Pantti, Mervi (2007): Portraying Politics. Gender, Politik und Medien. In: Holtz-Bacha, Christina/König-Reiling, Nina (Hg.): Warum nicht gleich? Wie die Medien mit Frauen in der Politik umgehen. Wiesbaden: VS, 17–51.

Schaffer, Johanna (2008). Ambivalenzen der Sichtbarkeit. Über die visuellen Strukturen der Anerkennung. Bielefeld: transcript.

Sreberny, Annabelle/Van Zoonen, Liesbet (2000): Gender, Politics and Communciation. An Introduction. In: Dies. (Hg.): Gender, Politics and Communcation. Cresskill, NJ: Hampton Press, 1–20.

Süddeutsche.de (2011): Er kann das tragen. Guttenberg in Afghanistan. http://www.sueddeutsche.de/politik/guttenberg-in-afghanistan-er-kann-das-tragen-1.993499. (13.1.11).

Tuchman, Gaye (1978): Introduction. The Symbolic Annihilation of Women by the Mass Media. In: Tuchman, Gaye/Daniels, Arlene Kaplan/Benet, James (Hg.): Hearth and Home: Images of Women in the Mass Media. New York: Oxford University Press, 3–38.

Ullrich, Wolfgang (2000): Mit dem Rücken zur Kunst. Die neuen Statussymbole der Macht. Berlin: Wagenbach.

Wahl-Jorgensen, Karin (2000): Constructed Masculinities in U.S. Presidential Campaigns. The Case of 1992. In: Sreberny, Annabelle/van Zoonen, Liesbet (Hg.): Gender, Politics and Communication. Cresskill, NJ: Hampton Press, 53–77.

Wetterer, Angelika (2004): Konstruktion von Geschlecht. Reproduktionsweisen der Zweigeschlechtlichkeit. In: Becker, Ruth u.a. (Hg.): Handbuch der Frauen- und Geschlechterforschung. Opladen: Leske und Budrich, 122–131.

Quellen

Bild

28.05.08: Ministerin von der Leyen: So sorge ich für meinen Alzheimer-kranken Vater, S. 12.

29.05.08: Regierung stoppt den Verkauf ins Ausland, S. 2.

14.06.08: Ist die EU jetzt am Ende?, S. 2.

18.06.08: Frau Bundes-Fan! Warum steht Angela Merkel so auf Schweini?, S. 1.

18.06.08: Die Kanzlerin gibt Schweini Fußball-Tipps, S. 24.

23.06.08: Putsch-Gerüchte! Beck geht auf seine Gegner los, S. 2.

25.06.08: Der Aufmarsch der großen Stars, S. 28.

26.06.08: Die Nacht der großen Stars, S. 30.

26.06.08: Hamburg Ahoi, S. 8.

Brigitte

07.05.08: Einen Moment noch, Frau Allmendinger…, S. 170.

Bunte

15.05.08: Geld findet sie nicht sexy, S. 58–59.

05.06.08: Ich, ein Frauentyp? … das überrascht mich, S. 55–58.

26.06.08: Lauter Hochkaräter, S. 107.

03.07.08: Gutes Tun muss auch Spass machen, S. 46–48.

Capital

20.05.08: Die besten DAX-Chefs, S. 190–196.

18.06.08: Leistung die Leiden schafft, S. 158–164.

18.06.08: Die durchs Feuer geht, S. 8, S. 202–209.

Die Zeit

29.05.08: Red Bull, S. 4.

10.07.08: Das Ende der Schlegrokaz, S. 8.

10.07.08: Kapitänin wider Willen, S. 28.

Frankfurter Allgemeine Zeitung (FAZ)

29.05.08: Ruft Merkel künftig gleich bei Nahles an?, S. 4

30.05.08: Konsolidierung mit geschwellter Brust, S. 17.

02.06.08: Gesundheitsfonds vor Einführung reparaturbedürftig, S. 13.

09.06.08: Die Geheimhaltung ist gewährleistet, S. 19.

09.06.08: So eine Kuh lässt man nicht verhungern, S. 3.

17.06.08: Deutschland im Viertelfinale, S. 1.

23.06.08: Töchter dringen nicht so auf die Macht, S. 11.

Focus

02.06.08: Der SPD-Kanzlerkandidat, S. 6.

02.06.08: Der „Mach mal" muss ran, S. 26–29.

16.06.08: Auf Teufel komm raus, S. 40

23.06.08: Gipfel in Brüssel. Rettungsversuch mit Zuckerbrot und Peitsche, S. 28–29.

30.06.08: „Angie" musste alleine jubeln, S. 3.

Manager Magazin

01.06.08: Wechselfälle, S. 33.

01.06.08: Dax-Konzern in Familienhand, S. 72.

01.07.08: Der Club der Denker, S. 96–100.

01.07.08: Die zweite Frau, S. 178–186.

Spiegel

19.05.08: Der Politikverdrossene, S. 26–27.

26.05.08: Geschäft mit der Hoffnung, S. 38–52.

26.05.08: Projekt „Clipper", S. 88.

02.06.08: Hinterletzte Tricks, S. 92.

09.06.08: Kandidaten verärgern Parteien, S. 15.

09.06.08: Obama Morgana, S. 22–24.

09.06.08: Klassischer Schenkelklopfer, S. 40.

16.06.08: Det ist keen Bild hier!, S. 30–32.

16.06.08: Eine Reihe von Widersprüchen? S. 12.

30.06.08: Der Politikverdrossene, S. 26–27.

30.06.08: Gewittergott und Hasenfuß, S. 26–28.

Stern

15.05.08: Die Finanzmärkte sind zu einem Monster geworden, S. 43.

12.06.08: Das letzte Gefecht, S. 30–34.

26.06.08: Gute Gründer zum Feiern, S. 80–81.

26.06.08: Aufräumer, S. 5.

26.06.08, Gestatten S', Mister Siemens, S. 72–78.

29.05.08: Mein lieber Schwan, S. 30–38.

Superillu

12.06.08: So verliebt, so glücklich, S. 10–14.

26.06.08: Lauter starke Frauen, S. 7.

03.07.08: Bundes-Angie macht's vor: Frauen sind die besten Fans, S. 78–79.

03.07.08: Glück und Tragik unseres EM-Helden, S. 1.

Süddeutsche Zeitung (SZ)

23.05.08: Niemand muss einen Wahlkampf fürchten, S. 2.

30.05.08: Israel als Friedensstifter in Berlin – wenigstens für einen Tag, S. 6.

30.05.08: Der Feind in meiner Bank, S. 27.

02.06.08: Florierende Geschäfte im Dickicht der Bürokratie, S. 7.

02.06.08: Verstrickt im Netz der Ledernacken, S. 3

05.06.08: Steinmeier spricht in Beirut von Hoffnung, S. 7.

09.06.08: Die Powerfrau, S. 18.

10.06.08: Abschied vom Prinzip Gießkanne, S. 2.

10.06.08: Einmal Imperium und zurück, S. 7.

12.06.08: Merkel beklagt Dominanz der USA, S. 17.

16.06.08: Zwei Herzen und ein Ziel, S. 3.

„Wir bemühen uns, die Gesellschaft adäquat abzubilden."
Geschlechterkonstruktionen durch den Journalismus

Margreth Lünenborg & Tanja Maier

1. Einführung

In Befragungen erklären Journalistinnen wie Journalisten es zu ihrem wichtigsten Ziel, „das Publikum möglichst neutral und präzise informieren" zu wollen (Weischenberg u.a. 2006: 356). Es ist also nicht von einer gezielten Ungleichbehandlung der Geschlechter in der Berichterstattung auszugehen. Richtet man jedoch den Blick auf die Verteilung der Geschlechter in der Berichterstattung über Führungskräfte in Politik, Wirtschaft und Wissenschaft, lässt sich schnell erkennen, dass hier Männer dominieren. Die Unterrepräsentation von Frauen in der Medienberichterstattung, die das Forschungsprojekt ‚Spitzenfrauen im Fokus der Medien' dokumentiert (vgl. Röser/Müller in diesem Band), lässt sich nicht allein durch einen geringeren Frauenanteil in Politik, Wirtschaft und Wissenschaft erklären.[1] Die Befunde aus der quantitativen Inhaltsanalyse liefern Argumente dafür, dass Geschlecht einen Faktor für mediale Beachtung bilden kann (ebd.). Hieran anknüpfend stellt sich die Frage, ob die Selektionslogiken des Journalismus die Nichtwahrnehmung von weiblichen Führungskräften in der Berichterstattung potenzieren und damit das öffentliche Bild von Politik, Wirtschaft und Wissenschaft als ‚Männerdomänen' verstärken.

Neben der Problematisierung der Gründe für den Ausschluss von weiblichen Führungskräften aus der medialen Repräsentation stellt sich die Frage nach den jeweiligen Präsentationslogiken. Zeigen die Befunde aus der qualitativen Text- und Bildanalyse des genannten Forschungsprojektes doch, dass die Berichterstattung immer wieder auf Geschlechterskripte zurückgreift (vgl. Maier/Lünenborg sowie Grittmann in diesem Band). *Doing gender* und *doing journalism* scheinen somit intensiv miteinander verwoben.

1 Der vorliegende Beitrag ist Teil des Verbundprojektes ‚Spitzenfrauen im Fokus der Medien. Die mediale Repräsentation von weiblichen und männlichen Führungskräften in Politik, Wirtschaft und Wissenschaft' der Freien Universität Berlin (Leitung Margreth Lünenborg) und der Leuphana Universität Lüneburg (Leitung Jutta Röser).

Wie lassen sich diese Befunde erklären? Diese Frage führt unmittelbar zum Produktionskontext journalistischer Selektion und Präsentation und damit zu den Kommunikatoren und Kommunikatorinnen journalistischer Deutungsprozesse und Wissensproduktion. Der journalistische Produktionsprozess reicht von der Auswahl spezifischer Themen, Ereignisse und Personen über die Recherche relevanter Fragestellungen und Gegenpositionen bis hin zur Entscheidung für spezifische Darstellungs- und Präsentationsweisen. Er unterliegt dabei professionellen Regeln und Routinen, aber auch einer ganzen Reihe von Produktionsbedingungen (beispielsweise ökonomischen, strukturellen, technischen oder gesellschaftlichen Rahmenbedingungen), die unabhängig von den individuellen Absichten der Journalistinnen und Journalisten wirksam werden. Forschungsleitend ist entsprechend die Annahme, dass sich nicht Männer und Frauen im Journalismus in ihren Selektionskriterien und Darstellungsroutinen unterscheiden, sondern generell professionelle Regeln und Routinen zu einer geschlechterdifferenten Berichterstattung führen können.

Um das *„doing gender while doing journalism"* (Lünenborg 2006: 42f.) genauer zu erforschen, haben wir Interviews mit Journalistinnen und Journalisten geführt. Auf diese Weise gehen wir möglichen Gründen für die Herstellung von geschlechtsgebundener Differenz und Hierarchie in der Berichterstattung nach.

2. Methodenkonzeption

Im Rahmen der Studie haben wir Experteninterviews durchgeführt, die sich an den Methoden der qualitativen Sozialforschung orientieren (vgl. Meuser/ Nagel 1991; Mayring 1996; Meuser/Nagel 1997; Bogner u.a. 2005). Mittels der Interviews werden die professionellen Bedingungen, Routinen und Entscheidungsprozesse exemplarisch analysiert, die zu geschlechtsgebundenen medialen Darstellungen führen (können). In der vorliegenden Studie „bilden die ExpertInnen die Zielgruppe der Untersuchung, und die Interviews sind darauf angelegt, da[ss] die ExpertInnen Auskunft über ihr eigenes Handlungsfeld geben" (Meuser/Nagel 1991: 445). Von Interesse sind dabei nicht die Person selbst oder deren Biographie, sondern ihre Problemsicht, ihre spezifischen Erfahrungen und Wissensbestände innerhalb eines institutionellen Kontextes (vgl. Liebold/Trinczek 2002: 38 und 41; Meuser/ Nagel 1991: 444).

Nicht Repräsentativität, sondern das vertiefte Eindringen in Wissensbestände, Relevanzstrukturen, Deutungsmuster und Wirklichkeitskonstruktionen des journalistischen Handelns ist Ziel der Befragung. Der Fokus liegt dabei auf den redaktionellen Praxen und journalistischen Handlungsmustern der Akteure und Akteurinnen.

Aus methodischer und methodologischer Sicht kommt für ein Experteninterview in Frage, „wer in irgendeiner Weise Verantwortung trägt für den Entwurf, die Implementierung oder die Kontrolle einer Problemlösung oder wer über einen privilegierten Zugang zu Informationen über Personengruppen oder Entscheidungsprozesse verfügt" (Meuser/Nagel 1991: 443). Die Kompetenz der Expertinnen und Experten wird dabei in einem ersten Schritt an der Berufszugehörigkeit, in unserem Fall zum Journalismus, festgemacht. Da sich die aufgeworfenen Fragestellungen weniger auf individuelle journalistische Handlungsweisen als vielmehr auf redaktionelle Routinen und Normen richten, haben wir entsprechend nur Journalisten und Journalistinnen ausgewählt, die innerhalb einer Presseredaktion journalistische Tätigkeiten übernehmen und in einer verantwortlichen Position der Redaktionen Politik, Wirtschaft und Wissenschaft tätig sind (festangestellte RedakteurInnen, RessortleiterInnen). Die Eingrenzung auf die Ressorts Politik, Wirtschaft und Wissenschaft ergibt sich aus der zentralen Fragestellung des Forschungsprojektes ‚Spitzenfrauen im Fokus der Medien'.[2] Als weiteres Auswahlkriterium ist wichtig, dass die Personen bei einem Medium aus dem Sample des Forschungsprojektes tätig sind, wobei wir hier ausschließlich die stärker informationsorientierten Titel berücksichtigt haben.[3]

Unter Beachtung dieser Kriterien haben wir vier Interviews mit Personen aus der Politikberichterstattung und je zwei Interviews mit Journalistinnen und Journalisten aus der Wirtschafts- und Wissenschaftsberichterstattung durchgeführt (vgl. Abb. 1 auf Seite 176)[4]. Es gestaltete sich schwierig, Expertinnen und Expertinnen zu finden, die über Wissen und Reflexionsbereitschaft zum Thema verfügen und auch auskunftsbereit waren.[5] Insgesamt konnten dennoch acht Personen im Zeitraum von Januar bis Mai 2009 befragt werden. Die Interviews dauerten zwischen 35 und 60 Minuten (vgl. Abb. 1).

---

2 Das Projekt untersucht geschlechtsgebundene mediale Darstellungsweisen in Politik, Wirtschaft und Wissenschaft.

3 Hierzu zählen *die tageszeitung (taz), Frankfurter Allgemeine Zeitung (FAZ), Süddeutsche Zeitung (SZ), Die Zeit, Spiegel, Focus, Capital* und *Manager Magazin.* Die stärker unterhaltungsorientierten Titel, die im Rahmen der Experteninterviews keine Berücksichtigung fanden, sind *Bild, Bunte, Stern, Superillu* und *Brigitte.*

4 Der Politikberichterstattung haben wir aufgrund ihrer öffentlichen und journalistischen Relevanz mehr Raum gegeben als der Wirtschafts- und Wissenschaftsberichterstattung.

5 Von den genannten Titeln sollte jeder mindestens einmal im Material vertreten sein. Insgesamt haben wir 23 Personen angefragt, von denen letztlich 8 Personen zu einem Interview bereit waren. Lediglich beim Nachrichtenmagazin *Focus* war keine von den in Frage kommenden Personen bereit, mit uns ein Interview zu führen. Daher ist die *Süddeutsche Zeitung* doppelt im Material vertreten.

Abb. 1: Befragte Journalistinnen und Journalisten

Name/Feld	Medium/Ressort
Politik	
Ulrike Herrmann	taz, Ressort Meinung
Evelyn Roll	SZ, Berlinbüro
Kerstin Kullmann	Spiegel, Ressort Politik Deutschland
Matthias Krupa	Zeit, Ressort Politik
Wirtschaft	
Eva Buchhorn	Manager Magazin, Ressort Karriere
Rudolf Kahlen	Capital, Ressort Unternehmen
Wissenschaft	
Christina Berndt	SZ, Ressort Wissenschaft
Joachim Müller-Jung	FAZ, Ressort Wissenschaft

Der Interviewleitfaden und seine Themenkomplexe

Die Interviews haben wir als halbstrukturierte Gespräche mit Hilfe eines Leitfadens durchgeführt. Durch die relativ offene Form des Interviews konnten die Befragten frei antworten; sie sollten zum ausführlichen Erzählen angeregt werden, um ihre eigene Sichtweise darlegen zu können. Der Leitfaden ermöglicht ressortspezifische Vertiefungen, wobei die Fragen anknüpfend an konkrete Beispiele aus der Berichterstattung präzisiert wurden. Der Interviewleitfaden gliedert sich in vier Themenkomplexe, die an journalistische Praktiken der Themenfindung (Recherche) und -bearbeitung (Präsentationsmuster) sowie der reflexiven Betrachtung der Praktiken mit Blick auf ihre Relevanz für die Herstellung geschlechtsgebundener Wirklichkeitsentwürfe (Reflexion) anschließen. Die jeweiligen Themenkomplexe werden über Einzelfragen erschlossen.

1. *Selektionslogiken*: Mit Blick auf den Forschungsgegenstand – mediale Repräsentation von Spitzenpersonal – rücken im ersten Schritt Kriterien und Entscheidungen bei der Auswahl von Spitzenpersonal und Expertise in den Mittelpunkt des Interesses. Wir fragen nach dem Anlass der Berichterstattung, der Entstehung einer personenorientierten Story, allgemeinen Kriterien zur Bestimmung relevanter und unwichtiger Themen. Neben den Themen, die Medienaufmerksamkeit generieren, interessieren wir uns auch für Tabuthemen und fokussieren damit Fragen journalistischer Ethik, die mit Blick auf geschlechtsgebundene Wirklichkeitsentwürfe relevant werden können.

2. *Informationswege*: Im Mittelpunkt stehen hier journalistische Praktiken der Informationsbeschaffung. Wir fragen nach Recherchewegen und Strategien der Informationssuche. Uns interessieren die verwandten Informationsquellen (Datenbanken etc.) sowie die Bewertung verschiedener

Quellen. Dies soll Aufschluss geben über dominante Recherchepraktiken und alternative Strategien zur Generierung von Expertise. Zeitdruck und Kollegenorientierung sind sachfremde Dimensionen, die Einfluss auf die Praktiken der Informationsgewinnung nehmen können und deshalb in den Interviews angesprochen werden.

3. *Präsentationslogiken*: Im Mittelpunkt stehen hier die Praktiken der Darstellung von Informationen in journalistischen Formen und Formaten. Von besonderer Bedeutung für unseren Themenkomplex sind Muster der Boulevardisierung und Personalisierung. Wir fragen nach der Bedeutung von Äußerlichkeiten, der Relevanz von privaten und intimen Details sowie allgemein Strategien und Bedeutung der Visualisierung für die Berichterstattung.

4. *Reflexion*: In diesem letzten Teil der Interviews rücken explizit reflexive Betrachtungen in den Mittelpunkt. Welche Bedeutung messen die Befragten der Medienberichterstattung für den Entwurf (vergeschlechtlichter) Wirklichkeitskonstruktionen bei? Wie bewerten sie individuell die Bedeutung geschlechtersensibler Berichterstattung als Journalist/Journalistin? Welche Bedeutung wird innerhalb der Redaktion beigemessen und kommunikativ verhandelt?

Zur Auswertung der Gespräche

Die Auswertung des Datenmaterials macht sich die von Meuser und Nagel vorgeschlagenen interpretativen Auswertungsstrategien sowie Hinweise von Froschauer und Lueger zur Interpretation qualitativer Interviews zu Nutze (vgl. Meuser/Nagel 1991: 451ff.; Froschauer/Lueger 2003: 107–165). Die Gesprächsauswertung der Experteninterviews orientiert sich „an thematischen Einheiten, an inhaltlich zusammengehörigen, über die Texte verstreuten Passagen – nicht an der Sequenzialität von Äußerungen je Interview" (Meuser/Nagel 1991: 453). Sie zielt nicht auf den Einzelfall, sondern versucht, im Vergleich der verschiedenen Interviews von den Befragten „gemeinsam geteilte Wissensbestände, Relevanzstrukturen, Wirklichkeitskonstruktionen, Interpretationen und Deutungsmuster" herauszuarbeiten (Meuser/Nagel 1991: 452). Die Gemeinsamkeiten und Unterschiede in den Wissensbeständen werden durch typische Äußerungen belegt (vgl. ebd.).

Auf Grundlage der bearbeiteten Transkripte[6] wurde eine erste Strukturierung des Materials vorgenommen. Die Ordnung des Datenmaterials

---

6 Die Interviews wurden vollständig in einem Wortprotokoll transkribiert, Satzbaufehler wurden behoben und unvollständige Sätze ergänzt (vgl. hierzu Meuser/Nagel 1991: 455f.; Froschauer/Lueger 2003: 159). Um Missverständnisse und falsche Übertragungen ins Schriftdeutsch zu vermeiden, wurden die verschriftlichten Protokolle von den Interviewten gegengelesen, ggf. nachgebessert und autorisiert.

fand induktiv statt und basierte auf den zuvor entwickelten Fragekomplexen. Eine Paraphrasierung der Inhalte erschien nicht sinnvoll, da die ExpertInnen klare Aussagen formuliert haben. Über die Einzelinterviews hinaus wurden Passagen aus allen Interviews zu Themenkomplexen zusammengestellt. Nach dieser Zusammenstellung haben wir jene Themen gestrichen, die offensichtlich keinen Bezug zum Erkenntnisinteresse hatten. Ausgehend von den Themenkomplexen wurden Aussagenbündel zu der Frage gebildet, wie sich Geschlechterdifferenzen und -hierarchien in die journalistische Berichterstattung einschreiben.[7]

Die Darstellung der so generierten Befunde erfolgt nun entlang von Aussagen, die wir ausgehend von den vier genannten zentralen Themenkomplexen herausgearbeitet haben. So weit als möglich erfolgt die Darstellung der Befunde innerhalb der Komplexe entlang der Bereiche Politik, Wirtschaft und Wissenschaft. Dieses Vorgehen stellt lediglich eine Strukturierung des Materials dar. Da sich die Gewichtung der Themenkomplexe bei den einzelnen Befragten beträchtlich unterscheidet und sie auch eigenständig Themen in die Interviews einbrachten, war eine solche Strukturierung allerdings nicht durchgängig möglich. Da wir an strukturellen Aussagen zur Re-konstruktion von Geschlechterdifferenz im und durch Journalismus interessiert sind, uns also an den geteilten Wissensbeständen des Journalismus gelegen ist, ist dies auch nicht zwingend notwendig. Daher haben wir bei Themen, zu denen weniger Aussagen vorlagen, auf eine Differenzierung entlang der Bereiche verzichtet und sie zu Aussagekomplexen über das Handlungsfeld Journalismus zusammengefasst.

3. Zu den Selektions- und Präsentationslogiken des Journalismus

3.1 Selektionslogiken

Konstruktion von Spitzenpersonal durch den Journalismus

In den Interviews sind wir der Frage nach den Selektions- und Auswahlkriterien von Spitzenpersonal in der Berichterstattung nachgegangen. Es geht darum, wer in den jeweiligen Bereichen als ‚Spitze' gilt, wie sich ‚Spitze' rekrutiert und wer ‚Spitze' definiert. In Bezug auf die Auswahl von Personen, über die berichtet wird, werden von den Befragten in der

---

7 Dass dies auch bei den informationsorientierten Medien der Fall ist, bei denen die Befragten arbeiten, hat die quantitative Inhaltsanalyse und die qualitative Textanalyse gezeigt (vgl. Röser/Müller; Maier/Lünenborg sowie Grittmann in diesem Band).

Politik die Position und das Amt als wichtigstes Kriterium genannt. Eine Redakteurin ist etwa davon überzeugt, „dass zumindest die Quantität – vielleicht nicht immer die Qualität – der Wahrnehmung nur davon abhängt, was jemand in der Politik macht und wo jemand ist und was für ein Ministerium der hat. Ob das dann ein Mann oder eine Frau ist, spielt überhaupt keine Rolle" (Evelyn Roll, SZ).

Die Befragten liefern in ihren Erzählungen aber ebenso Beispiele, in denen eben nicht die Position bzw. das Amt ausschlaggebend für mediale Sichtbarkeit ist. So sei über den niedersächsischen Ministerpräsidenten David McAllister schon früh in der überregionalen Presse berichtet worden, bevor er ein hohes Amt innehatte, „weil er aufgefallen war" (ebd.). Über Joschka Fischer wurde ebenfalls vor seiner Zeit in der Bundespolitik in den überregionalen Qualitätsmedien berichtet, weil er den „Übermacho spielte" und Konflikte medienwirksam austrug (Ulrike Herrmann, taz). Es zeigt sich, dass Amt und Position nicht immer die zentralen Kriterien sind, wenn es um die mediale Wahrnehmung von Politikern geht.

Eindeutig fallen im Zusammenhang mit Fragen nach den Selektionsprogrammen die Aussagen zu den Wirklichkeitskonstruktionen von Journalismus aus. Das Spitzenpersonal werde durch die Parteien gesetzt, Journalismus bilde dies nur ab. Bei der Selektion und Auswahl der Akteure sehen sich die Befragten nicht als gestaltende individuelle oder kollektive Akteure und Akteurinnen, sondern als reine Vermittlungsinstanz. Während die Forschung zum Verhältnis von Politik und Journalismus mitunter von einer Mediokratie-These ausgeht, in der sich die politischen Akteure an medialen Selektions- und Präsentationsregeln orientieren (vgl. Meyer 2001), nehmen die journalistischen Akteure die entgegengesetzte Position ein. Eine Journalistin formuliert es prägnant: „Das politische Personal kann man sich nicht aussuchen. Das wird von den Parteien bestimmt." (Ulrike Herrmann, taz).

Für die Marginalisierung von Politikerinnen in der Berichterstattung machen die befragten Personen zunächst keine redaktionellen Auswahlprozesse oder journalistische Selektionsregeln verantwortlich. Wenn Frauen in Führungspositionen weniger Medienpräsenz erhalten als ihre männlichen Kollegen, dann suchen die Befragten die Ursachen auf Seiten der Politik. Die Selektion durch den Journalismus erscheint allenfalls als Antizipation zukünftiger Ereignisse:

> „Ich versuche also die Menschen zu finden, die von der Partei irgendwann nach vorne geschoben werden. Das ist aber keine Eigenleistung von mir, in dem Sinne, dass ich jemanden in die Öffentlichkeit rücke. Ich versuche nur vor der Zeit herauszufinden, wer in die Öffentlichkeit gerückt wird." (Kerstin Kullmann, Spiegel)

Journalismus erscheint hier als Sensor für zukünftige politische Entscheidungen. Aus dieser Perspektive findet folglich keine Auseinandersetzung mit der medialen Beachtung von Frauen in der Berichterstattung statt. Die Journalistin verortet den Handlungsbedarf vielmehr auf Seiten der Politik. Bezogen auf die Frage, ob es für die Berichterstattung wichtig sei, Frauen in Spitzenpositionen zu mehr medialer Sichtbarkeit zu verhelfen, antwortet sie:

> „Für mich nicht. Für die Parteien, für die Politik ist es wichtig. (…) Sie müssen die gesellschaftliche Realität abbilden und die setzt sich nun Mal zu fünfzig Prozent aus Frauen und Männern zusammen. Für mich ist es dann natürlich interessant, darüber zu schreiben, wenn die Politik nicht in der Lage ist, diese gesellschaftliche Realität abzubilden." (Ebd.)

Politischer Journalismus beruft sich in diesem Fall auf Neutralität, jenseits von Geschlechterparität.

Hingegen beschreibt ein Redakteur der *Zeit* durchaus ein individuelles und redaktionelles Bemühen, mehr Frauen in der Berichterstattung zu präsentieren:

> „Wir achten auch darauf, dass wir Frauen dabei haben. Nicht nur eine oder zwei Quotenfrauen, sondern einen nennenswerten Teil. Genauso versuchen wir bei den Portraits darauf zu achten, dass es nicht nur Männer sind. Da kann man aber keine Quote festlegen. Wenn der Kanzler eine Frau ist, ist es eine Frau, wenn es ein Mann ist, ist es ein Mann. Wir nehmen die Gelegenheit eine Frau zu portraitieren aber häufiger wahr, als einen Mann zu portraitieren." (Matthias Krupa, Zeit)

Hier wird also eine explizite Strategie thematisiert, mehr Frauen in der Zeitung sichtbar zu machen. Dies sieht der Redakteur als individuelle Herausforderung an journalistisches Handeln, zugleich betont er mehrfach, dass es in der Redaktion vor allem Journalist*innen* sind, welchen das Vergessen von Frauen in der Berichterstattung stärker auffällt.

> „Wir bemühen uns, die Gesellschaft adäquat abzubilden, dazu gehören beide Geschlechter, Migranten und andere. Dann spielen redaktionsintern sicherlich auch die Kolleginnen eine Rolle, die da selber im Zweifelsfall drauf drängen. Bei dem Beispiel ,Mein europäischer Moment' ist es eine Kollegin, mit der ich das Thema betreue. Nachdem die ersten zehn Statements da waren, ist uns aufgefallen, dass wir nur Männer dabei haben. Das fällt ihr schneller auf als mir, muss man der Fairness halber sagen. Auch wenn wir dienstagabends bei Redaktionsschluss auf die Seiten an der Pinnwand gucken, ist es eher eine Kollegin, als ein Kollege, die dann sagt, ,da haben wir wieder nur Männer im Blatt'." (Ebd.)

Die Prozesse der geschlechtlichen Selektion zu durchbrechen, bedarf nicht nur individueller Präferenzen, sondern auch redaktionsinterner Reflexion.

Ein weiteres Kriterium für mediale Sichtbarkeit von Spitzenpolitikerinnen und -politikern ist laut zwei der befragten Journalistinnen ‚Konflikt'. Eine Redakteurin bezeichnet dies als mediale Konstruktion einer
„personalisierten Konfliktberichterstattung":

> „Je komplizierter das Politikfeld ist, das jemand zu vertreten hat, desto inter-
> essanter wird er als Person und umso mehr wird in der Berichterstattung auf
> Konflikt gesetzt. Weil es einfacher ist. Und weil in vielen Redaktionen die
> Zeit und die politische Vorbildung nicht mehr reicht, sich wirklich mit einer
> Sache auseinander zu setzen. Gemessen an dem, was in Wirklichkeit in der
> Politik passiert, haben wir also unentwegt personalisierte Konfliktbericht-
> erstattung. Politik ist aber gar nicht so viel Konflikt, wie das jeden Tag in der
> Zeitung steht." (Evelyn Roll, SZ)

Die andere Politikjournalistin beschreibt treffend, dass es zentral für mediale Wahrnehmung sei, wenn sich eine Person in einem Konflikt befinde:
„Diese Erzählung brauchen die Medien. Ein klassischer Konflikt ist der
Wahlkampf, wo es ganz archaisch um Sieg und Niederlage geht" (Ulrike
Herrmann, taz). Ein journalistisches Berichterstattungsmuster ist somit
die Inszenierung von Wettkampf und Konflikt, wobei auf die Dichotomie
von Sieg und Niederlage zurückgegriffen wird (vgl. auch Maier/Lünen-
borg in diesem Band). Die Journalistin meint weiter, dass Politiker daher
gezielt Konflikte produzieren, um medial wahrgenommen zu werden,
wogegen sie Politikerinnen weniger Konfliktpotenzial zuschreibt. „Zentral ist die Fähigkeit, Konflikte anzugehen. Das trauen sich viele Frauen
nicht zu und deswegen kommen sie auch sehr viel weniger in den Medi-
en vor" (Ulrike Herrmann, taz). Weil Politikerinnen weniger Konflikte
produzieren, werde auch weniger über sie geschrieben. In der Zuschreibung der Journalistin wird Konfliktfähigkeit zu einer vergeschlechtlichten Eigenschaft, wodurch sie Männer in der Politik als berichtenswertere
Persönlichkeiten einstuft. Was sie hier beschreibt, ist eine *Self-Fulfilling
Prophecy*: Die Vorannahme von männlichen Politikern als den konflikt-
fähigeren führt zu einer entsprechenden Wahrnehmung und der medial-
diskursiven Produktion von ‚binären Geschlechtscharakteren'. Wird hier
Politik als konflikthaftes Feld beschrieben und Konflikt als zentrales Se-
lektionsprinzip journalistischer Wirklichkeitskonstruktion markiert, so ist
damit bereits der Handlungsrahmen für alle Akteure und Akteurinnen
vorgegeben. Das männlich konnotierte Muster der Konfliktfähigkeit wird
zur Interpretationsfolie, vor der auch der Erfolg von Politikerinnen journalistisch gerahmt und bemessen wird.

Bezogen auf die Frage, ob nicht auch die mediale Berichterstattung
selbst Konflikte gestalte, indem sie konfrontativ Positionen gegeneinander
setze, führt die Journalistin diese mediale Inszenierung auf das Leser-

interesse zurück. Die Konfliktorientierung der Medienberichterstattung „spiegelt nur den Zwang, dass die Leser nur Konflikte interessant finden. Es ist wie beim Roman: Die Leute wollen nicht das Happy End schon am Anfang. Erst muss es viele Irrungen und Wirrungen geben" (ebd.). Die geschlechtsspezifische Auswahl von Spitzenpersonal wird mit männlich konnotierten Charaktereigenschaften begründet und einer fehlenden Passgenauigkeit politischer Akteur*innen* mit (vorgeblich vom Publikum geforderten) Medienlogiken zugeschrieben. Die eigene Rolle bei der Selektion und Bewertung wird eher heruntergespielt:

> „Ich glaube, dass sich Journalisten für viel weniger mächtig halten, als sie von außen gesehen werden. Denn wir Journalisten kämpfen immer gegen eine sinkende Auflage und um Leser. Daher haben wir das Gefühl, dass die Leser die Mächtigen sind, weil sie die Kaufentscheidung treffen. Als zweites großes Machtzentrum empfinden wir die Politik, denn sie gibt zu einem großen Teil die Themen vor – von den Entscheidungen bis zu den Kandidaten." (Ebd.)

In der *Wirtschaftsberichterstattung* betonen die Befragten thematische Auswahlentscheidungen. Es werde vor allem über Unternehmen und Geschäftsideen (Rudolf Kahlen, Capital) oder das Werden und Vergehen von beruflichen Laufbahnen (Eva Buchhorn, Manager Magazin) berichtet. In diesem Zusammenhang sei auch eine starke Personalisierung der Berichterstattung erforderlich. „Und wir transportieren unsere Nachrichten – anders als ein wissenschaftlicher Aufsatz – über die handelnden Personen. Ob die nun weiblich oder männlich sind, ist erst einmal egal" (Rudolf Kahlen, Capital). Hier findet sich wieder das Aussagemuster, dass die Geschlechterzugehörigkeit bei der Auswahl von Personen keine Rolle spiele. Die Ursachen für die geringe Präsenz von Frauen in der Wirtschaftsberichterstattung sucht der *Capital*-Redakteur in der sozialen Realität, in der Männer nach wie vor die Führungspositionen der Wirtschaft dominieren. „Dummerweise ist in den Machtzirkeln, auf Geschäftsführungs- und Vorstandsebene, der Frauenanteil immer noch bei lediglich rund zwölf bis 17 Prozent. Man kommt einfach nicht darum herum, über Männer zu schreiben" (ebd.). Zugleich macht er auf individuelle Einstellungen aufmerksam:

> „Aber es [die Auswahl von Personen] hat auch etwas mit dem eigenen Kopf zu tun. Ich kann gerade als Mann blitzschnell immer sofort einen Mann finden, der für was auch immer steht – bei Daimler oder etwa Siemens. Und es bedarf eines zweimaligen Überlegens, warum wir, wenn wir von Siemens reden, nicht Barbara Krux nehmen, die auch im Siemens-Vorstand sitzt. Das hat also auch etwas mit der Trägheit der eigenen Gedanken zu tun. Daran etwas zu verändern, ist ein steter Prozess." (Ebd.)

Das männlich geprägte Bild der Berichterstattung über Wirtschaft lässt sich also auch mit persönlichen Entscheidungen und Einstellungen der Journalistinnen und Journalisten erklären, welche wiederum soziokulturell geprägt sind. Es zeigt sich, dass die Nachrichtenauswahl nicht nur durch eine wie auch immer verstandene vormediale Realität geprägt ist, sondern auch durch die JournalistInnen als individuelle AkteurInnen bestimmt ist (ich als Mann; die Trägheit der Gedanken).

Im Bereich des Wirtschaftsjournalismus finden sich mehrfach Hinweise in den Interviews, welche eine unreflektierte Selbstverständlichkeit bei der Auswahl von Managern sichtbar machen. Bezogen auf die Frage, wie eine Personality-Story über den Top-Manager Utz Claassen entstanden ist, antwortet die *Manager Magazin*-Redakteurin:

> „Ich denke, weil wir ihn einfach gekriegt haben. Utz Claassen kennen wir schon länger und gut. Er ist eine lustige Reizfigur. Wie er sich mit seinem Goldbändchen, seinen Krawatten und Hemden präsentiert. Über ihn kann man auch immer ein bisschen was transportieren, weil es lustig ist, sich ihn anzusehen. Da er keinen neuen Job hat, nehme ich mal an, stand er auch Gewehr bei Fuß. Er kann auch schön über das Thema Sanierung sprechen, weil er ja auch selber etwas hinter sich hat. Hier gab es keinen zwingenden Anlass, dass wir ihn ausgesucht haben. Wir haben ihn ausgewählt, weil er konnte und wollte. Das kommt auch vor." (Eva Buchhorn, Manager Magazin)

Die Passage verdeutlicht, dass die Verfügbarkeit einer Person (weil wir ihn gekriegt haben; stand Gewehr bei Fuß), Netzwerke (kennen wir schon länger) und mediale Logiken (Reizfigur mit Goldarmbändchen, die lustig anzusehen ist) über die Auswahl von Personen entscheiden. Die Journalistin erzählt weiter:

> „Man schaut einfach, wer gut zu einem Thema passt und wer die führenden Figuren sind – ganz gleich ob männlich oder weiblich. Und dann sollte man kurz innehalten und fragen, gibt es vielleicht auch eine interessante Managerin oder Unternehmerin für das Thema." (Ebd.)

Die gewählten Beispiele verdeutlichen, wie selbstverständlich Männer ausgewählt werden, weil sie in die männlich geprägte Wirtschaftswelt ‚passen'. Die Selektionsmechanismen scheinen durch androzentrische Handlungsroutinen geprägt zu sein, deren geschlechtsgebundener Charakter durch Naturalisierung unkenntlich gemacht wird. Männer sind in der Wirtschaft das Normale, Frauen hingegen das Besondere.

Von der Wirtschaftsjournalistin wird Weiblichkeit auch explizit als ein Auswahlkriterium unter anderen benannt. Die Wahrnehmung von Managerinnen und Unternehmerinnen scheint dabei mit expliziter Reflexionsarbeit verbunden.

> „Es ist dann z.B. ein Punkt, wenn man Geschichten über den ‚Besten Arbeit-
> geber' schreibt. (...) Dann kommt es vor, dass man gezielt Frauen auswählt.
> Die Unternehmen bieten das inzwischen auch so an. Die fragen von sich aus:
> ‚Dürfen wir Ihnen da auch eine junge Managerin präsentieren?'. (...) In sol-
> chen Fällen wird bei der Auswahl auf das Verhältnis zwischen Männern und
> Frauen geachtet." (Ebd.)

Nach den Managerinnen und Unternehmerinnen wird in der journalistischen Praxis explizit gesucht, wodurch ihnen ein Mehr an Sichtbarkeit
zukommt. Ihnen wird dadurch aber auch immer wieder ein Sonderstatus
zugeschrieben, solange die Selbstverständlichkeit der Auswahl von Managern nicht mit reflektiert wird (vgl. auch Maier/Lünenborg in diesem
Band).

Die Befragten aus dem Ressort *Wissenschaft,* deren Schwerpunkt auf
der Berichterstattung über Naturwissenschaften und Medizin liegt, nennen bezogen auf die Auswahl von Personen wissenschaftliche Selektionskriterien. Eine *SZ*-Journalistin achtet zuerst auf die Position, also
die jeweilige Hierarchie in einer wissenschaftlichen Institution, aber
auch auf Publikationen und Preise (Christina Berndt, SZ). Für den
FAZ-Journalisten spielt die formale Hierarchie nur eine begrenzte Rolle, entscheidender seien fachliche Kriterien wie Preise und Publikationen (Joachim Müller-Jung, FAZ). Journalismus bildet hier zwar nicht in
jedem Fall formale Hierarchien von Forschungsinstitutionen ab, er
greift aber insgesamt auf wissenschaftsinterne Qualitäts- und Gütekriterien zurück.

In den Rekonstruktionen werden aber auch subjektive Auswahl- und
Gewichtungskriterien benannt. Eine persönliche Geschichte, wie ein Hu-
mangenetiker, der selbst an Kinderlähmung leidet oder ein Alzheimer-
forscher, der selbst Alzheimer bekommt, gilt als eine gute Story (Christina Berndt, SZ). Eine personenorientierte Geschichte kann auch durch PR-
Arbeit von Universitäten oder zufällig durch einen interessanten Hinweis
entstehen (Joachim Müller-Jung, FAZ). Anders als in der Wirtschaft wird
eine geschlechterdifferente Berichterstattung entweder nicht benannt
oder explizit zurückgewiesen.

> „Wir suchen aber nicht verstärkt nach Frauen, sondern wir erwähnen sie ein-
> fach, wenn sie gut ankommen, wenn sie Preise bekommen oder wenn sie
> Spitzenforschung machen. Insgesamt ist die Genderberichterstattung bei uns
> nicht so stark gesteuert. Sie spielt auch in den Konferenzen und Diskussionen
> keine Rolle." (Ebd.)

Die Befragten verweisen auf wissenschaftliche Leistungskriterien wie
hochrangige Publikationen oder Auszeichnungen, die als journalistische
Bewertungskriterien gelten. Diese Maßstäbe haben ihren Referenzpunkt

in der Wissenschaft. In den journalistischen Selbstbeschreibungen wird damit auf professionsexterne Auswahlkriterien zurückgegriffen, denen mitunter ein bestimmter Objektivitäts- und Wahrheitsanspruch zugeschrieben wird. Mit Blick auf Geschlechterverhältnisse werden damit aber auch Ausschlüsse und Marginalisierungen des Wissenschaftsbetriebes reproduziert. Zu nennen sind hier beispielsweise die Leaky Pipeline, also das Versickern von Frauen auf den höheren Stufen der wissenschaftlichen Karriereleiter, der Glass Ceiling-Effekt, der Frauen den Aufstieg in die Spitzenpositionen der Wissenschaft erschwert oder den Gender Bias in Peer-Review-Verfahren (vgl. zusammenfassend z.B. Lind 2004).

Zuschreibung von Expertise durch den Journalismus

In den Interviews sind wir auch der Frage nachgegangen, wie Entscheidungen zur Auswahl von Expertinnen und Experten getroffen werden. Die Frage ist an der Schnittstelle von Auswahlkriterien und dem Umgang mit Quellen angesiedelt und rekonstruiert den Prozess der Generierung von Expertise für die Medienöffentlichkeit sowie deren Gender Bias. Sie verschiebt den Fokus auf Akteurinnen und Akteure, die jenseits eng gefasster politischer, wirtschaftlicher und wissenschaftlicher Eliten mediale Aufmerksamkeit erfahren (können). Bezogen auf die Frage, wie Entscheidungen zur Auswahl von Expertise fallen, benennen alle Befragten vornehmlich thematische Aspekte. Im Ressort *Politik* gilt als Auswahlkriterium die öffentliche Bedeutung des Themas, welches die Person in der Öffentlichkeit vertritt, aber auch die vorausgegangene mediale Präsenz und Kompetenz der Experten. Neben der intermedialen Wahrnehmung benennt eine Journalistin „Wiederholung" als ein zentrales Kriterium für die Auswahl von Experten. „Jede Redaktion hat für bestimmte Themen jemanden. Und, wenn der keinen Unsinn erzählt hat, bleibt der das dann auch ein Weilchen, weil es einfacher ist, mit jemandem zu arbeiten, den man kennt" (Evelyn Roll, SZ).

Es ist offensichtlich, dass es für Frauen schwieriger ist, in diese gewachsenen Strukturen vorzudringen. Den beschriebenen engen Bezug zu Redaktionen haben Frauen seltener, doch wenn „sie andererseits dieses vorhin angesprochene Abonnement auf Expertise in einer Redaktion haben, gilt das auch für Frauen" (ebd.). Eine stärkere Präsenz im medienöffentlichen Raum ist also zuweilen durchaus möglich.

Der Ausschluss von Expertinnen aus der redaktionellen Wahrnehmung wird auch kritisch reflektiert. So meint eine *SZ*-Redakteurin, dass die Unterrepräsentanz von Frauen oftmals von den einzelnen Journalistinnen und Journalisten oder in den Redaktionen selbst nicht wahrgenommen werde. Wie dies die Redakteurin aus der Wirtschaft bereits anhand eines Rankings der besten Arbeitgeber beschrieben hat, fällt das Fehlen von Frauen vor allem dann ins Auge, wenn Gruppen beschrieben oder zusammen gestellt werden.

> „Wer ein Podium oder einen Talk zusammensetzt und dann merkt, halt, das geht jetzt gar nicht, dass da nur Männer sitzen, der lädt eine Frau dazu, oft eine, die eine andere, bisher fehlende Qualifikation auch noch hat: Eine Art Doppelquotenfrau also. Aber, wenn es darum geht, dass man den Experten für ein Thema anruft, dann glaube ich, dass da selbst bei einer Journalistin die Reflexionsebene fehlt, auch noch daran zu denken, ob man lieber mal eine Frau nimmt. Das fehlt völlig." (Ebd.)

Bei Gruppensettings wird das Vergessen von Expertinnen also (visuell) offensichtlich, es findet eine Quotierung in dem Sinne statt, dass eine Frau als Quotenfrau dabei sein muss. Die vermeintlich ‚natürliche' Autorität der männlichen Expertise wird damit nicht in Zweifel gezogen.

Bei der Suche nach Expertise spielen auch in der *Wirtschaftsberichterstattung* journalistische Routinen und gewachsene Netzwerke eine wichtige Rolle. Die Redakteurin des *Manager Magazins* beschreibt, ihre Redaktion habe „ein Netzwerk mit Personen, die wir schon ewig kennen" (Eva Buchhorn, Manager Magazin). Die Journalistin thematisiert einen ‚männerbündischen' Zusammenhang von gewachsenen redaktionellen Strukturen und männlichen Experten.

> „Man könnte auch viele andere als Stichwortgeber heranziehen, aber man macht es mit denjenigen, die hier auch schon seit Jahren überliefert sind. Das sind eben immer Männer. Sie sind zwischen 40 und 60 und diesem Haus hier schon ewig verbunden. Sie kennen auch die Top-Stars, um die es dann geht. Insofern ist das alles eine Soße. Frauen müssten sich da zum Teil auch sicher deutlicher zeigen, mehr Aufwand investieren, damit sie überhaupt wahrgenommen werden." (Ebd.)

Als intensive Netzwerke werden persönliche und redaktionelle Kontakte erkennbar, die sich im Laufe der Jahre zwischen den „Experten" und den Journalisten entwickelt haben. Die Journalistin weiter: „Viele kennt man irgendwie. Manchmal wird man auch angesprochen. Gerade bei der Expertensuche trägt einem das Glück immer irgendwann einen ins Haus, der passt" (ebd.). Um dem Publikum entsprechende Kommunikationsangebote zu machen, knüpft die Berichterstattung an antizipierte, vorgeblich stereotype Erwartungen des Publikums an. Bei Themen, die sich um das Äußere drehen, entspreche eine Stilberaterin als Expertin mehr den Erwartungen des Publikums als ein Stilberater (ebd.). Was bei der Auswahl von Expertinnen und Experten als passend erscheint, so legen es die Interviews nahe, scheint auch mit Geschlechterstereotypen verknüpft zu sein. Es liegt auf der Hand, dass die beschriebenen gewachsenen Struktu-ren und Jahre überdauernde Netzwerke eine Teilhabe von Frauen als Ex-pertinnen erschweren können. In öffentlichen Bereichen, die lange durch einen Ausschluss von Frauen gekennzeichnet waren oder noch sind, kommt solchen Netzwerken ein Verstärkereffekt bei der Zuschreibung von Expertise an männliche Experten zu.

Die habitualisierten Selektionsprozesse scheinen nur schwer zu durch-brechen. Einen möglichen Wandel deutet die Redakteurin durch mehr Frauen in den Redaktionen an: „Gleiches zieht Gleiches an" (ebd.). Ver-schiedene Studien haben allerdings gezeigt, dass der deutlich gestiegene Frauenanteil in den Redaktionen nicht in gleichem Maße mit einer Ver-änderung der Darstellung der Geschlechter in den Medien korrespon-diert (vgl. Lünenborg 2001). Obwohl mehr Frauen in den Redaktionen arbeiten, hat der Anteil an Frauen, über die berichtet wird, nicht substan-ziell zugenommen (vgl. Lünenborg/Röser 2006; Keuneke u.a. 1997; Keil 2000; Lünenborg 1997; Robinson 2005). Die stete Reproduktion tradierter Selektionsmechanismen, eingebettet in professionelle Sozialisationspro-zesse, steht hier einem Wandel entgegen.

In der *Wissenschaftsberichterstattung* kommt persönlichen Kontakten ebenfalls eine Rolle zu. Diese sind laut dem befragten *FAZ*-Redakteur in der Regel der Fachkompetenz nachgeordnet (Joachim Müller-Jung, FAZ). Unabhängig vom Status der Experten in der wissenschaftlichen Hierar-chie seien es die Leistungen, die zur Auswahl führten (Joachim Müller-Jung, FAZ; Christina Berndt, SZ). In der Wissenschaftsberichterstattung verweisen die Befragten also vor allem auf wissenschaftliche Kriterien als ausschlaggebende Faktoren für die Auswahl von Expertise. Eine gezielte Suche nach (weiblichen) Expertinnen findet in der Wissenschaft laut der Befragten nicht statt, insofern hier Kriterien der Objektivität grundlegend seien. Die *SZ*-Redakteurin beschreibt aber einen „persönlichen Bias", wenn es um Themen wie Gynäkologie, hormonelle Ersatztherapie in den Wechseljahren mit Östrogenen und Gestagenen oder um Abtreibung ge-he (Christina Berndt, SZ). Die bewusste geschlechterdifferente Auswahl von Expertinnen ist hier mit biologistischen Wissensbeständen verknüpft. Die Journalistin macht auch darauf aufmerksam, dass bei der Suche nach Expertise Prozesse medialer Selbstreferenzialität wirksam seien. Manche Experten erreichen ein hohes Maß an medialer Aufmerksamkeit durch den fortwährenden Bezug auf bereits medial verwerteter Expertise. Wie es die *SZ*-Redakteurin selbst prägnant zusammenfasst: „Die Medien ma-chen sich ihre Experten zum Teil selbst. Das ist ein Selbstläufer" (ebd.). Diese Selektion von Expertise nach Medienlogiken und nicht nach der Logik bspw. der Wissenschaft erscheint uns bedeutsam, um die Beharrungskräfte traditioneller Muster – auch mit Blick auf Geschlechterverhältnisse – zu verstehen.

3.2 Informationswege: Redaktionelle Handlungsmuster zur Selektion und Gewichtung von Informationen

Die Befragten aus Politik-, Wirtschafts- und Wissenschaftsredaktionen wurden nach ihren Recherche- und Informationswegen sowie den redaktionellen Handlungsmustern zur Selektion und Gewichtung von Informationen befragt. Einhellig stellen die Redakteurinnen und Redakteure fest, dass der zunehmende Zeitdruck in der journalistischen Produktion den Selektionsdruck verschärft. Hieraus lässt sich folgern, dass dies die Wahrscheinlichkeit erhöht, bereits erprobte Strategien zu wiederholen und auf Bekanntes zurück zu greifen. Damit einher geht eine erhöhte intermediale Selbstreferenzialität im Sinne einer wechselseitigen Zitation und ein Rückgriff auf medienaffine Expertise.

Die Annahme, dass der Zeitdruck dazu führen könne, auf altbekannte (Geschlechter-)Muster zurückzugreifen, wird von einer *SZ*-Redakteurin allerdings zurückgewiesen:

> „Frauen werden auch unter hohem Zeitdruck nicht mehr sehr viel anders behandelt als Männer. Bis auf so ein paar Sachen wie das Äußere und die schnellere Neigung, Zensuren zu geben. Aber sonst glaube ich, ist da nicht so ein großer Unterschied." (Evelyn Roll, SZ)

Bei der Informationsbeschaffung haben persönliche Kontakte eine hohe Priorität, wie bereits bezogen auf die Selektion von Expertise deutlich wurde. Der anonym verfügbaren Expertise – z.B. in Datenbanken – begegnen einige der Befragten mit Skepsis. So meint die Redakteurin des *Manager Magazins*: „Datenbank-Recherche ist für jeden irgendwie eine Art Blackbox" (Eva Buchhorn, Manager Magazin). Ein Wandel durch gezielte Angebote alternativer Expertise im Internet, wie sie etwa Expertinnen-Datenbanken liefern, verspricht vor diesem Hintergrund wenig Erfolg. Bevor solche alternativen Rechercheoptionen genutzt werden, müsste eine Sensibilisierung für die eingeschränkte, Gender biased Expertise entwickelt werden. Eine höhere Präferenz erhält demgegenüber die Beobachtung anderer Medien. Bei der Auswahl und Gewichtung von Themen spielt diese mediale Selbstreferenz eine beachtliche Rolle, auch wenn empfohlen wird, dies kritisch zu reflektieren (Christina Berndt, SZ). Eine solche mediale Selbstreferenzialität trägt ebenfalls zur Verstärkung des Mainstreams und damit zur Reproduktion von Geschlechterdifferenzen und -hierarchien bei.

3.3 Präsentationslogiken

Strategien der Personalisierung und Grenzen der Berichterstattung

In der *Politik* besteht seitens der Befragten Einigkeit darüber, dass der Personalisierung eine gewichtige Rolle für die Berichterstattung zukommt. In diesem Zusammenhang werden auch private und intime Details aus dem Leben des politischen Spitzenpersonals in der Berichterstattung relevant. Der Tenor ist allerdings eindeutig, dass es die politischen Akteure und Akteurinnen selbst sind, welche die Grenzen bestimmen. Nur ein Zitat von mehreren soll dies verdeutlichen:

> „Über das Privatleben von Angela Merkel wird zum Beispiel gar nicht geschrieben oder nur ganz wenig. Denn sie tritt mit ihrem Mann selten auf und macht ihn nie zum Thema. Eigentlich wissen alle nur, dass Joachim Sauer Chemie-Professor ist. (…) Wenn man sich dann natürlich wie Scharping mit seiner Geliebten im Swimmingpool ablichten lässt, sind alle dankbar. Das wird gerne genommen. Aber wenn ein Politiker sein Familienleben privat hält, wird darüber nicht geschrieben." (Ulrike Herrmann, taz)

Es sind also die politischen Akteure, welche laut den Befragten die Regeln bezüglich der Veröffentlichung von privaten und intimen Details in der Presseberichterstattung bestimmen. Der Journalismus reagiere nur darauf. Er greife Privates nur dann selbstständig auf, wenn es innerparteilich als Konflikt relevant werde (ebd.; Evelyn Roll, SZ), das private Handeln im Widerspruch zum beruflichen Handeln stehe (Kerstin Kullmann, Spiegel) oder private Beziehungen Einfluss auf berufliche Entscheidungen hätten (Matthias Krupa, Zeit). Es gehe um den Punkt, an dem das Private politisch wird, wie es der *Zeit*-Redakteur formuliert:

> „In dem Moment, wo die Ehefrau oder vielleicht auch der Ehemann – was noch der seltenere Fall ist – mit auf dem Wahlplakat erscheint und alles sieht nach tollem Familienleben aus und am Ende kommt dann doch die Scheidung, ist das nichts, wo wir jetzt hinterher recherchieren. Da ist aber die Schwelle überschritten, wo das Private eben dann doch politisch wird. Ein gutes Beispiel ist natürlich die Seehofer-Geschichte gewesen. Die Geliebte, die von Parteigegnern instrumentalisiert worden ist, wo man dann, glaube ich, über den Umgang damit berichten muss. Wir würden aber keine Recherche dazu machen." (Ebd.)

Zugleich finden sich widersprüchliche Aussagen im Material, wenn etwa bezogen auf Schavan von „Gerüchten über sehr Privates" die Rede ist:

> „Ein nicht geringer Anteil des ‚nicht in Baden-Württemberg Ministerpräsidentin Werden' der Frau Schavan hatte mit Gerüchten über sehr Privates zu tun. – Was geht uns das an, wie die Ministerin privat lebt? Nichts. – Wenn aber ein innerparteilicher Gegner das öffentlich zu einem Punkt macht, dann

gehört es plötzlich zur Politikberichterstattung, das zu thematisieren. Medien werden immer in dem Moment, wo sie behaupten können, das ist jetzt innerparteilich relevant geworden, sagen, dann müssen wir auch darüber berichten." (Evelyn Roll, SZ)

Die Befragten betonen vehement, dass Tabuthemen nur dann Eingang in die Berichterstattung finden, wenn sie in der politischen Arena selbst zum Gegenstand werden. Als Tabuthemen werden in der Politikberichterstattung ausschließlich Themen benannt, die eher ‚dem Privaten' zugeschrieben werden: zum Beispiel sexuelle Affären, Homosexualität, Krankheiten oder Drogenkonsum.[8] Auch die *SZ*-Redakteurin greift in ihren Ausführungen den Fall Seehofer auf und meint, dass Privates und Intimes vom politischen Gegner strategisch eingesetzt wurde, um einen Kandidaten zu verhindern. „Seehofer war und ist ja immer noch der Vater des Kindes, aber darüber wurde und wird seit jenem Tag nicht mehr berichtet. Das ist der Beleg dafür, dass und wie sich die Medien in diesem Fall haben instrumentalisieren lassen" (ebd.). Mit der Rede, der Journalismus habe sich von politischen Interessen instrumentalisieren lassen, inszenieren sich Journalistinnen und Journalisten eher als ‚Betroffene' einer strategischen Kommunikation denn als selbstständige Akteure. Die autonome Entscheidung einzelner Journalisten oder Redaktionen, in die Berichterstattung einzusteigen oder bewusst darauf zu verzichten, wird von den Befragten nicht als Alternative wahrgenommen.

In der *Wissenschaft* spielt Privates laut den Befragten nur selten eine Rolle. Als Ausnahme von der Regel benennt eine *SZ*-Redakteurin beispielsweise einen Stammzellenforscher mit querschnittsgelähmter Tochter, der gezielt auf solche Therapien setzt. Dies kann zu einer Story werden, weil „das menschelt" (Christina Berndt, SZ). Für die beiden Befragten aus der Wissenschaftsberichterstattung hängt es aber auch von der jeweiligen journalistischen Darstellungsform ab. In Porträts kommt privaten Themen durchaus eine Rolle zu. Der *FAZ*-Redakteur betont, dass es keine Rolle spiele, ob es sich um einen Mann oder eine Frau handle (Joachim Müller-Jung, FAZ).

Wirtschaftsthemen werden in der Berichterstattung verstärkt über Personen medial verhandelt. Beide Befragte aus der Wirtschaft sehen Personalisierung als wichtige Strategie der journalistischen Narration an. Sie sind sich weiterhin einig, dass die Personen nicht nur als wirtschaftliche Persönlichkeiten, sondern auch als private Person in den Fokus medialer Aufmerksamkeit rücken (Eva Buchhorn, Manager Magazin; Rudolf Kah-

---

8 In der Wirtschaft und Wissenschaft werden gleiche bzw. ganz ähnliche Tabus aus dem Bereich des Privaten benannt. Wichtig ist hier zu berücksichtigen, dass wir nur Qualitätsmedien befragt haben.

len, Capital). Private Themen spielen etwa dann eine Rolle, wenn sie erklärend für die Geschichte sind (Rudolf Kahlen, Capital). Die Thematisierung von Privatem hänge aber von der journalistischen Darstellungsform und dem Ressort ab. Auf die Frage, welche Bedeutung private und intime Details in der Berichterstattung haben, antwortet die Redakteurin des *Manager Magazins*:

> „Eine relativ große Rolle. Nicht so sehr in meinem Ressort (…). Bei vielen anderen Geschichten, insbesondere bei Porträts, aber auch Unternehmensanalysen, ist es ein Stilmittel. Wir versuchen, die Personen möglichst nah zu erwischen. Wenn wir etwas Privates erfahren, dann kommt das auch rein. Das sind in der Regel harmlose Sachen. Was hat er gegessen? Wen hat er getroffen? Wo hat er geschlafen? So wie das der *Spiegel* auch macht. Diese üblichen personalisierten Einstiege. Es gibt auch immer die Frage, wie weit man gehen kann. Ich gehe eigentlich nicht gerne so extrem weit, aber es kommt auch mal vor. Wir haben einmal über einen Anwalt berichtet, der mit seinen Partnern im Clinch liegt. Er soll dann einem seiner Partner geschrieben haben, wenn er nicht endlich spurt, dann berichtet er dessen Ehefrau, dass er eine Freundin hat. Das haben wir echt geschrieben! Man versucht also schon, relativ nah an die Leute ran zu kommen. Das ist eben typisch für ein Magazin." (Eva Buchhorn, Manager Magazin)

Die Wirtschaftsberichterstattung greift demnach also wie die politischen Nachrichten auf boulevardisierte Formen der öffentlichen Kommunikation zurück. Die Beispiele zeigen auch, wie in der Thematisierung privater und familiärer Fragen teils unbewusst, teils trotz besseren Wissens Geschlechterskripte aufgerufen werden. Auf der Ebene des Privaten werden geschlechtsspezifische Inszenierungslogiken zwar nicht explizit benannt, sie werden in den Aussagen aber unübersehbar relevant, wie zum Beispiel aus den Äußerungen des befragten *Capital*-Redakteurs deutlich wird:

> „Im Lifestyle-Bereich von *Capital*, den ich vier Jahre geleitet habe, ist das natürlich anders, wenn es beispielsweise um das Thema Golf spielen geht. In solch einem Zusammenhang schreiben wir auch über das Handicap eines Versicherungsvorstandes. Und wenn eine Frau beispielsweise klein ist, wie die Geschäftsführerin Deutschland von Coca Cola, dann könnte man eigentlich fragen, was soll die Physiognomie dieser Frau in einer Geschichte? In dem Artikel ‚Die neue Lust an der Macht' bin ich aber genau damit eingestiegen, weil sie gleichzeitig auch sehr tough ist." (Rudolf Kahlen, Capital)

Den Beschreibungen des Privaten sind Vorstellungen über Geschlecht unterlegt (der mächtige Mann mit Geliebter, die kleine Frau, Golf und Männlichkeit etc.), die von den Befragten nicht unbedingt intendiert sind. Sichtbar wird dabei, dass Journalismus alltagsweltlich auf vertraute, traditionelle Skripte zurückgreift und diese zugleich fortschreibt.

Geschlechterdifferente Darstellungsweisen bei der Beschreibung des Äußeren

In der *Politik* sind sich die meisten Befragten einig, dass Äußerlichkeiten eine wichtige Rolle in der Berichterstattung zukommt. Drei der befragten RedakteurInnen sind der Ansicht, dass Frauen in der medialen Berichterstattung intensiver in ihrem Äußeren dargestellt werden (Ulrike Herrmann, taz; Evelyn Roll, SZ; Matthias Krupa, Zeit). So meint der *Zeit*-Redakteur,

> „dass es in der Tat der Fall ist, dass man bei Frauen eher dazu neigt, auch Äußerlichkeiten zu beschreiben. Das anzumahnen, da haben wir alle einen Blick dafür. Aber es fällt sicherlich auch wieder eher einer Kollegin als einem Kollegen auf. Die Versuchung, bei einer Frau die Farbe des Kostüms zu erwähnen, ist doch größer als zu erwähnen, dass Herr XY im blauen Hemd irgendwo steht. Es würde auf seine Relevanz geprüft und dann im Zweifelsfall raus genommen." (Matthias Krupa, Zeit)

Die Befragten liefern auch einige Hinweise, wie es dazu kommt, dass die Bekleidung und das Äußere trotz anderer Intentionen bei Frauen öfter beschrieben werden. Die *SZ*-Redakteurin meint, bei Frauen werden Äußerlichkeiten „solange mitbeschrieben, wie sie als Projektionsfläche für eigene Rollenbilder des Betrachters herhalten" (Evelyn Roll, SZ). Zugleich schränkt sie die eigenständige Handlungs- und Gestaltungsmacht von Journalistinnen und Journalisten ein: „Berichterstattung und öffentliche Wahrnehmung ist immer auch ein Reflex davon, wie das eigene System mit einer Figur umgeht" (ebd.).

Ein Befragter benennt ein „hohes kommunikatives Moment" von Äußerlichkeiten (Matthias Krupa, Zeit), womit angesprochen ist, dass die Inszenierung von Körpern und ihren Einkleidungen zur Charakterisierung der Personen nützlich ist. So ist auch die *Spiegel*-Journalistin der Ansicht, dass Äußerlichkeiten in der Berichterstattung keine besondere Rolle zukommen, es sei denn, sie dienen der Narration:

> „Die Beschreibungen sollten immer im Dienst der Geschichte stehen und in der politischen Berichterstattung geht es da um mehr als den voyeuristischen Blick auf die Person. Mich interessieren bei einem Politiker nur die Facetten seiner öffentlichen Erscheinung, die sich in den Kontext meiner Geschichte einbinden lassen. Dabei fallen Kommentare über Rocklängen oder Frisuren fast immer raus." (Kerstin Kullmann, Spiegel)

In der *Wissenschaft* meinen die Befragten, dass Äußerlichkeiten eine untergeordnete Rolle zukomme. „Extremes" würde aber durchaus thematisiert (Joachim Müller-Jung, FAZ). Vor allem zur Charakterisierung von Personen in Porträts kann auf die Beschreibung von Äußerlichkeiten zurückgegriffen werden. Der *FAZ*-Journalist beschreibt, wie Journalismus Geschichten erzählt und dafür Charaktere erschafft und innere Bilder gestaltet. Hierbei wird deutlich, wie diese Geschichten auf Geschlechterbilder zurückgreifen, weil sie dem Publikum bekannte Deutungsmuster zur Verfügung stellen wollen:

> „Die Leute leben ja in Klischees. Sie wollen sich ein Bild machen. Aus dem, was wir lesen, konstruieren wir Bilder. So funktioniert auch Literatur. Ich glaube, dass ist bei Wissenschaftlern nicht anders als bei literarischen Figuren. (…) ‚[D]er Langbart‘, der mit seinem großen Rauschebart in seinem Labor in seinem weißen Kittel umher läuft, halb geduckt. Oder eben traumwandlerisch, die Augen nach oben gerichtet und immer nachdenklich. Also das sind natürlich Figuren, die man beschreiben muss.“ (Ebd.)

Die *SZ*-Redakteurin kritisiert Geschlechterdifferenzen bei der Beschreibung von Äußerlichkeiten und damit verbundene Abwertungen; etwa, wenn junge Frauen als „Mädchen“ bezeichnet werden oder Frauen häufiger über ihr Aussehen beschrieben werden als Männer (Christina Berndt, SZ).

In der *Wirtschaft* betonen die Befragten die Bedeutung von Äußerlichkeiten im Rahmen der Narration (Rudolf Kahlen, Capital) sowie auf der visuellen Ebene (Eva Buchhorn, Manager Magazin). Die Aufnahme äußerlicher Merkmale in die Berichterstattung, z.B. der Körpergröße, begründet der *Capital*-Redakteur wie folgt: „Macht ist aus Männersicht häufig verbunden mit dem Bild eines breitschultrigen Zwei-Meter-Typen. Das ist eine Vorstellung, die mit der Realität in unserer Arbeitswelt selten etwas zu tun hat“ (Rudolf Kahlen, Capital). Die *Manager Magazin*-Redakteurin geht darauf ein, wie Fotografien das Äußere inszenierend gestalten. Bezogen auf die Frage, ob es diesbezüglich in der Berichterstattung Unterschiede zwischen Frauen und Männer gebe, antwortet sie:

> „In einem Heft, das voller Männer ist, ist eine Frau tendenziell ein Blickfang. Dementsprechend werden Frauen auch gerne im Inhaltsverzeichnis mit einem Bild gezeigt. Selbst wenn es nur eine kleine Geschichte ist. Zum Beispiel haben wir in einem Heft die blonde Warsteiner-Chefin ganz deutlich nach vorne gerückt und am Tresen abgelichtet.“ (Eva Buchhorn, Manager Magazin)

Weiblichkeit wird also in einem Magazin, welches vor allem Männer lesen, zum Blickobjekt. Dies scheint vor allem dann zuzutreffen, wenn die Managerinnen oder Unternehmerinnen, wie im Falle der Warsteiner-Chefin, normativen Vorstellungen von Weiblichkeit entsprechen.

Die Mehrzahl der Befragten setzt sich kritisch mit sexualisierenden, diskriminierenden oder abwertenden Beschreibungen des weiblichen Körpers in der Berichterstattung auseinander. Doch eine darüber hinausgehende Reflexion zum Einsatz von Geschlechterskripten, auf die vielfältige journalistische Narrationen und Charakterisierungen zurückgreifen, findet kaum statt. Die Art und Weise, in der mediale Körperkonstruktionen von Frauen *und* Männern mit Status und Geschlecht verknüpft werden, wird in der journalistischen Praxis kaum reflektiert.

3.4 (Selbst-)Reflexionen: Zur Gestaltung vergeschlechtlichter Medienwirklichkeit

Wie bereits im Abschnitt zur Auswahl von Personen deutlich wurde, gehen die Befragten davon aus, dass nicht sie selbst über die Selektion entscheiden, sondern Politik, Wirtschaft, Wissenschaft und die mächtigen Leser. Zugleich artikulieren einige Befragte auch ein Bewusstsein für die Bedeutung von Journalismus bezüglich der Gestaltung öffentlicher Geschlechterverhältnisse. Als Antwort auf die Frage, wie es dazu komme, dass so viele Wissenschaftlerinnen mit interessanten Biographien nicht öffentlich bekannt sind, meint der *FAZ*-Redakteur:

> „Ich glaube, das ist ein medialer Effekt. Man hat vorgefasste Meinungen, vorgefasste Bilder. Und wenn man die immer wieder sieht, verstärkt das gewissermaßen die eigene Meinung und das Bild. Und während man ungewöhnliche Bilder als solche erst mal als Minderheitenerscheinungen wahrnimmt, setzen sie sich vielleicht dann gar nicht so schnell im Gedächtnis fest. Und dann werden die Klischees einfach reproduziert. In der Waagschale der Wahrnehmung ist dann dieses Gewicht immer bei den Männern, was die Forschung angeht, weniger bei den Frauen. Ich glaube, das ist sehr traditionell. Das hat gar nichts damit zu tun, dass man den Frauen weniger zutraut. Für Medizin gilt übrigens im Allgemeinen das gleiche. Der Mediziner ist der Mann. Das liegt natürlich auch an den Medien, Stichwort ‚Schwarzwaldklinik‘, Sascha Hehn. Das ist eine Figur, die solch ein Klischee unterstützt." (Joachim Müller-Jung, FAZ)

Und auch der *Capital*-Redakteur bringt einen Zusammenhang zwischen dem Ein- bzw. Ausschluss von Frauen aus bestimmten gesellschaftlichen Bereichen und der Medienberichterstattung zur Sprache. Bezogen auf die Frage, ob er hier eine diesbezügliche Verbindung sehe, antwortet er:

> „Die gibt es, weil wir als Medien letztlich Öffentlichkeit schaffen. Ob das Dschungelcamp ein Thema in Deutschland ist oder nicht, hat viel mit den Medien und den Entscheidungsträgern in den Medien zu tun. Das sind, wenn wir mal genauer hinschauen, in der Mehrzahl Männer. Frauen finden sich in den Kreisen bislang weniger. Und die fordern dann meist auch nicht offensiv Frauen-Themen, weil sie befürchten müssen, von ihren Kollegen in die Ecke der Frauenbeauftragten gerückt zu werden. Das erscheint auf den ersten Blick wie ein Teufelskreis." (Rudolf Kahlen, Capital)

Eine *SZ*-Journalistin betont, dass Journalismus durch die Auswahl von Bildern vergeschlechtlichte Wirklichkeiten konstruiert:

„Bei jeder Pressekonferenz und bei jedem öffentlichen Termin bekommt jeder Fotograf immer zwei Arten von Merkel-Bildern in den Kasten: Die Merkel mit den herabhängenden Mundwinkeln oder das verschmitzte Strahlen. Merkel sieht ja nicht an einem Tag deprimiert und an einem anderen fröhlich aus, sondern es gibt immer beide Bilder. Ausgewählt wird dann je nach Stimmungslage von Partei, Börsenkurs, Nation, manchmal ist auch die Stimmungslage des Bildredakteurs das Kriterium. Das ist ein sehr interessantes Phänomen. Das wird mit Männern nicht so häufig gemacht, auch, weil Menschen mehr gewohnt sind, öffentliche Männerbilder zu sehen, weshalb diese Unterschiede gar nicht mehr so wahrgenommen werden. Ein Männerbild wirkt eigentlich immer gleich und wird deswegen seltener zur optischen Manipulation benutzt." (Evelyn Roll, SZ)

Männerbilder, so beschreibt es die *SZ*-Redakteurin, sind ‚gewöhnlich‘, das Publikum ist alltäglich mit ihnen vertraut. Frauenbilder laden zur Bewertung oder Stimmungsmache ein. Deutlich wird hier die Unterscheidung zum ‚Normalen‘ des öffentlichen Bildes von erfolgreichen Männern und der Besonderheit von machtvollen Frauen in öffentlichen Spitzenpositionen. Journalismus wird in seiner Doppelfunktion als Motor und Akteur der Herstellung geschlechtsgebundener Wirklichkeitsentwürfe erkennbar.[9]

Bezogen auf die Frage nach einer geschlechtersensiblen Berichterstattung erwarten einige Befragte einen Wandel durch die Leser*innen*nachfrage:

„Die Relevanz [einer geschlechtersensiblen Berichterstattung] ergibt sich wie bei anderen Zeitungen daraus, dass wir gerne mehr weibliche Leser hätten. Uns ist klar, dass man sie dadurch gewinnt, dass auch Frauen in der Zeitung vorkommen. Nur praktisch funktioniert es dann nicht. Solange ich hier bin, wird immer wieder gesagt, man müsste mehr über Frauen schreiben, damit mehr die *taz* lesen. Getan hat sich nichts." (Ulrike Herrmann, taz)

Ein anderer Journalist betont ebenfalls, dass sich die journalistische Berichterstattung nach den vermuteten Publikumsinteressen richtet und es diese Publikumsorientierung sei, die einen Wandel erfordere.

---

9 Nach Jürgen Link (1997) lässt sich argumentieren, dass hier historisch tradierte Männlichkeitsbilder im Sinne des Protonormalismus erkennbar sind, welche das Feld des Normalen begrenzen. In dem Maße, in dem sie im Sinne einer ‚Normalbiographie‘ zu statistisch erfassbaren Lebensentwürfen und individuell gestaltbaren Biographien werden, greifen Mechanismen des Flexibilitätsnormalismus, der Frauen in ihrer Abweichung von der Normalität erkennbar werden lässt. Die journalistische Markierung von Frauen als ‚Besondere‘ reproduziert damit die Muster von Normalität, an deren optimaler Erfüllung Frauen gemessen werden.

„*Capital* wird faktisch zu 80 Prozent von Männern gelesen. Der Frauenanteil ist mithin zu gering. Wir haben unser Blatt analysiert und gefragt: ‚Woran liegt das eigentlich?' Dafür haben wir auch Frauen interviewt, die unser Heft lesen. Eine Unternehmerin sagte mir: ‚Ich muss das Heft lesen, weil bestimmte Sachen aus dem Bereich Finanzen darin stehen. Aber diese Männerköpfe, die da immer wieder auf dem Cover sind, empfinde ich als furchtbar. Das will ich nicht. Und deshalb liegt das Heft auch nie auf meinem Schreibtisch.'" (Rudolf Kahlen, Capital)

Die Befragten integrieren Frauen also in ihre Vorstellungen vom Publikum, bisher ist dies aber nicht weitreichend in den redaktionellen Strukturen angekommen, wie die Zahlen aus der quantitativen Inhaltsanalyse belegen (vgl. Röser/Müller in diesem Band). Von den Befragten wird diese Nicht-Wahrnehmung als Defizit erkannt und benannt. So berichtet auch die *taz*-Redakteurin, dass trotz einer weiblichen Chefredakteurin, welche Wert auf Frauenfragen lege, sich im journalistischen Alltag bisher nicht viel verändert habe (Ulrike Herrmann, taz). Hier sieht sie auch einen Zusammenhang zu Redaktionskulturen. In Redaktionskonferenzen reden Männer und diese dulden redende Frauen nur ungern. Der befragte *Zeit*-Redakteur verweist auf redaktionsinterne Prüfinstanzen, bei denen er Geschlechterparität als relevant erlebt:

„Die Versuchung, bei einer Frau die Farbe des Kostüms zu erwähnen, ist doch größer, als zu erwähnen, dass Herr XY in blauem Hemd irgendwo steht. Es würde auf seine Relevanz geprüft und dann im Zweifelsfall raus genommen. Das anzumahnen, da haben wir alle einen Blick dafür. Aber es fällt sicherlich auch wieder eher Kolleginnen auf als Kollegen." (Matthias Krupa, Zeit)

Inwiefern eine geschlechtersensible Berichterstattung überhaupt vom Publikum gewünscht und akzeptiert wird, stellt eine Redakteurin aus der Wirtschaft zumindest für das *Manager Magazin* in Frage. Eine Ausgabe des Magazins mit Vätern auf dem Cover war „ein solcher Misserfolg, dass von da an das Progressive erst mal wieder zurückgefahren werden musste" (Eva Buchhorn, Manager Magazin). Sichtbar wird hier das Risiko, gesellschaftlichen Wandel in der journalistischen Berichterstattung allein an marktförmige Prämissen zu knüpfen.

Eine *SZ*-Journalistin beschreibt den Journalismus als „männerdominierte Hochburg", was vor allem auch für Regionalzeitungen zutreffe (Christina Berndt, SZ). Vor diesem Hintergrund lässt sich auch verstehen, dass mehrere befragte Journalistinnen Bedenken äußern, dass ein Aufgreifen von ‚Frauenthemen' Journalistinnen auf eine ‚Nische' festlegen könnte (ebd.; Eva Buchhorn, Manager Magazin). Dabei wird auch eine unterschiedliche Wertigkeit von Themen entlang der Geschlechterdifferenz artikuliert, wenn eine Redakteurin davon spricht, dass man mit „den

‚weichen Themen' nicht so ernst genommen wird" (Eva Buchhorn, Manager Magazin). In Redaktionen kann eine Beschäftigung mit ‚Frauenthemen' also als Abwertung der eigenen journalistischen Arbeit begriffen werden (Kerstin Kullmann, Spiegel; Rudolf Kahlen, Capital). Dies kann eine geschlechtersensible Berichterstattung trotz steigenden Anteils von Journalistinnen in den Redaktionen verhindern.

4. Diskussion: Journalistische Wirklichkeitskonstruktionen oder *doing gender while doing journalism*

Wie entstehen Geschlechterdifferenzen in der journalistischen Berichterstattung? Durch welche Muster und Mechanismen trägt Journalismus selbst dazu bei, dichotome Geschlechterstrukturen herzustellen und zu reproduzieren? Dies wird abschließend anhand der Befunde aus den Interviews diskutiert.

Ein erster Befund lässt sich darin ausmachen, dass sich der Journalismus oftmals als bloßer Vermittler ungleicher Geschlechterverhältnisse in Politik, Wirtschaft und Wissenschaft sieht. Bezogen auf das politische, wirtschaftliche und wissenschaftliche Spitzenpersonal bewerten die Experten und Expertinnen den Einfluss des Journalismus bei der Wirklichkeitskonstruktion als nachrangig. Sie bewerten ihren Anteil an der Auswahl, Darstellung und öffentlichen Repräsentation von Spitzenpersonal als eher gering – und verlagern die Verantwortung für ihr eigenes journalistisches Handeln in die jeweiligen gesellschaftlichen Bereiche. Die Befragten betonen eine scheinbare Objektivität und Sachlichkeit der Berichterstattung, oft fehlt es den Aussagen an einer Reflexion der originären Konstruktionsleistung von Journalismus und seiner gesellschaftlichen Deutungsmacht. Sie folgen damit nicht nur einfachen Abbildtheorien, sondern sie reproduzieren und verstärken auf diese Weise auch unreflektiert die Ausschlüsse und blinden Flecken der Felder, die sie vorgeben, objektiv zu beschreiben. Journalistinnen und Journalisten bilden nicht einfach gegebene Geschlechterverhältnisse, -körper und -praxen ab. Die Befragten produzieren in ihrer journalistischen Praxis vergeschlechtlichte Bedeutungen, indem sie auf eine geschlechtsgebundene Wirklichkeit rekurrieren und diese somit selbst konstruieren. Dabei bleiben die Mechanismen dieser Konstruktionen zumeist unsichtbar.[10] Insbesondere mit der Referenz auf ‚Objektivität' im Journalismus – sei es in den nachrichtlichen Darstellungsformen, sei es im Verweis auf Selektionsmechanismen au-

---

10 Im Sinne Butlers (2002) dürfen diese Handlungen allerdings nicht als rationale, bewusste Akte missverstanden werden.

ßerhalb des Journalismus – findet eine Naturalisierung der Geschlechterstrukturen statt.

Die in der Journalismusforschung bekannte Diskrepanz zwischen einem professionsinternen Verständnis, *die Wirklichkeit abzubilden,* und dem wissenschaftstheoretischen Konzept der *Konstruktion von Wirklichkeit* nach Regeln der Profession wird auch mit Blick auf die Kommunikation von Geschlechterbildern unübersehbar. Wie fragil diese scheinbar objektive Begründung im Journalismus ist, wird deutlich, wenn auf Publikumsinteressen Bezug genommen wird. Ein höherer Anteil von Frauen in der Berichterstattung wird in den Interviews immer wieder als Strategie zur Adressierung eines weiblichen Publikums genannt. Ob ein solch simpler Kausalzusammenhang tatsächlich trägt, ist fraglich und bedarf der empirischen Überprüfung. Wird er jedoch konsequent verfolgt, so lässt er den Schluss zu, dass die aktuellen geschlechterungleichen Repräsentationen verstärkt ein männliches Publikum adressieren. Das Objektivitätspostulat wird damit brüchig.

Ein weiterer Grund für die geschlechterhierarchische Berichterstattung kann in dem Nachrichtenfaktor ‚Konflikt' ausgemacht werden. Vor allem die Politikberichterstattung setzt auf Konflikt. Konfliktfähigkeit und Konfliktfreudigkeit werden von den JournalistInnen mit Männlichkeit assoziiert. Die Verbindung von Männlichkeit und Konflikt, Wettbewerb, Kampf etc. wird nur selten in Frage gestellt, sie erscheint als eine allgemeinverbindliche, selbstverständliche Wahrheit. Journalismus greift hier auf bekannte Männlichkeitsvorstellungen zurück und schreibt sie fort. Dabei rekurriert Journalismus nicht allein auf Strategien der öffentlichen Inszenierung von Konflikten, die politische Akteure gezielt einsetzen, um die öffentliche Agenda zu gestalten. Der Mechanismus verstärkt sich zusätzlich dadurch, dass Journalismus selbst Konflikte als Grundnarrativ politischer Erzählungen verwendet.

Eine geschlechtersensible Berichterstattung ist nur für einige Befragte bzw. Redaktionskontexte relevant. Zugleich thematisieren einzelne Akteure und Akteurinnen bezogen auf bestimmte Sachverhalte durchaus eine individuelle oder auch redaktionelle Reflexionsbereitschaft. Sie nehmen manche geschlechterdifferenten Wirklichkeitskonstruktionen intensiv wahr (andere weniger). Es besteht also teilweise durchaus ein Bewusstsein für systematische Defizite der Berichterstattung. Vorstellungen einer geschlechtersensiblen Berichterstattung bleiben dabei allerdings auf Weiblichkeit beschränkt. Für die Befragten ist Geschlecht identisch mit Weiblichkeit; Männlichkeit bleibt das Unbenannte und Unmarkierte. Männer stellen die Norm bzw. das Normale dar, während Weiblichkeit das Andere markiert. Eine geschlechtersensible Berichterstattung meint damit eine

‚bessere journalistische Praxis' bezogen auf Frauenbilder. Eine Dekonstruktion von Männlichkeitsmythen wird nicht thematisiert oder gedacht. Eine so verstandene ‚geschlechtersensible' Berichterstattung lässt Frauen als Spitzenpersonen in ihrer Besonderheit sichtbar werden. Gerade mit dieser Markierung des Besonderen bleibt die Wirkmacht der männlich inszenierten ‚Eliten' in Politik, Wirtschaft und Wissenschaft weitestgehend ungebrochen.

Die befragten Journalistinnen und Journalisten betonen, ‚neutral' berichten zu wollen, greifen aber fortlaufend (unbewusst) auf vergeschlechtlichte Deutungsmuster zurück. Dieser Rückgriff auf Geschlechterstereotype oder auf traditionelle Alltagsbilder von Geschlecht ist nicht immer intendiert, er erscheint für die Befragten sinnvoll und stellt dem Publikum zugleich vertraute Deutungsmuster zur Verfügung. Die Interviews zeigen, dass tradierte Bilder und Muster von Geschlecht (z.B. im Hinblick auf vermeintliche Wesensmerkmale wie fehlende Konfliktfähigkeit oder biologische Faktoren) die Auswahl und Interpretation prägen. In den Rekonstruktionen der Befragten wird auch deutlich, wie diese immer wieder auf vergeschlechtlichte Argumentationsmuster (etwa entlang von Stereotypen oder androzentrischen Annahmen) zurückgreifen. Die journalistischen Praxen und Bedeutungsproduktionen lassen sich im Sinne Butlers als performative Akte begreifen (vgl. insb. Butler 1995, 1996, 1998, 2002). Performative Äußerungen reflektieren gesellschaftliche Bedingungen nicht nur, sie re-inszenieren diese Macht- und Herrschaftsverhältnisse immer wieder aufs Neue. Wie Butler es ausdrückt: „In dieser Perspektive ruft ein solches Sprechen ein strukturelles Herrschaftsverhältnis wieder auf bzw. schreibt es wieder ein und bietet damit die sprachliche Möglichkeit, diese strukturelle Herrschaft zu rekonstruieren" (Butler 1998: 33). Die Journalistinnen und Journalisten sind in diesem Denken individuelle, handlungsfähige Akteure. Ihre Aussagen erhalten ihre Macht aber nicht aus den einzelnen sprechenden Individuen, hier den Journalistinnen und Journalisten, sondern aus Konventionen (vgl. ebd.: 61). Indem Geschlecht durch performative Akte des Journalismus inszeniert und wiederholt wird, werden in der medialen Berichterstattung Geschlechternormen reproduziert. Zugleich, und das zeigen auch die Interviews, kann jede Wiederholung von journalistischen Praxen eine mehr oder weniger große Bedeutungsverschiebung beinhalten. Hierin wäre dann auch die Handlungsmacht der einzelnen Journalistinnen und Journalisten zu sehen: als Möglichkeit, Normen zu verschieben und Wirklichkeitskonstruktionen zu verändern. Basale Voraussetzung dafür ist, dass Journalismus die Prozesse seiner eigenen Selektions- und Konstruktionsmechanismen offen legt und reflektiert. An die Stelle abgeschlossener Interpretationen von

Wirklichkeit, die im Modus ‚objektiver Tatsachen' kommuniziert werden, müssten weitaus stärker Disparitäten, Prozesse, Diskontinuitäten und Widersprüche treten. Journalismus wird dann sichtbar als das, was er ist: Eine gesellschaftliche Deutungsinstanz, die Entwürfe von Gesellschaft zur Verfügung stellt, denen wesentliche Machtstrukturen eingeschrieben sind. Unsere Experteninterviews haben sichtbar gemacht, in welcher Weise auch Geschlechterstrukturen ein konstitutives Element dieser gesellschaftlichen Machtverhältnisse sind.

Literatur

Bogner, Alexander/Littig, Beate/Menz, Wolfgang (2005): Das Experteninterview: Theorie, Methode, Anwendung. 2. Aufl., Wiesbaden: VS.

Butler, Judith (2002): Performative Akte und Geschlechterkonstitution. Phänomenologie und feministische Theorie. In: Wirth, Uwe (Hg.): Performanz. Zwischen Sprachphilosophie und Kulturwissenschaften. Frankfurt/Main: suhrkamp, 301–322.

Butler, Judith (1998): Hass spricht. Zur Politik des Performativen. Berlin: Berlin Verlag.

Butler, Judith (1996): Imitation und die Aufsässigkeit der Geschlechtsidentität. In: Hark, Sabine (Hg.): Grenzen lesbischer Identität. Berlin: Querverlag, 15–37.

Butler, Judith (1995): Körper von Gewicht. Die diskursiven Grenzen des Geschlechts. Berlin: Berlin Verlag.

Froschauer, Ulrike/Lueger, Manfred (2003): Das qualitative Interview: zur Praxis interpretativer Analyse sozialer Systeme. Wien: UTB.

Keil, Susanne (2000): Einsame Spitze?: Frauen in Führungspositionen im öffentlich-rechtlichen Rundfunk. Münster: Lit.

Keuneke, Susanne/Kriener, Markus/Meckel, Miriam (1997): Von Gleichem und Ungleichem. Frauen im Journalismus. In: Rundfunk und Fernsehen. Heft 1, 30–45.

Liebold, Renate/Trinczek, Rainer (2002): Experteninterview. In: Kühl, Stefan/Strodtholz, Petra (Hg.): Methoden der Organisationsforschung – Ein Handbuch. Reinbek bei Hamburg, 33–71.

Lind, Inken (2004): Aufstieg oder Ausstieg? Karrierewege von Wissenschaftlerinnen: ein Forschungsüberblick. Bielefeld: Kleine.

Link, Jürgen (1997): Versuch über den Normalismus. Wie Normalität produziert wird. Wiesbaden: Westdeutscher Verlag.

Lünenborg, Margreth (2006): Zwischen Boulevard und Polit-Talk: Doing Gender im politischen Journalismus. In: femina politica, Zeitschrift für feministische Politik-Wissenschaft. Jg. 15, Nr. 2, 33–46.

Lünenborg, Margreth (2001): Geschlecht als Analyseperspektive in der Journalismusforschung. Potenziale und Defizite. In: Klaus, Elisabeth/ Röser, Jutta/ Wischermann, Ulla (Hg.): Kommunikationswissenschaft und Gender Studies. Wiesbaden: Westdeutscher Verlag, 124–143.

Lünenborg, Margreth/Röser, Jutta (2006): „Before Angie: Women and the News in German Communication Research". Paper Presented at the ICA-Conference 2006 in Dresden.

Mayring, Philipp (1996): Einführung in die qualitative Sozialforschung. Eine Anleitung zu qualitativem Denken. Weinheim: Psychologie Verlags Union.

Meuser, Michael/Nagel, Ulrike (1997): Das ExpertInneninterview. Wissenssoziologische Voraussetzungen und methodische Durchführung, in: Friebertshäuser, Barbara/Prengel, Annedore (Hg.): Handbuch Qualitative Forschungsmethoden in der Erziehungswissenschaft. Weinheim und Basel: Juventa, 481–491.

Meuser, Michael/Nagel, Ulrike (1991). ExpertInneninterviews – vielfach erprobt, wenig bedacht. Ein Beitrag zur qualitativen Methodendiskussion. In: Garz, Detlev/Kraimer, Klaus (Hg.): Qualitativ-empirische, Sozialforschung. Konzepte, Methoden, Analysen. Opladen: Westdeutscher Verlag, 441–471.

Meyer, Thomas (2001): Mediokratie. Die Kolonisierung der Politik durch die Medien. Frankfurt/Main: suhrkamp.

Robinson, Gertrude J. (2005): Gender, Journalism, and Equity: Canadian, U.S., and European Experiences. Cresskill, NJ: Hampton Press.

Weischenberg, Siegfried/Malik, Maja/Scholl, Armin (2006): Journalismus in Deutschland 2005. Zentrale Befunde der aktuellen Repräsentativbefragung deutscher Journalisten. In: Media Perspektiven. Heft 7, 346–361.

„Souverän wie ein Mann": Konstruktionen von Geschlecht und Führungsrolle in der Rezeption

Kathrin Friederike Müller

1. Einleitung: Zur Relevanz medialer Aneignungsprozesse

Wie eignen sich junge Frauen und Männer Medienrepräsentationen von Spitzenpersonal in Politik, Wirtschaft und Wissenschaft im Kontext eigener Alltagserfahrungen und Relevanzsysteme an? Diese Frage steht im Mittelpunkt dieses Beitrags.[1]

Drei Gründe legen eine Beschäftigung mit diesem Thema nahe: Erstens gibt es so gut wie keine Studien zur Aneignung medialer Repräsentationen von Personen aus den genannten drei gesellschaftlichen Bereichen – unabhängig davon, ob sie sich in einer Führungsposition befinden oder nicht. Über die Rezeption journalistischer Texte, die zentrale gesellschaftliche Akteure repräsentieren, ist kaum etwas bekannt. Zunächst geht es also grundsätzlich um eine Ermittlung der Bedeutung, die bei der Aneignung medialer Repräsentationen von männlichen und weiblichen Spitzenkräften von MediennutzerInnen produziert werden.

Ein zweiter Grund ist, dass sich in der Zusammenführung von Inhaltsanalyse und Aneignungsperspektive die gesellschaftliche Bedeutung der Medienrepräsentationen zeigt. Betrachtet man „einerseits das Angebot, das die Medien zur Verfügung stellen, andererseits die Art und Weise, wie dieses Angebot von den Menschen aufgenommen wird" (Hipfl 2010: 89), so wird deutlich, wie die Repräsentationen dekodiert und damit in gesellschaftliche Relevanzsysteme zurückgeführt werden. Männliche und weibliche Führungskräfte werden inzwischen seltener explizit vergeschlechtlicht und trivialisiert. Doch obwohl Gender-Differenzen in den

---

1 Der vorliegende Beitrag ist Teil des Verbundprojektes ‚Spitzenfrauen im Fokus der Medien. Die mediale Repräsentation von weiblichen und männlichen Führungskräften in Politik, Wirtschaft und Wissenschaft' der Freien Universität Berlin (Leitung Margreth Lünenborg) und der Leuphana Universität Lüneburg (Leitung Jutta Röser).

medialen Repräsentationen nicht primär aufgerufen werden, lassen sich immer noch Hierarchisierungen zwischen Männern und Frauen sowie die Herstellung von Geschlechterdualitäten erkennen (vgl. Maier/Lünenborg sowie Grittmann in diesem Band; Gnändiger 2007). Vor dem Hintergrund dieser Veränderungen einerseits und der Reproduktion von Geschlechterhierarchien und -dualität andererseits stellt sich die Frage, wie die Unterschiede in der Repräsentation männlicher und weiblicher Führungskräfte angeeignet werden. Kritisieren die Befragten die Hierarchisierung von Männlichkeit und Weiblichkeit, lässt sich in ihren Artikulationen von Gender bei der Aneignung der Medienrepräsentationen die Äußerung ähnlicher Differenzierungen zwischen Männlichkeit und Weiblichkeit feststellen wie im Medienmaterial oder dekonstruieren und stellen sie diese Differenzen und Gender-Konstruktionen im Medientext infrage? Abstrakter gesprochen geht es um eine Analyse der Aneignung uneindeutiger Repräsentationen durch die Rezipierenden. Zu fragen ist, ob sie durch eigene Lesarten weitere Bedeutungen zu Geschlecht und Karriere konstruieren und/oder ob sie Gender (de-)konstruieren.

Darüber hinaus stellt sich die Frage, welche Differenzen in der Aneignung medialer Repräsentationen von Spitzenpersonen aus den drei gesellschaftlichen Feldern Politik, Wirtschaft und Wissenschaft bestehen. So ist zu analysieren, ob Personen aus dem Kontext der Politik den Rezipierenden aufgrund ihrer starken medialen Präsenz vertrauter sind und sie deshalb auch mehr darüber wissen, wie PolitikerInnen in Medien repräsentiert werden (vgl. Lünenborg u.a. 2011; Müller/Röser 2009; Röser/Müller in diesem Band). Zudem könnte zu AkteurInnen aus dem Feld Politik aufgrund ihrer medial oft thematisierten gesellschaftlichen Funktion eine ausgeprägtere Meinung bezüglich ihres Agierens in der Führungsrolle bestehen. Im Kontrast dazu ist zu untersuchen, ob die Felder Wirtschaft und Wissenschaft aufgrund eines potenziell frühen Einstiegs junger Erwachsener in ein Studium oder eine Ausbildung greifbarer und lebensnäher scheinen und ob Artikeln zu diesen Themen im Hinblick auf die Konstruktion eigener Karrierepläne eine Rolle zukommt.[2]

Drittens wird in der Aneignung der Medieninhalte deutlich, welche soziale Relevanz ihnen zukommt. Denn erst im Moment der Auseinan-

---

2 Die Frage nach der Bedeutung der medialen Repräsentationen von Führungskräften für die Aushandlung eigener beruflicher Pläne zeigt eine Nähe zur Mediensozialisationsforschung, der zufolge Medien zur „Erweiterung und Differenzierung der real vorfindlichen Erlebnis- und Erfahrungsangebote" (Kübler 2010: 21) dienen. Sie begreift Medienrezeption und -sozialisation als „Funktions- und Bedeutungsgenerierungsprozess" (ebd.: 21) und fragt unter anderem nach der Bedeutung der Medienrezeption für die Beschäftigung mit „Arbeit, Beruf, Freizeit" (Meister/Kamin 2010: 154).

dersetzung mit dem Medientext entscheidet sich, wie die Befragten die medialen Repräsentationen dekodieren, welche Aussagen infolge dessen Bedeutung im Kontext ihrer eigenen Alltagskultur bekommen und so wiederum in gesellschaftliche Diskurse transferiert werden (vgl. Hall 1999, 1980). Um das zirkuläre Verhältnis von medialen Repräsentationen und der Transformation oder Festigung gesellschaftlicher Vorstellungen von Geschlecht, Macht und Führungsrolle zu verstehen, bedarf es also einer Aneignungsstudie.

Zur Beantwortung der Fragen bezüglich des Verhältnisses von Geschlecht und Macht wurden in einem explorativen Setting sechs Gruppendiskussionen mit 34 jungen Frauen und Männern durchgeführt. Da in erster Linie angestrebt wurde, die Aneignung medialer Repräsentationen von Frauen in Führungspositionen durch junge Frauen zu erheben, wurden vier reine Frauengruppen befragt. Es sollten jedoch auch potenzielle geschlechtsgebundene Unterschiede erkennbar werden. Deshalb wurden zur Kontrastierung zwei reine Männergruppen gebildet.[3] Die Gruppen wurden nach Formalbildung quotiert: 50 Prozent der Befragten waren SchülerInnen von Gymnasien, 50 Prozent waren Haupt-, Real- oder BerufsschülerInnen. Die Interviewten waren zwischen 17 und 19 Jahren alt und standen somit kurz vor dem Eintritt in die eigene Berufsausbildung oder hatten sie gerade begonnen. Die Befunde aus diesen Gruppendiskussionen verdeutlichen, wie die medialen Repräsentationen von Spitzenfrauen und -männern von den Befragten angeeignet werden, wie die Befragten die Repräsentationen bezüglich ihrer Geschlechtergerechtigkeit beurteilen, wie Gender bei der Rezeption (de-)konstruiert wird und wie die jungen Erwachsenen eigene Karrierepläne vor dem Hintergrund der medialen Repräsentationen verhandeln.

2. Aushandlungen von Geschlecht und Führungsrolle bei der Medienaneignung

Das Konzept der Cultural Media Studies (vgl. Grossberg 1994) bildet den theoretischen Rahmen der Analyse. Diese Untersuchung zur Aneignung medialer Repräsentationen von Spitzenpersonen ist ein Projekt, das nach den Kontexten der Medienaneignung fragt (vgl. Ang 2006; Röser 2009). Es will das Wechselverhältnis zwischen der Veränderung gesellschaftlicher Machtverhältnisse durch die Bedeutungsproduktion der Subjekte bei der Medienrezeption und der Relevanz gesellschaftlicher Verhältnisse für die Aneignung von Medieninhalten ergründen (vgl. Winter 2001: 141).

---

3   Zur genaueren Konzeption des Samples vgl. Abschnitt 3.3.

Die Idee, dass sowohl die Ebene der Produktion von Texten als auch die der Rezeption relevant ist, weil sie beide darüber entscheiden, wie ein Medientext verstanden wird, wurde von Stuart Hall im Encoding-Decoding-Modell formuliert (vgl. Hall 1999, 1980). Dieses Modell gilt als der „zentrale Ausgangspunkt der Medienstudien der Cultural Studies" (Hepp 2004: 110). Es wurde von Hall als Alternative zu linearen Kommunikationsmodellen durch eine Integration der Semiotik entwickelt. Texte werden somit nun nicht mehr als Übermittler von Bedeutungen verstanden, sondern ihre Aneignung gilt als Moment der Bedeutungsproduktion (vgl. Hall 1999). Die Rezipierenden können demzufolge unterschiedliche Lesarten an den Text herantragen (vgl. ebd.).[4] Hall bezieht sich vor allem auf die Aneignung nachrichtlicher Texte, wie sie auch in dieser Studie untersucht wird. Übertragen auf die Aneignung medialer Repräsentationen von Spitzenkräften bedeutet das, dass erst der Moment der Auseinandersetzung mit Texten und Fotografien zeigt, wie sich die Rezipierenden die Repräsentationen von Weiblichkeit, Männlichkeit und Macht aneignen (vgl. Hall 1999). Die Rezipierenden können die Medienbotschaften gemäß der Vorzugslesart, die im Medientext angelegt ist, dekodieren. Andererseits ist es genauso wahrscheinlich, dass sie die Medieninhalte ausgehandelt oder gegen den Strich lesen und somit andere Entwürfe von Gender und Führungsrolle äußern.

Diese Entwürfe von Macht und Geschlecht, die bei der Medienaneignung hervorgebracht werden, haben unter Umständen gesellschaftsgestaltende Bedeutung. Werden Medientexte gegen den Strich gelesen, so können diese alternativen Entwürfe zu den Repräsentationen im Medientext soziale Konsequenzen haben (vgl. Fiske 1989). Sie können zur Opposition gegen gesellschaftliche Verhältnisse dienen, die sich in den Diskursen innerhalb des Medientexts widerspiegeln. In Gesellschaften können sich so die Marginalisierten, „die Leute" (ebd.: 23), über den kreativen Umgang mit Medientexten durch das eigenständige Dekodieren von Texten und damit durch die Hervorbringung alternativer Perspektiven zum herrschenden gesellschaftlichen System gegen Vertreter der Dominanzkultur, des „Machtblocks", durchsetzen (ebd.). In Bezug auf die Studie zur Aneignung der medialen Repräsentationen von Spitzenfrauen und -männern bedeutet das, dass auch nach dem gesellschaftsverändernden Potenzial der Aneignung gefragt werden muss. Diese Perspektivierung wird besonders hinsichtlich der Aneignung von Geschlechterrollenent-

---

4 Zur Kritik an dem relativ unflexiblen Raster, welches die drei von Hall unterschiedenen Lesarten einem potenziell kreativen Aneignungsprozess der Rezipierenden auferlegen, und am Mangel an Übertragbarkeit des Modells auf fiktive Genres aufgrund seiner Konzentration auf nachrichtliche Texte vgl. Hepp (2004: 116ff.).

würfen in den Medientexten relevant. An Gender macht sich nach wie vor soziale Ungleichheit fest. In diesem Kontext erscheint daher die Infragestellung oder die Artikulation alternativer Entwürfe von Geschlecht wahrscheinlich.

2.1 Gender in der Medienrezeption

Analysen zur Bedeutung der Aneignung von medialen Repräsentationen von Spitzenfrauen und -männern für die Konstruktion von Gender wurden bis dato nicht durchgeführt, dasselbe gilt für die Aneignung der Repräsentationen von Personen ohne Führungsverantwortung.[5] Studien, die im Zuge der Etablierung des (de-)konstruktivistischen Paradigmas in den kommunikationswissenschaftlichen Gender Studies entstanden sind, zeigen jedoch, dass Gender bei der Aneignung von Medieninhalten ausgehandelt wird (vgl. Bechdolf 1999; Röser 2000; Müller 2010a) und dass die im Medientext angelegten Konstruktionen von Geschlecht relevant sind. So artikulieren Frauen bei der Rezeption von Frauenzeitschriften (vgl. Müller 2010a: 338ff.) und von Musikvideos (vgl. Bechdolf 1999) in Doing-Gender-Prozessen Weiblichkeitsentwürfe, ebenso wird von Männern und Frauen bei der Rezeption von Fernsehgewalt geschlechtliche Identität konstruiert (vgl. Röser 2000). Die Studien fußen auf dem Gedanken, dass in Medientexte Gender-Positionierungen eingeschrieben sind (vgl. Ang/Hermes 1994). Diese basieren auf Gender-Definitionen (vgl. ebd.), welche das gesellschaftlich geteilte Verständnis von ‚Männlichkeit' und ‚Weiblichkeit' zum Ausdruck bringen. Medien liefern also Geschlechterrollenentwürfe. Jedoch sind es die Subjekte, die Gender konstruieren, indem sie sich Medientexte produktiv aneignen: „Geschlechteridentitäten entstehen als – nie endgültiges – Resultat in dem Prozess, in dem Männer und Frauen ihr Geschlecht entsprechend den möglichen Definitionen von Weiblichkeit und Männlichkeit im Kontext ihrer jeweiligen Positionierung ausüben" (Klaus 2005: 294). Die oben genannten dekonstruktivistischen Analysen zeigen Momente der (De-)Konstruktion von Gender bei der Aneignung des Medientexts und damit den Transfer von medialen Genderrepräsen-

---

5 Es gibt jedoch wenige Ausnahmen: In einer Studie aus Finnland wurde untersucht, ob Auftritte von Politikerinnen in Fernsehsendungen Einfluss auf ihre Chancen haben, in eine politische Führungsposition gewählt zu werden (vgl. Moring 2008). Eine Pilotstudie zu den in diesem Band vorgestellten Projektteilen untersuchte u.a. die Rezeption von Merkels Auftritt bei der Operneröffnung in Oslo im April 2008. Dort trat sie mit einem tief dekolletierten Kleid auf. Studentinnen wurden zur Aneignung dieses Medienereignisses vor dem Hintergrund der (De-)Konstruktion von Gender bei der Rezeption geschlechtsgebundener Medienbilder befragt (vgl. Lünenborg u.a. 2009).

tationen in die Gesellschaft. Bei der Beschäftigung mit den medialen Inhalten machen sich MediennutzerInnen diese Geschlechterrollenentwürfe
in Gender-Identifikationen entweder zu eigen oder deuten sie in eigen-
sinnigen Dekodierungen um (vgl. Hall 1999; Winter 2001). Damit werden
entweder im Text angelegte Konstrukte von Macht und Geschlecht perpetuiert oder neue Entwürfe entwickelt. Für die Analyse der Aneignung
medialer Repräsentationen von Spitzenfrauen kommt diesen Erkenntnis-
sen besondere Bedeutung zu: Bei der Auseinandersetzung mit ihnen
kann unmittelbar Gender (de-)konstruiert werden. Die Befragten nehmen
dabei entweder auf die in den Medientext eingeschriebenen gesellschaftlichen Konzepte Bezug, stellen alternative Entwürfe von Geschlecht
und Macht her oder dekonstruieren soziale Kategorien geschlechtlicher
Identität.

Drei im deutschsprachigen Raum publizierte Beiträge geben erste
Hinweise für die hier verfolgte Thematik. Sie verdeutlichen, dass Geschlecht bei der Auseinandersetzung mit Menschen in hohen gesellschaftlichen Funktionen eine Rolle spielt. Die Studie, die der hier aufgeworfenen Fragestellung am nächsten kommt, befasst sich mit der Aneignung
der medialen Repräsentationen von Angela Merkel bei der Operneröffnung in Oslo. Im April 2008 trat die Bundeskanzlerin dort in einem tief
dekolletierten Kleid vor die Kameras und löste damit ein internationales
Presseecho aus. Ausgehend von der Frage, wie sich junge Frauen diese
medialen Repräsentationen von Weiblichkeit und Macht aneignen, wurden Einzelinterviews mit Studentinnen geführt. Es zeigt sich, dass die
Befragten die Repräsentation Merkels als Vergeschlechtlichung und Sexualisierung lesen und deshalb Kritik an den Medien üben (vgl. Lünenborg u.a. 2009: 90ff.). Die Interviewten stellen heraus, dass Amts- und Geschlechterrolle in den Medien als Gegensätze konstruiert werden, die im
gesellschaftlichen Common Sense nach wie vor oft als gültig angesehen
werden. Die jungen Frauen sprechen sich dafür aus, dass es für Frauen
selbstverständlich werden solle, beide Rollen zu vereinen (vgl. ebd.:
95ff.). Sie sollen demzufolge gemäß dem Common Sense der weiblichen
Geschlechterrolle agieren können und trotzdem als Führungskräfte anerkannt werden. Merkels Auftritt im tief dekolletierten Kleid dekodieren sie
als Bekenntnis zu mehr Weiblichkeit und loben sie dafür (vgl. ebd.: 94f.),
weil sie dieser performativen Herstellung von Gender bei der Operneröffnung zuschreiben, über die offensichtliche Sichtbarkeit von Macht und
Geschlecht einen Bewusstseinswandel in Gesellschaft und Medien herbei-
führen zu können. Auch der double bind zwischen Führungs- und Geschlechterrolle wird thematisiert (vgl. Jamieson 1995). Die jungen Frauen
weisen in den Interviews darauf hin, dass Frauen in Führungspositionen

stets dem Konflikt ausgesetzt seien, als Führungskraft und als Frau erkennbar sein zu müssen. Da aber Geschlechter- und Führungsrolle gesellschaftlich als Kontrast verstanden würden, gelänge eine Integration oft nicht. So sei vor allem die Wahl der Kleidung problematisch, weil von den Führungsfrauen einerseits ein feminines Auftreten erwartet werde, andererseits jedoch auch ein möglichst dezenter, der Führungsrolle angemessener Kleidungsstil. Dieser Widerspruch sei für Frauen in Führungspositionen kaum in Einklang zu bringen.

In einer weiteren Studie fragt Peil (2009) nach der Bedeutung von Gender bei der Aneignung von ‚Tagesthemen'. Es wird deutlich, dass die RezipientInnen die Moderierenden im Kontext der professionellen wie auch der Geschlechterrolle bewerten. Einige der Befragten sehen sie als Vorbilder für das gelungene Agieren als Frau oder Mann, andere kritisieren sie in diesem Kontext (vgl. ebd.: 247ff.). Die Befunde können als Hinweise gewertet werden, dass bei der Rezeption von Medien Gender in Verbindung mit Berufsrollen konstruiert wird.

Döveling u.a. (2009) diskutieren anhand von Ausschnitten aus zwei Studien zur medialen Politikvermittlung an Jugendliche (vgl. Döveling/ Hoffmann 2008; Mikos u.a. 2005) Emotionen als „Mobilisierungsfaktor" (ebd.: 265), denn durch eine „emotionale Rahmung des Politischen im Sinne eines doing emotions" (ebd.: 264), also einer Artikulation von Gefühlen durch PolitikerInnen, so ihre These, könne ein stärkeres Interesse und damit auch eine größere Partizipation an Politik erreicht werden. Die Verfasserinnen betonen darüber hinaus das „(...) *Potential* einer geschlechtersensiblen Ansprache jugendlicher RezipientInnen" (ebd.: 267), weil sich Mädchen gemäß der Zusammenschau der Befunde stärker für das Agieren von PolitikerInnen in deren privaten Kontext interessieren, während Jungen ein charismatisches Auftreten erwarten, innerhalb dessen sich PolitikerInnen mit der ganzen Person in die Ausübung ihrer Ämterrolle einbringen. Junge Erwachsene setzen sich bei der Aneignung der Medienrepräsentationen von PolitikerInnen also mit den AkteurInnen auch jenseits des Amtes auseinander und suchen nach Anhaltspunkten, anhand derer sie ihrer Persönlichkeit näher kommen können. Die Befunde können einerseits als Zeichen für ein umfassendes Interesse an Führungspersönlichkeiten gelesen werden, das sich über die Berufsrolle hinaus erstreckt, andererseits als Hinweis auf Doing-Gender-Prozesse bei der Rezeption, innerhalb der die Trennung von Weiblichkeit/Privatheit und Männlichkeit/Öffentlichkeit wieder hergestellt wird.

Diese ersten Ergebnisse verdeutlichen, dass bei der Aneignung medialer Repräsentationen von Politikerinnen und Politikern Gender konstruiert wird, aber medial hergestellte Gender-Differenzen auch infrage gestellt

werden kann. Das Nebeneinander von affirmativen und kritischen Aneig-
nungen der Repräsentationen verweist auf weiteren Forschungsbedarf,
um eine differenzierte Sicht auf die Bedeutung medialer Repräsentationen
für die Herstellung und Dekonstruktion von Gender zu gewinnen.

2.2 Aneignung alltagsnaher Inhalte im Kontext des eigenen Lebenszusammenhangs

Studien aus dem Kontext der kommunikationswissenschaftlichen Gender
Studies verdeutlichen, dass sich Rezipierende Medieninhalte aneignen,
die eine Auseinandersetzung mit aktuellen Erfahrungen ermöglichen
(vgl. Klaus 2005: 292ff.). Zwischen der Lebenssituation sowie dem Alltag
der MedienutzerInnen und ihren Medieninteressen besteht also ein Zusammenhang.[6] Menschen eignen sich demnach Medieninhalte vor dem
Hintergrund eigener Relevanzen an. Studien zur Aneignung populärer
Medieninhalte durch Frauen bestätigen, dass sich Rezipientinnen vor allem
mit Alltagserfahrungen beschäftigen, die aus dem weiblichen Lebenszu-
sammenhang und dem geschlechtsgebundenen Erleben resultieren. So
werden Soap-Operas genutzt, um sich mit bereits erlebten Gefühlen und
sozialen Realitäten auseinanderzusetzen (vgl. Ang 1986; Hobson 1982;
Modleski 1982), Romane dienen zum Entwerfen gelungener Partnerschafts-
modelle (vgl. Radway 1987) und bei der Rezeption von Zeitungen interessieren sich Frauen besonders für lokale Bezüge, also Themen aus dem
unmittelbaren Umfeld (vgl. Werner/Müller-Gerbes 1996). Frauenzeitschriften dienen hingegen primär dazu, geschlechtsgebundene Erfahrungen
auszuhandeln und die eigene geschlechtliche Identität zu konstruieren
(Müller 2010a; vgl. auch Hermes 1995; Wilhelm 2004; Meyen 2006; Müller
2010b); ähnliches ist für Männerzeitschriften festzustellen (vgl. Jackson
u.a. 2001). In der Beschäftigung mit Medieninhalten setzen sich Frauen
und Männer also mit ihrer Lebenssituation und speziell mit geschlechtsgebundenen Erfahrungen auseinander.

Medientexte werden demzufolge relevant, wenn sie Anknüpfungspunkte an eigene Alltagserfahrungen und Lebensthemen bieten. Im Fall
der Aneignung von medialen Repräsentationen von Spitzenkräften tritt

---

6 Damit sollen an dieser Stelle keine Anlehnungen an die strukturanalytische Rezeptionsforschung vorgenommen werden, die eine relativ funktionale Vorstellung hinsichtlich der Bedeutung von Medieninhalten für die Bewältigung von Entwicklungs- und
Lebensaufgaben vertritt (vgl. Neumann-Braun 2005). Vielmehr wird den Cultural Studies folgend davon ausgegangen, dass die Aneignung von Medieninhalten immer im
Kontext der Alltagskultur der Rezipierenden steht und unter Bezugnahme darauf Bedeutung bekommt (vgl. Williams 1999).

dies ein, sobald sich Rezipierende über eigene berufliche Ziele und Aufstiegswünsche klar werden müssen. Diese Notwendigkeit erleben sowohl junge Männer als auch junge Frauen, die am Anfang ihrer Berufstätigkeit stehen und sich mit eigenen Karrierewünschen beschäftigen. Frauen müssen sich dabei sowohl mit Schwierigkeiten auseinandersetzen, die alle betreffen, als auch mit speziellen Benachteiligungen, die sich ihnen und ihren Karriereambitionen aufgrund ihres Geschlechts in den Weg stellen. Deshalb haben sie vermutlich einen Aushandlungsbedarf hinsichtlich der Bedeutung von Geschlecht für die Verwirklichung einer Karriere. Die erste Phase der Aushandlung von Karrierezielen und Berufstätigkeit liegt am Ende der Schulzeit, wenn sich junge Menschen für einen Ausbildungsweg entscheiden. Da Biografien heute individualisiert sind (vgl. Beck 1986) und damit Wahlfreiheit und -zwang bezüglich der Gestaltung der eigenen Berufsbiografie herrscht, sind junge Erwachsene mit der Entscheidung konfrontiert, wie sie ihren beruflichen Werdegang gestalten wollen und wie sie sich als Berufstätige verstehen. Für junge Frauen wie für junge Männer stellt sich an diesem Punkt erstmals massiv die Herausforderung der Arbeit am eigenen biografischen Projekt (vgl. Keddi 2010: 437ff.), der normierte Weg der schulischen Ausbildung wird verlassen. Jungen Frauen stellen sich dabei andere Herausforderungen als jungen Männern, denn Mechanismen der „doppelten weiblichen Vergesellschaftung" (ebd.: 436) greifen bis heute: Entscheiden sich Frauen für die Vereinbarung von Beruf und Familie, ist dies oft auch eine Entscheidung gegen Karriereambitionen.

Es ist somit zu untersuchen, inwiefern junge Frauen und Männer die Vereinbarkeit beider Lebensbereiche über die Aneignung von Medienrepräsentationen weiblicher und männlicher Spitzenkräfte aushandeln und ob Führungspersonen als Vorbilder für die Verfolgung eigener Karriereziele fungieren. Die medialen Repräsentationen könnten Frauen wie Männern die Möglichkeit bieten, sich mit der Frage auseinanderzusetzen, wie eine Durchsetzung in professionellen Zusammenhängen möglich ist, wie Karriereziele erreicht werden können und wie Geschlechterrollen und Führungspositionen aufeinander Einfluss nehmen.

2.3 Zwischenfazit: Aushandlung von Gender und Führungsrolle bei der Medienaneignung

Die diskutierten Einsichten legen nahe, dass bei der Rezeption medialer Repräsentationen von Spitzenfrauen und -männern sowohl Gender (de-)konstruiert als auch Fragen der eigenen Karriere verhandelt werden. Da sich die Re- oder Dekonstruktion von Weiblichkeit und Männlichkeit erst im Moment der Rezeption entscheidet, ist einerseits zu untersuchen, wie die medialen Repräsentationen von Frauen in Führungspositionen angeeignet werden, ob die Konstruktion von Gender und von Gender-Differenzen eine Rolle spielt und ob Gender affirmativ oder kritisch auf Basis der Medienrepräsentationen hergestellt wird. Dabei ist weniger bedeutsam, wie Zweigeschlechtlichkeit im Sinne von Performativitäten dekonstruiert wird, die als ‚drag' oder ‚queer' bezeichnet werden können (vgl. Butler 1991). Es geht vielmehr um das Nachvollziehen von Prozessen, innerhalb derer in den Medieninhalten angelegte Geschlechterkonstruktionen gegenüber anderen Konstruktionen und sozialen Kategorien, beispielsweise der Berufsrolle, in den Hintergrund treten kann.

Deshalb ist kontrastiv zur (De-)Konstruktion von Weiblichkeit von Interesse, wie mediale Repräsentationen männlichen Spitzenpersonals angeeignet werden. Auf diese Weise ist ein Vergleich mit den Bedeutungen möglich, die bei der Aneignung weiblicher Führungskräfte konstruiert werden. Dieser führt zur Unterscheidung zwischen Zuschreibungen, die berufsrollengebunden artikuliert werden, und solchen, entlang derer Geschlechterdifferenzen hergestellt werden. Zuschreibungen, die auf männliche und weibliche Führungskräfte gleichermaßen zutreffen, zeigen Konstruktionsprozesse jenseits von Gender, wiederholte Differenzierungen zwischen Männern und Frauen sind als Konstruktionen von Geschlecht zu verstehen. Zu untersuchen ist, ob die medialen Repräsentationen von Führungsrolle und Geschlecht für beide Geschlechter etwa als Vorbilder eine lebensweltlich begründete Relevanz haben, wie es die Bedeutung der Berufsarbeit als „konstituierendes Rollenmerkmal" (Meister/Kamin 2010: 152) nahelegt und welche Themen aus dem Kontext der beruflichen Karriere junge Männer und Frauen auf Basis der Medienrepräsentationen aushandeln. Da Männer und Frauen von Ungleichheit lebensweltlich unterschiedlich betroffen sind, stellt sich darüber hinaus auch die Frage nach potenziellen Differenzen hinsichtlich ihrer jeweiligen Aneignung der Medienrepräsentationen von Führungskräften und damit der Repräsentationen von Macht und Geschlecht.

3. Methodisches Vorgehen

3.1 Erkenntnisziele und Forschungsfragen

In der Studie wird analysiert, wie die medialen Repräsentationen von Spitzenfrauen und -männern durch junge Frauen und Männer angeeignet werden und wie geschlechtsgebundene und professionelle Rollen konstruiert werden. Die Vorstellungen über Frauen und Männer in statushohen Positionen dürften wesentlich durch Medienrepräsentationen geprägt werden, da diese Personen in der sozialen Realität der Rezipierenden selten vorkommen. Es stellt sich die Frage, wie Menschen bei der Rezeption medialer Bilder von Spitzenfrauen und -männern eigene Vorstellungen von Geschlecht und Führungsrolle im Spannungsfeld von Text und Kontext, von Medieninhalt einerseits und individuellen wie gesellschaftlichen Erfahrungen andererseits, aushandeln (vgl. Krotz 1992; Röser/Wischermann 2008). Die Rezeptionsanalyse will erhellen, wie die Medienentwürfe über Spitzenfrauen und -männer aus Politik, Wirtschaft und Wissenschaft im Spannungsfeld von Adaption und Opposition angeeignet werden.

Im Folgenden werden die vier Analysedimensionen ‚Aneignung von Führungskräften', ‚Medienkritik', ‚(De-)Gendering von Führungskräften' und die spezifische ‚Aneignung von Führungskräften als Karrierevorbilder' zusammen mit den dazugehörigen Forschungsfragen dezidiert aufgeschlüsselt.

Dimension 1 – Aneignung von Führungskräften: Die Befunde der Inhaltsanalysen von Texten und Pressefotografien dieses Projekts machen deutlich, dass Frauen und Männer in Führungspositionen nicht in erster Linie im Kontext traditioneller Geschlechterzuschreibungen, sondern unabhängig vom Geschlecht als machtvoll inszeniert werden. Trotzdem zeigen sich Geschlechterdifferenzen, die in einer Geschlechterdualität und einer Hierarchisierung von Männlichkeit und Weiblichkeit münden (vgl. Maier/ Lünenborg sowie Grittmann in diesem Band). Frühere Studien kommen zu dem Ergebnis, dass Politikerinnen geschlechtergerechter repräsentiert werden, als es in den 1970er bis 1990er Jahren der Fall war (vgl. Pfannes 2004; Gnädiger 2007; Pantti 2007). Es stellt sich die Frage, wie junge Erwachsene sich die Repräsentationen männlicher und weiblicher Führungskräfte aneignen und welche Rolle die noch vorhandenen Differenzen zwischen den medialen Repräsentationen von männlichen und weiblichen Führungskräften spielen:

- Wie eignen sich junge Frauen und Männer die medialen Repräsentationen von Frauen und Männern in Führungspositionen an?
- Sind sich die RezipientInnen bewusst, dass sich die Repräsentation von Spitzenfrauen verändert hat?

Dimension 2 – Medienkritik: Bereits frühere Untersuchungen haben gezeigt, dass gerade Frauen Kritik an klischeehaften Repräsentationen üben (vgl. Röser/Kroll 1995). In der aktuellen Medienberichterstattung über Politikerinnen wird ein Nebeneinander von Repräsentationen deutlich, innerhalb derer Geschlecht zwar einerseits nicht sichtbar hervortritt, andererseits jedoch Unterscheidungen zwischen Männern und Frauen vorgenommen werden (vgl. Maier/Lünenborg sowie Grittmann in diesem Band). Dieser Zusammenhang zeigt sich auch in der Repräsentation der Bundeskanzlerin: Angela Merkel wird vergeschlechtlicht, sobald sie sich performativ als Frau zu erkennen gibt (vgl. Lünenborg u.a. 2009). In der Wahlkampfberichterstattung wurde ihr Geschlecht jedoch kaum thematisiert (vgl. Holtz-Bacha/Koch 2008a; 2008b; Koch 2007). Daher gilt das Forschungsinteresse dieser Dimension der Bewertung der Geschlechterdifferenzen und -hierarchien in den Repräsentationen von Spitzenfrauen und -männern durch junge Rezipierende:

- Kritisieren die jungen Erwachsenen die Medienberichterstattung mit ihren Vergeschlechtlichungen und Differenzen in der Repräsentation von männlichen und weiblichen Führungskräften?
- Inwieweit und bezogen auf welche Aspekte werden die Medien selbst zum Gegenstand der Kritik?

Dimension 3 – (De-)Gendering von Führungskräften: Frauen in Führungspositionen erscheinen in den Medien in traditionellen Männerdomänen, werden aber trotzdem über ihre Geschlechterrolle beschrieben. Mediale Repräsentationen beinhalten deshalb genauso traditionelle wie modernisierte Gender-Definitionen (vgl. Ang/Hermes 1994). Sie stellen Folien für kritische Artikulationen von Gender oder zur Auflösung von Geschlechterdifferenzen bereit und animieren gegebenenfalls zum Verursachen von gender trouble (vgl. Butler 1991). Da männliche Führungskräfte in den Medientexten eher entlang traditioneller Männlichkeitskonzepte konstruiert werden (vgl. Maier/Lünenborg in diesem Band), wird in dieser Dimension die Produktion von Bedeutungen bei der Aneignung dieser Repräsentationen analysiert:

- Wie wird Geschlecht bei der Rezeption der medialen Repräsentation von Frauen und Männern in Führungspositionen (de-)konstruiert?
- Wird Gender bei der Rezeption der medialen Repräsentation von Führungsfrauen und -männern affirmativ oder kritisch verhandelt?
- Gibt es Hinweise auf Vergeschlechtlichungen durch die Rezipierenden?
- Wird Angela Merkel aufgrund ihres Sonderstatus in den Medien anders rezipiert als andere Frauen in Führungspositionen?

Dimension 4 – Aneignung von Führungskräften als Karrierevorbilder: Spitzenfrauen und -männer erscheinen in den Medien im Kontext ihres professionellen Handelns und ihrer Leistungen als Führungspersonen. Sowohl zu Männern, als auch zu Frauen in hohen Positionen haben junge Erwachsene nur selten persönlichen Kontakt. Für eine Auseinandersetzung mit den Karrierewegen und dem professionellen Handeln von Führungs-

kräften sind junge Frauen und Männer weitgehend auf Medienrepräsentationen angewiesen. Vor allem die Veränderungen innerhalb der
medialen Repräsentation von Politikerinnen zeigen, dass es in jüngster
Vergangenheit seitens der Medien zu einer zunehmenden Anerkennung
der Kompetenzen von Frauen in Führungspositionen und einer Konzentration auf ihr Agieren in professionellen Rollen gekommen ist. Es stellt
sich die Frage, ob die medialen Repräsentationen von Politikerinnen,
Managerinnen und Wissenschaftlerinnen für junge Frauen zur Auseinandersetzung mit eigenen Karriereplänen dienen, welche Rolle die Repräsentationen von männlichen Führungskräften für junge Männer spielen und ob auch gegengeschlechtliche Vorbilder existieren:

• Werden Bezüge zwischen den medialen Repräsentationen von Führungspersonen und der eigenen Lebenssituation hergestellt?
• Handeln junge Frauen und Männer eigene Karrierepläne und die Bedeutung des Verhältnisses von Geschlecht und Macht am Beispiel der
  Medienrepräsentationen aus?

3.2 Gruppendiskussionen als Erhebungsinstrument

Die Erhebung der Daten zur Analyse der Aneignung medialer Repräsentationen von Frauen und Männern in Führungspositionen wurde über
Gruppendiskussionen realisiert. Die Methode wurde eingesetzt, weil sie
„Rezeption, Aneignung und ,Produktion' medial vermittelter Gehalte"
als „Kollektivphänomene" begreift (Schäffer 2005: 305). Deshalb eignet sie
sich passgenau für die Analyse der Aushandlungsprozesse von Gender
und Macht und der (De-)Konstruktionen von Gender bei der Medienrezeption, wie sie in dieser Untersuchung angestrebt wird. Im Zentrum
dieser Analyse stehen Fragen nach der (Re-)Produktion von Gender in
Gesellschaften und nach der Modellierung kollektiver Vorstellungen von
Weiblichkeit, Macht und Führungsrolle, jedoch keine individuellen Lesarten. Auf Basis von Diskussionen über die Aneignung und Kritik der
medialen Repräsentationen von Führungspersonen sowie der Attribuierungen, die junge Erwachsene zur Beschreibung von Führungspersonen
teilen, lässt sich erarbeiten, wie sie das Verhältnis von Geschlecht und
Macht verstehen, Karrierechancen aushandeln und wie Geschlecht in Gesellschaften wirksam oder unwirksam werden kann.[7] Zur Erhebung dieser

---

7   Mit dem Verfahren der Gruppendiskussion können keine individuellen Biografien,
keine subjektiven Intentionen oder Handlungspraxen erhoben werden. Die Gründe
dafür liegen darin, dass sie in der Gruppendiskussion nicht sprechbar gemacht und
ausreichend expliziert werden können (vgl. Schäffer 2005: 305; vgl. auch Röser 2000:
105f., 139f.).

Dimensionen wird ein Gespräch zwischen den Diskussionsteilnehmer-Innen initiiert, dessen Ziel es ist, einen diskursiven Austausch anzuregen (vgl. Lamnek 1998: 32ff.). Die DiskutantInnen werden nicht nur zu ihrer individuellen Meinung befragt, sondern animiert, aktiv über das Thema miteinander zu reden, gegebenenfalls zu widersprechen oder neue Aspekte in die Diskussion einzubringen, falls sie anderer Meinung sind. Im Zentrum steht die Interaktion der Gruppenmitglieder untereinander, weil kollektiv geteilte Bedeutungen ermittelt werden sollen (vgl. ebd.: 53).[8] Gruppendiskussionen eignen sich für die Rekonstruktion von Bedeutungs-zuschreibungen, wie sie in dieser Untersuchung angestrebt wurden, besser als Einzelinterviews, da sie eine alltagsnahe Gesprächssituation nachstellen und Erhebungseffekte deshalb abgemildert werden (vgl. ebd.: 58). Sie zeichnen sich durch Spontaneität aus sowie dadurch, dass sie einen Zugang zu vorbewussten Prozessen ermöglichen (vgl. ebd.: 74). Gleichzeitig bilden sie soziale Entwicklungen ab, weil sie Hinweise auf „die Modifikation von *Einstellungen und Verhaltensweisen*" geben (ebd.: 79). Die Beobachtung dieser Aushandlungen ist in der vorliegenden Analyse für das Nachvollziehen von Gender-(De-)Konstruktionen entscheidend. Die Herstellung und Artikulation von Gender läuft habitualisiert ab und lässt sich in Befragungen nicht konkret benennen. Dies erfordert die Wahl eines Verfahrens, bei dem die Befragten in der Analysesituation auf der Basis von Medienbildern Gender artikulieren können. Die alltagsnahe Gesprächssituation, die in einer Gruppendiskussion erzeugt wird, ermöglicht eine Beobachtung der Konstruktion von Gender. Die Durchführung von Gruppendiskussionen erscheint vor dem Hintergrund, dass in der Analyse vor allem das Wechselspiel zwischen medialen Repräsentationen von Gender und ihrer sozialen Bedeutsamwerdung durch die Aneignungsweise der Rezipierenden beobachtet werden sollte, als geeignetes Analyseinstrument zum Nachvollziehen dieser sich gegenseitig beeinflussenden Prozesse.[9]

---

8 Die Rolle des oder der Moderierenden hat deshalb höchste Relevanz. Sie zielt primär auf die „Herstellung von Selbstläufigkeit" (Schäffer 2005: 309) und auf eine Minimierung des Eingreifens ab, nachdem die Befragten miteinander ins Gespräch gebracht wurden. Dennoch bleibt sie „ambivalent" (Scholl 2003: 120), denn zur Aufrechterhaltung der Gesprächsatmosphäre muss der oder die Moderierende Fragen stellen und bei explorativen Untersuchungen Themen zur Sprache bringen.

9 Die Gruppendiskussion birgt aufgrund sozialer und gruppendynamischer Prozesse auch Probleme. So können einzelne MeinungsführerInnen die Gruppe dominieren und durch ihr Agieren eine hohe Schweigequote hervorbringen. Relativ stark sind auch die Auswirkungen sozialer und sprachlicher Barrieren, die eine aktive Teilnahme an der Diskussion mitbestimmen (vgl. Lamnek 1998: 75). Diesem Problem wurde bei der Durchführung der Interviews durch die Aktivierung aller DiskussionsteilnehmerInnen durch Nachfragen und Erzählaufforderungen begegnet.

3.3 Sample und Ablauf der Gruppendiskussionen

Die Erhebung des Untersuchungsmaterials erfolgte anhand von sechs Gruppendiskussionen, deren TeilnehmerInnen von der Agentur *Phone-Research* in Hamburg rekrutiert wurden. Die Voraussetzung für die Rekrutierung war, dass die Befragten zumindest häufiger nachrichtliche Medien rezipieren, damit ein Gespräch über die Forschungsthemen grundsätzlich möglich war.

In sechs Gruppendiskussionen wurden junge Frauen und Männer zwischen 17 und 19 Jahren befragt.[10] Die Gruppen wurden nach Geschlecht und Bildungsstand quotiert. Diese Quotierungen wurden vorgenommen, um Differenzierungen auf der Basis sozialer Erfahrungen und Lebensbedingungen zwischen verschiedenen gesellschaftlichen Gruppierungen erkennen zu können. Da die Studie die Aneignung medialer Repräsentationen von hohen gesellschaftlichen Funktionsträgern durch *Frauen* ins Zentrum stellt, wurden vier Gruppen befragt, die ausschließlich aus Frauen bestanden. Zwei Gruppen mit erstens formal hoch gebildeten und zweitens formal niedrig gebildeten Männern dienten zum Abgleich mit den Relevanzsetzungen und Sichtweisen, die in den Frauengruppen geäußert wurden.[11] Eine Differenzierung zwischen weiblichen und männlichen Befragten erschien aus mehreren Gründen relevant: Die Unterscheidung ermöglichte Schlussfolgerungen, inwiefern Geschlecht die Aneignung medialer Repräsentationen männlicher und weiblicher Führungskräfte moderiert. In diesem Zusammenhang interessierte vor allem, ob die Selbstbezeichnung als Frau oder Mann einerseits die Bedeutungskonstruktion bei der Aneignung medialer Repräsentationen von Führungspersonen moderiert und ob eine unterschiedlich große Sensibilität bezüglich geschlechterungleichen Repräsentationen bei einer der beiden Gruppen erkennbar wird. Andererseits konnte so untersucht werden, ob eigene lebensweltliche Erfahrungen von Geschlechterdifferenzen und -ungleich-

---

10 Zuvor wurde ein Pretest mit einer Gruppe von vier Gymnasiastinnen durchgeführt, um die methodischen Instrumente zu testen. In die Analyse gingen jedoch nur die sechs Gruppendiskussionen der Haupterhebung ein. Die Nummerierung der Gruppendiskussionen beginnt deshalb mit „2", vgl. Abbildung 1.
11 Dabei wurde im Sinne einer dekonstruktivistischen Forschungspraxis explizit darauf geachtet, Geschlecht nicht zu essenzialisieren. Die Herstellung von Zweigeschlechtlichkeit in der eigenen Forschung, die sich z.B. aufgrund der Kontrastierung von Männer- und Frauengruppen ergab, wurde stets reflektiert und als Herstellungsprozess hinterfragt. In Bezug auf die Analyse der Aneignung der Repräsetationen von Spitzenfrauen stand das Aufspüren der Konstruktion von Genderdifferenzen durch die Befragten und damit um eine Analyse der Herstellung von Geschlecht in der bundesdeutschen Gesellschaft im Zentrum.

heiten im Zusammenhang mit der Aneignung der statushohen Medienpersonen stehen. Eine Differenzierung nach Geschlecht schien auch deshalb instruktiv, weil nach der Bedeutung der medialen Repräsentationen für die Aushandlung eigener Karrierepläne gefragt wurde. Es stellte sich die Frage, ob die jungen Erwachsenen die gesellschaftlichen FunktionsträgerInnen geschlechtsgebunden hinsichtlich ihres Vorbildcharakters differenzieren. Da bildungsabhängig unterschiedliche Zugänge bezüglich der Verwirklichung von Karrierezielen und zu relevanten gesellschaftlichen Bereichen existieren, wurden Gruppen mit hoher und niedriger Formalbildung befragt. Durch Vergleiche konnte so nachvollzogen werden, ob die Formalbildung bei der Aneignung der medialen Repräsentationen als Vorbilder für die eigene Karriere – aber auch für das Verständnis des Zusammenhangs zwischen Geschlecht, Führungsrolle und Macht – eine Rolle spielt.

Zwei Fokusgruppen bestanden aus Gymnasiastinnen, zwei aus Berufs-, Real- und Hauptschülerinnen. Jeweils eine Gruppendiskussion wurde mit Gymnasiasten und eine mit Berufs-, Real- und Hauptschülern durchgeführt (vgl. Abb. 1). Die Befragungen fanden im November und Dezember 2009 in Hamburg statt.

Abb. 1: Diskussionsgruppen nach soziodemografischen Merkmalen

	Ge-schlecht	Formalbildung	Ort	Alter	Teilneh-merzahl
Gruppendiskus-sion 2 (GD2FG)*	F	Gymnasium	Hamburg	17–19	5
Gruppendiskus-sion 3 (GD3FG)	F	Gymnasium	Hamburg	17–19	6
Gruppendiskus-sion 4 (GD4FB)	F	Berufs- / Realschule	Hamburg	17–19	6
Gruppendiskus-sion 5 (GD5FB)	F	Haupt- / Real- / Berufsschule	Hamburg / Buxtehude	17–19	5
Gesamt F					**22**
Gruppendiskus-sion 6 (GD6MB)	M	Gymnasium / Gesamt-schule (Oberstufe)	Hamburg	17–19	7
Gruppendiskus-sion 7 (GD7MB)	M	Berufs- / Realschule	Hamburg	17–19	5
Gesamt M					**12**
Insgesamt F + M					**34**

* Abkürzungen im Text: GD2–7 für Gruppendiskussionen 2–7, F für Frauen, M für Männer, G für Gymnasium, B für Berufsschule

Die Befragung erfolgte leitfadengestützt. Artikel und Pressefotografien, die im Untersuchungszeitraum der qualitativen Bildanalyse in Zeitungen und Zeitschriften des Samples erschienen (vgl. Grittmann in diesem Band), dienten zur Initiierung von Gesprächen zwischen den Diskussionsteilnehmern über AkteurInnen aus den gesellschaftlichen Feldern Politik, Wirtschaft und Wissenschaft. Die Erstellung des Interviewleitfadens erfolgte auf Basis der oben genannten Forschungsfragen und der dazugehörigen Dimensionen. Er wurde in einem Pretest vor Beginn der Erhebungsphase überprüft. Im Anschluss wurde die Auswahl des Fokusmaterials optimiert.

Alle Gruppendiskussionen fanden in den Räumen der Agentur *PhoneResearch* statt. Sie dauerten etwa 1,5 Stunden und begannen jeweils mit einer „Eröffnungsphase" (Schäffer 2005: 308). Darin stellten sich Moderatorin und Assistentin den Teilnehmenden vor, erklärten das Thema der Gruppendiskussion und gaben eine kurze Übersicht über das Forschungsprojekt, innerhalb dessen die Rezeptionsstudie angesiedelt war. Im ersten Themenkomplex zur Rezeption der Medienrepräsentationen von PolitikerInnen begann das Gespräch mit einer offenen „Eingangsfrage" (ebd.: 308), innerhalb derer die Befragten Attribute äußerten, die sie mit Spitzenpolitikerinnen und -politikern verbanden. Danach legte die Interviewerin den TeilnehmerInnen Fokusmaterial aus Zeitungen und Zeitschriften vor. Dabei handelte es sich um Pressefotos, Artikelüberschriften und zwei Artikel. Zunächst sahen sich die Befragten sechs Politikerinnenrepräsentationen an, auf denen sowohl Trivialisierungsmechanismen zum Ausdruck kamen als auch Frauen bei Amtshandlungen dargestellt wurden. Anschließend erhielten sie gesondert eine Fotografie von Angela Merkels tief dekolletiertem Auftritt bei der Operneröffnung in Oslo (vgl. Lünenborg u.a. 2009). Danach wurden den TeilnehmerInnen zum Vergleich drei Pressefotos gezeigt, die Politiker sowohl trivialisierten als auch bei Amtshandlungen zeigten. Zwei Fotografien zum G8-Gipfel, auf denen Merkel innerhalb der Riege männlicher Staats- und Regierungschefs zu sehen war, wurden gezeigt, um die Männerdomäne Politik zu symbolisieren und ein Gespräch darüber anzuregen (vgl. das Titelbild dieses Bandes). Abschließend lasen die Befragten einen Artikel, innerhalb dessen die Ministerinnen Ursula von der Leyen und Annette Schavan einerseits als medienaffin und geltungsbewusst (von der Leyen) und andererseits als zurückhaltend und verkopft (Schavan) charakterisiert wurden. Damit sollte überprüft werden, ob die Befragten Spitzenfrauen auf Basis dieses Textes vergeschlechtlichen. Als Einstieg in den zweiten Themenkomplex zur Rezeption von WissenschaftlerInnen wurde ebenfalls abgefragt, welche Attribute dieser Berufsgruppe auf Basis der Repräsentation in den

Medien zugeschrieben werden. Anschließend wurden den Befragten je ein Foto eines Wissenschaftlers und einer Wissenschaftlerin vorgelegt. Im dritten Schwerpunkt zur Rezeption von ManagerInnen sahen sich die TeilnehmerInnen nach einem offenen Einstieg, bei dem wiederum Attribuierungen ermittelt wurden, ein Foto von Margret Suckale an, die zum Zeitpunkt der Entstehung des Artikels als einzige Frau im Vorstand eines DAX-notierten Unternehmens tätig war und lasen einen Artikel, der ihren beruflichen Werdegang und Aufstieg anerkennend nachzeichnet. Auf dieser Basis diskutierten die Gruppen über die karrierebezogene Vorbildfunktion von Spitzenmanagerinnen. Im Anschluss betrachteten die Befragten ein Bild von männlichen Managern, um Unterschiede zwischen der Rezeption männlicher und weiblicher Führungskräfte feststellen zu können. Abschließend wurden die Befragten aufgefordert, frei Sichtweisen und Aspekte zu äußern. Während aller Phasen der Diskussion wurden Fragen gestellt, die auf die Rezeption des Fokusmaterials und die Wahrnehmung der medialen Repräsentation von Frauen und Männern in Führungspositionen zielten.

In jeder Diskussion wurde „Selbstläufigkeit" initiiert, indem „immanente Nachfragen" gestellt wurden, die sich auf das bereits Gesagte bezogen (Schäffer 2005: 310). Die Befragten wurden stets aufs Neue ermutigt, alternative Meinungen zu äußern. Es gelang, in allen Diskussionen eine produktive Gesprächsatmosphäre zur Besprechung aller interessierenden Themenfelder aufzubauen. Die Diskussionen galten als beendet, wenn alle zentralen Themen des Leitfadens besprochen waren und die Befragten sich frei geäußert hatten.

3.4 Methodisches Vorgehen bei der Auswertung der Gruppendiskussionen

Die Gruppendiskussionen lagen sowohl als Audiodatei als auch als Videoaufnahme vor und wurden im Anschluss an die Erhebung vollständig transkribiert. Danach wurden sie mit der strukturierenden qualitativen Inhaltsanalyse nach Mayring ausgewertet (vgl. Mayring 2008: 82ff.). Die Analyse erfolgte unter Zuhilfenahme des Auswertungsprogramms *Atlas.ti*, das als Unterstützung bei der Umsetzung der Analyseschritte der qualitativen Inhaltsanalyse eingesetzt wurde.

Am Anfang stand die Bildung eines Kategoriensystems (vgl. ebd.: 83). So konnte das Material nach inhaltlichen Kriterien geordnet werden: „Ziel der inhaltlichen Strukturierung ist es, bestimmte Themen, Inhalte, Aspekte aus dem Material herauszufiltern und zusammenzufassen" (vgl. ebd.: 89). Das Kategoriensystem integriert abgeleitet von den Forschungsfragen alle Aspekte, die relevant für deren Beantwortung sind: „Welche Inhalte aus dem Material extrahiert werden sollen, wird durch theoriegeleitet entwickelte Kategorien und (sofern notwendig) Unterkategorien bezeichnet" (ebd.: 89). Bei dieser Untersuchung handelt es sich um die Analyse erstens der Perspektive junger Erwachsener auf die Medienbilder von Frauen und Männern in Führungspositionen, zweitens der Gendering- und Dekonstruktionsprozesse bei der Rezeption und drittens der potenziellen Vorbildfunktion der Medienrepräsentationen der Führungskräfte und ihre Relevanz für die soziale Wirklichkeit junger Erwachsener bezüglich der Planung eigener beruflicher Karrieren. In einem zweiten Schritt wurde in den Transkripten nach Textpassagen gesucht, die sich auf die im Kategoriensystem formulierten Aspekte bezogen und damit Aussagen enthielten, die zu einer Spezifizierung des Untersuchungsgegenstands und damit einer Beantwortung der in den Forschungsdimensionen aufgeworfenen Fragen beitragen konnten. Abschnitte, die Einblicke zur Analyse ermöglichten, wurden daraufhin paraphrasiert. Die Paraphrasen stellen eine abstrahierte Formulierung der darin enthaltenen Ausprägung der Kategorie dar und wurden entsprechend in das Kategoriensystem aufgenommen (vgl. ebd.: 82). Wurden in anderen Textpassagen identische Ausprägungen derselben Kategorie gefunden, so wurde die ausformulierte Paraphrase der neuen Fundstelle zugewiesen.[12] Die Kategorien wurden am Material überprüft und induktiv ergänzt, wenn sich neue Aspekte im Material zeigten, die sich mit dem Kategoriensystem nicht erfassen ließen. Anschließend wurde „das in Form von Paraphrasen extrahierte Material zunächst pro Unterkategorie, dann pro Hauptkategorie zusammengefasst" (ebd.: 89). Es erfolgte eine Interpretation der Befunde auf Basis der zuvor formulierten Erkenntnisinteressen. Aus dem Material wurden so mithilfe des beschriebenen Verfahrens kollektive Deutungsmuster und Genderkonstruktionen der Gruppe herausgearbeitet. Dazu wurden die Aussagen zum Untersuchungsgegenstand immer stärker abstrahiert und verallgemeinert, bis gemeinsame und konträre Argumentationsstrukturen und Meinungen offengelegt waren. Die Befunde geben eine Zusammenfassung über die Aspekte, die gemeinsam geteilte Perspektiven auf das Thema ‚Geschlecht und Führungsfunktion' oder kollektiv konstruierte Gender-(De-)Konstruktionen bilden. Einzelaussagen oder Argumentationsstränge, die nur einmalig in den Diskus-

---

12 So wurde z.B. die Paraphrase ‚Machthaberin' unter der Kategorie ‚Attribuierungen von Spitzenpersonen' und der darunter angeordneten Unterkategorie ‚Politikerinnen' fünf unterschiedlichen Stellen im Fokusmaterial zugeordnet, darunter die Aussagen ‚Von der Idee her sind es die, die Gesetze beeinflussen können', ‚Die regieren das Land' und ‚Die können bestimmen, wie es weitergeht'.

sionen vorkamen, wurden nicht berücksichtigt, weil aus forschungsökonomischen Gründen eine so tief gehende Detailanalyse nicht möglich
war. In den Gruppendiskussionen wurden jedoch verschiedene, teils konträre Argumente und Sichtweisen zur Begründung und Beschreibung der
zentralen Aussagen herangezogen. Diese Differenzen werden bei der Präsentation der Befunde deutlich gemacht.

Überraschenderweise zeigten sich in den Interviews mit wenigen
Ausnahmen kaum Unterschiede zwischen den Gruppen unterschiedlichen
Bildungsstands und Geschlechts. Im Wesentlichen wurden in den Diskussionen ähnliche Argumentationen, Einstellungen und Genderkonstruktionen geäußert. Differenzen werden auf einer nachgeordneten Ebene
deutlich und beruhen oft auf unterschiedlichen Argumenten, die zu iden-
tischen Oberthemen hervorgebracht wurden. Auf die Präsentation ge-
schlechts- oder bildungsgebundener Aspekte in Einzelkapiteln wird deshalb verzichtet. Diesbezügliche Unterschiede, die in der Auswertung erkennbar wurden, werden in den folgenden Abschnitten deshalb stets
jeweils im Kontext des Hauptthemas genannt, innerhalb dessen sie auftreten. Zur besseren Übersichtlichkeit werden geschlechtsgebundene oder
an die Formalbildung gekoppelte Aussagen und Argumentationsmuster
getrennt von den gruppenübergreifenden Aussagen der Analysedimensionen, jedoch in ihrem Kontext erläutert. Im Themenkontext wird deutlich
gemacht, welche Unterschiede in der Argumentation zwischen Männern
und Frauen sowie GymnasiastInnen und Berufs-, Real- und HauptschülerInnen relevant waren. Genauso wird bezüglich der Präsentation von Differenzen in der Aneignung des Spitzenpersonals aus den drei untersuchten
gesellschaftlichen Feldern Politik, Wirtschaft und Wissenschaft vorgegangen.

In den folgenden Abschnitten werden die Ergebnisse der Gruppendiskussionen präsentiert. Nach einer Darstellung der Befunde zur Aneignung der medialen Repräsentationen von Spitzenfrauen und -männern
(4) und ihrer Kritik (5) erfolgt eine Auseinandersetzung mit der (De-)
Konstruktion von Gender bei der Rezeption von Medientexten über Spitzenpersonal (6). Abschließend wird die Bedeutung der Führungskräfte
als Karrierevorbilder diskutiert (7).

4. Durchsetzungsstark und machtbewusst: Wie junge Erwachsene Frauen und Männer in Führungspositionen sehen

Um den Aushandlungsprozess von Führungsrolle und Geschlecht seitens
der Rezipierenden besser verstehen zu können, werden in einem ersten

Schritt Attribuierungen betrachtet, die die Befragten männlichen und weiblichen Führungskräften in den Gruppendiskussionen zuschreiben. Dabei ist anzumerken, dass den jungen Erwachsenen vor allem PolitikerInnen – speziell die BundesministerInnen und vor allem die Bundeskanzlerin – bekannt waren. Hinsichtlich der männlichen und weiblichen Führungskräfte aus Wirtschaft und Wissenschaft verfügen sie offenbar nur über fragmentarische Kenntnisse und können sich auch nur begrenzt an deren mediale Repräsentation erinnern.

4.1 MachthaberInnen und ExpertInnen: Aneignungen von Spitzenkräften

Die jungen Erwachsenen wurden in den Gruppendiskussionen zu drei unterschiedlichen Zeitpunkten – jeweils zum Einstieg vor der vertiefenden Auseinandersetzung mit der Repräsentation von Führungspersonen aus Politik, Wirtschaft und Wissenschaft – gefragt, ob Frauen und Männer in gleicher oder verschiedener Weise von den Medien repräsentiert würden. Gegebenenfalls wurde nachgefragt, welche Differenzen sie zwischen der Repräsentation männlicher und weiblicher Führungskräfte benennen könnten. In allen Diskussionen wurde die mediale Berichterstattung über Politiker und Politikerinnen zu einem Gesprächsgegenstand, während die Medienrepräsentationen von männlichen und weiblichen Managern kaum zu Diskussionen anregten: „Ich wüsste jetzt nichts von Artikeln über Manager. Es wird einfach in den Medien nicht so viel darüber berichtet" (Jette, GD5FB). Den Befragten fällt es schwer, hierzu zwischen männlichen und weiblichen Akteuren zu differenzieren, aber auch Aussagen über das Thema Wirtschaft zu treffen. Hinsichtlich der WissenschaftlerInnen zeigen sich ähnliche Effekte: „Gibt's da welche? Also ich persönlich sehe von Wissenschaftlern so gut wie gar nichts" (Jessica, GD4FB). Die jungen Erwachsenen können zwar kaum Eigenschaften von Führungskräften aus diesem Bereich nennen, sind jedoch der Überzeugung, dass WissenschaftlerInnen vor allem themengebunden als ExpertInnen auftreten.

Spitzenpolitikerinnen und -politiker sowie -managerinnen und -manager werden entsprechend ihrer medialen Repräsentation (vgl. Maier/Lünenborg in diesem Band) zunächst unabhängig von Geschlecht und Bildungsstand der Befragten als MachthaberInnen rezipiert. Spitzenpolitikerinnen sind aus ihrer Sicht „[j]emand, der sich durchsetzen kann" (Karoline, GD4FB). Sie sind Frauen, die „sich behaupten halt in so einem Männerberuf, weil es ja eher von Männern dominiert wird, also [die] Politik" (Daniela, GD3FG). Spitzenpolitikerinnen wird zugeschrieben, viele männlich konnotierte Eigenschaften auf sich zu vereinen. Frauen und Männer in Füh-

rungspositionen seien in erster Linie und gleichermaßen durchsetzungsfähig, meinungsfreudig und engagiert, „(…) irgendwie sind sie schon
gleich" (Nina, GD4FB), doch Frauen müssten einen stärkeren Karriere-
willen aufweisen, um sich durchzusetzen:

> „Die [Spitzenpolitiker] müssen ja auf jeden Fall nicht so ausgeprägt diese Ei-
> genschaften haben. Weil die Frauen müssen sich ja unter den Männern be-
> weisen und die Männer nur unter Männern. (…) Aber man muss da als Frau
> noch mehr leisten als ein Mann und deswegen haben die da glaube ich teil-
> weise wirklich noch mehr drauf" (Dennis, GD6MG).

Während Frauen jedoch als aufstiegsorientiert gelten, wird den männlichen Politikern Machtstreben und Arroganz attestiert. Sie wirken „ein
bisschen überheblich" (Nadine, GD3FG) und „wollen halt oft nur Macht
haben. Das Sagen haben. Mehr als Frauen, denke ich" (Janne, GD5FB).

Ähnlich wie die Politikerinnen werden auch Managerinnen über Attribute aus dem professionellen Kontext beschrieben. Im Zentrum stehen
ebenfalls Aspekte des beruflichen Aufstiegs: „Eine Frau, die in einer hohen Position heutzutage ist, die hat sich so hoch gekämpft und die bleibt
auch da oben, weil sie dafür kämpft" (Martin, GD7MB). Die Befragten
denken an „die Frau mit dem Starbucks-Kaffee in der Hand, den Busi-
ness-Anzug an und die perfekt auf High Heels durch Flure läuft" (Lea,
GD2FG)[13] und reflektieren, dass diese Bilder „auf jeden Fall durch die
Medien hervorgerufen werden (…)" (Anne, GD2FG) und „vielleicht auch
durch Filme (…)" (Marion, GD2FG). Das Bild der männlichen Manager
ist im Kontrast zu den Managerinnen negativ geprägt und wird vor dem
Hintergrund der im Herbst 2009 aktuellen Weltwirtschaftskrise diskutiert.
Manager werden als ‚machtbesessene Karrieristen' gelesen. Die Befragten
formulieren Vorwürfe, die auf einen Mangel an sozialer Verantwortung
und einer zu ausgeprägten Gier nach finanziellen Gewinnen abzielen.
Manager seien Menschen, die „eben Jobs haben, wo sie auch Verantwortung haben und die nehmen sie eben nicht wahr (…)" (Bastian, GD6MG)
und gelten als „sehr konservativ" (ebd.). Topmanager haben aus Sicht der
jungen Erwachsenen „halt alle anderen Sachen hinten an gestellt (…)",
denn, „das ist das Wichtigste in ihrem Leben, viel Geld zu verdienen
(…)" (Leon, GD6MG). Sie werden als Aufstiegsbesessene wahrgenommen, die zugunsten ihrer Karriere nicht nur in gesellschaftlichen, sondern
auch in privaten Kontexten rücksichtslos agieren. Von Einzelnen werden
Manager positiver als junge, offenbar smarte Männer „mit dem Anzug
und dem Blackberry" (Lea, GD2FG), als „gut" und „fleißig" (Fabian,

---

13 Hier zeigen sich in der Wahrnehmung der Befragten Parallelen zur Repräsentation
von Managerinnen (vgl. Maier/Lünenborg in diesem Band).

GD6MG) beschrieben oder als Personen angesehen, „die ziemlich viel in ihrem Leben gemacht haben" (Leon, GD6MG).

WissenschaftlerInnen gelten hingegen rein als Experten bzw. als Expertinnen, die für Themen stehen. Die Befragten sehen Wissenschaftlerinnen als unsichtbare Fachleute: „Also wenn überhaupt mal was in den Medien ist, dann sind es Wirtschaftsexperten oder, weil das jetzt (...) so in Mode ist, (...) mit dem Klimawandel, eben Klimaexperten" (Ole, GD6MG).

4.2 Merkel als idealtypische Spitzenfrau

Als exemplarisch für die erfolgreiche Durchsetzung einer Frau in einer Männerdomäne, für eine Frau, „die so souverän wie ein Mann ihren Posten hat. Ja, also sich gut präsentieren kann" (Lea, GD2FG), gilt Angela Merkel. In den Gruppendiskussionen findet sich unabhängig von Geschlecht und Bildungsstand der Befragten eine übergreifende positive Haltung ihr gegenüber, weil sie Deutschland „toll" repräsentiert und das auch „gut rüberbringt" (Alexandra, GD2FG). In Situationen, in denen sie als einzige Frau unter Männern agiert, wird sie vor allem von jungen Frauen bewundert, denn sie strahle „Selbstbewusstsein" (Maja, GD4FB) aus. Ihre Kanzlerinnenschaft wird in allen Diskussionsgruppen als Impuls gesehen, „dass die Frauen auch solche Jobs kriegen" (Charlotte, GD4FB), denn „wir Frauen sind im Kommen in der Politik" (Lea, GD2FG).

In einer zweiten Lesart interpretieren die Befragten Merkel als Ausdruck für die Progressivität Deutschlands. Sie steht als Symbol für die Geschlechtergerechtigkeit in der bundesdeutschen Gesellschaft:

> „Da sieht man, wie emanzipiert Deutschland doch in diesem Bereich ist. Dass da eine Frau wirklich auch mal so weit gekommen ist, dass sie das ganze Land leiten kann. (...) In anderen Ländern sehe ich das ja so, dass sie noch nicht so weit sind. Dass da eine Frau noch nicht mal in der Regierung ist oder in der Opposition (...)." (Patrizia, GD2FG)

Die Befragten schlussfolgern, „dass Deutschland wirklich ein sehr liberales Land ist, das offen gegenüber Veränderungen ist. Weil unter sechzehn Staatschefs ist eine Frau (...). Ich glaube wir sind sogar weltführend (...), was die Gleichheit zwischen Mann und Frau angeht" (Dennis, GD6MG). In den Diskussionen wird einvernehmlich und gruppenübergreifend geäußert, dass sich zurzeit ein gesellschaftlicher Wandel vollziehe. Er habe zur Folge, dass Frauen in Führungspositionen stärker akzeptiert und deshalb künftig häufiger hohe Karrierestufen erreichen würden. Die jungen Befragten definieren Spitzenfrauen also primär über die professionelle Rolle, die sie in Gesellschaften ausüben. Geschlecht ist dabei kein primäres Attribut, in den Beschreibungen der Spitzenfrauen wird in den Gruppendiskussionen jedoch stets auch auf Gender rekurriert.

4.3 Zwischenfazit

Die Gruppendiskussionen haben gezeigt, dass junge Erwachsene in der Dekodierung der Führungskräfte wenig zwischen den drei gesellschaftlichen Feldern Politik, Wirtschaft und Wissenschaft unterscheiden. Während PolitikerInnen und ManagerInnen als einflussreiche Persönlichkeiten gelesen werden, gelten WissenschaftlerInnen als gesellschaftlich weniger bedeutsam. Sie sind ExpertInnen und EntdeckerInnen, aber aus Sicht der jungen Erwachsenen keine bekannten Persönlichkeiten.[14] Auffällig ist, dass Politikerinnen und Managerinnen deutlich positiver bewertet werden als ihre männlichen Kollegen.[15] In den Attribuierungen der männlichen Führungskräfte drückt sich Kritik am „Machtblock" (Fiske 1989) und an solchen gesellschaftlichen Strukturen aus, die sowohl die jungen Erwachsenen als auch die Führungsfrauen benachteiligen und marginalisieren (vgl. 7.2). Spitzenkräfte in Wirtschaft und Politik sind in den Augen der Befragten zunächst MachthaberInnen. Trotzdem werden ihre medialen Repräsentationen unterschiedlich angeeignet. Während das Erlangen dieser Macht bei weiblichen Führungskräften Anerkennung hervorruft, führt es gegenüber männlichen zu einer oppositionellen Haltung. Die Repräsentationen von Frauen werden also gemäß der Vorzugslesart als Ausdruck von erfolgreichem Agieren im Kontext der Führungsrolle gelesen, weil sich diese Frauen gegen Widerstände von unten nach oben gekämpft haben und deshalb nicht primär für die Ausübung von Macht stehen (vgl. Hall 1999). Medientexte über den Erfolg männlicher Akteure werden hingegen widerständig angeeignet (vgl. Fiske 1989), denn den Porträtierten wird ein Versagen gegenüber der Gesellschaft jenseits der Verwirklichung ihrer professionellen Karriere attestiert. Eine Ausnahme bilden WissenschaftlerInnen. Sie werden lediglich im Kontext der Profession, nicht aber der Führungsrolle rezipiert.

Die ausgiebige Diskussion um die Progressivität der Bundesrepublik lässt ein Bewusstsein für die Bedeutung der gesellschaftlichen Rahmen-

---

14 Während der Diskussionen entstand der Eindruck, dass die Befragten zudem wenig über Wissenschaft als Berufsfeld wissen und auch die rar gesäten Medienberichte (vgl. Maier/Lünenborg und Grittmann in diesem Band) über Führungskräfte aus diesem Bereich im Alltag nicht rezipieren.

15 Zwischen Wissenschaftlern und Wissenschaftlerinnen werden jedoch keine Unterschiede gemacht.

bedingungen bezüglich der Durchsetzungschancen weiblicher Führungskräfte erkennen. Diese Auseinandersetzung ist gleichzeitig identitätsstiftend, denn die Befragten nehmen sich als Teil einer fortschrittlichen
Gesellschaft wahr.

Die jungen Erwachsenen machen sich über die Medien ein Bild von
Spitzenfrauen und -männern, das primär von Attributen aus dem Kontext der Karriere und der Führungsfunktion geprägt ist. Während sich
das Bild der PolitikerInnen offenbar primär auf die Repräsentation in
nachrichtlichen Medien bezieht, zeigen sich populäre Medien wie Holly-
wood-Filme, Werbespots oder Boulevardzeitungen als bedeutsam für die
Konstruktion von ManagerInnenbildern. Das Bild der jungen Erwachsenen von Geschlecht und Führungsrolle rekurriert einerseits auf fiktionale
Entwürfe gut gekleideter, smarter ManagerInnen, andererseits auf Figuren aus der Boulevardberichterstattung wie Paris Hilton. Als Hotelerbin
wird diese von den Befragten ebenfalls als Managerin gewertet.

Weiblichkeit und Macht gelten den Befragten nicht als Widerspruch.
Sie formulieren jedoch explizit, dass weibliche Führungskräfte machtbe-
wusster und aufstiegsorientierter agieren müssen als ihre männlichen
Kollegen. Politik und Wirtschaft gelten als Männerdomänen. Deshalb sei
es für Frauen wie Männer in diesen Bereichen erforderlich, für ein erfolgreiches Agieren traditionell männlich konnotierte Eigenschaften aufzu-
weisen. Die Befragten thematisieren dies als den Konflikt zwischen Füh-
rungs- und Geschlechterrolle, den Frauen erleben. Sie beschreiben, dass
Frauen die für die Ausübung der Berufsrolle notwendigen Eigenschaften
bewusst herstellen, betonen und nach außen demonstrieren müssen. Sie
bewundern Frauen wie die Bundeskanzlerin, denen es besonders erfolgreich gelungen ist, gemäß den Anforderungen an die Spitze ihrer Profession zu gelangen. Im Umkehrschluss legt diese Perspektive jedoch nahe,
dass die Befragten es nach ihrem Alltagsverständnis als normal empfinden,
wenn Frauen und Männer entsprechend ihrer Geschlechterrolle agieren.
Beruflicher Erfolg von Frauen in Führungspositionen resultiert demnach aus
der Abweichung von weiblichen Geschlechterrollen-Performativitäten und
nicht aus einer Integration von Femininität und Führungsrolle.

5. ‚Eine Schafherde mit drei schwarzen Schafen‘: Medienkritik an geschlechtsbedingten Differenzen in der Repräsentation von Männern und Frauen

In diesem Abschnitt wird analysiert, inwieweit die Befragten Kritik an
den Medien üben und die medialen Darstellungen als Konstruktionen
wahrnehmen.

5.1 Kritik an ungleichen Repräsentationen von Spitzenfrauen und -männern

Die jungen Erwachsenen stellen fest, dass Spitzenpolitikerinnen in den Medien ein Exotinnenstatus zugewiesen wird, weil sie in der Männerdomäne ‚Politik'[16] eine Abweichung von der Norm darstellen würden: „[W]enn man eine Schafherde hat mit ganz vielen weißen Schafen und da sind drei schwarze, dann ist es klar, dass sich auf die schwarzen Schafe gestürzt wird, die anderen sind ja langweilig" (Lydia GD3FG). Die Befragten in allen Gruppendiskussionen erkennen und kritisieren somit eine Darstellungskonvention, die sich in der qualitativen Analyse als Form der Repräsentation von Politikerinnen gezeigt hat (vgl. Maier/Lünenborg in diesem Band). Aus dieser Einsicht resultiert jedoch wenig Kritik an den Medien und ihren Repräsentationen. Bemerkenswerterweise sind es vor allem die männlichen Befragten, die in den Gruppendiskussionen Kritik an einer Überbetonung der Geschlechterrolle in der Berichterstattung über weibliche Führungskräfte äußern.[17] Die Gymnasiasten vermuten, dass Politikerinnen von den Medien kritischer beobachtet und mit zweierlei Maß gemessen werden: „Man merkt eben, dass die Fehler (…) beim Mann nicht zum Ausdruck kommen" (Bastian, GD6MG). Die jungen Männer diagnostizieren eine Andersbehandlung von Frauen aufgrund eines Spannungsfelds zwischen Amt und Geschlecht, denn es zeige sich,

> „dass es irgendwie anscheinend eine Unvereinbarkeit gibt in der Presse und vielleicht auch in unseren Köpfen, (…) Frauen als Politikerinnen und gleichzeitig als Frauen zu sehen. Beim Mann ist das anscheinend okay. Der ist ein Mann, der hat auch so Frau und Kinder und trinkt ein Bierchen und geht ein Fußballspiel gucken und ist gleichzeitig Politiker. Und bei einer Frau ist das: entweder sie ist gerade Politikerin oder sie ist gerade privat und Frau." (Ole, GD6MG)

---

16 Unterschiede hinsichtlich der medialen Repräsentation von Spitzenfrauen und -männern, die die jungen Befragten mit einer Ungleichbehandlung der Geschlechter begründen, treffen sie vor allem in Bezug auf Politiker und Politikerinnen, nur gelegentlich auch bezogen auf Manager und Managerinnen in Führungspositionen. Die folgenden Aussagen über Differenzen zwischen Spitzenmännern und -frauen beziehen sich also in erster Linie auf Politiker und Politikerinnen.

17 Die befragten Gymnasiasten thematisieren Aspekte von Geschlechterungerechtigkeit, ohne explizit von der Moderatorin darauf angesprochen worden zu sein. Es ist davon auszugehen, dass den Befragten eine kritische Sicht auf die Benachteiligung von Frauen in Führungspositionen als sozial erwünscht erschien. Die Anwesenheit von zwei weiblichen Interviewerinnen förderte zudem vermutlich die Tendenz, sich im Sinne einer Gleichberechtigung der Geschlechter auszusprechen. Denn trotz dieser scheinbar aufgeklärten Haltung werden in der Diskussion immer wieder Ambivalenzen deutlich, die darauf schließen lassen, dass die Befragten stereotyper denken, als sie zu vermitteln suchen und dass sie sich gesellschaftlichen Abwertungsdiskursen nicht völlig entziehen können.

Die Befragten erklären sich die ungleiche Berichterstattung und die Betonung des Geschlechts der Spitzenpolitikerinnen über die gesellschaftliche Setzung von ‚Politik‘ als Männerdomäne. Daraus resultiere in der Berichterstattung eine geringe Anerkennung von Frauen als Führungskräfte: „Das wird auch noch einige Jahrzehnte dauern, bis bei einer neuen Bundeskanzlerwahl dann steht: ‚Es ist eine ...‘ – was weiß ich – ‚Angela Merkel‘. Dass da nicht steht ‚eine Frau‘ oder ‚wieder kein Mann‘. Dass das halt nicht bewertet wird" (Leon, GD6MG). In den Medien spiegele sich die gesellschaftlich geteilte Meinung wider, dass „eine Führungspersönlichkeit gewisse Qualitäten haben muss. (...) Und all diese Eigenschaften, die schreiben wir eben vor allem Männern zu (...) und deswegen ist das Bild, das wir von einer Führungspersönlichkeit haben, männlich" (Ole, GD6MG). Die männlichen Befragten unterstreichen, dass führende Politikerinnen in den medialen Repräsentationen als Abweichung von der Norm ‚Mann‘ gekennzeichnet werden. In ihren Aussagen wird erkennbar, dass sie Gender als gesellschaftlich konstruiert und die Repräsentation von Wirklichkeit in den Medien ebenfalls als hergestellt begreifen.[18] Zudem kritisieren die befragten jungen Männer Trivialisierungen (vgl. Gnändiger 2007; Pfannes 2004) im Medienmaterial. Deshalb kommt es ihnen sogar in den Sinn, in einer Umkehrprobe zu testen, ob die Person Claudia Roths in einem Beitrag des Fokusmaterials durch einen Männernamen ersetzbar wäre oder ob der Artikel dadurch befremdlich klingen würde: „Oder auch wenn ein Mann da jetzt in dem Artikel wäre: ‚Und nur für die Liebe bleibt ihm keine Zeit.‘ [alle lachen] Sie sehen die Reaktion. Das ist dann irgendwie anders. Da sagt man: ‚Ja, du hast doch deinen Job, da muss das doch irgendwie klappen‘" (Ole, GD6MG). Die Befragten wissen um die Konstruktion von Zweigeschlechtlichkeit und ihre soziale Relevanz: „Ich glaube, dass wir das Rollenbild zwischen Mann und Frau nur künstlich auseinander halten, durch unsere Moral, durch unser Denken. Ich glaube instinktiv wird das immer in uns drin bleiben, wie die Rolle von einem Mann und einer Frau ist" (Fabian, GD6MG). Die Gründe für die Repräsentation von Spitzenfrauen in trivialisierenden Vergeschlechtlichungen liegen ihrer Ansicht nach in den redaktionellen Leitlinien: „Das Foto wurde ja erst gemacht und dann kam ja die Überschrift dazu" (Alexandra, GD2FG). Die befragten Gymnasiasten schreiben vor allem Boulevardmedien zu, Frauen zu vergeschlechtlichen: „Das hier ist die BILD (...) – ich

---

18 Bemerkenswert ist, dass diese Herstellungsprozesse in den Diskussionsgruppen mit weiblichen Teilnehmerinnen nicht so ausgeprägt abstrahiert thematisiert werden wie in denen mit männlichen Befragten. In den Gruppendiskussionen mit Frauen werden Differenzen in erster Linie diagnostiziert oder zum Teil essenzialisiert, jedoch nicht als Ausdruck gesellschaftlicher Konstruktionsprozesse benannt.

glaube in höheren Zeitschriften, also nicht Illustrierten, werden Frauen genau so behandelt wie Männer (...)" (Fabian, GD6MG). Ebenso gäbe es Medien, die keine Geschlechterstereotype vermittelten. Diese Unterschiede werden auf die Zielgruppenorientierung zurückgeführt:

> „Wenn das Medien sind, die vor allem ein älteres Publikum ansprechen, das auch eher konservativ eingestellt ist, dann werden sie das sicherlich nicht so stark ändern. Aber wenn das jetzt speziell (...) ein junges Blatt ist, das vielleicht auch Leute in Richtung Feministinnen anspricht, dann wird es Frauen als extrem anti-klischeehaft darstellen. Und in den normalen Zeitschriften, die sich an Leute in unserem Alter oder vielleicht ein bisschen älter wenden, da hat sich das im Allgemeinen doch so gewandelt, dass Frauen zwar immer noch auch frauentypisch dargestellt werden, aber nicht mehr mit einem leicht abwertenden Ton, der glaube ich früher herrschte. Es wird jetzt dargestellt, dass es anders ist, aber nicht schlechter." (Ole, GD6MG)[19]

Die Befunde zeigen, dass in erster Linie die Gymnasiasten die ungleiche mediale Repräsentation von Politikerinnen thematisieren. Diese missbilligen sie, jedoch formulieren sie keine Veränderungsvorschläge. Sie diskutieren das Problem der Geschlechterungleichheit wenig involviert. Zwar benennen sie präzise den Status quo, leiten daraus jedoch keine Forderungen für eine größere Gleichbehandlung von Spitzenfrauen und -männern ab. Für sie entsteht zumindest vordergründig weder ein Vorteil aus der Veränderung noch ein Nachteil aus der Erhaltung des Status quo, so dass keine soziale Notwendigkeit existiert, eine Lösung herbeizuführen.

In den Fokusgruppen mit weiblichen Befragten und mit Männern mit niedriger Formalbildung wird kritisiert, dass die mediale Herstellung von Differenz zwischen männlichen und weiblichen Führungskräften über die Bewertungen der körperlichen Attraktivität von Frauen und somit ihrer Trivialisierung erfolgen würden. Daran kritisieren sie, dass Spitzenfrauen in den Medien häufiger genannt würden als -männer. Dies geschehe allerdings nicht aufgrund ihrer Leistung, sondern weil Frauen äußerlich mehr Gründe für eine Berichterstattung lieferten: „Bei Frauen gibt es ja auch viel mehr, was man da sehen kann oder wie sie halt mehr auffallen" (Canan, GD5FB). Diese übermäßige Aufmerksamkeit der Medien für das Äußere von Spitzenfrauen lehnen die Befragten ab, denn sie bewerten es

---

19 Der letzte Satz zeigt, dass Oles Einstellung gegenüber Frauenbildern in den Medien weniger progressiv ist, als es in seinen Wortbeiträgen den Anschein hat. Die medialen Repräsentationen gelten als akzeptabel, wenn sie nicht zu emanzipiert sind und die Andersartigkeit von Frauen, die Ole voraussetzt, akzeptieren und sie als Wert anerkennen, nicht aber infrage stellen. Ole reproduziert also essenzialistische Vorstellungen von Weiblichkeit und Stereotype, auch wenn er sich vordergründig für eine Veränderung medialer Politikerinnendarstellungen ausspricht.

als wichtiger, ihre Leistungen im Kontext der Führungsrolle medial in den Vordergrund zu stellen: „Man muss sie anhand dessen bewerten, was sie erreicht hat und nicht wie sie aussieht (...)" (Jette, GD5FB). „Eine Frau, ein Mann, egal wie er aussieht, wenn er den Job gut macht, macht er ihn gut. Das ist das Wichtigste in der Welt" (Martin, GD7MB). Die jungen Erwachsenen äußern die Einschätzung, dass Frauen in Spitzenpositionen nicht nur hinsichtlich ihres Äußeren bewertet, sondern auch eher lächerlich gemacht werden als Männer: „Das wurde ja auch in den Medien sehr viel behandelt, ihre [Merkels] Grimassen. Es wurde immer sehr karikiert" (Felix, GD7MB). Martin (GD7MB) kritisiert, „wenn man sich den Text durchliest, dann kommt erst das neue Styling. Das ist immerhin einer der ersten Sätze. Das ist doch völlig unnötig. Wer schreibt als erstes über das Styling? (...) ‚Und hier ist wieder die schwangere Verteidigungsministerin.‘ Das sind Sachen, die immer auffallen bei Frauen."

Die Diskutanten empfinden die Trivialisierungen sowie die übermäßigen Verweise auf die Geschlechterrolle des weiblichen Toppersonals als unangemessen. Sie plädieren für eine Konzentration auf die Führungsrolle. Gleichzeitig betonen sie, dass die ungleiche Bewertung von Frauen und Männern in Führungspositionen kein Medienphänomen ist, sondern aus dem gesellschaftlichen Verständnis von Männlichkeit und Weiblichkeit resultiere. Ausgeprägte Forderungen für eine geschlechtergerechtere Berichterstattung oder gesellschaftliche Veränderungen formulieren sie jedoch nicht.

Eine Ausnahme stellt die Wahrnehmung der Repräsentationen von WissenschaftlerInnen dar. Im Gegensatz zu PolitikerInnen und ManagerInnen werden sie als einzige der drei Gruppen ausschließlich über die Profession und nicht über das Geschlecht definiert: „Es wird halt nicht so drauf geachtet, ob es ein Mann oder eine Frau herausgefunden hat. Und ich finde, in der Wissenschaft sind die Frauen und Männer gleichgestellter als in der Politik" (Daniela, GD3FG). Eine andere, ebenfalls geschlechtergerechte Variante sei die Repräsentation als Entdecker und Entdeckerinnen, die etwas „Neues rausgefunden" (Daniela, GD3FG) haben: „Vielleicht wenn ein neuer Fisch gefunden wurde: ‚Ja, der Wissenschaftler ‚Soundso‘ hat den gefunden‘" (Karoline, GD4FB). Der Grad der Medienpräsenz von WissenschaftlerInnen hängt aus Sicht der jungen Erwachsenen davon ab, wie gesellschaftlich relevant oder populär das Thema ist, über das sie forschen, und nicht vom Geschlecht des oder der Forschenden: „Die werden dann vielleicht kurz erwähnt mit ihrem Namen, aber da wird nicht weiter drauf eingegangen. Es wird dann eher über die Ergebnisse gesprochen, aber nicht über die Person selber. (...) deren Job hat mehr Bedeutung als die Person selber" (Felix, GD7MB). Als Beispiele

nennen sie Berichte über die im November und Dezember 2009 sehr prä-
senten Themen Klimawandel und Schweinegrippe. Die Befragten empfinden diese medialen Repräsentationen als geschlechtergerecht, der Führungsrolle entsprechend und damit als angemessen. Diese Einschätzung
entspricht durchaus den Berichterstattungsmustern, denn auch in der
qualitativen Inhaltsanalyse wurde deutlich, dass Wissenschaftler und
Wissenschaftlerinnen wenig auf die Geschlechterrolle reduziert, sondern
an ihren Leistungen gemessen werden und dafür Anerkennung erfahren.
Darüber hinaus werden sie in den Texten primär als ExpertInnen dargestellt und in gleicher Weise von den Befragten gelesen (vgl. Maier/Lünen-
borg in diesem Band).

5.2 Kritik an journalistischen Selektions- und Repräsentationsstrategien

Eine weitere zentrale Lesart des Fokusmaterials zeigt, dass Medien den
jungen Erwachsenen weniger als Konstrukteure sozialer Realität, sondern
vielmehr als wirtschaftliche Güter gelten. Die Befragten gehen geschlechts-
und bildungsstandübergreifend davon aus, dass Medien Unterschiede zwischen Männern und Frauen in Führungspositionen vor allem aufgrund
journalistischer Selektionskriterien und ökonomischer Notwendigkeiten
herstellten. Dabei unterstreichen sie den Zwang der Medien, stets das Besondere thematisieren zu müssen, um verkäuflich zu sein.

Die Befragten bewerten die Trivialisierung durch die Thematisierung
von Frauen im Kontext des Privatlebens als den markantesten Unterschied zwischen den Repräsentationen männlicher und weiblicher Führungskräfte aus Politik und Wirtschaft. Männer hingegen würden in erster
Linie innerhalb der Führungsrolle beschrieben.[20] Die jungen Erwachsenen
denken, „dass das Privatleben von den Frauen viel mehr auch in den
Medien steht als von den Männern" (Konstanze, GD5FB).[21] Diese Darstellungskonventionen erkennen sie bei Politikerinnen und Managerinnen, in
Ausnahmefällen auch bei Wissenschaftlerinnen. Die häufige Präsentation

---

20 Beim Zustandekommen dieser Perspektive hat vermutlich auch die Auswahl des
Fokusmaterials eine Bedeutung. Den Befragten wurden z.B. Pressefotos von der Hochzeit Gesine Schwans und Urlaubsaufnahmen von Claudia Roth gezeigt, jedoch auch
von Frauen bei der Ausübung ihrer Berufsrolle.
21 Nur einmal wird an der Darstellung von Managerinnen tatsächlich Medienkritik
geübt. Die Darstellung von Susanne Klattens Affäre und der daraus resultierenden
Erpressung gilt Konstanze (GD5FB) als Beispiel dafür, dass das Handeln von Männern
und Frauen mit zweierlei Maß gemessen werde: „(...) sie als Frau ... bei einem Mann
hätten wahrscheinlich noch einige dazu geklatscht oder so ‚Ja, hast du toll gemacht!'
Aber als Frau ist man in der Situation die Dumme."

von Politikerinnen in privaten Kontexten wirke „schon fast normal" (Anne, GD2FG), wird von den Befragten aber nicht gutgeheißen: „Ich finde,
nur weil das jetzt Politikerinnen sind, die irgendwie ein Land regieren,
muss man nicht gleich wissen, was sie auch privat zu Hause machen"
(Patricia, GD2FG). Diese Einschätzung wird unabhängig von Geschlecht
und Bildungsstand formuliert: „Man sieht bei den Frauen in der Politik
eigentlich mehr über deren Privatleben als deren Fähigkeiten. Und wenn
irgendwas in den Zeitungen steht über Politikerinnen, dann eigentlich
fast nur Negatives" (Sascha, GD7MB). Die jungen Erwachsenen merken
darüber hinaus an, dass Politikerinnen häufiger für ihr Handeln in den
Medien kritisiert werden als ihre männlichen Kollegen. Zudem denken
sie, dass sie in den Medien nicht primär als Repräsentantinnen des Staats
sowie ihrer politischen Ziele gezeigt werden, sondern auf ihre Eigenschaft
als Prominente reduziert werden: „Es wird teilweise wirklich privat, aber
wenn ich das so sehe, dann kommt mir das eher so vor, als könnten das
auch Schauspielerinnen oder Sängerinnen sein. Also eher Prominente als
Politiker" (Lea, GD2FG). Im Vordergrund der Medienkritik der Befragten
steht also die gesellschaftliche Debatte um die Boulevardisierung von Politik, die sich auch innerhalb der wissenschaftlichen Diskussion findet
und über die daraus resultierende Trivialisierung der politischen Akteure
(vgl. Lünenborg 2009).[22]

Die jungen Frauen und Männer erklären die Konzentration auf das
Privatleben von Führungsfrauen als Ausdruck einer Notwendigkeit, in
den Medien das Besondere zu präsentieren. Frauen in Führungspositionen eigneten sich für die mediale Berichterstattung demzufolge besser als
Männer, weil sie nach wie vor die Abweichung von der Norm des männlichen Politikers darstellen würden und deshalb besonderen Nachrich-
tenwert hätten. Zusätzlich werde mit Übertreibungen das Thema bedeut-
samer gemacht: „Das wird alles ziemlich hochgespielt von den Medien
einfach. Total übertrieben, überzogen. Da werden Sachen hineininter-
pretiert, die gar nicht stimmen. Es muss ja irgendwie Aufmerksamkeit
erregen" (Nadine, GD3FG). Überwiegend werten sie das Phänomen als
spezifisch für den Journalismus und nicht als Ausdruck der Andersbehandlung weiblicher Akteure: „Ich finde halt, (…) dass die Medien
häufig die Gestik von den Menschen total anders interpretieren oder so

---

22 Weibliche Befragte mit niedrigen Bildungsabschlüssen betrachten die Thematisierung von Privatem in den Medien ebenfalls als mediale Inszenierungsstrategie, die mit
Übertreibungen arbeite. Im Gegensatz zu den befragten Gymnasiastinnen äußern sie
sich dazu jedoch nicht unmittelbar nach der ersten Ansicht des Fokusmaterials, sondern zeigen zunächst ein Interesse an den Mediendarstellungen, ohne daran Kritik zu
formulieren.

interpretieren, wie sie das haben wollen. Somit lassen sie manche Politiker auch schlecht dastehen, manche wiederum gut" (Daniela, GD3FG). JournalistInnen würden durch Übertreibungen Themen interessanter und damit publikumstauglicher gestalten: „Die [Medien] interpretieren in total banale Sachen viel zu viel hinein" (Klara, GD3FG). Die befragten Männer mit niedriger Formalbildung sind der Meinung, dass Medien vor allem das Besondere betonen: „Es war ja bei der WM so, dass die Kanzlerin immer dabei war. Das wurde ja auch immer in den Medien sehr verbreitet, dass sie sehr fußballbegeistert ist (…). Im Grunde genommen ist es für die Medien ungewohnt, dass eine Frau sich so für Fußball begeistert, würde ich jetzt mal sagen" (Felix, GD7MB). Sie bewerten die journalistische Strategie jedoch nicht nur als Konzentration auf das Außergewöhnliche, sondern auch als Skandalisierung von Führungsfrauen:

> „Die Medien suchen (…) irgendwelche Skandale, irgendein Bild, wo man sehen kann, dass da ein Skandal ist, dass man das schön als Titelblatt machen kann und dann kaufen sie damit sozusagen die Kunden. Und das wollen die Medien ja erreichen, dass sie dann Profit machen. Also eine Frau, weil das einfach untypisch ist für die Gesellschaft heutzutage, und dann wird ein Skandal daraus gemacht. Würde das ein Mann machen, würde das niemanden interessieren." (Martin, GD7MB)

Im Zentrum der Berichterstattung stehe die Konstruktion von Medienereignissen und nicht die Darstellung ihrer Funktion als Führungskraft: „Es kommt mir so vor, dass Frauen mehr als Prominente gesehen werden als als Politiker" (Sascha, GD7MB). Systemimmanente Verhältnisse in den Medienkonzernen werden ebenfalls als Grund für die Ungleichbehandlung diskutiert: „In den meisten führenden Abteilungen sind auch meistens Herren höheren Alters und die haben zu sagen, was gedruckt wird. (…) im Endeffekt ist es immer ein Mensch in den Abteilungen, der sagt ‚Das wird gedruckt oder nicht gedruckt'. (…) Das sind halt meistens die Leitlinien einer Zeitung. Und die sind veraltet" (Martin, GD7MB).[23] Die Diskutierenden kritisieren nicht nur die journalistische Praxis, sondern auch die journalistische Elite, die sie als Entscheider und damit als ursächlich Verantwortliche für die Repräsentation von Führungskräften ansehen. Die Überzeugung, dass vor allem medienspezifische Selektions-

---

[23] Während in den anderen Diskussionsgruppen offenbleibt, wer für die Durchsetzung von Redaktionspolitik und medialen Selektionsmechanismen verantwortlich ist, betonen die männlichen Befragten mit niedrigem Bildungshintergrund: „Es gibt immer einen, der oben an der Spitze sitzt und sagt, was gemacht wird und was nicht gemacht wird" (Peter, GD7MB). Hier spiegeln sich Erfahrungen der jungen Erwachsenen mit dem „Machtblock" (Fiske 1989) und der Ausübung von Herrschaft in betrieblichen Hierarchien wider.

kriterien die Berichterstattung über weibliche Führungskräfte bestimmen, zeigt sich auch in den Gründen, die die Befragten für den Ausschluss von Frauen aus den Medien nennen. Frauen werden den Befragten zufolge nicht wegen ihres Geschlechts quantitativ weniger oft erwähnt, sondern weil die Themen, mit denen sie sich im Kontext ihrer professionellen Rolle auseinandersetzen, nicht oft genug im Zentrum der Berichterstattung stehen. Sie werden den Befragten zufolge nicht repräsentiert, „weil die ja immer themenbezogen arbeiten. (…) Also, wenn es jetzt um die Schweinegrippe geht und dann wundert man sich, warum die Familienministerin nicht erwähnt wird" (Lydia, GD3FG). Die Befragten vermuten darüber hinaus, dass die Medien mit der geringeren Repräsentanz von Führungsfrauen lediglich den Präferenzen ihrer Nutzer entgegenkommen würden: „Vielleicht interessiert es die meisten Menschen nicht, dass Frauen an der Regierung sind" (Peter, GD7MB).

Die Befragten sind der Ansicht, dass Medien eine Selektion der Themen und Akteure vornehmen, die sie präsentieren. Sie problematisieren diese Selektion jedoch nicht, sondern akzeptieren sie als medienspezifisches Charakteristikum. Obwohl die Befragten darüber sprechen, wie journalistische Selektionsmechanismen Ungleichheit hervorbringen, thematisieren sie innerhalb der Gruppendiskussionen nicht die damit verbundenen sozialen Konsequenzen und somit die Rolle der Medien in Gesellschaften. Ein Grund dafür liegt in der Betrachtung der Medien als Wirtschaftsgüter und nicht als gesellschaftliche Akteure. Die jungen Frauen und Männer diskutieren ihre Bedeutung nicht, indem sie Medien als vierte Macht mit Kontrollfunktion verstehen, sondern konzentrieren sich in ihrer Betrachtung auf die ökonomischen Zwänge, möglichst exklusive und publikumswirksame Themen aufgreifen zu müssen. Unter Bezugnahme auf diesen Zusammenhang begründen sie die ungleiche Repräsentation von männlichen und weiblichen Führungskräften, die sie gleichzeitig kritisieren. Sie empfinden die Differenz als ungerecht, weil über Frauen mehr preisgegeben werde und weil sie in ihren beruflichen Kompetenzen zu wenig ernst genommen würden. Diese Äußerungen werden jedoch als eine Kritik auf Medien als ökonomisches, nicht als soziales System bezogen. Die Befragten diskutieren medial erzeugte Geschlechterungleichheit als Zeichen ökonomischer Gier, jedoch nicht als Problem unterschiedlicher Entfaltungs- und Handlungsmöglichkeiten für Männer und Frauen. Ihnen geht es nicht um eine Thematisierung von Geschlechterungleichheit, die sich in Geschlechterstereotypisierungen und in der Markierung von Frauen als Abweichung von der Norm der männlichen Führungskraft äußert. Die Marginalisierung und Trivialisierung weiblicher Führungskräfte spielt bei ihrer Diskussion um mediale Inszenierungsmechanismen keine Rolle. Sie formulieren vielmehr Medienkritik jenseits des Themas ‚Geschlecht' und zielen dabei auf Boulevardisierung, Skandalisierung und auf Verletzungen journalistischer Gütekriterien. Diese klassischen Themen sind somit nicht nur in der wissenschaftlichen Kritik, sondern auch in Alltagsdiskursen präsent (vgl. Brichta 2011).

5.3 Selbstinszenierungen der Medienpersönlichkeit: Personalisierung und Privatisierung

Mehrere Diskussionsgruppen sprechen über die Gründe, warum Politikerinnen vermehrt in privaten Kontexten erscheinen, nicht nur als medienimmanentes Phänomen, sondern als Strategie, die von den Akteurinnen bewusst zur Selbstdarstellung genutzt werde. Spitzenfrauen werden als aktive Gestalterinnen ihrer Medienpersönlichkeit gelesen. Demnach entscheiden sich Politikerinnen gezielt dafür, einen Teil ihres Privatlebens preiszugeben und beispielsweise Genehmigungen zum Fotografieren bei privaten Anlässen zu erteilen: „Das hier von Frau Schwan, das ist ja ihr Hochzeitsbild. Entweder sie muss den Medien ja das Foto gegeben haben oder sie hat zugelassen, dass da welche fotografieren" (Marion, GD2FG). Es gehöre Freiwilligkeit dazu, denn „[d]ie haben ja angefragt ‚Wollen sie mit uns?' Da hat sie ja auch ‚Ja' gesagt" (Konstanze, GD5FB). Implizit meinen die Befragten auch, Frauen seien „(…) viel offener als Männer und würden auch eher sagen ‚Komm, ich zeige mal, wie ich hier in meiner Villa wohne'. Weil von Politikern sieht man das meistens nicht" (Konstanze, GD5FB). Sie vergeschlechtlichen die Politikerinnen also, denn sie gehen davon aus, dass sich die Politikerinnen selbst stark mit ihrem Privatleben identifizieren und es deshalb prominent in den Medien platzieren. Privatheit als originär weiblicher Lebensbereich ist aus Sicht der jungen Befragten auch für Spitzenfrauen identitätsstiftend.

Anne (GD2FG), die sich in der Schule mit dem Thema ‚Mediendemokratie' beschäftigt hat, argumentiert: „Da wird halt gezeigt, dass diese Privatsphäre im Prinzip dazu dienen soll, dass neue Wähler geschaffen werden und dass ein neues Publikum angesprochen wird ( ) ‚Oh, die [Merkel] ist ja Deutschland-Fan, jetzt mag ich die' – (…) einfach nur Sympathie aufbauen, damit man gewählt wird." Gerade die neuen Medien würden dazu genutzt: „Die Politiker, die sind ja jetzt alle schon bei *facebook* und *studiVZ* und Sonstiges. (…) Die wollen wahrscheinlich (…) irgendwelche neuen, jüngeren Wähler ermutigen (…)." Über verschiedene Medien könnten sie

„(…) ganz viele verschiedene Gruppen ansprechen, weil sie werden ja nicht nur gewählt von den Leuten, die sich jetzt jeden Abend pünktlich zur *Ta-*

gesschau mit ihrem Becher Kaffee hinsetzen. Sie wollen als Wähler auch die jungen Internet-User und vielleicht auch noch die Frauenzeitschriften-Leserinnen und dann natürlich auch noch ein paar alteingesessene Politik-Fans, die das *Abendblatt* aufschlagen. Es muss halt in jedem Bereich sein" (Lea, GD2FG).

Politikerinnen gelten den Befragten nicht ausschließlich als passive Mediensubjekte oder gar -opfer, sondern als aktiv Bestimmende über ihre öffentliche Rolle. Sie sehen die Medien funktional als Instrumente, durch die politische Führungskräfte professionell Wahlkampf führen können, um politische Gestaltungsfähigkeit zu gewinnen oder zu erhalten.

6. (De-)Konstruktionen von Geschlecht bei der Rezeption von Medientexten über Führungsfrauen

Bei der Auseinandersetzung mit dem Fokusmaterial in den Gruppendiskussionen werden Frauen und auch Männer in Führungspositionen von den Befragten mit traditionellen Zuschreibungen belegt und damit vergeschlechtlicht, im Medienmaterial angelegte Zuschreibungen von Weiblichkeit werden jedoch auch infrage gestellt, Männlichkeit hingegen nicht (vgl. Maier/Lünenborg in diesem Band). Beide Prozesse werden hier dargestellt und diskutiert.

6.1 Vergeschlechtlichungen bei der Rezeption

Anhand der Repräsentationen werden Frauen in den Gruppendiskussionen häufig über die Bewertung ihrer Körperlichkeit vergeschlechtlicht. Die Befragten messen die repräsentierten Spitzenfrauen am Grad der Erfüllung gesellschaftlich geteilter Idealvorstellungen von weiblicher Attraktivität. Sie bewerten, ob die abgebildeten Frauen der Norm von Weiblichkeit entsprechen und ob sie als attraktiv gelten. Diese Zuschreibungen zeigen, dass die Befragten unabhängig von Geschlecht und Bildungsstand wie selbstverständlich weibliche Führungskräfte nicht ausschließlich als Amtsinhaberinnen betrachten, sondern sie als Frauen an ihrem Äußeren messen. Derartige Attribuierungen hängen nicht davon ab, wie offensiv eine Spitzenfrau Femininität in der Öffentlichkeit artikuliert und dementsprechend in medialen Repräsentationen als Frau dargestellt wird, wie das Beispiel der Bundeskanzlerin zeigt: Obwohl sie sich jenseits der Operneröffnung in Oslo um ein möglichst geschlechtsloses Auftreten bemüht und in den Medien kaum mit geschlechtsgebundenen Attributen belegt wird, wird sie von den jungen Befragten hinsichtlich ihrer körperlichen Attraktivität bewertet. Anlässlich eines älteren Bildes in einem *Stern*-Artikel über Merkel und Nahles sagt Bahare (GD5FB): „Aber so würde ich sie auf gar keinen Fall wählen." Politikerinnen würden deshalb auf ein attraktives Äußeres achten, „aber das ist ja auch normal, dass sie dann (...) zum Friseur gehen oder sich halt ein bisschen schicker machen" (Canan, GD5FB). Die Befragten sehen es als selbstverständlich an, dass Merkel den Normen körperlicher Attraktivität zu entsprechen habe: „Also wenn ich im Fernsehen jemanden sehe, der sich gehen lässt, also so wie hier Angela Merkel noch, dann würde ich wahrscheinlich wegschalten. Wenn da jemand selbstbewusst, gut aussehend, gepflegt auftritt, dann lass ich an" (Nina, GD4FB). Sie erwarten von den Politikerinnen die Herstellung einer körperlich traditionellen Weiblichkeit. Die Befragten stellen heraus, dass Frauen stärker über ihren Körper bewertet werden als Männer, akzeptieren dieses Gendering aber und schreiben es selbst fort: „Ich finde, es gibt schon einen kleinen Unterschied zwischen Frauen und Männern: Die Frauen schminken sich, gehen zum Friseur und färben die Haare (...) und die Männer, bei denen kann man nicht so viel (...), es sei denn die Haare sind strubbelig, Bart und Augenbrauen. (...) Das fällt viel mehr auf, wenn eine Frau ungepflegt aussieht als bei Männern" (Karoline, GD4FB). Mehrfach wird Merkel in den Diskussionen vergeschlechtlicht, indem postuliert wird, dass sie von Männern als unattraktiv empfunden werde: „Vor allem ist sie ja jetzt auch schon etwas älter und jetzt nicht gerade so, dass das Umstyling (...) so viel gebracht hätte, also dass sie jetzt so super-klasse-toll aussieht, dass alle Männer denken ‚Boah, die Frau sieht so geil aus! Die wähle ich jetzt!'" (Konstanze, GD5FB). Merkels körperliche Attraktivität wird bewertet: „Ich finde Frau Merkel (...) keine schöne Frau" (Ole, GD6MG). Zwar üben die jungen Erwachsenen Kritik an der Verknüpfung von Weiblichkeit und körperlicher Attraktivität, sie selbst stellen sie in den Gruppendiskussionen jedoch genauso selbstverständlich her. Nicht immer hinterfragen sie die Vergeschlechtlichungen, sondern wirken im Gegenteil auch an ihrer Fortschreibung mit: „Frauen halt! [alle lachen] Frauen wollen Aufmerksamkeit, wollen schön aussehen, wollen, dass einfach alles perfekt ist (...)" (Karoline, GD4FB). Körperliche Attraktivität gilt als identitätsstiftend: „Ich glaube auch, dass den Männern das gar nicht so wichtig ist, das Aussehen von sich selber. Dass sie mehr mit ihren Meinungen überzeugen wollen als mit dem Aussehen. Da denken Frauen vielleicht ein bisschen anders" (Charlotte, GD4FB). Schönheit gebe Selbstbewusstsein und sei für Frauen wichtig, „damit sie akzeptiert werden und für voller genommen werden, wenn sie im Bundestag reden oder so" (ebd.). Die körperliche Attraktivität und die Durchsetzungsfähigkeit im Berufsleben stehen demzufolge miteinander in Verbindung: „Umso mehr man was aus sich macht, desto selbstbewusster ist man selber und desto selbstbewusster tritt man auch auf und andere Leute akzeptieren einen so vielleicht mehr, wenn man einfach positiver rüber kommt" (Karoline, GD4FB). Nur ein erfolgreiches Auftreten als Frau garantiert aus Sicht der Befragten ein überzeugendes professionelles Agieren. Die TeilnehmerInnen der Fokusgruppen gehen davon aus, dass Frauen, die innerhalb der Führungsrolle handeln, stets traditionelle Weiblichkeit artikulieren. Sie setzen essenzialistisch eine Dominanz scheinbar typisch weiblicher Eigenschaften voraus, deren Existenz sie nicht infrage stellen. Diese Zuschreibung stereotyper Attribute wird vor allem von Frauen mit niedrigem Bildungshintergrund geäußert. Solche Sichtweisen führten in den Gruppendiskussionen nicht zu Kontroversen. Frauen mit niedrigerem Bildungsstand verhandeln Gender stärker über körperliche Attribute als Frauen mit hoher Formalbildung: Offenbar hat für sie die körperliche Artikulation von Geschlecht mehr Bedeutung, eventuell haben sie aber auch weniger Hemmungen, diese Zuschreibungen zu äußern.

In einer zweiten Variante von Vergeschlechtlichung weisen die Befragten Spitzenfrauen traditionell weiblich konnotierte Charaktereigenschaften zu und beurteilen vor diesem Hintergrund ihre Führungsqualitäten. Vergeschlechtlicht werden primär Akteure aus den Feldern Politik und Wirtschaft. Ihnen werden Führungsqualitäten oder -schwächen zugeschrieben, die weiblich konnotiert sind und die die Befragten für typisch weiblich halten, wie z.B. soziale Kompetenz: „Frauen sind in gewisser Hinsicht sozialer. Sie können besser auf andere Menschen zugehen als die meisten Männer. (...) Und Frauen haben einfach viel mehr Empathie, können sich besser in andere hinein versetzen (...)" (Konstanze, GD5FB). Sie seien zudem ausgeglichener, „da Männer eher aggressiv auf so was reagieren und Frauen nicht so" (Bahare, GD5FB). Weibliche Führungskräfte seien den männlichen überlegen, „weil Frauen sind (...) dafür bekannt, dass sie mehrere Sachen auf einmal [können], also Multi-Tasking" (Jette, GD5FB). Die Geschlechterrolle bestimmt aus Sicht der weiblichen Teilnehmerinnen der Gruppendiskussionen das Verhalten in professionellen Kontexten. Sie betrachten Frauen in Führungspositionen aus einer essenzialistischen Perspektive, weil sie spezifische Eigenschaften selbstverständlich auf das biologische Geschlecht zurückführen. Damit nehmen sie Entwürfe der Medientexte auf, die vor allem Spitzenpolitikerinnen und -managerinnen Emotionalität als Zeichen von Stärke zuschreiben (vgl. Maier/Lünenborg in diesem Band).

Dies gilt auch für das dritte Muster von Vergeschlechtlichung, der Zuschreibung von Labilität:

„Frauen untereinander reden ganz anders, als wenn sie jetzt mit Männern reden würden. Das ist ja etwas, wo man [als Frau in einer Führungsposition] auch gut drin sein muss, dass man gut mit Männern reden kann und dass man als Frau auch weiß, wie Männer jetzt Sachen verstehen. (…) Frauen verstehen das halt auf die emotionale Weise immer auf sich bezogen gleich, (…) also auch, wenn es gar nichts Persönliches ist. (…) das muss man auch ausschalten können" (Konstanze, GD5FB).

Das Prinzip, Führungsfrauen als empfindlicher, weniger stressresistent und vorsichtiger als Männer zu vergeschlechtlichen, zeigt sich noch deutlicher in Äußerungen weiblicher Befragter mit hohem Bildungsstand. Während Frauen mit niedrigem Bildungshintergrund stereotype Eigenschaften insbesondere entlang von Körperlichkeit konstruieren, vergeschlechtlichen die befragten Gymnasiastinnen weibliche Führungskräfte über die Beimessung stereotyper Charaktermerkmale:

„Diese Verantwortung zu übernehmen, (…) das ist einfach viel mehr was für Männer als für Frauen. (…) Ich habe allgemein das Gefühl, dass [Manager] den Druck einfach viel mehr ertragen können. Und in diesem Job hat man einfach einen hohen Druck, weil total viele Anforderungen an einen gestellt werden, alles sich immer in den Medien abspielt und du musst eigentlich immer alles geben." (Anne, GD2FG)

Frauen verkraften demnach berufliche Belastungen schlechter: „Männer können nicht an solchen Sachen [Widerstände in der beruflichen Karriere] zerbrechen wie Frauen. (…) Vielleicht kommt es auch dadurch, dass die Frauen ein bisschen sensibler sind" (Lydia, GD3FG), „die Frauen nehmen sich vielleicht Kritik persönlich zu Herzen" (Marion, GD2FG). Eine Führungsposition sei „für die Frauen (…) viel zu viel Stress vielleicht" (Alexandra, GD2FG). Auch männliche Befragte vergeschlechtlichen Frauen als zögerlich oder ängstlich. Sie erklären, dass „(…) die weiblichen Personen – wenn sie denn mal im Manager-Bereich sind – sich doch eher zurückhalten" (Peter, GD7MB). Ein Vergleich mit den Vergeschlechtlichungen von Männern in Führungspositionen zeigt, dass diese umgekehrt als führungsstark gesehen werden, denn es gäbe „bestimmt Sachen, die Männer besser können" (Peter, GD7MB) und dass „sie den Druck einfach viel mehr ertragen können" (Anne, GD2FG). Da Männlichkeit, Macht und Führungsaufgaben traditionell als Einheit gelten, werden Männern Eigenschaften zugeschrieben, die sie innerhalb traditioneller Geschlechterrollenkonzepte als maskulin kennzeichnen. Umgekehrt wird Frauen gemäß traditioneller Rollenbilder der private Bereich zugeordnet. Gleichzeitig werden ihnen Eigenschaften für ein souveränes Agieren in der Öffentlichkeit abgesprochen (vgl. Klaus 2001). Die Beimessung von Ängstlichkeit und Zögerlichkeit, die sich in den Äußerungen der Befragten ausdrückt, entspricht traditionellen gesellschaftlichen Gender-Stereotypen des nach außen gerichteten, aktiven Mannes und der auf das Private fokussierten, passiven Frau (vgl. ebd.).

Vor dem Hintergrund der zugeschriebenen Labilität wird auch das Fokusmaterial interpretiert. Besonders oft werden Zuschreibungen bezüglich der ernsten Mimik der spanischen Verteidigungsministerin Carme Chacón geäußert, von der ein Bild gezeigt wurde, auf dem sie hochschwanger eine Militärparade abnimmt. Ihre Gesichtszüge gelten als Zeichen von Schwäche und Ausdruck von Überforderung, die aus der Ausübung der Führungsfunktion während der Schwangerschaft resultieren soll: „So glücklich sieht die nicht aus auf dem Bild. (...) also etwas länger schwangere Frauen sind ja meistens nicht so die Frischsten" (Lea, GD2FG). Sie wird sowohl physisch als auch psychisch vergeschlechtlicht: „Ich finde sogar das Bild wirkt überhaupt nicht stark. Da sieht sie total eingeschüchtert aus" (Anne, GD2FG). Viele der Befragten deuten die Fotografie der spanischen Verteidigungsministerin als gescheiterten Versuch einer Integration der Anforderungen von Amt und Mutterschaft. Die Äußerungen können als Hinweise darauf gesehen werden, dass die Befragten die Vereinbarung von Mutterschaft und Führungsrolle als problematisch wahrnehmen. Ein weiteres Beispiel für die Assoziation von weiblicher Führungsrolle und Labilität verdeutlicht die Interpretation einer Fotografie durch weibliche Befragte mit niedriger Formalbildung, die Angela Merkel bei einer Rede zeigt. Sie wird als Abbild einer schwachen Kanzlerin gedeutet: „Also ich finde sie sieht da gar nicht stark aus" (Karoline, GD4FB). „Müde sieht sie aus" (Jessica, GD4FB). „Ja, kaputt" (Nina, GD4FB). „Müde, kaputt, erledigt" (Jessica, GD4FB). „Gar nicht so richtig so stark ..." (Karoline, GD4FB).[24]

Eine vierte und fünfte Art der Vergeschlechtlichung zeigt sich bei der Charakterisierung von Wissenschaftlerinnen. In ihnen reproduziert sich das Stereotyp von Introvertiertheit und Strebsamkeit. Sie werden als nach innen gewandt, übermäßig fleißig und öffentlichkeitsscheu vergeschlechtlicht: „(...) die [Wissenschaftlerinnen] schon früher in der Schule immer die absoluten Streber waren und die eigentlich nie jemand so gemocht hat" (Marion, GD2FG). Im Vergleich dazu gelten männliche Wissenschaftler gemäß des traditionellen professionellen Rollenbilds als Experten, Entdecker und als besonders rationale Persönlichkeiten, die sich für „Fakten, Fakten, Fakten" (Konstanze, GD5FB) interessieren. Männliche Wissenschaftler „(...) sind vor allem (...) ältere Leute. (...) Das sind immer solche Leute mit langen Lebenserfahrungen, die dann am Ende ihres Le-

---

24 Ganz anders wird die Darstellung von Gymnasiastinnen interpretiert. Sie werten sie als Ausdruck von Souveränität und Natürlichkeit.

242 | Kathrin Friederike Müller

bens noch einmal was gerissen haben so, durch ihr langes Leben" (Leon, GD6MG). Rollenklischees aus dem Kontext der Profession werden mit Vergeschlechtlichungen angereichert, denn Wissenschaftler werden ähnlich wie in den Medientexten gemäß traditioneller Männlichkeiten beschrieben und darüber als souveräne Vertreter ihrer Profession charakterisiert (vgl. Maier/Lünenborg in diesem Band). Dagegen werden Wissenschaftlerinnen als fleißige, aber unsympathische, beruflich erfolgreiche Frauen stereotypisiert.

Vergeschlechtlichungen von Führungspersonen werden in allen Gruppendiskussionen geäußert, sie variieren jedoch je nach Bildungsstand und Geschlecht. Auffällig ist, dass weibliche Befragte mit niedriger Formalbildung Spitzenfrauen über geschlechtsgebundene Eigenschaften wie Empathie und Menschenkenntnis, aber auch über eine beigemessene Konzentration auf körperliche Attraktivität vergeschlechtlichen. Frauen mit hoher Formalbildung hingegen zweifeln die Führungs- und Durchsetzungskraft von Spitzenfrauen an, indem sie sie als schwach und wenig belastbar attribuieren. Ähnlich äußern sich Männer mit niedriger Formalbildung, während Gymnasiasten Stereotypisierungen zu vermeiden versuchen, um sozial erwünschte Positionen einzunehmen und sich als dezidiert geschlechtergerecht zu positionieren. Geschlechterklischees sind in den Köpfen der jungen Befragten unabhängig von Geschlecht und Bildung immer noch präsent und werden bei der Deutung von Medieninhalten geäußert.[25] Sie zeigen sich als starke Deutungsmuster, die zur Aushandlung sozialer Erfahrungen dienen. Die jungen Erwachsenen lösen das Spannungsfeld nicht auf, das gesellschaftlich zwischen Führungsfunktion und Geschlecht konstruiert wird, sondern reproduzieren es.

6.2 Dekonstruktion von Gender bei der Aneignung medialer Repräsentationen von Führungspersönlichkeiten

Im Untersuchungsmaterial lassen sich an einigen Stellen De-Gendering-Prozesse ablesen, innerhalb derer die im Medieninhalt angelegten Vergeschlechtlichungen von Führungskräften aufgelöst und somit der Medientext abweichend davon dekodiert wurde.

Ein Beispiel für diese Dekonstruktionen ist die Lesart zur vergeschlechtlichten Repräsentation von Angela Merkel im Kontext der Berichterstattung zur Fußball Europameisterschaft (EM) 2008. Dieser Beitrag wurde von den jungen Erwachsenen entgegen der darin angelegten Sexualisie-

---

25 Eine Ausnahme stellen die männlichen Gymnasiasten dar, die die Konstruktion von Geschlechterklischees weitgehend erfolgreich zu vermeiden suchen.

rung gelesen. Hier kann von einer Auflösung von Trivialisierungen gesprochen werden. Sie betonen, dass die Kanzlerin während der EM ihrer
Repräsentationsfunktion für den deutschen Staat nachgekommen sei:
„Das finde ich gut (…), das gehört dazu. Als Bundeskanzlerin muss man
sich ja mal das Spiel angucken" (Marion, GD2FG). Gleichzeitig gehen sie
besonders auf Merkels offensichtliches privates Interesse an Fußball ein:
„Sie möchte halt anderen Leuten zeigen, dass sie sich für Fußball interessiert" (Maja, GD4FB). Für die Befragten ist kein Widerspruch zwischen
Merkels Femininität und ihrem Fußballinteresse erkennbar. Geschlech-
terrollenstereotype, in denen Fußball als Männerdomäne gilt, werden bei
der Diskussion des Fokusmaterials also nicht reproduziert. Die Andeu-
tung eines sexuellen Interesses an Sebastian Schweinsteiger, die die *Bild*
in der Überschrift zu dem Foto[26] nahelegt, wird von den DiskussionsteilnehmerInnen ignoriert oder als Sexualisierung kritisiert:

> „Vor allem bei jedem anderen männlichen Bundeskanzler wäre das ja nicht
> passiert. Selbst wenn die sich nach dem Spiel auch umarmt hätten, (…) die
> *Bild-Zeitung* hätte nicht so einen Aufmacher daraus gemacht. Das ist einfach,
> weil sie eine Frau ist. Die haben es so hingestellt, als wenn da (…) jetzt nicht
> gleich eine sexuelle Beziehung, aber in gewisser Weise mehr ist (…)." (Kon-
> stanze, GD5FB)

Somit widersprechen sie dem Gendering im Fokusmaterial: „Ich glaube
nicht, dass sie auf ihn steht, aber ich finde es gut, dass sie sich dafür interessiert, weil die war auch bei allen Spielen in der EM dabei. Das finde
ich toll" (Bahare, GD5FB). Die Befragten erkennen Vergeschlechtlichungen, die im vorgelegten Material präsentiert werden. Sie bewerten diese
Aussagen als falsch und lehnen sie daher ab. Eine ähnliche Perspektive
zeigen die jungen Erwachsenen bezüglich Angela Merkels Auftritt bei der
Operneröffnung in Oslo. Zu diesem Anlass trat die Kanzlerin in einem
tief dekolletierten Kleid auf und stand infolgedessen im Zentrum des internationalen Medieninteresses (vgl. Lünenborg u.a. 2009; Lünenborg
u.a. 2011). Sie fragen: „Darf eine Frau Frau sein in der Politik oder muss sie
Mann sein in der Politik?" (Fabian, GD6MG). Des Weiteren verweisen sie
auf die Vergeschlechtlichung Merkels in den Medien: „Aber so Kleinig-
keiten werden ja auch immer schnell als Schwächen oder als Fehler der
Frau dargestellt. ‚Sie ist schlampig' – Darauf wird bei Männern nicht geachtet (…)" (Bastian, GD6MG).

Eine zweite Variante von Dekonstruktionsprozessen findet sich in
Äußerungen, in denen die professionelle Rolle vor die Geschlechterrolle

---

26 Überschrift: „Frau Bundes-Fan! Warum steht Angela Merkel so auf Schweini?"
(Bild, 18.06.2008).

gesetzt wird. So wird eine Pressefotografie Claudia Roths, auf der sie selbst performativ feminin auftritt, von einer Diskussionsgruppe ebenfalls einer Dekonstruktion unterzogen. Sie empfinden Roths betont feminines Auftreten als unpassend, weil sie es ihrer Ansicht nach in dieser Situation übertreibe und es für eine Amtsträgerin inadäquat sei: „Das finde ich dann schon wieder irgendwie unangebracht. (…) So das Kleid ein bisschen zu kurz vielleicht" (Alexandra, GD2FG). Das Kleid sei „ein bisschen zu eng" (Marion, GD2FG) und Roths Gender-Performativität unnatürlich, nämlich „voll die Pose" (Anne, GD2FG). Die offensive Zurschaustellung von Weiblichkeit führt bei den Befragten zu Irritationen, denen sie durch die Forderung nach einem weniger vergeschlechtlichten Auftreten begegnen. Dekonstruktionsprozesse dienen also sowohl im Falle Merkels als auch Roths dazu, die Ämterrolle in den Fokus zu stellen und die Geschlechterrolle auszublenden. Bei der Aneignung der Medientexte über Führungsfrauen werden Medienpersonen nicht immer über die Geschlechterrolle dekodiert. Vergeschlechtlichungen im Medientext werden erkannt und durch eigene Bedeutungen ersetzt. Alternative Perspektiven auf Spitzenfrauen, die zum Beispiel Geschlecht nicht zum Thema machen oder Gender jenseits einer Trennung zwischen Männlichkeit und Weiblichkeit entwerfen, werden jedoch nicht konstruiert.

7. Aushandlungen von Karriere, Führungsrolle und Macht

Die Befunde zur Aneignung der Repräsentationen von Spitzenfrauen und -männern werfen schließlich die Frage auf, inwiefern die Medienberichte die Vorstellung der jungen Erwachsenen bezüglich ihrer eigenen Karriere prägen. Ein potenzieller Vorbildcharakter für die Aushandlung eigener Karrierepläne und Führungsambitionen lässt die Repräsentationen von Spitzenfrauen sozial relevant werden: Hinsichtlich der professionellen Durchsetzung von Frauen implementieren sie Konzepte von weiblichem Erfolg. Die Ergebnisse zeigen, dass sich besonders die befragten Frauen bei der Aneignung mit der eigenen professionellen Karriere auseinandersetzen. Die Medienbilder von Spitzenfrauen und -männern werden jedoch nicht als Handlungsanleitung für die Planung einer eigenen Karriere gelesen. Potenziale zur Ermächtigung zeigen sich für benachteiligte Gruppen, als die die jungen Erwachsenen sich selbst verstehen, als wichtiger Zugang zu den Medienberichten. Männliche und weibliche Befragte sympathisieren mit den aufgrund ihres Geschlechts marginalisierten, aber trotzdem erfolgreichen Spitzenfrauen.

7.1 ‚Man kann es selbst schaffen‘: Spitzenfrauen und -männer als Karrierevorbilder

Spitzenfrauen werden von jungen Frauen und Männern in drei unterschiedlichen Lesarten als Beispiele für die professionelle Durchsetzung von Frauen rezipiert. Den Hintergrund der diesbezüglichen Aussagen bildet die Lektüre eines Artikels über Margret Suckale, Managerin bei der Deutschen Bahn, im Rahmen der Gruppendiskussionen.

Die medialen Repräsentationen von Führungsfrauen werden in einer ersten Lesart als Beweise für die Möglichkeit eines Aufstiegs von Frauen in Spitzenpositionen gelesen. Sowohl junge Frauen als auch Männer formulieren diese Perspektive. Für junge Frauen hat sie jedoch lebensweltliche Relevanz, denn sie gilt als Beweis, dass auch sie die Chance auf einen Aufstieg innerhalb ihrer gewählten Profession haben. Die jungen Männer diskutieren das Thema vor dem Hintergrund des Gesellschaftswandels als Ausdruck sozialer Veränderungen.

Die Befragten äußern in den Gruppendiskussionen, dass über die Karrieren von Männern nicht berichtet werde, über den Werdegang von Frauen gäbe es jedoch Beiträge, damit „die Frauen selbstbewusster werden hier" (Charlotte, GD4FB). Die Medienrepräsentationen gelten als Beweise für die Durchsetzungsfähigkeit von Frauen, „das sagt ja auch aus, dass man auch als Frau hoch kommen kann in dem Sinne. Dass man auch als Frau eine Führungsposition haben kann" (Jette, GD5FB). Die befragten Gymnasiastinnen lesen die Medientexte als Beweis für die Chance, als Frau höchste Führungsfunktionen erreichen zu können, „weil es zeigt halt, wie sie [Suckale] es geschafft hat, sich hoch zu arbeiten und zeigt halt, dass es möglich war" (Daniela, GD3FG). Und es mache „schon Mut, wenn ich so was lese" (Alexandra, GD2FG) und demonstriere, dass man „nie aufgeben" (Nadine, GD3FG) dürfe. Die medial repräsentierten Karrieren verdeutlichen demzufolge, „dass es zu schaffen ist" (Lydia, GD3FG). Die repräsentierten Managerinnen haben „halt eine Vorbildfunktion" (Daniela, GD3FG) und seien wichtig für „die ganze Gesellschaft. Für die Frauen, für die Männer, für alle. Das zeigt noch mal eine andere Sicht, ein anderes Bild von einer Frau" (Patrizia, GD2FG). Die Befragten mit niedriger Formalbildung stellen ebenfalls den Beleg in den Mittelpunkt, dass eine generelle Durchsetzung von Frauen im Beruf möglich ist, unabhängig von einer potenziellen Spitzenposition: „Und vielleicht gibt einem das auch Mut. Jetzt nicht in dem Beruf, aber man kann es in anderen [Berufen] auch hoch schaffen" (Karoline, GD4FB).

In einer zweiten Lesart werden die medial repräsentierten Spitzenfrauen als Vorbilder für weibliche Durchsetzungsfähigkeit dekodiert. Deshalb seien Frauen in Führungspositionen „(…) generell für Frauen

(...) ein sehr gutes Vorbild. Für mich persönlich, ich strebe halt auch eine Führungsposition an später irgendwann mal und insofern ist sie schon ein Vorbild. Es muss ja nicht gleich die [Deutsche] Bahn sein, aber es geht halt auch kleiner" (Konstanze, GD5FB). Die jungen Frauen bewundern die Eigenschaften der weiblichen Führungskräfte: „Wenn man weiß, jemand ist selbstbewusst, hat es bis ganz nach oben geschafft – ja, dann ist das für einen ein Vorbild, weil man auch selbst gerne so sein möchte" (Karoline, GD4FB). In einer Diskussionsgruppe (GD4FB) mit Frauen mit niedriger Formalbildung wird Angela Merkel zugeschrieben, Frauen mehr Selbstvertrauen zu vermitteln, „weil wenn sie z.b. Merkel sehen, wie sie sich hochgearbeitet hat und wie die Leute über sie denken und was für einen Erfolg sie hat, dann denken sie: ‚Ach ja, also wir können es auch, dann versuchen wir es halt'" (Maja, GD4FB).[27] Von Merkel könnten Frauen lernen, „dass man was schaffen kann, wenn man es will. Und sich nicht nur von Männern (...) unterkriegen lassen. ‚Die sind an der Spitze, lassen wir sie an der Spitze.' ‚Nein, wir Frauen können das auch schaffen!'" (Nina, GD4FB). Die Kanzlerin ist eine Identifikationsfigur, denn sie zeigt, dass Frauen Erfolg und Durchsetzungsfähigkeit haben und in einer Männerdomäne bestehen können. Auch diese Sicht auf die medialen Repräsentationen von Führungskräften findet sich sowohl in Diskussionen mit weiblichen als auch mit männlichen Befragten. Die Frauen beziehen den Vorbildcharakter der Spitzenfrauen jedoch auf sich selbst, während die Männer sie als Vorbilder für weibliche Rezipientinnen werten. So dienen mediale Managerinnenbilder aus Sicht der männlichen Befragten als Vorbilder für Frauen, um sie „(...) zu ermutigen: ‚Seht, da ist eine Frau. Die kann was. – Ich könnte das doch auch! Mal versuchen ...'" (Dennis, GD6MG). Frauen mangle es an Vorbildern, weil zu viele Männer Managementposten innehaben würden, deshalb „(...) ist es natürlich extrem schwer dann als Frau so den Ansporn zu haben, zu sagen: ‚Ja okay, mein Ziel ist jetzt genau das Gleiche zu schaffen.' – Weil es halt im Moment noch viele Männer so in der Position gibt" (Victor, GD6MG). Eine höhere Repräsentation von Führungsfrauen gäbe deshalb „sehr vielen Frauen einen guten Anschub" (Peter, GD7MB). Die männlichen Teilnehmer sprechen Frauen wenig Selbstbewusstsein hinsichtlich ihrer Karriereplanung zu und gehen davon aus, dass sie medialer Vorbilder zur Ermutigung bedürfen. Unabhängig von Geschlecht und Formalbildung stehen die in den Medien repräsentierten Spitzenfrauen aus Sicht der Be-

---

27 Interessant ist, dass aus Sicht von Maja nicht die Medien als Entscheider gelten, ob Frauen in ihren Inhalten vorkommen, sondern dass die Frauen selbst entscheiden, etwas ‚in den Medien zu machen'. Hier treten Frauen also ein weiteres Mal als aktive Gestalterinnen ihrer Medienpersönlichkeit auf.

fragten dafür, weiblichen Erfolg für Frauen greifbar zu machen und unsichere Durchschnittsfrauen zu ermutigen.[28]

In einer Variante der zweiten Lesart werden die medialen Darstellungen von Managerinnen als Vorbilder für das Erlangen von Führungspositionen angeeignet. Diese Bedeutung wird besonders von Gymnasiastinnen konstituiert. Aufgrund ihrer höheren Formalbildung schätzen sie ihre beruflichen Aufstiegschancen deutlich positiver ein als die befragten Frauen mit niedriger Formalbildung, die die Medientexte nicht auf diese Weise lesen: „Man kann es selber schaffen, sie hat es auch geschafft" (Daniela, GD3FG). Die Gymnasiastinnen prüfen auf Basis der Medientexte ihre eigene Befähigung: „Man kann sich auch so ein bisschen angucken, was diese Persönlichkeiten dann speziell ausmacht. Und das dann mit sich selber quasi abgleichen" (Miriam, GD3FG). Die Karrieren der Managerinnen seien „Motivation" (Birgit, GD3FG) und „so ein bisschen Inspiration auch" (Lydia, GD3FG). Denn „auch wenn man dieses Ziel hat, Manager zu werden, und eigentlich daran zweifelt, weil man halt dem Druck nicht gewachsen zu sein scheint, und dann solche Berichte liest, dann ist das schon so, dass man dann denkt ‚Ja, gut, wenn die das kann, dann kann ich das wahrscheinlich auch'" (Anne, GD2FG). Die Berichte über Managerinnen zeigen den jungen Frauen die Bedeutung von Engagement für beruflichen Erfolg auf: „Man muss einfach nur wollen und zielstrebig sein" (Daniela, GD3FG).[29] Die medial repräsentierten Spitzenfrauen gelten den befragten Gymnasiastinnen als Beweis dafür, nicht nur beruflichen Erfolg zu haben, sondern auch als Frau eine der wenigen zentralen Führungspositionen in der Bundesrepublik erreichen zu können.[30]

---

28 Röser (2000) stellt ein ähnliches Muster in Bezug auf die Aneignung von Szenen fest, in denen Männer Gewalt an Frauen ausüben. Die RezipientInnen bringen Distanz zum Medieninhalt zum Ausdruck (ebd.: 339). Die geschlechtsgebundene Erfahrung wird wie auch hinsichtlich der Geschlechterungleichheit in beruflichen Durchsetzungsprozessen als Problem der Anderen – konkret der Frauen – klassifiziert. So ist es den Befragten möglich, eine Metaperspektive auf die Lebenswelt von Frauen einzunehmen, ohne ihre eigene Rolle als Mann bezüglich der Reproduktion gesellschaftlicher Ungleichheit reflektieren zu müssen.
29 Einzig Lydia (GD3FG) deutet einen Artikel über Margret Suckale pessimistisch als „(…) so eine Art Warnung, dass es halt kein Zuckerschlecken ist (…)."
30 Aus der Vorbildfunktion, die die Befragten der medialen Repräsentation von Frauen in Führungspositionen zuschreiben, resultiert jedoch nicht die Forderung, die Berichterstattung über diese Frauen zu intensivieren. Weder weibliche Befragte mit hoher noch mit niedriger Formalbildung äußern den Wunsch nach mehr Repräsentationen von Frauen, die zeigen „wenn ich es unbedingt will, dann kann es mir vielleicht schaffen" (Anne, GD2FG) oder „halt so einen Kick Selbstbewusstsein [geben]" (Lydia, GD3FG). Mehrere weibliche Befragte sprechen sich sogar gegen eine stärkere Präsenz von Frauen in den Medien aus, weil sie fürchten, dass die lebensweltlichen Benachteiligung von Frauen in den Medien und der Gesellschaft sonst nicht mehr sichtbar sei: „Dann hätten wir Frauen weniger, wofür wir kämpfen könnten. (…) das würde uns als ‚Minderheit' in den Medien, glaube ich, auch eine Menge nehmen" (Lea, GD2FG).

Eine weitere, dritte Aneignungsweise, bezieht sich auf die Interpretation der Medienberichte über weibliche Führungskräfte als Beispiele für die Vereinbarkeit von Profession und Familie. Vor allem die jungen Frauen – unabhängig von der Formalbildung – sehen diese Lebensbereiche als konfliktär an: „In manchen Sachen muss man sich entscheiden: Karriere oder Familie. Aber wenn man das wirklich will, dann kann man das beides auch verbinden" (Daniela, GD3FG). Deshalb sei es wichtig, etwas über die Lebensumstände von Managerinnen aus den Medien zu erfahren:

> „Ich glaube, ich könnte mich da noch viel besser reinfühlen, wenn da stehen
> würde ‚Mutter von zwei Kindern' oder auch nicht. ‚Verheiratet', ‚ledig', nicht
> zu meinem eigenen Entertainment, sondern weil ich das besser verstehen
> will. Und weil man das auch immer so ein bisschen dann, wenn man selber
> eine Frau ist, (…) das mit sich vergleichen möchte." (Lea, GD2FG)

Die Vereinbarkeit von beruflichem Erfolg und Mutterschaft ist für die jungen Frauen von zentraler Wichtigkeit. Die Auseinandersetzung mit Berichten über Frauen in Führungspositionen dient zur Beschäftigung mit Modellen, die von Frauen bereits erfolgreich praktiziert werden und zur Auseinandersetzung mit potenziellen Möglichkeiten, selbst damit umzugehen. Deshalb räumen die weiblichen Befragten in den Diskussionen ein Interesse an den privaten Lebensumständen der weiblichen Führungskräfte ein. Sie wollen mehr darüber erfahren, was die Spitzenfrauen jenseits der Führungsrolle ausmacht, um ein Gesamtverständnis für die Integration von Geschlechter- und Führungsrolle zu entwickeln.

Die in den Medien dargestellten weiblichen Topkräfte werden jedoch nicht immer als Vorbilder verstanden. Einigen Befragten bleiben sie fremd. Sie lesen die Repräsentationen nicht als Anleitung für die Durchsetzung von Karriereabsichten, sondern identifizieren sich stärker mit Frauen in Führungspositionen, die sie aus dem alltagsweltlichen Erleben kennen, „weil dann sieht man das ja live, wie sie dazu gekommen ist" (Canan, GD5FB). Das Erreichen der Führungsebene halten sie in kleinen und mittleren Unternehmen für realistischer als in Großkonzernen:

> „Ich finde die Frauen in den Medien sind unerreichbar. Ich finde es toll, dass
> es solche Frauen gibt (…), aber das sind wahrscheinlich so wenige (…), das
> ist eigentlich so wie ein Lotto-Gewinn. Das ist so unwahrscheinlich. Und die
> normalen Frauen, dass man da sagt: ‚Okay, das kann man wenigstens schaf
> fen.'" (Marion, GD2FG)

Die männlichen Diskussionsteilnehmer wurden zusätzlich mit Fokusmaterial konfrontiert, auf dem Manager der Deutschen Telekom abgebildet

waren. Damit sollte eine Analogie zur Befragung der jungen Frauen er-
zielt werden. Sie wurden gefragt, ob männliche Führungspersonen für sie
Berufsvorbilder darstellten. In den Diskussionen wird eine viel distan-
ziertere Haltung der jungen Männer gegenüber den Managern deutlich,
als dies bei weiblichen Befragten gegenüber den Managerinnen der Fall
ist. Die medial repräsentierten Manager werden als Gegenbeispiele für
ein gelungenes professionelles Handeln gelesen. Einerseits liefern die
jungen Männer aus der Diskussion heraus eigeninitiativ keine Hinweise
auf einen Vorbildcharakter der Manager für ihre eigene berufliche Karriere, andererseits gibt es nur sehr wenige Teilnehmer, die auf die Nachfrage der Interviewerin eine Vorbildfunktion bestätigen. So erkennt der
Gymnasiast Fabian (GD6MG) Manager als Beispiele für das Gelingen von
Karrieren an: „Also für mich sind das Berufsvorbilder. Wenn man sich
deren Lebensläufe anguckt und guckt, was die studiert haben, guckt wie
gut, wie fleißig sie waren." Ein anderer Gymnasiast verhandelt eigene
Karrierewünsche vor dem Hintergrund der medialen Repräsentationen:
„Im Moment strebe ich halt den Bankkaufmann an. Und es wäre dann
natürlich auch eine Überlegung später: (...) Will ich aufsteigen? Also, will
ich dann vielleicht auch Manager werden, irgendwann? Oder möchte ich
vielleicht Filialleiter werden? Und das überlegt man sich auch schon
selbst und schätzt das auch ab, was einem vielleicht eher liegt" (Dennis,
GD6MG). Einige der männlichen Befragten betonen die besondere Leistung der Manager, ohne sie aber als Vorbild zu sehen: „Zum Teil bewun-
dere ich das, wie man so aufsteigt und das finde ich toll, obwohl ich es
für mich vielleicht selbst nicht vorstellen könnte, aber man muss es anerkennen" (Victor, GD6MG). Auffällig ist, dass die Gymnasiasten so gut
wie keinen Bezug zur Ebene der persönlichen Lebens- und Familienpla-
nung herstellen, die sowohl für die Gymnasiastinnen als auch für die
Frauen mit niedrigeren Bildungsabschlüssen in diesem Kontext eine große Bedeutung in den Diskussionen hat. Einzig Ole (GD6MG) stellt heraus,
er wolle kein Manager sein,

> „weil man einfach dann kein Privatleben hat. (...) Weil man immer das Handy
> an haben muss und auch um drei Uhr morgens noch aus dem Bett geklingelt
> wird und dann zum fünfstündigen Meeting nach New York fliegen muss,
> wenn es denn sein muss. Und einfach überhaupt keine Zeit hat, mal für sich,
> für seine Familie, für seine Freunde (...)."

Diese Äußerung bleibt jedoch eine Einzelerscheinung. In der Diskussion
schließt sich keiner der Mitdiskutanten dieser Sichtweise an. Die anderen
Männer – mit Ausnahme von Ole – beschäftigen sich in ihrer Lebenspla-
nung im Gegensatz zu den befragten Frauen nicht mit der Vereinbarkeit
von Beruf und Familie. Geringe Karriereambitionen resultieren bei ihnen

nicht aus der Befürchtung, dass das Privatleben zu kurz kommen könne, sondern aus den Belastungen und der Verantwortung, die aus einer Führungsaufgabe resultieren.[31] Der Konflikt um die Vereinbarkeit von Beruf und Familie wird offenbar immer noch als Problem der Frauen verstanden. Vor allem die weiblichen Befragten identifizieren sich damit und machen diesen Zwiespalt zu einer lebensgestaltenden Frage, während die Männer diese Problematik ignorieren. Das Problem der Vereinbarkeit von Beruf und Familie führt bei den weiblichen Befragten am stärksten zu Zweifeln, ob sie eine Führungsposition anstreben sollen. Sie fürchten, dass die Familie zu kurz kommen würde und betonen, dass ihnen dieser Lebensbereich letztlich wichtiger sei als eine berufliche Karriere: „(…) zum Beispiel Angela Merkel. Die Arme hat ja keine Kinder. Und irgendwann wird die auch alleine da stehen und das finde ich schade. Und da ist mir Familie schon wichtiger. Weil am Ende hat man ja nichts" (Bahare, GD5FB).

7.2 Auseinandersetzung mit Macht: Das Verständnis von Managern als ‚Machtblock'

Im Gegensatz zu den weiblichen Befragten verhandeln die männlichen Diskussionsteilnehmer anhand der Berichte über Führungspersonen keine lebensweltlichen Fragen, z.B. zur Gestaltung beruflicher Karrierewege oder zur Vereinbarkeit von Beruf und Familie, sondern setzen sich speziell mit der sozialen Rolle des Managers auseinander. Diese Perspektive wird in ihrer dezidierten Kritik an Managern deutlich. Sie sind vor allem für die befragten Gymnasiasten das Negativbeispiel eines berufstätigen Mannes. Aus diesem Grund grenzen sie sich offensiv von ihnen ab, da sie – auch wegen der im November 2009 akuten Weltwirtschaftskrise – schlechte Eigenschaften mit ihnen verbinden. Diese wollen sie nicht verkörpern: „Die Sachen, die sie halt bringen, die kann man einfach nicht bewundern" (Victor, GD6MG). Die Kritik wird auch als eindeutige Antipathie geäußert: „Wenn ich solche Leute angucke, dann kommt mir wieder alles hoch, um ehrlich zu sein. Also nicht nur ( ) die wirtschaftlichen Folgen, die solche Herrschaften verursachen, sondern auch einfach die soziale Verantwortung, die nicht wahrgenommen wird und soziale Zusammenhänge, die einfach mal durchbrochen und zerstört werden. (…) Und so etwas ist für mich kein Vorbild, so etwas widert mich nur an"

---

31 Damit unterscheiden sich die Gymnasiasten in ihren beruflichen Ängsten nicht von den Gymnasiastinnen, die ebenfalls Bedenken haben, für die Erfüllung von Führungsaufgaben nicht durchsetzungsfähig oder stressresistent genug zu sein.

(Yohan, GD6MG). Männliche Akteure gelten als Machthaber und damit als Repräsentanten des „Machtblock" (vgl. Fiske 1989: 23). Die Opposition der jungen Männer ist ein Beispiel für die Kritik an hegemonialen Strukturen, die bei der Medienrezeption möglich ist. „The people" – die Leute (vgl. ebd.) – positionieren sich dabei gegen die gesellschaftlichen Kräfte, die Macht ausüben. Die eindeutige Ablehnung der jungen Männer stellt eine Taktik gegen die Unterdrückungsmechanismen des Machtblocks dar. Sie wenden sich so ein Stück weit gegen die gesellschaftlichen Zwänge, die ihnen auferlegt sind. In diesem Fall sprechen sie sich gegen eine übermäßig leistungsorientierte Gesellschaft aus, die Rücksichtnahme und soziale Verantwortung ablehnt und den Menschen Arbeitsstrukturen auferlegt, die sie als belastend empfinden. Managerinnen hingegen zählen sie nicht zum Machtblock, da sie aus Sicht der Befragten aufgrund ihres Geschlechts Benachteiligungen erfahren haben; sie werden deshalb nicht kritisiert.

Die Medienbilder der Spitzenfrauen und -männer gelten den jungen Erwachsenen somit teils als Vorbild für Frauen und dienen jenseits davon teils zur Aushandlung ihrer Positionierung zur Macht und zum Machtblock sowie damit auch ihrer Zugehörigkeit zu den Subordinierten, die von Fiske als „die Leute" bezeichnet werden (vgl. ebd.). Die Schilderungen der Karrierewege weiblicher und männlicher Führungskräfte gelten nicht als Anleitung für die Entwicklung eigener Karrierepläne oder Aufstiegsstrategien. Die weiblichen Führungskräfte werden jedoch von den jungen Frauen konkret als Vorbilder angesehen, weil sie stellvertretend für alle Marginalisierten stehen. Im Falle der jungen Männer geschieht dies eher in einer abstrahierten Form. Sie sehen die Repräsentationen von Führungsfrauen als Beweis, dass auch gesellschaftlich Benachteiligte erfolgreich sein können. Die Repräsentationen von Spitzenfrauen haben symbolischen Gehalt und sind Vorbilder, weil sie aus Sicht der jungen Männer Durchsetzung der Schwachen zum Ausdruck bringen. Einen Kontrast dazu bilden für die männlichen Befragten die Manager. Sie gelten als Negativbild eines männlichen Berufstätigen, denn sie stehen für den Machtblock (vgl. ebd.), mit dem sich weder die weiblichen noch die männlichen DiskussionsteilnehmerInnen identifizieren. Sie dienen vor allem zur Distanzierung von den Machthabern in der Gesellschaft. Als junge Erwachsene gehören die Befragten nicht zu denen, die Macht ausüben, sondern erleben die Auswirkungen der Macht, z.B. in ihrem Alltag als SchülerInnen oder BerufsanfängerInnen. Die Kritik an der Machtverteilung in der Gesellschaft wird am Beispiel der männlichen Manager formuliert.

8. Fazit: Zwischen Affirmation und Dekonstruktion – Die Aneignung von Geschlecht und Führungsrolle

Die Befunde zur Rezeption medialer Repräsentationen von Spitzenfrauen und -männern zeigen, dass sich die alltägliche Wahrnehmung von Geschlechter- und Führungsrolle ähnlich wie deren Repräsentation in den Medieninhalten (vgl. Grittmann sowie Maier/Lünenborg in diesem Band) im Wandel befindet und zugleich von Ambivalenzen geprägt ist. Für die befragten jungen Erwachsenen steht die gelungene Übernahme von Führungsverantwortung durch Frauen sowie ein erfolgreiches Agieren weiblicher Spitzenkräfte in der Gesellschaft außer Frage. Unter dieser Prämisse rezipieren sie die mediale Repräsentation von Spitzenfrauen in den Medien. Die traditionelle Zuschreibung von Macht an Männer wird nicht mehr als absolut angesehen, auch weibliche Führungskräfte werden bei der Rezeption von Medientexten als Repräsentantinnen von Einfluss und Stärke verstanden. Nach wie vor verweisen die Befragten bei der Auseinandersetzung mit medialen Inszenierungen von Frauen in Führungspositionen jedoch darauf, dass sie eine Abweichung von der Norm des männlichen Berufsvertreters darstellen. Von einer Normalisierung der Ausübung von Macht und Führungsverantwortung durch Frauen kann also nicht ausgegangen werden, auch wenn die Bekleidung solcher Funktionen durch Frauen Zustimmung findet. Die Befragten wissen um die Trivialisierung von Führungsfrauen in den Medien. Sie haben ein waches Auge für die Dominanz der Geschlechterrolle gegenüber der Führungsrolle in medialen Repräsentationen von Frauen, sofern diese Zuschreibungen mit Übertreibungen arbeiten, und kritisieren die Medien für diese Überbetonung von Gender. Vergeschlechtlichungen, die auch den Alltagsdiskursen über Männer und Frauen eingeschrieben sind, erkennen sie jedoch nicht. Sie tragen vielmehr selbst zu ihrer Reproduktion bei, indem sie Frauen und Männern stereotype Eigenschaften zuschreiben.

Vor allem junge Frauen mit hoher Formalbildung empfinden die medial repräsentierten Frauen als Vorbilder und als ermutigenden Beweis dafür, auch als Frau im Beruf außergewöhnlich erfolgreich sein zu können. Die Texte werden jedoch nicht als modellhafte Anleitungen für die Verwirklichung einer beruflichen Karriere gelesen, sondern bestärken die jungen Frauen in der Auffassung, dass eine Spitzenkarriere für Frauen grundsätzlich möglich ist. Die Analyse der Gruppendiskussionen hat fünf übergreifende Ebenen ermittelt, die die Aneignung der medialen Repräsentationen von Frauen und Männern in Führungspositionen erklären. Dies sind: mediale Präsenz, Gender, Profession, Kritik und Macht. Diese Bereiche werden noch einmal abschließend diskutiert.

Die Häufigkeit der medialen Repräsentation bestimmt, wie intensiv und differenziert Führungskräfte wahrgenommen werden. Ein Hinweis darauf sind die Parallelen zwischen den Mustern der Berichterstattung, wie sie sich in der Text- und Bildanalyse gezeigt haben und der Aneignung der Befragten, ein anderer der Zusammenhang zwischen dem Wissen um Politik, Wirtschaft und Wissenschaft und ihren AkteurInnen und dem Grad der medialen Präsenz dieser gesellschaftlichen Felder. So können die Befragten kaum etwas über die medial gering repräsentierten Führungskräfte speziell aus Wirtschaft und Wissenschaft sagen. Spitzenpolitiker und -politikerinnen und die Berichterstattung über sie sind ihnen hingegen deutlich vertrauter. Dieses Wissen speist sich aus den Medien. Da Spitzenpolitiker und -politikerinnen viel häufiger in den Medien sowohl auf Pressefotografien als auch im Text vorkommen, erklären sich die Unterschiede aus der Intensität ihrer Medienpräsenz. Die Differenzen hinsichtlich des Wissens um die Repräsentation von ManagerInnen und WissenschaftlerInnen im Kontrast zu PolitikerInnen entsprechen somit den Unterschieden in ihrer medialen Repräsentation (vgl. Röser/Müller, Maier/Lünenborg sowie Grittmann in diesem Band). MedienakteurInnen, die häufig und vielfältig dargestellt werden, haben also eine größere Chance erinnert zu werden als selten repräsentierte. Aber auch das ‚wie‘ der Repräsentation spielt eine Rolle. So zeigen sich Gemeinsamkeiten zwischen den aktuellen textanalytischen Befunden des Forschungsprojekts ‚Spitzenfrauen in den Medien‘ und der hier vorgestellten Teilstudie zur Rezeption: Die befragten Frauen und Männer eignen sich Spitzenfrauen zwar als Machthaberinnen, aber auch als Ausnahme gegenüber der Norm männlicher Führungskraft an. Ähnlich gestaltet sich ihre Darstellung in den medialen Repräsentationen. Dies gilt auch für die Aneignung der Managerinnen als moderne Businessfrauen, die jedoch emotionaler und ängstlicher seien als ihre männlichen Kollegen sowie für die WissenschaftlerInnen, die als geschlechtsneutrale ExpertInnen wahrgenommen werden. Die journalistische Berichterstattung knüpft somit nicht nur an „gut bekannte und vertraute Interpretationsmuster des Publikums" (vgl. Maier/Lünenborg in diesem Band) an, sondern festigt diese Bilder im Denken der Rezipierenden und damit auch im gesellschaftlichen Diskurs. Die Medien bestimmen, von welchen gesellschaftlichen Akteuren junge Erwachsene Notiz nehmen, in welche gesellschaftlichen Felder sie Einblick erhalten und welche Attribute sie mit spezifischen gesellschaftlichen AkteurInnen verbinden können.

Die zweite Ebene, die sich zum Verständnis der Aneignung als gewinnbringend zeigt, ist die Frage nach der Konstruktion von Gender. Diese äußert sich in der Aneignung in drei Kontexten: in der Kritik an

Vergeschlechtlichungen, in der Zuschreibung vergeschlechtlichender Attribute und in der Abgrenzung der Frauen in Führungspositionen von
der Norm der männlichen Führungskraft. Der erste Aspekt wird primär
in einer moderaten Kritik an Geschlechterungerechtigkeiten in den Medieninhalten ersichtlich. Indem die Befragten deutlich machen, dass sie der
Trivialisierung von Frauen und des Spannungsfelds zwischen Führungs-
und Geschlechterrolle gewahr sind (vgl. Holtz-Bacha 2008), erscheinen
sie sensibel für Vergeschlechtlichungen. Sie kritisieren, dass Frauen häufig und öfter als Männer in privaten Lebensbezügen repräsentiert werden. Die aktuellen Befunde zur Darstellung weiblicher Führungskräfte in
den Medien zeigen jedoch, dass Repräsentationen, die Spitzenfrauen auf
private Kontexte reduzieren, nicht mehr ungebrochen dominieren (vgl.
Maier/Lünenborg in diesem Band). Möglicherweise reproduzieren die
Befragten hier Wissen um frühere Darstellungskonventionen und die feministische Kritik an ihnen (vgl. Sterr 1997; Schmerl 2002). Noch deutlicher wird ihre Aufmerksamkeit für Vergeschlechtlichungen in den Medien
in den Dekonstruktionsprozessen, die sich während der Auseinandersetzung mit dem Fokusmaterial beobachten lassen. Die Befragten benennen
Stereotypisierungen in den medialen Repräsentationen von Führungsfrauen und kritisieren, wenn die Führungsrolle zugunsten von „Gender-
Positionierungen" (Ang/Hermes 1994: 122) in den Hintergrund tritt. Sie
dekonstruieren sie, indem sie die Vergeschlechtlichungen als Zuschreibungen der Medien entlarven. Vor allem das Gendering der Bundeskanzlerin, aber auch Überbetonungen der Geschlechterrolle anderer Spitzenfrauen im Text werden kritisiert, ohne jedoch damit Forderungen
nach einer geschlechtergerechteren Repräsentation zu verbinden. Umgekehrt werden Führungsfrauen – das ist der zweite Aspekt der Befunde
zur Ebene Gender – bei der Rezeption medialer Repräsentationen als
schwach und überfordert vergeschlechtlicht. Dies geschieht primär, wenn
sie als Mutter *und* Spitzenfrau auftreten. Auch Managerinnen werden
traditionell geschlechtsgebundene Eigenschaften zugeschrieben, die sie
als angreifbar und verletzlich oder körperlich attraktiv bzw. unattraktiv
charakterisieren. Zweigeschlechtlichkeit und Gender-Stereotype werden
ebenso hergestellt, indem Spitzenfrauen als Abweichung von der Norm
der männlichen Führungsperson gekennzeichnet werden. Als Normalität
gelten den Befragten in allen drei gesellschaftlichen Feldern nach wie vor
männliche Führungspersonen. Frauen erlangen aus Sicht der jungen Erwachsenen nur dann Spitzenpositionen, wenn es ihnen erfolgreich ge-
lingt, traditionell weiblich konnotiertes Verhalten zugunsten von Eigenschaften wie Durchsetzungsfähigkeit und Stärke auszublenden. Dominanz
und Kampfbereitschaft sehen die Befragten als notwendig für eine erfolg-

reiche berufliche Karriere an. Sie werten sie als originär männliche Eigenschaften und reproduzieren damit das traditionelle Geschlechterrollenkonzept vom Mann als öffentlichem Akteur (vgl. Klaus 2001). Zu Spitzenfrauen werden aus Sicht der jungen Erwachsenen also diejenigen Frauen, die die Spielregeln der Männer im Berufsalltag akzeptieren und überdurchschnittlich gut erfüllen können. Das Spannungsfeld zwischen Geschlechter- und Führungsrolle lässt sich aus Sicht der jungen Erwachsenen nur abmildern, wenn Frauen in der männlich konnotierten Sphäre der Top-Etagen agieren wie Männer, weil im Beruf und speziell in einer Führungsposition die Erfüllung dieser Eigenschaften notwendig ist, um erfolgreich zu sein. Damit rühren die Befragten nicht an traditionellen Rollenvorstellungen und entwerfen auf Basis der Medienbilder von Führungsfrauen keine neuen Konzepte von Macht und Geschlecht. Sie reproduzieren vielmehr Geschlechterstereotype und markieren weibliche Spitzenkräfte als eine Gruppe von Exotinnen, die sich anpassen und damit erfolgreich etablieren konnte. Das Verständnis der Führungsrolle als männliche Handlungssphäre wird nicht infrage gestellt. Einzig die Einsicht, dass Spitzenfrauen im Kontext der Führungsrolle weiblich konnotierte Eigenschaften wie Empathie oder ein hohes Verantwortungsbewusstsein zugeschrieben werden, lässt ein gewisses Maß an Ambivalenz erkennen. Demzufolge kann eine erfolgreiche Führungsfrau männliche und weibliche Stereotype gleichermaßen verkörpern. Dieser Befund spricht dafür, dass die Auflösung zweigeschlechtlicher Zuschreibungen begonnen hat. Bisher ist eine Loslösung von zweigeschlechtlichen Attribuierungen, die ein alternatives Denken jenseits der Kategorien ‚Männlichkeit‘ und ‚Weiblichkeit‘ nahelegen würden, jedoch nicht erkennbar.

Auf einer dritten Ebene macht die Untersuchung der Aneignung deutlich, dass die medialen Repräsentationen speziell der vielfältig rezipierten Spitzenpolitikerinnen für junge Frauen als Beispiele dafür dienen, sich als Frau auf hohen Karriereebenen durchsetzen zu können. Im Einzelfall werden auch Berichte über führende Managerinnen auf diese Weise rezipiert. Die befragten jungen Frauen sehen die medial repräsentierten Führungsfrauen als Vorbilder. Nicht nur für die jungen Frauen, sondern auch für die jungen Männer stehen sie symbolisch für eine Durchsetzung gegen Konkurrenten und Vorgesetzte in professionellen Kontexten, die die Befragten in naher Zukunft ebenfalls erwarten oder die sie gerade kennenlernen. Die Führungsfrauen sind vorbildhaft, weil sie im Vergleich zu männlichen Konkurrenten als Schwächere in die Auseinandersetzung um die Führungsposition eintreten, aber als Siegerinnen daraus hervorgehen. Ihr Vorbild gibt den jungen Frauen – unabhängig von ihrer Formalbildung – Hoffnung, dass ein beruflicher Aufstieg möglich ist.

Auch die befragten jungen Männer rezipieren sie als Zeichen, dass Frauen sich trotz gesellschaftlicher Hindernisse durchsetzen können. Sie sehen dies jedoch in erster Linie als Ansporn für Frauen und beziehen die Situation nicht auf sich selbst, sondern werten sie als „Problem der Anderen" (vgl. Röser 2000). Auffällig ist, dass ausschließlich Gymnasiastinnen, die aufgrund ihrer Bildung und ihres Geschlechts möglicherweise ähnliche Karrierewege vor sich haben, Zuschreibungen äußern, die Spitzenpolitikerinnen und -managerinnen als weniger belastbar, emotionaler und empfindlicher als ihre männlichen Kollegen charakterisieren. Mit aller Vorsicht können diese Äußerungen als Auseinandersetzung mit potenziellen eigenen Konflikten interpretiert werden. Die jungen Befragten verlagern die Verantwortung für das Erreichen einer Spitzenposition also auf die individuelle Ebene. Nicht gesellschaftliche Bedingungen entscheiden ihrer Meinung nach, wer erfolgreich sein kann, sondern Charaktereigenschaften und Durchsetzungswille. Als Mitglieder einer individualisierten Gesellschaft (vgl. Beck 1986) sehen sie die Verantwortung für die Gestaltung des eigenen Lebens beim Subjekt. Diese Konzentration auf das Subjekt erklärt, warum in den Diskussionen insgesamt wenig Gesellschaftskritik geäußert wird: Die Befragten ziehen nicht die sozialen Strukturen und Bedingungen als Ursache für die Ungleichheit der Geschlechter in Erwägung, sondern führen sie entweder auf essenzialistische Merkmale von Männlichkeit und Weiblichkeit oder aber auf die Fähigkeiten des Subjekts, sich in Gesellschaften zu behaupten, zurück.

Die vierte Ebene der Aneignung stellt die Medienkritik dar, die die Befragten äußern. Bemerkenswert ist, dass wirtschaftliche, nicht inhaltlich-gesellschaftliche Aspekte von den Befragten als problematisch benannt werden. Aus ihrer Sicht führt nicht die strukturelle Benachteiligung von Frauen zu einer unterschiedlichen Repräsentation von Spitzenfrauen und -männern in den Medien, sondern die Hoffnung auf einen größeren Verkaufserfolg. Dies habe eine Fokussierung auf weibliche Führungskräfte zur Folge, weil sie von der Norm des männlichen Spitzenpersonals abweichen und deshalb zu einem Medienthema würden. Kritisiert wird die Konzentration auf das Privatleben der Spitzenfrauen und ihre (irrtümlich) vermutete Überrepräsentanz, die den jungen Erwachsenen ebenfalls als ökonomisch motiviert gilt. Die weiblichen Befragten denken, dass Spitzenfrauen aufgrund ihres Exotinnenstatus in den Medien häufiger thematisiert werden, da alleine ihre Sonderrolle ein erhöhtes Publikumsinteresse mit sich bringe. Die Überrepräsentanz, die die jungen Frauen vermuten, entspricht jedoch nicht der tatsächlichen Quantität von Spitzenfrauen in der medialen Berichterstattung. Vielmehr zeigt sich bezogen auf alle drei Felder immer noch eine deutliche Unterrepräsentanz von

Frauen in der Berichterstattung, die nicht ihrer lebensweltlichen Bedeutung entspricht (vgl. Röser/Müller in diesem Band). Den Befragten geht es primär darum, Medienkompetenz zu demonstrieren und damit eigene Fähigkeiten absichtsvoll zu artikulieren, wie es sich auch in anderen Studien zur Rezeption journalistischer Inhalte andeutet (vgl. Lünenborg u.a. 2009; Müller 2010a). Mit ihrer Kritik an der ökonomischen Seite des Mediensystems positionieren die Befragten sich als aufmerksame Beobachter der medialen Berichterstattung und erfüllen zugleich die vermuteten Erwartungen der Moderatorin der Fokusgruppe sowie allgemeine sozial erwünschte Werte der Medienkompetenz. Die Frage nach einer Vergeschlechtlichung und Abwertung von Frauen bewegt sie hingegen unabhängig von Geschlecht und Bildungsstand nur sekundär. Die Einsicht, *dass* Medien Frauen und Männer verschieden und damit ungerecht darstellen, wiegt stärker als die Frage, aufgrund welcher sozialen Phänomene diese Differenzen entstehen und wie es infolge dessen zu sozialer Ungleichheit kommt. Die Sozialisation in einer mediatisierten Gesellschaft führt also zu einer kritischen Haltung gegenüber den Medien, nicht aber automatisch auch gegenüber ihrer sozialen Bedeutung. Ein weiterer Grund für die ökonomische Sicht auf das Mediensystem liegt vermutlich in den Alltagserfahrungen, die die Befragten mit den Medien machen. Sie sehen die Medien berechtigterweise als Wirtschaftsgüter, die sich am Markt behaupten müssen, denn gerade in jüngster Vergangenheit wird die Marktmacht vor allem neuer Medienformate, wie z.B. von Web 2.0-Angeboten wie *facebook* in der gesellschaftlichen Debatte intensiv diskutiert.[32] Die Konzentration auf die ökonomische Bedeutung der Medien kann also auch als Zeichen von Medienkompetenz gedeutet werden, weil die Befragten die Strategien der Medien, Marktmacht zu schaffen und zu erhalten, reflektieren und diskutieren.

Die fünfte Ebene, die sich übergreifend in den Befunden zeigt, ist die der Aneignung der Medienrepräsentationen von Männern und Frauen in Führungspositionen als RepräsentantInnen der Mächtigen und der Marginalisierten in der bundesrepublikanischen Gesellschaft. Die Attribute, die die jungen Erwachsenen mit Frauen in Führungspositionen verbinden, weisen darauf hin, dass die medialen Repräsentationen von Spitzenfrauen nicht als Porträts von Mitgliedern des „Machtblocks" (Fiske 1989: 23) angeeignet werden, sondern dass sie zu „den Leuten" (ebd.), also den Marginalisierten, gruppiert werden. Diese Zuweisung steht im Kontrast

---

32 Möglicherweise spielt hier auch eine Rolle, dass die Gruppendiskussionen in Hamburg stattgefunden haben. Dort sind zahlreiche Medien und große Verlagshäuser angesiedelt. Diese Präsenz führt eventuell zu einer ausgeprägten Kenntnis der ökonomischen Seite von Medien.

zur Perspektive der jungen Erwachsenen auf männliche Manager, deren Bewertung sich deutlich von der der Managerinnen unterscheidet. Manager gehören für die Befragten zum „Machtblock" (ebd.). Sie gelten als Stellvertreter des Systems, die in professionellen Kontexten egoistisch, ungerecht und unverantwortlich handeln. Aktuelle alltagsweltliche Relevanz bekommt die Aneignung der Medientexte über weibliche Managerinnen, weil sie den Befragten zur Auseinandersetzung mit der Frage dienen, wie scheinbar Schwache gegen systemimmanente Hindernisse einen beruflichen Aufstieg schaffen können. Die Ablehnung der tradierten Managerbilder macht deutlich, dass traditionelle männliche Geschlechterrollenkonzepte als Kern herrschender Dominanzkultur gesehen werden und deshalb als adäquate Repräsentationen von Männlichkeit infrage gestellt werden. Neue Definitionen von Männlichkeit entstehen dadurch jedoch nicht.

Die Spitzenfrauen stehen hingegen für die Durchsetzung der Marginalisierten gegen diejenigen, die in Gesellschaften Macht ausüben – in diesem Fall gegen die Männer in Führungspositionen. Deshalb werden sie von den jungen Erwachsenen im Gegensatz zu den Managern deutlich unkritischer gesehen. Ihr Handeln wird in den Gruppendiskussionen nicht infrage gestellt und erst gar nicht zum Gegenstand der Diskussionen. Vielmehr drücken die Befragten ihre Begeisterung über die Liberalität der deutschen Gesellschaft aus, die sich ihrer Meinung nach in der Präsenz von Führungsfrauen – besonders aber in der Wahl einer Bundeskanzlerin – äußert. In der Konsequenz bedeutet dies, dass die Medienrepräsentationen von Spitzenfrauen durch den ihnen zugeschriebenen ‚Marginalisiertenbonus' weniger aufmerksam hinsichtlich einer Bewertung von professionellen Leistungen dekodiert werden. Frauen in sehr hohen Positionen können deshalb eher unkritisiert Fehler machen oder unpopuläre Entscheidungen treffen, weil sie auch in der Ausübung ihrer Führungsrolle immer noch von der Anerkennung profitieren, die sie dafür ernten, eine solche Position erreicht zu haben. Ein Hinweis darauf könnte die relativ moderate Kritik an Kanzlerin Angela Merkel sein, die in beiden Amtszeiten trotz zahlreicher Konflikte und parteiinterner Probleme in der Bevölkerung stets Anerkennung und Akzeptanz erfahren hat.

Die medialen Repräsentationen von Männern und Frauen in Führungspositionen erhalten ihre soziale Relevanz durch die Erweiterung der Geschlechterrollenkonzepte, die die Rezipierenden in der Aneignung hervorbringen können. Gleichzeitig machen die Ergebnisse deutlich, dass Diskurse um Zweigeschlechtlichkeit und Geschlechterstereotype hinsichtlich der Erklärung menschlichen Handelns im Alltag eine hohe Bedeutung haben. Von einer vollständigen Normalisierung der Verbindung von Weiblichkeit und Führungsrolle kann noch nicht gesprochen werden: Frauen in Führungspositionen werden immer noch als Abweichung von der Norm männlicher Führungskraft gelesen. Eine stärkere Präsenz von Spitzenfrauen und eine vielfältigere Repräsentation in den Medien sind wünschenswert, um den Blick weg von einzelnen Protagonistinnen hin zu mehr gelebter Normalität der weiblichen Führungsrolle zu lenken.

Literatur

Ang, Ien (2006): Radikaler Kontextualismus und Ethnographie in der Rezeptionsforschung. In: Hepp, Andreas/Winter, Rainer (Hg.): Kultur – Medien – Macht. Cultural Studies und Medienanalyse. 3. überarb. und erw. Aufl., Wiesbaden: VS, 61–79.

Ang, Ien (1986): Das Gefühl Dallas. Zur Produktion des Trivialen, Bielefeld: Daedalus.

Ang, Ien/Hermes, Joke (1994): Gender and/in Media Consumption. In: Angerer, Marie-Luise/Dorer, Johanna (Hg.): Gender und Medien: Theoretische Ansätze, empirische Befunde und Praxis der Massenkommunikation. Ein Textbuch zur Einführung. Wien: Braumüller, 114–133.

Bechdolf, Ute (1999): Puzzling Gender. Re- und De-Konstruktionen im und beim Musikfernsehen. Weinheim: Deutscher Studien-Verlag.

Beck, Ulrich (1986): Risikogesellschaft. Auf dem Weg in eine andere Moderne. Frankfurt/M.: suhrkamp.

Brichta, Mascha K. (2011): Love it or Loathe it. Audience Responses to Tabloids in the UK and Germany. Bielefeld: transcript.

Butler, Judith (1991): Das Unbehagen der Geschlechter. Frankfurt/M.: suhrkamp.

Döveling, Katrin/Schwarz, Claudia/Hoffmann, Dagmar (2009): Anmaßend oder akzeptiert? Geschlechterkonstruktionen und Emotionen auf der politischen Bühne und ihre Relevanz für Jugendliche. In: Lünenborg, Margreth (Hg.): Politik auf dem Boulevard? Die Neuordnung der Geschlechter in der Politik der Mediengesellschaft. Bielefeld: transcript, 256–274.

Döveling, Katrin/Hoffmann, Dagmar (2008): Emotional-personalisierte Vermittlung und Rezeption von Politik – Potenziale für die politische Ansprache. In: Moser, Heinz/Sesink, Werner/Meister, Dorothee/Hipfl, Birgit/Hug, Theo (Hg.): Jahrbuch Medienpädagogik 7. Medien. Pädagogik. Politik. Wiesbaden: VS, 205–230.

Fiske, John (1989): Understanding Popular Culture. Boston/London/Sydney/Wellington: Unwin Hyman.

Gnädiger, Charlotte (2007): Politikerinnen in deutschen Printmedien. Vorurteile und Klischees in der Berichterstattung. Saarbrücken: VDM Verlag Dr. Müller.

Grossberg, Lawrence (1994): Cultural Studies. Was besagt ein Name? In: Ikus Lectures 1+18, 11–40.

Hall, Stuart (1999): Kodieren/Dekodieren. In: Bromley, Roger/Göttlich, Udo/Winter, Carsten (Hg.): Cultural Studies. Grundlagentexte zur Einführung. Lüneburg: zu Klampen, 92–110.

Hall, Stuart (1980): Encoding/Decoding. In: Hall, Stuart/Hobson, Dorothy/ Lowe, Andrew/Willis, Paul (Hg.): Culture, Media, Language: Working Papers in Cultural Studies 1972–79. London/New York: Routledge, 128–138.

Hepp, Andreas (2004): Cultural Studies und Medienanalyse. Eine Einführung. Wiesbaden: VS.

Hermes, Joke (1995): Reading Women's Magazines. An Analysis of Everyday Media Use. Cambridge: Polity Press.

Hipfl, Birgit (2010): Cultural Studies. In: Vollbrecht, Ralf/Wegener, Claudia (Hg.): Handbuch Mediensozialisation. Wiesbaden: VS, 85–91.

Hobson, Dorothy (1982): Crossroads: The Drama of Soap Opera. London: Methuen.

Holtz-Bacha, Christina (2008): Frauen, Politik, Medien: Ist die Macht nun weiblich? In: Dies. (Hg.): Frauen, Politik und Medien. Wiesbaden: VS, 3–24.

Holtz-Bacha, Christina/Koch, Thomas (2008a): Der Merkel-Faktor – Die Berichterstattung der Printmedien über Merkel und Schröder im Bundestagswahlkampf 2005. In: Holtz-Bacha, Christina (Hg.): Frauen, Politik und Medien. Wiesbaden: VS, 49–70.

Holtz-Bacha, Christina/Koch, Thomas (2008b): Das Auge wählt mit: Bildberichterstattung über Angela Merkel. In: Holtz-Bacha, Christina (Hg.): Frauen, Politik und Medien. Wiesbaden: VS, 104–121.

Jackson, Peter/Stevenson, Nick/Brooks, Kate (2001): Making Sense of Men's Magazines. Cambridge: Polity Press.

Jamieson, Kathleen H. (1995): Beyond the Double-Bind. Women and Leadership. New York: Oxford University Press.

Keddi, Barbara (2010): Junge Frauen: Vom doppelten Lebensentwurf zum biografischen Projekt. In: Becker, Ruth/Kortendiek, Beate (Hg.): Handbuch Frauen- und Geschlechterforschung: Theorie, Methoden, Empirie. Wiesbaden: VS, 436–441.

Klaus, Elisabeth (2005): Kommunikationswissenschaftliche Geschlechterforschung. Zur Bedeutung der Frauen in den Massenmedien und im Journalismus. Münster: Lit.

Klaus, Elisabeth (2001): Das Öffentliche im Privaten – Das Private im Öffentlichen. Ein kommunikationstheoretischer Ansatz. In: Herrmann, Friederike/Lünenborg, Margreth (Hg.): Tabubruch als Programm. Privates und Intimes in den Medien.Opladen: Leske und Budrich, 15–35.

Koch, Thomas (2007): Immer nur die Frisur? Angela Merkel in den Medien. In: Holtz-Bacha, Christina/König-Reiling, Nina (Hg.): Warum nicht gleich? Wie die Medien mit Frauen in der Politik umgehen. Wiesbaden: VS, 146–166.

Krotz, Friedrich (1992): Kommunikation als Teilhabe. Der ,Cultural Studies Approach'. In: Rundfunk und Fernsehen 40, Nr. 3, 412–431.

Kübler, Hans-Dieter (2010): Medienwirkung vs. Mediensozialisation. In: Vollbrecht, Ralf/Wegener, Claudia (Hg.): Handbuch Mediensozialisation. Wiesbaden: VS, 17–31.

Lamnek, Siegfried (1998): Gruppendiskussion. Theorie und Praxis. Weinheim: Beltz.

Lünenborg, Margreth (2009): Politik auf dem Boulevard? Eine Einführung aus geschlechter-theoretischer Perspektive. In: Dies. (Hg.): Politik auf dem Boulevard? Die Neuordnung der Geschlechter in der Politik der Mediengesellschaft. Bielefeld: transcript, 7–21.

Lünenborg, Margreth/Röser, Jutta/Maier, Tanja/Müller, Kathrin Friederike (2011): Gender Analysis of Mediated Politics in Germany. In: Krijnen, Tony/Alvares, Claudia/van Bauwel, Sofie (Hg.): Gendered Transformations. Theory and Practices on Gender and Media. Bristol u.a.: Intellect, 57–75.

Lünenborg, Margreth/Röser, Jutta/Maier, Tanja/Müller, Kathrin Friederike/Grittmann, Elke (2009): Merkels Dekolleté als Mediendiskurs. Eine Bild-, Text- und Rezeptionsanalyse zur Vergeschlechtlichung einer Kanzlerin. In: Lünenborg, Margreth (Hg.): Politik auf dem Boulevard? Die Neuordnung der Geschlechter in der Politik der Mediengesellschaft. Bielefeld: transcript, 73–102.

Mayring, Philipp (2008): Qualitative Inhaltsanalyse. Grundlagen und Techniken. Weinheim und Basel: Beltz.

Meister, Dorothee M./Kamin, Anna-Maria (2010): Medien im Erwachsenenalter. In: Vollbrecht, Ralf/Wegener, Claudia (Hg.): Handbuch Mediensozialisation. Wiesbaden: VS, 151–158.

Meyen, Michael (2006): Warum Frauen „Brigitte", „Joy" und „Glamour" kaufen. Eine qualitative Studie zu den Nutzungsmotiven von Zeitschriftenleserinnen. In: FOCUS-Jahrbuch, Nr. 3, 251–269.

Mikos, Lothar/Hoffmann, Dagmar/Töpper, Claudia (2005): Medienvermittelte politische Bildung für bildungsferne Jugendliche. Unveröff. Forschungsbericht: Berlin.

Modleski, Tania (1982): Loving with a Vengeance: Mass Produced Fantasies for Women. London: Methuen.

Moring, Tom (2008): Television and gender in Finnish presidential elections. In: Holtz-Bacha, Christina (Hg.): Frauen, Politik und Medien. Wiesbaden: VS, 208–234.

Müller, Kathrin Friederike (2010a): Frauenzeitschriften aus der Sicht ihrer Leserinnen. Die Rezeption von Brigitte im Kontext von Biografie, Alltag und Doing Gender. Bielefeld: transcript.

Müller, Kathrin Friederike (2010b): Das Besondere im Alltäglichen. Frauenzeitschriftenrezeption zwischen Gebrauch und Genuss. In: Röser, Jutta/Thomas, Tanja /Peil, Corinna (Hg.): Alltag in den Medien – Medien im Alltag. Wiesbaden: VS, 171–187.

Müller, Kathrin Friederike/Röser, Jutta (2009): Managerinnen und Ministerinnen ohne Bühne. Die Medienpräsenz von Spitzenfrauen aus Wirtschaft und Politik. In: Frauenrat. Informationen für die Frau, Nr. 6, 2–5.

Neumann-Braun, Klaus (2005): Strukturanalytische Rezeptionsforschung. In: Mikos, Lothar/Wegener, Claudia (Hg.): Qualitative Medienforschung. Eine Einführung. Konstanz: UVK, 58–66.

Pantti, Mervi (2007): Portraying Politics: Gender, Medien und Politik. In: Holtz-Bacha, Christina/König-Reiling, Nina (Hg.): Warum nicht gleich? Wie die Medien mit Frauen in der Politik umgehen. Wiesbaden: VS, 17–51.

Peil, Corinna (2009): Weibliche Information und männliche Unterhaltung? Die Tagesthemen und deren Moderation aus Sicht der Zuschauerinnen und Zuschauer. In: Lünenborg, Margreth (Hg.): Politik auf dem Boulevard? Die Neuordnung der Geschlechter in der Politik der Mediengesellschaft. Bielefeld: transcript, 232–255.

Pfannes, Petra (2004): ‚Powerfrau‘, ‚Quotenfrau‘, ‚Ausnahmefrau‘ …? Die Darstellung von Politikerinnen in der deutschen Tagespresse. Marburg: Tectum.

Radway, Janice A. (1987): Reading the Romance. Women, Patriarchy and Popular Literature. London: Verso.

Röser, Jutta (2000): Fernsehgewalt im gesellschaftlichen Kontext: Eine Cultural-Studies-Analyse über Medienaneignung in Dominanzverhältnissen. Wiesbaden: Westdeutscher Verlag.

Röser, Jutta (2009): David Morley: Aneignung, Ethnografie und die Politik des Wohnzimmers. In: Hepp, Andreas/Krotz, Friedrich/Thomas, Tanja (Hg.): Schlüsselwerke der Cultural Studies. Wiesbaden: VS, 277–289.

Röser, Jutta/Kroll, Claudia (1995): Was Frauen und Männer vor dem Bildschirm erleben: Rezeption von Sexismus und Gewalt im Fernsehen. Düsseldorf: Broschur.

Röser, Jutta/Wischermann, Ulla (2008): Medien- und Kommunikationsforschung: Geschlechterkritische Studien zu Medien, Rezeption und Publikum. In: Becker, Ruth/Kortendiek, Beate (Hg.): Handbuch der Frauen- und Geschlechterforschung. (2. erw. und akt. Auflage). Wiesbaden: VS, 730–735.

Schäffer, Burkhard (2005): Gruppendiskussion. In: Mikos, Lothar/Wegener, Claudia (Hg.): Qualitative Medienforschung. Ein Handbuch. Konstanz: UVK, 304–314.

Schmerl, Christiane (2002): „Tais-toi et soi belle!" 20 Jahre Geschlechterinszenierungen in fünf westdeutschen Printmedien. In: Publizistik 47, Nr. 4, 388–410.

Scholl, Armin (2003): Die Befragung. Sozialwissenschaftliche Methode und kommunikationswissenschaftliche Anwendung. Konstanz: UVK.

Sterr, Lisa (1997): Frauen und Männer auf der Titelseite. Strukturen und Muster der Berichterstattung am Beispiel einer Tageszeitung. Pfaffenweiler: Centaurus.

Werner, Petra/Müller-Gerbes, Sigrun (1996): Zeitungs-Experimente. Theoretische und methodische Anmerkungen zum Design von redaktionsorientierter Rezipientinnenforschung. In: Marci-Boehncke, Gudrun/Werner, Petra/Wischermann, Ulla (Hg.): BlickRichtung Frauen. Theorien und Methoden geschlechtsspezifischer Rezeptionsforschung. Weinheim: Deutscher Studien Verlag, 117–132.

Wilhelm, Hannah (2004): Was die neuen Frauen wollen. Eine qualitative Studie zum Mediennutzungsverhalten von Leserinnen der Zeitschrift Glamour. Münster/Hamburg/London: Lit.

Williams, Raymond (1999): Schlußbetrachtungen zu Culture and Society 1780–1950. In: Bromley, Roger/Göttlich, Udo/Winter, Carsten (Hg.): Cultural Studies. Grundlagentexte zur Einführung. Lüneburg: zu Klampen, 57–74.

Winter, Rainer (2001): Die Kunst des Eigensinns. Cultural Studies als Kritik der Macht. Weilerswist: Velbrück Wissenschaft.

Ausführliche Inhaltsübersicht

„Kann der das überhaupt?"
Eine qualitative Textanalyse zum Wandel
medialer Geschlechterrepräsentationen

Tanja Maier & Margreth Lünenborg

Der Blick auf die Macht
Geschlechterkonstruktionen von Spitzenpersonal
in der Bildberichterstattung

Elke Grittmann

„Wir bemühen uns, die Gesellschaft adäquat abzubilden." Geschlechterkonstruktionen durch den Journalismus 173

Margreth Lünenborg & Tanja Maier

„Souverän wie ein Mann": Konstruktionen von Geschlecht und Führungsrolle in der Rezeption 203

Kathrin Friederike Müller

Autorinnen

Elke Grittmann, Dr. phil. (geb. 1966), Kommunikationswissenschaftlerin (Schwerpunkt Journalistik) und Kunsthistorikerin; zuletzt Vertretungsprofessorin für Journalistik und Kommunikationswissenschaft an der Universität Münster (4/2011 bis 3/2012). Forschungsschwerpunkte: Visuelle Kommunikation/Bildjournalismus, Journalismus, Medien und Erinnerungskultur, Politische Kommunikation und Öffentlichkeit, Methoden der Bildanalyse, Geschlechterforschung, Risikokommunikation (Klimawandel). Ausgewählte Publikationen:

- Quantitative Bildtypenanalyse. In: Petersen, Thomas/Schwender, Clemens (Hg.): Die Entschlüsselung der Bilder. Methoden zur Erforschung visueller Kommunikation. Ein Handbuch. Köln: Halem, 2011, 162–179. (mit Ilona Ammann)
- Global, lokal, digital – Strukturen und Trends des Fotojournalismus, Köln: Halem, 2008. (Hg. mit Irene Neverla und Ilona Ammann)
- Das politische Bild. Fotojournalismus und Pressefotografie in Theorie und Empirie. Köln: Halem, 2007.

Margreth Lünenborg, Prof. Dr. (geb. 1963), seit 2009 Professorin für Kommunikationswissenschaft mit dem Schwerpunkt Journalistik an der FU Berlin, dort Direktorin des Internationalen Journalisten-Kollegs und wissenschaftliche Leiterin der Zentraleinrichtung zur Förderung der Frauen- und Geschlechterforschung, Co-Leitung des BMBF-Verbundprojekts „Spitzenfrauen im Fokus der Medien". Forschungsschwerpunkte: Journalismusforschung, kulturorientierte Medienforschung, kommunikationswissenschaftliche Geschlechterforschung, Migration und Medien. Ausgewählte Publikationen:

- Migrantinnen in den Medien. Darstellung in der Presse und deren Rezeption. Bielefeld: transcript, 2011. (mit Katharina Fritsche und Annika Bach)
- Skandalisierung im Fernsehen. Strategien, Erscheinungsformen und Rezeption von Reality TV-Formaten. Berlin: Vistas, 2011. (mit Dirk Martens, Tobias Köhler, Claudia Töpper)
- Zwanzig Jahre Gender- und Queertheorien in der Kommunikations- und Medienwissenschaft. Ein Zwischenruf. In: Studies in Communication/Media, Heft 1/2011, 95–117. (mit Elisabeth Klaus)

Tanja Maier, Dr. (geb. 1972), Gastdozentin für Visuelle Kommunikation an der FU Berlin. Forschungsschwerpunkte: Visuelle Kommunikation, Visual Culture Studies, Gender Media Studies, mediale Bilder des Religiösen, Popularisierung von Wissen. Ausgewählte Publikationen:

- Orientierungen. Bilder des Fremden in medialen Darstellungen von ‚Krieg und Terror'. In: Thiele, Martina/Thomas, Tanja/Virchow, Fabian (Hg.): Medien – Krieg – Geschlecht. Affirmationen und Irritationen sozialer Ordnung. Wiesbaden: VS, 2010, 81–101. (mit Hanno Balz)
- Das Alltägliche im Nicht-Alltäglichen. Geschlecht, Sexualität und Identität in The L Word. In: Röser, Jutta/Thomas, Tanja/Peil, Corinna (Hg.): Alltag in den Medien – Medien im Alltag. Wiesbaden: VS, 2010, 104–118.
- Gender und Fernsehen. Perspektiven einer kritischen Medienwissenschaft. Bielefeld: transcript, 2007.

Kathrin Friederike Müller, Dr. (geb. 1978), seit 2008 wissenschaftliche Mitarbeiterin am Institut für Kommunikationswissenschaft und Medienkultur der Leuphana Universität Lüneburg. Forschungsschwerpunkte: Gender Studies, Cultural Media Studies, Rezeptionsforschung, qualitative Methoden der Befragung und Inhaltsanalyse, Zeitschriftenforschung. Ausgewählte Publikationen:

- Geschlechtsgebundene Erfahrungen aushandeln – Freiräume schaffen. Die Rezeption von Frauenzeitschriften als Reaktion auf mediale und lebensweltliche Ungleichheiten. In: Stegbauer, Christian (Hg.): Ungleichheit aus kommunikations- und mediensoziologischer Perspektive. Wiesbaden: VS, 2012, 261–277.
- Gender Analysis of Mediated Politics in Germany. In: Krijnen, Tonny/Alvares, Claudia/van Bauwel, Sofie (Hg.): Gendered Transformations. Theory and Practices on Gender and Media. Bristol u.a.: Intellect, 2011, 57–75. (mit Margreth Lünenborg, Jutta Röser, Tanja Maier)
- Frauenzeitschriften aus der Sicht ihrer Leserinnen. Die Rezeption von Brigitte im Kontext von Biografie, Alltag und Doing Gender. Bielefeld: transcript, 2010.

Jutta Röser, Prof. Dr. (geb. 1959), seit 2012 Professorin für Kommunikationswissenschaft an der Universität Münster; zuvor von 2003 bis 2012 Professorin an der Leuphana Universität Lüneburg, dort u.a. Co-Leitung des BMBF-Verbundprojekts „Spitzenfrauen im Fokus der Medien". Forschungsschwerpunkte: Mediatisierung, Durchsetzungs- und Domestizierungsprozesse neuer Medien und speziell des Internets, Rezeptionsforschung und Ethnografie, Gender Media Studies und Cultural Studies. Ausgewählte Publikationen:

- Diffusion und Teilhabe durch Domestizierung. Zugänge zum Internet im Wandel 1997–2007. In: Medien und Kommunikationswissenschaft 58, H. 4/2010, 481–502. (mit Corinna Peil)
- Medien- und Kommunikationsforschung: Geschlechterkritische Studien zu Medien, Rezeption und Publikum. In: Handbuch der Frauen- und Geschlechterforschung. Hg. von Ruth Becker und Beate Kortendiek. Wiesbaden: VS, 2008, 730–735. (mit Ulla Wischermann)
- MedienAlltag. Domestizierungsprozesse alter und neuer Medien. Wiesbaden: VS, 2007. (Hg.)

Critical Media Studies

SUSANNE KIRCHHOFF
Krieg mit Metaphern
Mediendiskurse über 9/11
und den »War on Terror«

2010, 356 Seiten, kart., zahlr. Abb., 29,80 €,
ISBN 978-3-8376-1139-7

SKADI LOIST, SIGRID KANNENGIESSER,
KATJA SCHUMANN, JOAN KRISTIN BLEICHER (HG.)
Sexy Media?
Gender/Queer-theoretische Analysen in den
Medien- und Kommunikationswissenschaften

September 2012, ca. 364 Seiten, kart., zahlr. Abb., ca. 29,80 €,
ISBN 978-3-8376-1171-7

MARGRETH LÜNENBORG, KATHARINA FRITSCHE,
ANNIKA BACH
Migrantinnen in den Medien
Darstellungen in der Presse und ihre Rezeption

2011, 178 Seiten, kart., zahlr. z.T. farb. Abb., 19,80 €,
ISBN 978-3-8376-1730-6

Leseproben, weitere Informationen und Bestellmöglichkeiten
finden Sie unter www.transcript-verlag.de

Critical Media Studies

MARGRETH LÜNENBORG (Hg.)
Politik auf dem Boulevard?
Die Neuordnung der Geschlechter in der Politik
der Mediengesellschaft

2009, 330 Seiten, kart., zahlr. z.T. farb. Abb., 29,80 €,
ISBN 978-3-89942-939-8

TANJA MAIER, MARTINA THIELE,
CHRISTINE LINKE (Hg.)
**Medien, Öffentlichkeit und Geschlecht
in Bewegung**
Forschungsperspektiven der kommunikations-
und medienwissenschaftlichen
Geschlechterforschung

August 2012, ca. 250 Seiten, kart., zahlr. Abb., ca. 29,80 €,
ISBN 978-3-8376-1917-1

KATHRIN FRIEDERIKE MÜLLER
**Frauenzeitschriften aus der Sicht
ihrer Leserinnen**
Die Rezeption von »Brigitte« im Kontext
von Biografie, Alltag und Doing Gender

2010, 456 Seiten, kart., 34,80 €,
ISBN 978-3-8376-1286-8

**Leseproben, weitere Informationen und Bestellmöglichkeiten
finden Sie unter www.transcript-verlag.de**